¡De una vez!

A College Course
for Spanish Speakers

Fabián Samaniego
University of California–Davis, Emeritus

Francisco Rodríguez
Santa Barbara City College

Nelson Rojas
University of Nevada–Reno

HOUGHTON MIFFLIN COMPANY
BOSTON   NEW YORK

Publisher: Rolando Hernández
Senior Sponsoring Editor: Glenn A. Wilson
Executive Marketing Director: Eileen Bernadette Moran
Development Editor: Erin Kern
Senior Project Editor: Margaret Park Bridges
Art and Design Manager: Gary Crespo
Cover Design Manager: Anne S. Katzeff
Senior Photo Editor: Jennifer Meyer Dare
Composition Buyer: Chuck Dutton
New Title Project Manager: Susan Brooks-Peltier
Editorial Assistant: Erin Beasley
Marketing Assistant: Lorreen Ruth Pelletier

Cover image: © José Ortega/Images.com

PHOTOS **xvii** Artist: Carmen Lomas Garza Title: Cascarones (Easter Eggs) Medium: Gouache painting Size: 15 × 20 inches ©1989 Carmen Lomas Garza Photo by Wolfgang Dietze Collection of Gilbert Cardenas, Notre Dame, IN **xvii** "Piano Man: The Survival of Hope", 1993 painting by Soraida Martinez, www.soraida.com **xvii** "Mamá y yo y la patria", by Manuel Pardo. Photo courtesy of Manuel Pardo **xviii** "Guerrero II" by Polibio Díaz. Courtesy of Polibio Diaz **xviii** Artist: Julie Aguirre Title: "Mujeres Conversando" (Women Conversing), Technique: Acrilyc on cloth, Year: 1989, Size: 14 × 18 inches, father Miguel D´Escoto B. private collection **xviii** "Volcán de Izalco, amén" from the colléction titled Todos los santos. Gelatin silver print with applied oil, l996 by Muriel Hasbun. Used by permission of Muriel Hasbun. **xix** "Abanico nazarí" by Inmaculada Hidalgo. Courtesy of Inmaculada Hidalgo. **xix** Obra: "San Jorge y el Dragón" Autora: Rocío

Continued on page 490, which constitutes an extension of the copyright page.

Printed in the U.S.A.

Library of Congress Control Number: 2003109894

Instructor's Annotated Edition
   ISBN-10: 0-618-34896-4
   ISBN-13: 978-0-618-34896-1
For orders, use student text ISBNs
   ISBN-10: 0-618-34894-8
   ISBN-13: 978-0-618-34894-7

23456789-DOC-11 10 09 08 07

Índice

Capítulo 8   México: En revolución en el siglo XXI   280

Capítulo 9   Guatemala: El mundo maya   324

¡De una vez!

¡De una vez! is a basic Spanish program created specifically for heritage Spanish speakers. It offers a wide range of exciting features designed to help you achieve a global understanding of the socio-cultural dimensions of the Spanish-speaking world while at the same time providing you with ample practice in writing, vocabulary expansion, and grammatical awareness.

Content-based Approach for Heritage Spanish Speakers

¡De una vez! uses a content-based approach that provides you with a wealth of opportunities to learn about your own culture and the many other cultures of the Spanish-speaking world. The intended end result is that you learn to respect and take pride in your cultural heritage and that you begin to understand and appreciate the varied cultural backgrounds of your classmates.

Content = Culture

In *¡De una vez!,* you will acquire cultural competency as you improve your listening, speaking, reading, and writing skills. To help broaden your knowledge of the Spanish-speaking world, each chapter focuses on specific cultural topics, including various Spanish language oral traditions and the rich cultural contributions of the many Spanish-speaking countries. You will also get to know a number of stellar Hispanics who have made important contributions in the arts, sciences, literature, and other fields.

Skill Development for Heritage Spanish Speakers

In *¡De una vez!,* you will develop strong reading and writing skills as you work on your communicative skills. In **La acentuación, ¡de una vez!,** you will focus on improving your accentuation and spelling. In the **Redacción** sections you will be asked to do a variety of writing tasks. You will also have ample opportunities to further develop your reading skills through the cultural and literary readings in the **Nuestra riqueza cultural** and **Nuestra herencia literaria** sections of each chapter.

Highlights of *¡De una vez!*

¡De una vez! offers heritage Spanish speakers a variety of features carefully designed to meet your specific needs.

- *Geographically unified chapters.* The twelve main chapters of *¡De una vez!* are organized into two logical, geographical sections of six chapters each. Part One focuses on Hispanics in the United States and Part Two highlights the Spanish-speaking world. The first part devotes one chapter to each of the six major groups of Latin Americans in the United States: Mexican Americans or Chicanos, Puerto Ricans, Cuban Americans, Dominicans, Nicaraguans and Salvadorans; the second part focuses on six highly influential Spanish-speaking countries: Spain, Mexico, Guatemala, Peru, Chile and Argentina.

- *Career-based focus on vocabulary development.* Each chapter contains an interactive section that presents vocabulary related to a different career and asks you to put the vocabulary into practice through conversations with your classmates. The idea is to give you practice talking and learning about your field of interest, whether it be computer programming, teaching, design, or a number of other popular career choices.

- *Extensive practice with accents and spelling.* Each chapter devotes a section to the relationship between speech and writing. You will begin by learning how to divide words into syllables and recognize the stressed syllable in a word. From there, you will proceed to learn and use the rules for determining when it is necessary to add a written accent or stress a particular syllable in speech.

- *A grammar section written expressly for **hispanohablantes** and **bilingües.*** The grammar section at the end of each chapter is written expressly for students who are already familiar to some degree with the Spanish language. It includes activities to help you realize what concepts you already know, then helps you study the actual rules that govern the concepts being taught. Special notes are included to help you avoid interference of English in the grammatical concepts being presented and to address specific linguistic variants in your community or home language.

- *Country specific literature.* Each chapter includes literary readings by authors representing the country being studied in that chapter. These readings comprise a wide variety of genres, including short stories, fragments from novels, poetry, and essays. Pre- and post-reading questions and strategies help you to more deeply understand and appreciate the content.

- *Up-to-date cultural content.* The personalities and cultural topics presented throughout each chapter include the very people and issues appearing in today's headlines in newspapers and magazines throughout the Spanish-speaking world and beyond. In addition, sections such as **Arte hispano** and **Hispanos estelares** will introduce you to outstanding Hispanics, from artists to business professionals, who many see as role models.

- *Recognizing and respecting linguistic variants.* From the very beginning of the program, you are made aware that the Spanish spoken in one country or region varies from that of other regions, but that all variants are valid and need to be respected. Through sections such as **La tradición oral,** you will discover various facets of the very rich Spanish language as you encounter a wide variety of fun, linguistic challenges.

- *Process writing.* You will develop your writing skills by progressing from short, simple pieces to more extensive compositions, and you will learn to plan and organize your writing before writing a draft, as well as to edit and polish your work before presenting a final composition.

- *Country-specific movies recommended in every chapter.* Every chapter includes a detailed list of movies produced in that chapter's country of focus as a fun way to enrich the chapter content.

- *A wide variety of Internet activities in every chapter.* Throughout each chapter you will be directed to go to the Internet and seek out examples of linguistic variance, research specific cultural information, look up additional works of art by the artists being studied, and complete other tasks that relate to the chapter content. Furthermore, the **El mundo … al alcance** sections direct you to further explore the country being studied by doing a variety of activities on the *¡De una vez!* Online Study Center.

An Overview of Your Text's Main Features

¡De una vez! is composed of a **Capítulo preliminar** plus two Parts containing six chapters each: **Primera parte: Hispanos en los Estados Unidos** and **Segunda parte: El mundo hispano.** The cultural theme of each chapter is as follows:

Capítulo preliminar   **El mundo hispanohablante**

PRIMERA PARTE: HISPANOS EN LOS ESTADOS UNIDOS

Capítulo 1	**Mexican Americans / Chicanos: la familia**
Capítulo 2	**Puertorriqueños: La nueva realidad**
Capítulo 3	**Cubanoamericanos: El éxito y la vejez**
Capítulo 4	**Dominicanos: La comunidad**
Capítulo 5	**Nicaragüenses: La reconciliación**
Capítulo 6	**Salvadoreños: El porvenir**

SEGUNDA PARTE: EL MUNDO HISPANO

Capítulo 7	**Españoles: La diversidad**
Capítulo 8	**México: En revolución en el siglo XXI**
Capítulo 9	**Guatemala: El mundo maya**
Capítulo 10	**Perú: El linaje de grandeza**
Capítulo 11	**Chile: Las uvas y el viento**
Capítulo 12	**Argentina: La tierra prometida**

Each chapter of *¡De una vez!* begins with a two-page chapter opener and ends with **Así funciona nuestro idioma,** the chapter grammar section. With the exception of the preliminary chapter, each chapter of *¡De una vez!* contains thirteen major sections as follows (the preliminary chapter contains the six starred sections):

La tradición oral	***Nuestra herencia literaria**
*Nuestra riqueza cultural	***La acentuación, ¡de una vez!**
*Vamos a conversar sobre…	**Redacción**
*Nuestra riqueza lingüística	**El mundo … al alcance**
Hispanos estelares	**Películas que recomendamos**
Hablemos de carreras…	***Así funciona nuestro idioma**
Arte hispano	

Unit opener   A captivating two-page opener introduces the country presented in each chapter with a visually striking representative photo and a brief overview of the chapter cultural themes and linguistic goals.

La tradición oral   These fun, engaging activities will challenge you to solve a variety of oral tradition word enigmas: proverbs, tongue twisters, riddles, popular sayings, and slang.

Nuestra riqueza cultural   These short readings allow you to explore various interesting facets of Hispanic culture and work with cultural material through thought-provoking activities.

Vamos a conversar sobre...   A wide variety of engaging, contemporary conversation topics, including family, violence and the entertainment world, the various facets of fame and wealth, drugs, and many others. The topics are all designed to give you practice in expressing and defending your perspective and opinions.

Nuestra riqueza lingüística   This section is designed to help you understand the uniqueness of the Spanish spoken in your family and community as well in other parts of the Spanish-speaking world. You will see examples of the wide variety of Spanish dialects in use in the Spanish literary world, and you will come to understand why there are so many varieties of Spanish spoken in your own classroom. You will also learn to recognize Latin and Greek prefixes and suffixes, to understand how Spanish changed as it came in contact with languages such as Arabic, Nahuatl, Quechua, and English, and to enjoy the Spanish oral tradition, from proverbs of yesteryear to the popular sayings and slang being created by today's youth.

Hispanos estelares   This section profiles two noteworthy Hispanic personalities per chapter, one in the arts, literature, sports, or entertainment industry of the country featured in that lesson, and the other a lesser-known but successful professional who you will hopefully find inspiring as you develop your own career goals.

Hablemos de carreras...   This section is based around the profession of one of the noteworthy Hispanics presented in **Hispanos estelares.** It develops an extensive vocabulary designed for succeeding in that specific career. Careers covered include the arts, the military, medicine, teaching, volunteer service, statistics, sports, design, computer programming, economics, politics, and science.

Arte hispano   Here you will get to know a number of outstanding painters and sculptors from the Spanish-speaking world, and you will have the opportunity to view and analyze one of their works. Additional Internet activities based on these sections will allow you to view additional works by these artists and by other artists from the Spanish-speaking world.

Nuestra herencia literaria   This section contains the lesson's principal literary reading. A conscious effort has also been made to include a good overview of the Hispanic world of letters as well as a wide representation of contemporary writers, both male and female. Extensive pre-reading sections, **Antes de leer** and **Estrategias para leer,** provide activities that foreshadow key content and give you the necessary tools to approach literary readings, while **El autor (La autora)** presents important background information on the author.

La acentuación, ¡de una vez!   In these sections you will practice syllabification, the use of written accents, and correct spelling in Spanish. You will also work extensively with paronyms (words which almost sound alike, but have slight differences in spelling and different meanings, such as **aun/aún, esta/está/ésta, a/ah/ha,** etc.).

Redacción   In this section you will use a process-oriented approach to develop good organizational techniques and strong writing skills. Each writing task will take you step by step through pre-writing activities such as brainstorming, clustering and outlining, writing a rough draft, rewriting, and doing peer review. The end result is a well-developed composition on a topic that relates thematically to the lesson. For evaluation purposes, only the final draft is submitted for grading.

El mundo ... al alcance   These sections direct you to the Online Study Center, where you will be able to further explore the countries being studied by doing a variety of Internet activities based upon recommended websites.

Películas que recomendamos   These detailed lists of the most recent and the best movies produced in the countries of focus include the year each movie was released, the director's name, and a brief synopsis.

Así funciona nuestro idioma   The grammar explanations at the end of each chapter always begin with an activity entitled **¡Ya lo sabes!,** which makes you quickly realize that you most likely already correctly use the concept being studied. As you proceed to study the rules that govern the concepts being taught, **Notas para bilingües** appear to help you avoid English interference and **Notas para hispanohablantes** make you aware of possible linguistic variants.

Student Components of the *¡De una vez!* Program

The following components are available to students.

Student Activities Manual/Cuaderno de actividades   For each textbook lesson, there is a corresponding lesson in the accompanying Student Activities Manual (workbook/lab manual). Every lesson in the *Cuaderno de actividades* has two sections: **¡Voces del mundo hispano!** and **¡A comunicar! en el mundo hispano.** The former is a series of listening comprehension activities featuring the variants and slang presented in the text, the pronunciation and spelling of difficult sounds, and dictation. The latter provides extensive practice with the grammar structures being studied, and specific practice with linguistic variants, additional practice with the new active vocabulary, and cyber journal writing practice. An answer key to all written exercises is provided so that students can monitor their progress throughout the program.

SAM Audio Program   Coordinated with the **¡Voces del mundo hispano!** section of the *Cuaderno de actividades,* the *SAM Audio Program* emphasizes the development of listening comprehension skills and further understanding of the relationship between spoken and written Spanish.

Online Study Center   The Online Study Center written to accompany *¡De una vez!* contains search activities and chapter cultural links. The **Web Search Activities** are designed to give you practice with chapter vocabulary and grammar while exploring existing Spanish-language websites. These websites will put you in contact with authentic language as spoken throughout the Spanish-speaking world. Although you will not understand every word you hear or read, the tasks that you will be asked to carry out will be very much within your linguistic reach. The **Cultural Links** offer additional cultural information on places and topics related to each chapter. To access the site, go to **http://college.hmco.com/pic/deunavez1e.**

Cascarones por Carmen Lomas Garza (véase *Arte hispano*, p. 40)

Mamá y yo y la patria por Manuel Pardo (véase *Arte hispano*, p. 113)

Piano Man: The Survival of Hope por Soraida Martinez (véase *Arte hispano*, p. 76)

Guerrero II por Pobilio Díaz (véase *Arte hispano*, p. 148)

Mujeres conversando por Julie Aguirre (véase *Arte hispano*, p. 185)

Volcán de Izalco, amén por Muriel Hasbun (véase *Arte hispano*, p. 215)

Abanico Nazarí por
Inmaculada Hidalgo
(véase *Arte hispano,* p. 253)

"San Jorge y el dragón" por Rocío Heredia
(véase *Arte hispano,* p. 297) Año de realización:
2002 Técnica: cincelado, repoussé, grabado,
pátina Metal: estaño español Medida: 20 cm.
altura x 15.6 cm. base x 1.5 cm. profundidad
Obra Subastada por la Society of North
American Goldsmiths en Denver,
Colorado. Junio 2002.

Arte textil guatemalteco
(véase *Arte hispano,* p. 338)

El Regalo por Ignacio Gana (véase *Arte hispano,* p. 409)
Colección "Deseo" (2004), Óleo sobre tela 120 x 100 cm.

La arlequina top model por
verónica pacheco (véase *Arte
hispano,* p. 371)

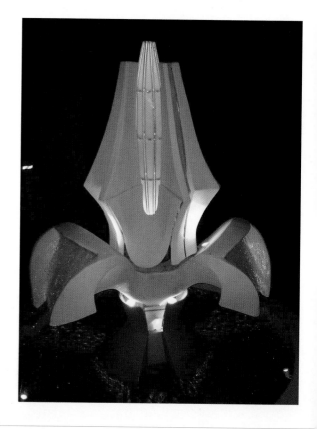

Ábales de lis por Trinidad Caminos (véase *Arte
hispano,* p. 448) 4,5 m altura x 4,5 m diámetro de la
base Cemento directo sobre estructura de
hierro y metal desplegado Centro luminoso:
policarbonato y estructura de hierro Núcleo
con movimiento mecánico, provocado por un
motorreductor Instalación de bomba de agua y
regaderos de resina diseñados especialmente
para la obra Sistema eléctrico de iluminación.

¡De una vez!

Mexicanos

Dominicanos

Océano
Pacífico

Estados
Unidos

España

México

Cuba

Belice

Haití

Rep. Dominicana

Guatemala

Honduras

Puerto Rico

El Salvador

Nicaragua

Trinidad

Costa Rica

Venezuela

Panamá

Colombia

Guinea Ecuatorial

Ecuador

Españoles

Perú

Brasil

Océano
de Atlanic

Bolivia

Guatemaltecos

Paraguay

Chile

Uruguay

Argentina

Peruanos

Argentinos

TAREA

Antes de empezar
este capítulo, estudia
*Así funciona nuestro
idioma* para los
siguientes días y
haz por escrito los
ejercicios correspon-
dientes de *Ahora,
¡a practicar!*

1er día:

CP.1 Sustantivos
y artículos (pp. 15–19)

2do día:

CP.2 Artículos
definidos e
indefinidos
(pp. 19–25)

3er día:

Memoriza el alfabeto
en español (p. 11 en
la lección misma)

Nuestra riqueza cultural

Esta sección de *¡De una vez!,* presente a lo largo de todos los capítulos, te va a ayudar a descubrir que la cultura hispana es un gran mosaico de culturas, variadas pero a la vez unidas, mostrándote muchos de los aspectos que la componen. A continuación verás cómo los hispanos que viven en los Estados Unidos reflejan esa unidad dentro de la diversidad.

⊙ Antes de leer ⊙

A. Hispanos estadounidenses. Contesta las siguientes preguntas.

1. ¿Cuáles son los tres grupos más numerosos de hispanos que viven en los EE.UU.?

   cubanos   mexicanos
   dominicanos   nicaragüenses
   españoles   puertorriqueños
   guatemaltecos   salvadoreños

2. ¿Cuál de estas áreas urbanas es la más poblada por hispanos?

   Los Ángeles   Miami
   Nueva York   Chicago

3. ¿En qué lugar hispanohablante decidió la mayoría de ciudadanos en 1993 y otra vez en 1998, no convertirse en el estado número 51 de los Estados Unidos?

   Cuba   El Salvador
   Nicaragua   Puerto Rico
   Panamá   Costa Rica

4. ¿Dónde se encuentra la mayoría de los hispanos que viven en los EE.UU., en las ciudades grandes o en las zonas rurales?

B. La gramática está viva en la lectura. Selecciona cinco sustantivos singulares y cinco plurales de esta lectura y escríbelos en una hoja de papel. Escribe el artículo apropiado con cada sustantivo. Luego, al lado de cada sustantivo singular escribe su equivalente plural junto con el artículo. Para más información sobre los **sustantivos y artículos,** consulta *As func iona nuestro idioma,* página 15.

En esta lectura vas a aprender sobre los principales grupos hispanos que viven en los EE.UU.

Los latinoamericanos en los Estados Unidos

Mexicoamericanos

Los mexicanos y sus descendientes forman el grupo más grande de hispanos en los Estados Unidos. Se concentran principalmente en el suroeste del país. Los Ángeles es la zona urbana donde actualmente vive el mayor número de hispanos.

Los puertorriqueños, que son ciudadanos estadounidenses, forman el segundo grupo hispano más numeroso. Nueva York es la ciudad donde se concentra el mayor número de ellos. En Chicago, los puertorriqueños son el segundo grupo de hispanos después de los mexicanos.

Puertorriqueñas

Cubanos

Los cubanos son el tercer grupo más grande de hispanos en cuanto a población. En Miami, Florida, se concentra la gran comunidad cubanoamericana.

Los dominicanos empezaron a inmigrar a los Estados Unidos en los años 60. Actualmente son el cuarto grupo más grande de hispanos en este país y el más grande de los más de 150 grupos minoritarios en Nueva York.

Restaurante, salvadoreno en Baltimore, MD

Durante la década de los noventa, llegó una gran concentración de inmigrantes centroamericanos. En Miami se estableció una gran comunidad de exiliados nicaragüenses. Los salvadoreños y los guatemaltecos tienen grandes comunidades en el área de Los Ángeles.

⊙ ¿Comprendiste? ⊙

A. Los latinoamericanos en los Estados Unidos.   Contesta estas preguntas a base de lo que leíste.

1. ¿Cuáles son los tres principales grupos latinoamericanos que viven en los EE.UU.? ¿Cuál es el grupo más grande de los tres? ¿Cuál es el más pequeño?
2. ¿Cuándo empezó la gran inmigración de centroamericanos a los EE.UU.? ¿De qué países centroamericanos provienen los grupos más numerosos? ¿Por qué crees que tantos inmigraron durante esa década?
3. ¿Cuáles son los grupos latinoamericanos que predominan en las siguientes ciudades?

Miami	Nueva York	Los Ángeles
1.	1.	1.
2.	2.	2.
		3.

B. Así lo hicimos: Análisis de cómo comprendimos la lectura.
En grupos de cuatro, piensen primero en el proceso que usaron para leer y entender esta lectura. ¿Hicieron una lectura rápida o detenida? ¿Llegaron a una comprensión total o parcial? ¿Aprovecharon la ayuda de otros estudiantes, de dibujos o fotos, del diccionario,… ? ¿Cómo resolvieron el caro de las palabras desconocidas —adivinaron su significado según el contexto, dependieron de las fotos, usaron el diccionario,… ? ¿Les ayudó leer en silencio y en grupos? ¿Trataron de pronunciar las palabras en voz alta o prefirieron leer en silencio? Túrnense mientras responden estas preguntas y describen los detalles de este proceso.

En esta sección, a lo largo del texto, tendrás la oportunidad de conversar con tus compañeros de clase acerca de una variedad de temas de interés: los deportes, las drogas, el uso de la tecnología, el amor, la amistad y la familia, entre otros. Ahora para comenzar, vamos a hablar sobre la importancia mundial del español.

A. El español como lengua global. ¿Cuánto sabes de la importancia del español en el mundo? Contesta estas preguntas y comenta el significado de esta información.

1. ¿Cuántos países hispanohablantes puedes nombrar? Un(a) estudiante va a escribir **Europa, África, Norteamérica, Centroamérica, El Caribe** y **Sudamérica** en la pizarra. Luego, uno por uno, los miembros de la clase deben pasar al frente y escribir el nombre de un país hispanohablante bajo la categoría apropiada. Sigan hasta tener todos los países.

2. ¿Es el español una de las lenguas más habladas del mundo? Para saberlo, completa las siguientes oraciones con la frase correcta.

   - El español es la lengua oficial de...

     a. diez países.   c. veintiún países.
     b. quince países.   d. veinticinco países.

   - El español es la _____ lengua más hablada en el mundo.

     a. primera   c. tercera
     b. segunda   d. cuarta

   - En la actualidad el número de hispanohablantes en el mundo es de unos...

     a. cien millones.   c. trescientos millones.
     b. doscientos millones.   d. cuatrocientos millones.

3. ¿Crees que es bueno saber una de las lenguas más habladas del mundo? ¿Por qué? ¿Cuáles son algunas de las ventajas? ¿Tiene algunas desventajas? Si alguien te pregunta por las ventajas de ser bilingüe, ¿cuáles le mencionarías? ¿Tiene algunos inconvenientes el ser bilingüe?

B. El español en los Estados Unidos. La influencia de la lengua y cultura hispana se aprecia ahora por todo el país. Mira a ver cuánta de esta información ya conoces.

1. Los primeros peregrinos ingleses llegaron a Plymouth Rock en el Mayflower en el año 1620. La primera colonia española, en el territorio que hoy en día es los EE.UU. continentales, fue San Agustín, en la Florida, fundada en...

   a. 1465.   c. 1665.
   b. 1565.   d. 1765.

2. El Palacio de los Gobernadores de Santa Fe, Nuevo México es la oficina de gobierno más antigua todavía en uso en los EE.UU. continentales. El palacio fue construido en…

   a. 1510.
   b. 1610.
   c. 1710.
   d. 1810.

3. Para 1776, cuando las trece colonias declararon su independencia de Inglaterra, los españoles ya tenían misiones construidas en…

   a. Texas.
   b. Texas y Nuevo México.
   c. Texas, Nuevo México y Arizona.
   d. Texas, Nuevo México, Arizona y California.

4. ¿Cuántos estados de los Estados Unidos con nombres en español puedes nombrar? ¿Cuántas ciudades?

5. ¿Crees que es importante formar parte de una herencia cultural tan diversa? ¿Qué ventajas o desventajas hay en pertenecer a una cultura que está presente desde los orígenes de este país? ¿Crees que es necesario hacer algo para que los hispanos conozcan más y mejor sus raíces? ¿Qué se puede hacer, en general, y qué podrías hacer tú, en concreto?

C. El español en el mundo profesional. Para los bilingües, las oportunidades en el mundo profesional, tanto a nivel nacional como internacional, son innumerables. En grupos de tres, decidan cómo el saber español puede ayudarles en cada una de estas carreras. Cada grupo debe trabajar con dos o tres carreras. Informen a la clase de sus conclusiones.

Periodismo (*journalism*)
Servicios sociales
Gobierno estatal o federal
Administración de empresas
Ciencias de la comunicación
Economía
Negocios internacionales
Medicina y salud

Bienes raíces (*real estate*)
Política
Enseñanza (*teaching*)
Turismo
Derecho (*law*)
Ingeniería civil o mecánica
Relaciones internacionales
Relaciones públicas

Nuestra riqueza lingüística

En esta sección, a lo largo del texto, tendrás la oportunidad de descubrir que el español está constantemente en proceso de cambio y se ve enriquecido por la aportación de los distintos pueblos y culturas que forman el mundo hispanohablante. El resultado es un gran número de comunidades lingüísticas, cada una con sus propias características, pero a la vez, todas igualmente valiosas. A continuación aprenderás acerca de los orígenes del español y de algunas de las varias lenguas que han dejado su huella en él.

Antes de leer

A. El español. Indica en la primera columna si, en tu opinión, estos comentarios son ciertos o falsos. Luego, después de leer la lectura, completa la tercera columna con la opinión del autor. Si algún comentario es falso, corrígelo.

En mi opinión			Según el autor	
C	F	1. El español es una lengua que se deriva del latín, la lengua del Imperio Romano.	C	F
C	F	2. En español existe un gran número de palabras de origen árabe.		
C	F	3. Las lenguas indígenas de las Américas no llegaron a tener ninguna influencia en la lengua española.	C	F
C	F	4. Aunque el español de España y el de México son distintos, la lengua de España y la de los países latinoamericanos son muy parecidas.	C	F
C	F	5. Los hispanos de los EE.UU. hablan todos la misma variedad del español.	C	F

B. La gramática está viva en la lectura. Lee los siguientes sustantivos sacados de la lectura, precedidos del artículo definido singular. Luego, léelos en plural, precedidos del artículo indefinido correspondiente. Para más información sobre los **sustantivos y artículos,** consulta *Así funciona nuestro idioma,* página 15.

1. color
2. diversidad
3. español
4. francés
5. habitante
6. idioma
7. latín
8. país
9. raíz
10. región

Nuestra lengua es un arco iris

La lengua que hoy hablamos los hispanos refleja el contacto entre el español y otras lenguas a lo largo de la historia. El español viene del latín, la lengua del Imperio Romano. Del latín se deriva no sólo el español sino también el catalán, el portugués, el francés, el italiano y otras lenguas llamadas lenguas. El español o castellano, como también se lo conoce, tiene sus raíces en el latín que románicas llegó con los romanos a la Península Ibérica.

A lo largo de su historia, el español ha estado en contacto con muchos otros idiomas y todos han dejado su huella: el árabe, el taíno (lengua de los primeros habitantes de varias islas del Caribe), el náhuatl (la lengua de los aztecas), el quechua (la lengua de los incas) y muchos más.

La lengua que hablan hoy los hispanos en los EE.UU. y en todo el mundo hispano, refleja una enorme diversidad cultural. Aunque existe una lengua común que es formal y usualmente escrita, cada región del mundo hispano tiene su propia manera de hablar español. Por eso los españoles de España tienen su propia manera de hablar que es distinta en las diferentes regiones de España, y que es a su vez distinta a la manera de hablar de los argentinos, por ejemplo. De la misma forma, es diferente el español de los argentinos al de los colombianos y al de los mexicanos,… y así con el resto de los países hispanohablantes. E incluso, como decíamos para España, existen diferencias en cómo se habla el español en las diferentes regiones dentro de un mismo país latinoamericano. Por eso decimos que el español es como un enorme arco iris que une a más de 400 millones de hispanohablantes. ¿Podemos imaginarnos un arco iris de un solo color? ¡Claro que no! Igualmente hay que celebrar la maravillosa diversidad cultural y los infinitos y preciosos colores de nuestro idioma.

☾ ¿Comprendiste? ☾

A. La lengua española.   Después de leer la lectura, expresa tu opinión respondiendo a estas preguntas.

1. ¿Qué quiere decir que la lengua española es "como un arco iris"?
2. Si el español tiene tantas variedades, en tu opinión, ¿Son unas más válidas que otras? ¿Cuáles, en tu opinión, son las menos válidas? ¿Por qué?
3. ¿Cómo clasificas la variedad de español que tú hablas? ¿Crees que es una variedad válida? ¿Por qué sí o por qué no?

B. Debate.   Seleccionen a dos compañeros(as) de clase que estén convencidos(as) que no todas las variedades de español son válidas y a dos que estén convencidos(as) de lo contrario y tengan un debate. Si les cuesta expresarse en español, hablen en inglés. Luego que la clase comente y decida quién ganó el debate y por qué.

C. Así lo hicimos: Análisis de cómo nos acercamos a la gramática.
Piensa en cómo te ayudó a entender esta lectura el haber estudiado los sustantivos y artículos en *Así funciona nuestro idioma*. ¿Te molestaste en identificar cada sustantivo y artículo? ¿Pudiste reconocer, consciente o subconscientemente, que una palabra desconocida era sustantivo y no verbo o adjetivo, porque iba precedida por un artículo? ¿Puede ayudarte la técnica de identificar los sustantivos y artículos para reconocer palabras desconocidas? Si nadie está convencido, assuman que lo están.

La acentuación, ¡de una vez!

☾ Alfabeto, vocales y consonantes ☾

Alfabeto

a	a	**j**	jota	**r**	erre
b	be, be larga	**k**	ka	**s**	ese
c	ce	**l**	ele	**t**	te
ch	che	**ll**	elle	**u**	u
d	de	**m**	eme	**v**	ve, ve corta, uve
e	e	**n**	ene	**w**	doble ve, uve doble, doble u
f	efe	**ñ**	eñe	**x**	equis
g	ge	**o**	o	**y**	i griega, ye
h	hache	**p**	pe	**z**	zeta
i	i	**q**	cu		

Alfabeto: El alfabeto en español consta de veintinueve letras. Tiene tres letras que no son parte del alfabeto en inglés: la **ch,** la **ll** y la **ñ.** A la **ch** y la **ll,** aunque son letras, no se las tiene en cuenta cuando se alfabetiza, siguiendo una decisión de la Real Academia de 1994. La **k** y la **w** sólo aparecen en palabras prestadas de otras lenguas **(kiwi, kilómetro, kilowatio...).**

Vocales: Las vocales del español son idénticas a las del inglés —**a, e, i, o, u.** Cada letra vocal en español representa un solo sonido corto, mientras que cada letra vocal del inglés representa muchos sonidos o no representa ningún sonido (la letra "e" in n*ee*d, n*e*d, di*e*). El español clasifica las vocales como fuertes **(a, e, o)** y débiles **(i, u).**

Consonantes: Las consonantes del español son cualquier letra del alfabeto que no sea vocal.

A. Presentaciones.   Preséntate a tres personas que no conoces de la clase. (Si ya conoces a todo el mundo, entonces simplemente habla con tres amigos[as] de la clase.) Diles cómo te llamas y cómo se deletrea tu nombre y apellido en español. Ellos van a anotarlo en una hoja de papel. Luego ellos te van a decir su nombre y apellido, y cómo se deletrean, y tú los anotas.

B. Vocales.   Escucha mientras tu profesor(a) pronuncia cada vocal, primero en inglés y luego en español. Repite cada una, en inglés y luego en español, después de tu profesor(a). Fíjate cómo las vocales en inglés usualmente son más largas, mientras que las vocales en español son más cortas.

C. Consonantes.   En parejas, túrnense diciendo cuántas vocales y cuántas consonantes tienen las siguientes palabras. ¿Cuántas vocales fuertes hay? ¿Cuántas débiles? Luego digan cuáles son las consonantes en cada palabra.

1. números
2. hispanos
3. autonombrarse
4. continuación
5. regionales
6. ofensivos

Nuestra herencia literaria

A lo largo del texto en esta sección, vas a conocer a algunos de los mejores escritores del mundo hispanohablante. En la siguiente lectura, por ejemplo, leerás el poema de un poeta chicano que explica el conflicto de identidad que sintió de joven.

◌ Antes de leer ◌

Apodos regionales. Los hispanos tienden a autonombrarse con un gran número de apodos nacionales y hasta regionales. La lista a que sigue contiene algunos de los más conocidos. ¿Puedes identificar el país o la región al que se refieren? ¿Con cuál grupo hispano te identificas tú? ¿Hay algunos de estos apodos que consideras ofensivos? ¿Por qué?

boricua	latino	porteño	manito	tico
nica	chilango	hispano	chicano	quisqueyano
pocho	americano	chapín	guanaco	Mexican American
catracho	hispanic	nuyorican	pinolero	Cuban American

El poeta

Manuel Colón, poeta chicano nacido en Salinas, California, escribió este poema cuando era estudiante universitario. En su poema trata de explicar el conflicto de identidad que sufrió de joven, algo que les ocurre a muchos jóvenes hispanos en los Estados Unidos.

Manuel Colón, escritor chicano

Autobiografía

callaron

me reconozco perdido
no sé quién soy
I speak English
pero, al mismo tiempo
también español

amordazaron° mi voz
en el salón de clases
me vendaron° los ojos
para que no viera
la belleza de mi gente

cubrieron

quitaron

mis amigos me dicen
"wetback"
y mis padres, "pocho"
a veces quiero llorar

arrancaron° de mis manos
las perfumadas flores
de mis antepasados°
Me hicieron sombra,
basura, piedra, grito.

abuelos, bisabuelos…

sin rumbo ando
en un mundo extraño
donde la *t.v.* me grita:
"white is right!
white is beautiful!"

ahora mi llanto
es lluvia
mis manos se desatan°
para darse un abrazo
mi memoria explota
en mi pecho volcán:

se sueltan

y yo me siento como
una mancha oscura
en una sábana blanca
que por más que lavo
no deja de ser café

¿Quién fui?
¿Quién soy?
¿Quién seré?

extraño

me encuentro ajeno°
hasta en mi propia tierra
sometido° a la noche
hasta en el mediodía.
but I don't know why.

reducido

---

٩ **Reacciona y relaciona** ☾

A. Reacciona. Contesta estas preguntas para mostrar que entendiste lo que leíste.

1. ¿Quién habla en este poema? ¿Qué edad crees que tenía cuando escribió este poema? ¿Cómo llegaste a esa conclusión?
2. ¿Por qué se siente perdido? ¿Qué lenguas habla? ¿Por qué crees que sus amigos le llaman *"wetback"* y sus padres "pocho"?
3. ¿Por qué se siente tan frustrado? ¿Cuál es su conflicto? ¿Cómo reaccionas tú ante este conflicto? ¿Qué crees que debe hacer?

B. Relaciónalo.   Entre los muchos términos para autonombrarse que acabas de aprender, ¿cómo te autonombras tú? ¿Por qué has escogido esa denominación? ¿Cuáles son las ventajas y las desventajas del término con el que te identificas? ¿Te parece lógico tratar de insistir en que todos los hispanohablantes de EE.UU. deben usar el mismo término para autonombrarse? ¿Cambia lo fundamental de la persona según el término que usa para identificarse? Explica tu respuesta.

C. La identidad cultural y el ciberespacio.   En tu casa (o el laboratorio de computación), usa tu buscador favorito en Internet. Escribe las palabras "identidad chicana (o puertorriqueña, cubana, etc.)" para encontrar páginas que tratan este tema desde muchas perspectivas. Explora algunas de estas páginas y determina lo siguiente: ¿Es la identidad chicana algo ya formado y definido, o dinámico y que se va definiendo con la participación de toda la comunidad lingüística? ¿En qué apoyas tu opinión? Busca también usando las palabras "cultura chicana (o puertorriqueña, cubana, etc.)". ¿Cuáles son los elementos que más se repiten cuando se habla de la cultura? ¿La tierra? ¿La familia? ¿El trabajo? ¿La música? ¿Las tradiciones? ¿La frontera? Después de visitar estos sitios, ¿qué crees que significa cada uno de esos elementos para tu cultura? Responde estas preguntas y ve a clase preparado(a) para compartir tus respuestas.

Así funciona nuestro idioma

CP.1 Sustantivos y artículos

¡Ya lo sabes!

Mira las siguientes oraciones y decide cómo completarías cada una de ellas.

1. _____ países hispanos presentan una gran unidad dentro de su diversidad. (Lo, La, Los, Las)
2. Los Ángeles es _____ ciudad con una gran concentración de latinoamericanos. (uno, el, un, una)

Seguramente elegiste **Los** en la primera oración y **una** en la segunda. ¿Qué dice la clase? ¿Están tus compañeros de acuerdo contigo? Sin duda, casi todo el mundo contestó como tú. ¿Por qué? Porque tú, como muchos de tus compañeros, ya sabes mucho de la gramática. Ya la has internalizado. Lo que tal vez no sabes es que se trata de los **artículos definidos e indefinidos** y de su **concordancia en género y número** con los **sustantivos.** Pero, si sigues leyendo, vas a saber eso también.

☞ Género de los sustantivos ☜

Los sustantivos (nombres) en español tienen género masculino, como el **gato**, o femenino, como la **gata**. El género de la mayoría de los sustantivos es arbitrario, pero hay reglas que te pueden guiar.

● La mayoría de los sustantivos que terminan en **-a** son femeninos; los que terminan en **-o** son masculinos.

la lengua   el grupo

Algunas excepciones de uso común son:

la mano   el día
la foto (= la fotografía)   el mapa
la moto (= la motocicleta)   el problema

> **Nota para hispanohablantes** Hay una tendencia dentro de algunas comunidades de hispanohablantes a emplear el artículo masculino con todos los sustantivos que terminan en -o y el artículo femenino con todos los sustantivos que terminan en -a, aun cuando no sea apropiado: *el foto, el moto, la mapa, la problema,* etc. Es importante evitar este uso fuera de esas comunidades y en particular al escribir.

● Los sustantivos que se refieren a varones son masculinos y los que se refieren a mujeres son femeninos.

el hijo   la hija
el hombre   la mujer

● La mayoría de los sustantivos que terminan en **-d, -ión** y **-umbre** son femeninos.

la actividad   la información   la costumbre

Algunas excepciones a esta regla son:

el césped   el avión
el ataúd   el camión

● Los sustantivos que nombran los meses y los días de la semana son masculinos; son igualmente masculinos los que nombran océanos, ríos y montañas.

el jueves   el Pacífico
el Everest   el abril lluvioso

● Los sustantivos **persona** y **víctima** son siempre femeninos, incluso si se refieren a un varón.

José fue **victima** de un atraco.
Manolo es **una persona** imaginativa.

- Los sustantivos de origen griego que terminan en **-ma** son masculinos.

el idioma	el problema	el clima	el esquema
el poema	el programa	el tema	el dilema

> **Nota para hispanohablantes** Hay una tendencia dentro de algunas comunidades de hispanohablantes a emplear el artículo femenino con estos sustantivos y decir: **la idioma, la problema, la clima,** etc. Es importante evitar este uso fuera de esas comunidades y en particular al escribir.

- Algunos sustantivos, tales como los que terminan en **-ista,** usan la misma forma para el masculino y el femenino. El artículo o el contexto identifica el género.

el artista	el cantante	el taxista
la artista	la cantante	la taxista

- Algunos sustantivos tienen dos géneros; el significado del sustantivo determina el género.

el capital (dinero)	la capital (ciudad)
el corte (del verbo cortar)	la corte (del rey, o la corte judicial)
el guía (un varón que guía)	la guía (un libro; una mujer que guía)
el modelo (un ejemplo; un varón que modela)	la modelo (una mujer que modela)
el policía (un varón policía)	la policía (la institución; una mujer policía)

৩ Ahora, ¡a practicar! ৩

A. ¿Cuál no pertenece?   Identifica en cada lista el sustantivo de género diferente, según el modelo.

MODELO   lección, camión, concentración, nación
        el camión (los otros usan el artículo **la**)

1. poema, historia, lengua, tierra
2. calor, color, clamor, labor
3. problema, tema, forma, idioma
4. corte, capital, origen, guía
5. grupo, foto, mundo, número
6. ciudad, césped, variedad, comunidad

B. Opiniones.   Entrevista a varios(as) compañeros(as) de clase para saber qué opinan sobre los temas que aparecen a continuación.

MODELO   diversidad del idioma español
        —¿Qué opinas de la diversidad del idioma español?
        —La diversidad del español es sorprendente. Yo pensaba que todos hablábamos igual. o **La diversidad del español puede llegar a crear idiomas diferentes.**

1. presencia hispana en EE.UU.
2. diversidad cultural en nuestra sociedad
3. conflictos de identidad en jóvenes hispanos
4. color de la piel de los seres humanos
5. poeta Manuel Colón
6. poema "Autobiografía"
7. preguntas finales del poema "Autobiografía"
8. programas universitarios
9. problema de las drogas
10. clima de la región en que vives

◯ El plural de los sustantivos ◯

Las siguientes reglas básicas se aplican para formar el plural de los sustantivos.

- Los sustantivos que en singular terminan en vocal agregan una **-s.**

  lengua   lenguas
  costumbre   costumbres

- Los sustantivos que en singular terminan en consonante agregan **-es.**

  ciudad   ciudades
  origen   orígenes

- Los sustantivos que en singular terminan en una vocal no acentuada + **-s** usan la misma forma para el plural.

  el martes   los martes
  la crisis   las crisis

Cambios de ortografía

- Los sustantivos que en singular terminan en **-z** cambian la **z** en **c** en el plural.

  la raíz   las raíces
  la voz   las voces

- Los sustantivos que en singular terminan en una vocal acentuada seguida de **-n** o **-s** pierden el acento ortográfico en el plural.

  un catalán   unos catalanes
  un francés   unos franceses

◯ Ahora, ¡a practicar! ◯

A. Escritorio de un niño desordenado.   Escribe la siguiente lista de objetos que Pablito encontró en su escritorio.

MODELO   tarjeta de béisbol (2)
         dos tarjetas de béisbol

1. libro (6)
2. soldadito japonés (3)
3. lápiz (4)
4. disco compacto (3)
5. camión en miniatura (5)
6. guía de teléfono (1)
7. barrita de chocolate (6)
8. dosis de su medicina (2)

B. Yo soy mejor. Digas lo que digas, tu amigo(a) dice ser superior a ti.

MODELO   Yo escribo una composición cada semana.
          Yo escribo muchas composiciones cada semana.

1. Yo conozco a una actriz hispana.
2. Yo sé hablar un idioma extranjero.
3. Yo veo una película por semana.
4. Yo tengo un televisor en casa.
5. Yo asisto a un festival de cine en el verano.
6. Yo leo un periódico los domingos.
7. Yo hago un cascarón para el Domingo de Pascua.
8. Yo tengo una crisis por mes.

CP.2 Artículos definidos e indefinidos

☉ Artículos definidos ☉

Formas

	masculino	femenino
singular	el	la
plural	los	las

- El género y el número del sustantivo determina qué forma del artículo debe usarse.

coche	*masculino singular*	**el** coche
noche	*femenino singular*	**la** noche
sabores	*masculino plural*	**los** sabores
labores	*femenino plural*	**las** labores

- Nota las siguientes contracciones: **a** + **el** = **al**; **de** + **el** = **del.** Los otros artículos definidos no usan contracciones cuando van precedidos de las preposiciones **a** o **de.**

    ¿Conoces **al** autor **del** poema "Autobiografía"?
    Es innegable la importancia **del** español en el mundo **de los** negocios.

- El artículo **el,** no el artículo **la,** se usa delante de sustantivos femeninos singulares que comienzan con **a-** o **ha-** acentuada. Si el artículo no va inmediatamente delante del sustantivo, se usa la forma **la.** En plural, siempre se usa la forma **las.**

  El agua que bebemos tiene buen sabor.
  La fresca agua de este arroyo invita a beberla.
  Las aguas del río Orinoco bañan esta zona.

  Algunos sustantivos femeninos de uso común que comienzan con **a-** o **ha-** acentuada son:

agua	ala	área	habla
águila	alma	arma	hambre

Nota para hispanohablantes Hay una tendencia dentro de algunas comunidades hispanohablantes a usar siempre el artículo femenino con estos sustantivos y decir *la agua, la águila, la ala,* etc. Es importante evitar este uso fuera de esas comunidades y en particular al escribir.

Usos
El artículo definido se emplea en los siguientes casos:

- Con sustantivos usados en sentido general o abstracto.

  Los políticos tratan de eliminar **la** pobreza.
  A **los** niños les gustan **los** juegos.

Nota para bilingües En contraste con el español, el inglés no usa el artículo definido con sustantivos usados en sentido general o abstracto: ***Politicians*** *try to eliminate **poverty.***

- Cuando los nombres de una persona van precedidos de títulos como **profesor, doctor, ingeniero, señorita,** etc.

  —¿Dónde está **la** señora Vásquez?
  —Está con **la** doctora Gómez.

¡Ojo! Cuando se le habla directamente a alguien no se usa el artículo delante del título.

  —Doctora Gómez, ¿cuándo tiene Ud. horas de oficina?

- Los títulos **san/santa** y **don/doña** nunca van precedidos del artículo.

  Hoy es el día de **santa** Magdalena.
  ¿Has hablado con **don** Manuel?

Nota para bilingües En contraste con el español, el inglés siempre omite el artículo con títulos: ***Dr. López, have you met Professor Núñez?***

- Con las horas del día y con las fechas.

  Son **las** tres de la tarde.
  Salgo de viaje **el** cinco de octubre.

Nota para bilingües En contraste con el español, el inglés omite el artículo con las horas del día: *It's nine a.m.*

- Con los días de la semana.

  El martes estoy desocupada. Te veo **el** miércoles, entonces.

Nota para bilingües En estos casos el inglés usa la preposición *on* con los días de la semana: *I'll see you **on** Wednesday.*

- Con nombres de lenguas, excepto cuando el nombre de la lengua viene después del verbo **hablar** o después de la preposición **en.**

  El náhuatl era la lengua de los aztecas. Todavía hay mexicanos que **hablan** náhuatl. **En** español hay muchas palabras que vienen de**l** náhuatl.

- Con partes del cuerpo o artículos de ropa cuando va precedido de un verbo reflexivo o cuando es claro quién es el poseedor.

  Me duele **la** garganta.
  Aquí debes sacarte **el** sombrero.

Nota para bilingües En estos casos el inglés usa un adjetivo posesivo con partes del cuerpo o artículos de ropa: *You have to take off **your** hat here.*

- Con los nombres de ciertas ciudades, regiones y países en los cuales el artículo forma parte del nombre, como en **Los Ángeles, La Habana, Las Antillas, El Salvador** y **La República Dominicana.** El artículo definido es optativo con los siguientes países:

(la) Argentina	(el) Ecuador	(el) Perú
(el) Brasil	(los) Estados Unidos	(el) Uruguay
(el) Canadá	(el) Japón	
(la) China	(el) Paraguay	

- Con unidades de peso o de medida.

    Las fresas cuestan tres dólares **la libra.**

Nota para bilingües   El inglés usa el artículo indefinido *a* con unidades de peso o de medida: *Strawberries are $3.00* **a** *pound.*

☉ Ahora, ¡a practicar! ☉

A. ¡Feliz cumpleaños!   ¿Cómo van a celebrar el aniversario de la mamá de Adela? Para saberlo, escribe el artículo definido sólo en los espacios donde sea necesario.

CRIADA: <u>(1)</u> Señora Adela, ¿cuándo es el cumpleaños de <u>(2)</u> doña Carmen?
OLGA: Es <u>(3)</u> viernes próximo.
CRIADA: Su hermano, <u>(4)</u> señor Enrique, se ocupa de las invitaciones, ¿verdad?
OLGA: ¿Mi hermano? No, <u>(5)</u> pobre Enrique está enfermo. Tú debes enviar <u>(6)</u> invitaciones esta vez.

B. Idiomas.   Tú eres reportero(a) del periódico estudiantil. Hazle las siguientes preguntas a un(a) compañero(a) de clase. Luego escribe un breve resumen de la información que conseguiste en la entrevista.

1. ¿Qué idiomas hablas?
2. ¿Qué idiomas escribes?
3. ¿Qué idiomas lees?
4. ¿Qué idiomas consideras fáciles? ¿Por qué?
5. ¿Qué idiomas consideras difíciles? ¿Por qué?
6. ¿Qué idiomas consideras importantes? ¿Por qué?

C. No hay fiesta esta semana.   Tu compañero(a) te pide que corrijas una breve composición que escribió. No está seguro(a) si usó o no usó bien los artículos definidos. Corrige sus errores.

Dentro de dos días, sábado próximo, hay una fiesta en escuela. Empieza a siete de noche. Desgraciadamente, no podré ir porque me duele mucho mi garganta.

Voy a ir a ver doctora Lagos para saber qué debo hacer para sentirme mejor.

○ Artículos indefinidos ○

Formas

	masculino	femenino
singular	un	una
plural	unos	unas

- El artículo indefinido, tal como el artículo definido, concuerda en género y número con el sustantivo al cual modifica.

  Tengo **un** trabajo interesante.
  Yo conozco **una** familia puertorriqueña.

- Cuando el artículo está inmediatamente delante de un sustantivo singular femenino que comienza con **a-** o **ha-** acentuada, se usa la forma **un,** no la forma **una.** Si el sustantivo no está inmediatamente delante del sustantivo se usa la forma normal **una.** Si el sustantivo es plural, se usa la forma **unas.** Esta es la misma regla que se aplica al uso de los artículos definidos delante de este tipo de sustantivos.

  Vi **un** águila esta mañana. Era **una** imponente águila. Es impresionante cuando ves **unas** águilas de cerca.

Usos

El artículo indefinido indica que el sustantivo no es conocido por oyente o el lector. Una vez que se ha mencionado el sustantivo, se usa el artículo definido.

  —Hoy en el periódico aparece **un** artículo sobre los jóvenes poetas hispanos.
  —¿Y qué dice **el** artículo?

- Delante de un número, los artículos indefinidos **unos** y **unas** indican una cantidad aproximada.

  El español tiene **unos** cuatrocientos millones de hablantes.

- Los artículos indefinidos **unos** y **unas** pueden omitirse delante de sustantivos plurales cuando no son el sujeto de la oración.

  Necesitamos **(unas)** entradas para el concierto de este fin de semana.
  ¿Viste **(unas)** oraciones en inglés en el poema de Manuel Colón?
  Unos amigos preguntaron por ti esta mañana.

Omisión del artículo indefinido

En general, el artículo indefinido se usa mucho menos frecuentemente en español que en inglés. El artículo indefinido no se usa:

- Detrás de **ser** y **hacerse** cuando va seguido de un sustantivo que se refiere a profesión, nacionalidad, religión o afiliación política.

  Manuel Colón es poeta.
  Mi prima es profesora, pero quiere hacerse abogada.

Sin embargo, el artículo indefinido se usa cuando el sustantivo está modificado por un adjetivo o por una frase descriptiva.

Jennifer López es **una** actriz famosa. Es **una** actriz de renombre internacional.

- En oraciones negativas y después de ciertos verbos como **tener, haber** y **buscar** cuando el concepto numérico de **un(o)** o **una** no es importante.

No tengo boleto. Necesito boleto para esta noche.
Busco solución a mi problema.

- Después de las preposiciones **sin** y **con.**

Mi papá nunca sale sin sombrero.
Vivimos en una casa con piscina.

- Con las palabras **cien(to), cierto, medio, mil, otro** y **tal.**

—¿Puedes prestarme cien dólares?
—Lo siento no puedo. Quizás otro día.

Nota para bilingües En inglés no se omite el artículo indefinido en estos casos:

*Jennifer López is **an** actress; she is **a** famous actress. I don't have **a** ticket. My father never leaves without **a** hat. Can you lend me **a** hundred dollars?*

∽ Ahora, ¡a practicar! ∽

A. Profesiones. Di quiénes son las siguientes personas y cuál es su profesión.

MODELO   Edward James Olmos / chicano / actor / actor chicano
Edward James Olmos es chicano. Es actor. Es un actor chicano.

1. Manuel Colón / chicano / poeta / poeta chicano
2. Gloria Estefan / cubanoamericana / cantante / cantante cubanoamericana
3. Andy García / cubanoamericano / actor / actor cubanoamericano
4. Luis Valdez / chicano / director / director chicano
5. Sandra Cisneros / chicana / escritora / escritora chicana

B. La invitada ideal. Para saber por qué Maricarmen es la invitada ideal, completa este párrafo con los artículos definidos o indefinidos apropiados, si son necesarios.

Me gustan mucho (1)_____ fiestas y me encanta preparar (2)_____ postres. (3)_____ sábado próximo, voy a asistir a (4)_____ fiesta y voy a preparar (5)_____ torta. Vienen (6)_____ (= aproximadamente) veinticinco personas a (7)_____ fiesta. Debo llevar (8)_____ cierta torta de frutas que es mi especialidad. Tengo (9)_____ mil cosas que hacer, pero (10)_____ postre va a estar listo.

C. Mi hermana mayor. Tu amigo Joaquín te pide que le ayudes a completar una composición que escribió acerca de su hermana Isabel. Quiere que le digas qué artículo debe usar de las opciones que aparecen entre paréntesis. "—" quiere decir que no necesita usar ninguna palabra.

Isabel es mi hermana mayor. Tiene veintiocho años y se graduó de (1. _____ / la) universidad hace (2. los / unos) años. Estudió (3. las / _____) leyes y ahora es (4. una / _____) abogada. Es (5. _____ / una) abogada excelente. Gana (6. _____ / un) cien dólares (7. la / una) hora más o menos, me dice. Yo, que soy (8. un / _____) simple estudiante, apenas si gano (9. unos / los) ocho dólares (10. la / una) hora. Voy a estudiar mucho porque también quiero llegar a tener (11. la / una) buena profesión, como mi hermana. Pero a mí no me gustan (12. _____ / las) leyes; prefiero (13. las / _____) ciencias políticas. (14. _____ / La) política va a ser (15. la / el) arma que voy a usar para mejorar la sociedad.

PRIMERA PARTE

Hispanos en Estados Unidos

Mexicoamericanos de fiesta

TAREA

Antes de empezar este capítulo, estudia *Así funciona nuestro idioma* para los siguientes días y haz por escrito los ejercicios correspondientes de *Ahora, ¡a practicar!*

La tradición oral: Los refranes

Los refranes son dichos o proverbios que expresan un pensamiento o consejo. Decimos que son parte de la tradición oral porque no conocemos al autor de la gran mayoría de estos dichos y sólo existen porque se transmiten oralmente de generación en generación. Hay refranes o proverbios en todas partes y en todas las culturas: en la Biblia, en el Poema del Cid, en el famoso libro de Cervantes *Don Quijote de la Mancha* y hasta en las obras de Benjamín Franklin.

A. La familia. A continuación encontrarás varios refranes que tratan de aconsejarnos acerca de la familia. Mira primero si puedes emparejar cada refrán de la primera columna con el refrán correspondiente en inglés. Luego, identifica la parte del dibujo que mejor representa cada refrán y explica por qué. Finalmente, piensa en situaciones en las que puedas usar estos refranes.

_____ 1. Hijo mimado, mal educado.
_____ 2. Hermano mayor, padre menor.
_____ 3. De tus hijos sólo esperes lo que con tu padre hicieres.
_____ 4. Hijos crecidos, trabajos llovidos.
_____ 5. De tal palo, tal astilla.

a. Do not expect your children to treat you any differently than how you treated your parents.
b. Nobody is born knowing everything.
c. A chip off the old block.
d. They complain most who suffer least.
e. I am my brother's keeper.
f. As the children get older, the problems multiply.
g. Spoiled children always behave badly.

B. Álbum de mi familia. Pídeles a tus padres y/o a tus abuelos que te digan algunos de sus refranes favoritos. Anota los que te cuenten, luego apréndetelos de memoria para recitárselos a la clase. Explica su significado, si es necesario. Incluye estos refranes en tu álbum familiar, escribiendo cada uno en un recuadro, e indicando debajo el nombre de la persona que te lo contó. En este álbum vas a guardar, a lo largo del curso, todo tipo de información sobre tu familia. Tu álbum puede ser escrito a mano o de forma electrónica, según prefieras. Lo importante es que puedas entregárselo a tu profesor(a) cuando sea necesario.

C. Los refranes en el ciberespacio. Desde tu casa o el laboratorio de computación, usa tu buscador favorito en Internet. Escribe la palabra "refranes" para encontrar páginas que contienen listas de refranes en español. Lee varios de ellos y selecciona los que te parezcan más interesantes. Ven a clase el próximo día preparado(a) para compartir tus refranes favoritos, y para explicar la enseñanza que contienen.

Nuestra riqueza cultural

☾ Antes de leer ☽

A. Mi primer día. ¿Cuánto recuerdas del primer día que fuiste a la escuela? Para saberlo, contesta estas preguntas. Luego compara tus respuestas con las de un(a) compañero(a).

1. ¿Cómo se llama la escuela? ¿Dónde está?
2. ¿Quién te llevó? ¿tu mamá? ¿un hermano o hermana mayor? ¿tu abuela? ¿otra persona?
3. ¿Hablaba sólo inglés la maestra o hablaba también español? Y tú, ¿qué hablabas? ¿español? ¿inglés? ¿español e inglés?
4. ¿Recuerdas si te gustó la escuela el primer día o tuviste miedo? ¿Lloraste?

B. La gramática está viva en la lectura. Los siguientes verbos, sacados del poema *"First Day of School,"* aparecen en el pretérito y en el infinitivo. Indica el presente de indicativo de cada verbo y luego úsalos para leer el poema en el presente histórico. Para más información sobre **el presente de indicativo,** consulta *Así funciona nuestro idioma,* página 51.

Pretérito	Infinitivo	Presente
yo apreté	apretar	yo…
la teacher se sonrió	sonreír	la teacher…
la teacher dijo	decir	la teacher…
mi abuela me dio	dar	mi abuela…
mi abuela fue	ir	mi abuela…
me quedé	quedarse	yo…

๑ Lectura ๖

First Day of School

frente	raro en inglés
a la teacher	mi abuela
apreté	luego me dio
más fuerte	su bendición
la mano	y se fue
de mi abuela	yo me quedé
la teacher	hecho silla
se sonrió	en un mundo
y dijo algo	muy extraño

Extraído del libro de poesía *Body in Flames/**Cuerpo en llamas*** de Francisco X. Alarcón

๑ ¿Comprendiste? ๖

A. First Day of School. Contesta estas preguntas.

1. ¿Quién narra o cuenta este poema? ¿la maestra? ¿la abuela? ¿el niño? ¿Cuántos años crees que tiene la persona que narra?
2. ¿Qué crees que dice la maestra en inglés? ¿Crees que el niño entiende inglés? ¿Por qué? Explica.
3. ¿Quién lleva al niño a la escuela? ¿Por qué aprieta el niño su mano? ¿Qué hace la abuela antes de irse? ¿Conoces esa costumbre? ¿Crees que es una costumbre que debe preservarse? ¿Por qué sí o por qué no?
4. ¿Qué quiere decir el niño cuando dice "yo me quedé hecho silla"? Explica.
5. Describe el "mundo muy extraño" que menciona el niño.

B. El poeta y yo.   ¿Tiene algo en común tu primer día de escuela con el primer día de escuela del poeta? En una hoja de papel, prepara un diagrama Venn como el siguiente y compara los dos días. Pon lo que tienen en común en la columna del centro y las diferencias en las otras dos columnas.

Mi Primer día de clases
1.
2.
3.
4.
5.
6.

Nuestro Primer día de clases
1.
2.
3.
4.
5.
6.

El Primer día de clases del poeta
1.
2.
3.
4.
5.
6.

Vamos a conversar sobre… la familia

A. La familia hispana.   Se dice que la unidad familiar es mucho más fuerte en las familias hispanas que en las familias no hispanas. ¿Crees que es verdad? ¿Por qué?

B. La unidad familiar y yo.   ¿Es importante para ti la unidad familiar? ¿Qué haces para mantener la unidad en tu familia? ¿Comes con toda la familia por lo menos una vez al día? ¿Con qué frecuencia visitas a tus abuelos, tíos y primos? Escribe una lista de diez cosas que haces que ayudan a preservar la unidad en tu familia. De esa lista, selecciona tres cosas que recomiendas que todos en la clase hagan para promover la unidad familiar.

෴ Antes de leer ෴

No importa de qué país sean, los jóvenes siempre tienden a crear su propia jerga, o lenguaje particular. Un ejemplo del uso de jerga en inglés es decir *cool* en vez de *good* o *fine*, o decir *bad* en vez de *good*.

1. En grupos de tres, identifiquen otras palabras de la jerga que ustedes usan en inglés.
2. Ahora identifiquen palabras de la jerga que ustedes usan en español.
3. ¿Es la jerga que identificaron, tanto en inglés como en español, usada sólo por los jóvenes o la usan los adultos también?
4. ¿Cómo creen que se desarrollan las jergas? ¿Quiénes las inventan? ¿Por qué se inventarán?

෴ Lectura ෴

Variantes coloquiales: El caló

El caló es una jerga o variante que predomina en el suroeste de los EE.UU. y en partes de México. Incluso los profesores de español de esas regiones la oyen usar a sus alumnos con mucha frecuencia, sin comprenderlos, especialmente si ellos mismos no son de la región. Es el habla que usa palabras como **chante** (casa), **buti** (muy), **chale** (¡No!), **gaba** (anglo) y **ranfla** (carro). Algunos la llaman el habla de los pachucos de los años 50, pero el caló se desarrolla mucho antes, en España. Los españoles son quienes primero traen el caló al norte de México, cuando todo el suroeste de los EE.UU. es todavía parte de México. En el norte, el caló sigue desarrollándose hasta llegar a ser lo que es hoy en día. Varios autores chicanos usan el caló en el habla de sus personajes para hacerlos reflejar el habla del suroeste.

෴ ¿Comprendiste? ෴

A. El caló. Completa estos fragmentos de "Sammy y los del Tercer Barrio", del autor chicano José Antonio Burciaga, en un español más general. Si no sabes el significado de una palabra, trata de adivinarlo a base del contenido de la oración.

1. El Sammy era *gaba*, vivía a la orilla del barrio y era el más *calote* con la excepción de Iván que *cantoneaba* al otro lado del "freeway".
   El Sammy era _____, vivía a la orilla del barrio y era el más _____ con la excepción de Iván que _____ al otro lado del "freeway".

2. Pero Sammy e Iván nunca se hacían nada directamente. Creo se tenían *pis pis* uno al otro.

Pero Sammy e Iván nunca se hacían nada directamente. Creo se tenían _____ uno al otro.

B. José Antonio Burciaga.   Este autor chicano es conocido como uno de los escritores que más y major usa el caló. Escribió varias novelas, cuentos, ensayos y poemas. Busca información sobre él en Internet o en la biblioteca y escribe un breve informe sobre su vida y su producción literaria. O si prefieres, lee uno de sus cuentos: *Río Grande, Río Bravo* (1978), *Romantic Nightmare* (1978), *Españotli Titlan Englishic* (1980), *El Corrido de Pablo Ramírez* (1980), *Sammy y los del Tercer Barrio* (1983), *La Sentencia* (1984), y escribe un breve resumen de la trama.

C. La tradición oral en mi familia.   Pregúntales a tus padres y/o a tus abuelos si saben algo de los pachucos o del caló, el habla de los pachucos. Si dicen que sí, pídeles que te digan lo que saben y que te den algunos ejemplos de ese habla. Anota lo que te digan y cuéntaselo a la clase. Incluye en tu álbum familiar estos ejemplos del caló que tus parientes te den, escribiendo cada uno en un recuadro, e indicando debajo el nombre de la persona, tal vez con una foto, que te lo contó. Si uno de tus parientes sabe mucho de los pachucos y del caló, pregúntale si estaría dispuesto(a) a venir a hablarle a la clase.

D. El caló en el ciberespacio.   En tu casa o en el laboratorio de computación, usa tu buscador favorito en Internet. Escribe las palabras "caló chicano" para encontrar páginas que contienen información sobre este tema. En ellas, busca otros nombres propios de escritores chicanos importantes a la hora de hablar del caló. Ven a clase el próximo día preparado(a) para compartir los nombres y la contribución de esas otras personas tal vez no tan conocidas como José Antonio Burciaga.

Gregory Nava Director chicano de cine, nace y se cría en San Diego, California, y desde niño conoce muy de cerca la realidad de la frontera. Estudia la carrera de cine en la Universidad de California en Los Ángeles. Su primer gran éxito es *El Norte* (1990), una película sobre dos hermanos indígenas mayas, Enrique y Rosa, que salen de Guatemala después de que el ejército mata a sus padres y luego

Gregory Nava

cruzan la frontera entre México y los EE.UU. para llegar a trabajar en Los Ángeles. Esta película la produce su esposa Anna Thomas, quien es también una famosa escritora de libros de cocina. Gregory Nava ha dirigido otras dos películas de mucho éxito, *Mi familia* (1995), la historia de una familia mexicoamericana que vive en Los Ángeles y *Selena* (1997), sobre la vida de la famosa cantante de música tejana asesinada en Corpus Christi por una de sus colaboradoras. En mayo de 2000, Nava es comisionado por los estudios de televisión CBS para filmar el episodio inicial de *American Family,* una serie sobre una familia latina que vive en la zona este de Los Ángeles. Los protagonistas principales son Edward James Olmos y Sonia Braga, como su esposa. La serie, televisada a través del canal PBS, obtiene un gran reconocimiento en todo el país.

Phil Román Si te gusta Bambi, te vas a morir de envidia al saber que Phil Román, de 69 años, se ha vuelto millonario debido originalmente a su interés por este venadito. Pero tal vez lo más fantástico de su historia es que Phil, hijo de trabajadores migrantes mexicanos, de niño trabaja en los campos de fresa en el valle central de California. Cuando sólo tiene 11 años su mamá lo lleva a ver *Bambi* y esa película cambia su vida dramáticamente: se pone a dibujar por todas partes, en sus cuadernos, en pedacitos de papel, en pizarras y hasta en el suelo. Fascinado por el cine, de adolescente consigue trabajo en un teatro, siempre dedicado a su pasión por los

Phil Román

dibujos animados. Un día le muestra sus diseños a su patrón, quien le aconseja estudiar arte. Así es como, muy jovencito, llega a Los Ángeles con un entusiasmo contagioso que le abre puertas. Allí convence al dueño de la Escuela de Artes de Hollywood para que lo emplee como aprendiz. Poco tiempo después es empleado como asistente de dibujos animados en los estudios de Walt Disney. Unos años más tarde, su espíritu creativo y gran sentido financiero lo llevan a crear su propia compañía, Film Roman Inc., y últimamente, Phil Román Entertainment. Muchos son los galardones que obtiene. Se siente particularmente orgulloso de sus seis Emmys.

A. Hispanos estelares. Contesta estas preguntas.

1. ¿Conoces algunas de las películas de Gregory Nava? ¿Cuáles? ¿Cuáles te gustan más y por qué? ¿Conoces la teleserie *"American Family"*? ¿Qué opinas de ella? ¿Por qué crees que ha tomado tanto tiempo para que los mexicoamericanos tengan su propia telecomedia en los EE.UU.? ¿Cuál es la película latina que más te gusta? ¿Quién es el (la) actor (actriz) latino(a) que más admiras?
2. ¿A qué edad crees que Phil Román se da cuenta de que tiene talento para dibujar? ¿Crees que sus padres inmediatamente reconocen el talento de su hijo o lo consideran una pérdida de tiempo? ¿Cómo crees que consigue el puesto con los estudios de Walt Disney? ¿Crees que cualquier persona que dibuja bien puede llegar a ser dueño de su propia compañía como lo hace Phil Román? ¿Qué les impide hacerlo?

B. El gran teatro del mundo.

1. Tú y tres compañeros de clase están conversando sobre las películas de Gregory Nava que más les han gustado. Si no han visto ninguna de sus películas, hablen de sus películas favoritas en general. Cada uno trata de convencer al otro de que su favorita es la mejor. Dramaticen su conversación frente a la clase. La clase va a decir quién presentó los mejores argumentos.
2. Tú estás hablando con tus padres, representados por dos compañeros de clase, tratando de convencerlos de que vas a seguir una carrera como diseñador de dibujos animados (o si prefieres, director de cine, actor/actriz, etc.). Tus padres prefieren que te dediques a algo más seguro, como la medicina, abogacía, pedagogía o ingeniería. Dramaticen la conversación frente a la clase. La clase va a decir si convenciste a tus padres o no.

C. La gramática está viva en la lectura. Trabaja en parejas para ver cómo se usa el presente de indicativo en esta lectura. La mitad de la clase va a preparar una lista de todos los **verbos regulares** que aparecen en la primera biografía y la otra mitad los de la segunda biografía. Con tu compañero(a), escribe el verbo en una columna y el infinitivo en otra. Cuando terminen, identifiquen a las parejas que encontraron más y verifiquen sus listas. Para más información sobre **el presente de indicativo,** consulta *Así funciona nuestro idioma,* página 51.

D. Así lo hicimos: Análisis de cómo comprendimos la lectura. Para ver si está cambiando el proceso que usaron para entender las lecturas del capítulo preliminar, conversen en grupos de cuatro sobre el proceso o procesos que usaron para leer y entender estas dos biografías. ¿Cómo varía este proceso del que usaron para leer los dos poemas del capítulo preliminar? ¿Cómo solucionaron el problema de palabras desconocidas en esta lectura? ¿Usaron sus diccionarios? Si adivinaron, ¿les dio buen resultado? ¿Cómo lo saben?

Hablemos de carreras... de artistas

El mundo hispano ha producido una gran cantidad de artistas de fama internacional. Si tú decidieras seguir esa carrera, ¿a qué tipo de arte te dedicarías? ¿Por qué escogerías ese campo? En tu opinión, ¿qué determinaría si tú debieras seguir esa carrera o no? ¿Cuáles son las ventajas y desventajas de esa carrera? ¿Qué podrías hacer para superar las desventajas?

☉ Para hablar de carreras de artistas ☉

Artistas
artista de retratos
dibujante
escultor(a)
muralista
pintor

Cuadros
dibujo
fresco
grabado
mural
paisaje
panorama
pintura
retrato

Estilos de arte
barroco
clásico
dibujos animados
gótico
gráfico
moderno
neoclásico
impresionista
realista
religioso
renacentista
romántico
surrealista

A. Sobre gustos y arte. Completa estas oraciones y comparte tus respuestas con un(a) compañero(a) de clase. Informa a la clase de lo que aprendiste de los gustos de tu compañero(a) relacionados con el arte.

1. Del estilo clásico, barroco y gótico, prefiero el ... porque ...
2. Del estilo moderno, impresionista y surrealista, el que menos me gusta es ... porque ...
3. Si yo decidiera seguir una carrera de artista, sería ... porque ...
4. Diego Rivera pintó muchos ... mientras que a su esposa Frida Kahlo le gustaba más pintar ...

B. Con el diccionario en mano.   Traduce estas oraciones al español para mostrar que conoces bien este vocabulario relacionado con los artistas y su arte.

1. Leonardo da Vinci is a Renaissance painter who paints beautiful portraits.
2. My favorite paintings are landscapes by impressionist artists.
3. Although best known for his murals, Diego Rivera also has a number of famous paintings, including a self-portrait.
4. Michelangelo favored sculpting over painting, although his frescoes in the Sistine Chapel are famous.
5. Comics are an expression of a modern form of sketching.

C. Artistas del futuro.   Identifiquen a uno o dos compañeros(as) de clase que tal vez se interesen en una carrera en arte y entrevístenlos. Usen estas preguntas y otras que les parezcan apropiadas.

1. ¿Qué tipo de arte te gusta? Si tienes un(a) artista favorito(a), ¿quién es y por qué te gusta?
2. ¿Has tomado clases de arte en la escula secundaria o en la universidad? ¿Cuáles? ¿Te han ayudado esas clases o no?
3. ¿Qué determinará tu decisión de seguir o no seguir esta carrera cuestiones económicas, sociales, personales…?

D. Entrevista con un artista profesional.   Con un(a) compañero(a) de clase, entrevisten a un artista de la comunidad. Pregúntenle si se dedica profesionalmente al arte o si lo practica en los ratos libres, si paga bien, cuántas horas a la semana requiere, si es fácil encontrar proyectos o vender sus obras, etc. Informen a la clase de los resultados de la entrevista.

Arte hispano

La artista

Carmen Lomas Garza es una de las mejores artistas mexicoamericanas. Tiene dos libros de cuadros con breves descripciones en inglés y en español: *Family Pictures/**Cuadros de familia** e In My Family/**En mi familia.*** En sus dos libros pinta escenas de su niñez, cuando vivía con su familia en Kingsville, Texas.

Cascarones

En el cuadro *Cascarones* (véase la página xvii), Carmen Lomas Garza recuerda la costumbre de preparar cascarones con toda la familia para el Domingo de Pascua. Varias semanas antes

Carmen Lomas Garza

del Domingo de Pascua, todos los niños empiezan a guardar cascarones, la cáscara entera del huevo con un hoyito muy pequeño, por donde le sacan la yema y la clara al huevo. Una o dos noches antes de Pascua, todos se sientan a decorar los cascarones y a llenarlos de confeti, que hacen cortando en pedacitos las tiras cómicas del periódico. Luego, el Domingo de Pascua después de ir a misa, todos sacan sus cascarones y los quiebran en las cabezas de sus hermanos, padres y amigos, siempre revolviéndoles el confeti en todo el cabello. Los más traviesos hasta llenan uno o dos cascarones ¡de harina!

A. Carmen Lomas Garza y yo. Contesta estas preguntas sobre el arte de Carmen Lomas Garza y tus propios intereses. Comparte tus respuestas con un(a) compañero(a).

1. ¿Qué opinas de este cuadro? ¿Te gusta o no? ¿Por qué?
2. Se dice que el arte de Carmen Lomas Garza es realista y hasta bastante detallista. ¿Cuáles son algunos ejemplos del realismo en este cuadro? ¿Cuántos detalles del proceso de preparar cascarones puedes identificar en el cuadro?
3. ¿Conoces otros cuadros de Carmen Lomas Garza? Si contestas afirmativamente, descríbelos.
4. ¿Por qué es importante preservar tradiciones como la de los cascarones? ¿Guarda tu familia cascarones? ¿Qué otras costumbres tiene tu familia que probablemente vas a recordar toda la vida? ¿Cuáles de esas costumbres puedes dibujar?
5. Si sabes hacer cascarones, ¿por qué no haces unos y los traes a la clase para mostrarles a tus compañeros(as) de clase cómo se hacen… ¡y como se quiebran!?

B. El arte chicano en el ciberespacio. En tu casa o en el laboratorio de computación, usa tu buscador favorito en Internet. Escribe las palabras "Carmen Lomas Garza" para encontrar páginas que contienen información sobre esta artista chicana y disfruta de sus cuadros. Luego escribe las palabras "artista chicano" o "artista chicana" y selecciona un(a) artista chicano(a) de tu interés. Ven a clase el próximo día preparado(a) para hablar de lo que más te impresionó de los cuadros de Carmen Lomas Garza o de otro(a) artista chicano(a), y de lo que se dice en Internet sobre ellos, como chicanos(as) y como artistas.

C. La gramática está viva en la lectura. En parejas, preparen una lista de todos los verbos con cambios en la raíz que aparecen en la lectura sobre *Cascarones*. Escriban el verbo en una columna y el infinitivo en otra. Para más información sobre **el presente de indicativo de verbos con cambios en la raíz,** consulta *Así funciona nuestro idioma*, página 51.

D. Así lo hicimos: Análisis de cómo comprendimos la lectura. Habla con un(a) compañero(a) de cómo te ayudó a entender la lectura sobre los cascarones el haber estudiado los verbos regulares, con cambios en la raíz, con cambios ortográficos e irregulares en *Así funciona nuestro idioma*. ¿Te facilitó distinguir entre sustantivos y verbos el saber que hay verbos regulares e irregulares y verbos con cambios ortográficos y en la raíz? ¿Crees que el saber que una palabra desconocida es un verbo, y no un sustantivo, te puede ayudar a entenderla con más facilidad? ¿Por qué sí o por qué no?

Nuestra herencia literaria

⚬ Antes de leer ⚬

A. En tu opinión. En grupos de cuatro o cinco, preparen dos listas: una de los quehaceres domésticos que consideran son responsabilidad de los hijos en cualquier familia y otra que consideran responsabilidad de las hijas. Luego que cada grupo lea sus listas y que el resto de la clase diga si está de acuerdo o no, y por qué.

B. La gramática está viva en la lectura. Indica el infinitivo de los siguientes verbos, sacados del poema de Francisco X. Alarcón. Luego conjúgalos en el presente de indicativo e indica si son verbos regulares, verbos con cambios en la raíz, verbos con cambios ortográficos o verbos irregulares. Luego lee el poema usando el presente histórico. Para más información sobre **verbos regulares, irregulares con cambios en la raíz o cambios ortográficos,** consulta *Así funciona nuestro idioma,* página 51.

hermana dijo	madre había dicho	(él) deshizo
hermana se iba	(él) sacudió	padre puso
madre quedó	nosotros recorrimos	padre abrió

Estrategias para leer poesía

A pesar de que la poesía moderna con frecuencia no usa letras mayúsculas al principio de una oración ni puntuación para indicar pausas o el final de una oración, la mayoría de los poemas contienen oraciones completas. Por lo tanto, ayuda mucho a entender la poesía moderna si al leerla se le pone la puntuación que falta. Ten esto presente al leer este poema del poeta Francisco X. Alarcón. Si te cuesta entenderlo, detente a identificar dónde empieza y termina cada oración.

Franciso Alarcón

El poeta

Francisco Xavier Alarcón nació en California, pero se educó en escuelas primarias y secundarias en California y Guadalajara, México. Estudió en East Los Angeles College, la Universidad Estatal de California en Long Beach y la Universidad de Stanford. Ha publicado nueve colecciones de poemas, cuatro textos escolares y cuatro libros de poemas bilingües para niños. Actualmente es catedrático en la Universidad de California en Davis.

El siguiente poema narra un momento decisivo en la vida de su familia. Es un momento que probablemente se ha repetido y continuará repitiéndose en otras familias.

Una pequeña gran victoria

esa noche de verano
mi hermana dijo
no
ya nunca más
se iba a poner ella
a lavar los trastes°

mi madre sólo
se le quedó viendo
quizás deseando
haberle dicho
lo mismo
a su propia madre

ella también había odiado
sus tareas de «mujer»
de cocinar limpiar

siempre estar al tanto
de sus seis hermanos
y su padre

un pequeño trueno
sacudió la cocina
cuando silenciosos
nosotros recorrimos
con los ojos la mesa
de cinco hermanos

el repentino aprieto°
se deshizo° cuando
mi padre se puso
un mandil° y abrió
la llave del agua
caliente en el fregadero°

---

platos — *a lavar los trastes°*

repentino… inesperado
conflicto / terminó

delantal

lavaplatos

⊙ Reacciona y relaciona ⊙

A. Reacciona.   Contesta estas preguntas.

1. ¿Quién narra o cuenta este poema? ¿la hermana? ¿el papá? ¿un hermano?
2. ¿A qué se opuso la hermana? ¿Por qué crees que lo hizo?
3. ¿Cómo reaccionó la madre? ¿Por qué cree el hijo que su madre reaccionó de esa manera?
4. ¿Cómo reaccionó el padre? ¿Por qué crees que reaccionó así? ¿Crees que bajo circunstancias similares tu padre reaccionaría de la misma manera? ¿Por qué sí o por qué no?

B. Relaciónalo.   ¿Han ocurrido en tu casa situaciones, donde para cambiar una costumbre has tenido que crear una situación difícil? Explica. ¿Qué otras costumbres o prejuicios crees que deben cambiar en las familias para alcanzar mayor igualdad?

C. Debate.   ¿Creen Uds. que debe haber distintos roles en la familia? ¿Creen que es justo que las mujeres se ocupen siempre de las tareas domésticas? Para decidirlo, van a tener un debate frente a la clase. Tres voluntarios deben hablar a favor de que las mujeres deben ocuparse de las tareas domésticas y tres voluntarios en contra. La clase va a votar para decidir quién ganó el debate.

La acentuación, ¡de una vez!

⌾ Sílabas ⌾

Una sílaba es la letra o grupo de letras que forman un sonido independiente dentro de una palabra. Todas las palabras se dividen en sílabas.

Regla 1: Todas las sílabas tienen por lo menos una vocal.

casa → **ca**-**sa**   juntamos → **jun**-**ta**-**mos**
domingo → **do**-**min**-**go**   unidad → **u**-**ni**-**dad**

Regla 2: La mayoría de las sílabas en español comienzan con una consonante.

hermano → **her**-**ma**-**no**   importante → im-**por**-**tan**-**te**[1]
comida → **co**-**mi**-**da**   abuelo → a-**bue**-**lo**[1]

A. Sílabas. Escucha mientras tu profesor(a) lee las siguientes palabras. Luego divídelas en sílabas.

1. t o d o s
2. m a y o r e s
3. p r i m o s
4. d e m a s i a d o
5. p r i m e r o
6. o r g a n i z a r

7. d e n t r o
8. i n f o r m a r
9. p r o f e s o r
10. a p a r e c e
11. p r e p a r a
12. p r e s e n t e

Regla 3: Cuando la **l** o la **r** viene después de una **b, c, d, f, g, p** o **t,** forman agrupaciones que nunca se separan, o sea, que siempre forman una sílaba.

hablan → ha-**blan**   problema → **pro**-**ble**-ma
libro → li-**bro**   regresar → re-**gre**-sar

Regla 4: Cualquier otra agrupación de consonantes siempre se separa en dos sílabas.

cuento → cue**n**-**to**   persona → per-**so**-na
pariente → pa-rie**n**-**te**   relevante → re-le-va**n**-**te**

Regla 5: Las agrupaciones de tres consonantes siempre se dividen en dos sílabas, manteniendo las agrupaciones indicadas en la regla N°3 y evitando la agrupación de la letra **s** antes de otra consonante.

nombre → no**m**-**bre**   compramos → co**m**-**pra**-mos
entraron → e**n**-**tra**-ron   completo → co**m**-**ple**-to
perspectiva → pe**rs**-**pec**-**ti**-va   constante → co**ns**-**tan**-te

---

[1] Una excepción a esta regla son las palabras que comienzan con una vocal.

B. Más sílabas. Escucha mientras tu profesor(a) lee las siguientes palabras. Luego divídelas en sílabas.

1. propia
2. limpiar
3. victoria
4. verdad
5. costumbre
6. Francisco

7. entender
8. dispuesto
9. ejemplo
10. buscando
11. incluso
12. probable

C. Poema. Ahora vuelve al poema de Francisco X. Alarcón "Una pequeña gran victoria" y selecciona cuatro palabras sin acentos escritos. Luego léele las cuatro palabras a un(a) compañero(a) de clase mientras él (ella) escribe cada palabra y las divide en sílabas. Luego tu compañero(a) te va a leer sus palabras y tú vas a escribirlas y separarlas en sílabas.

Redacción

I. Para escribir un párrafo

Este párrafo sobre la unidad familiar lo escribió un alumno hispano en una clase para hispanohablantes.

> Mantener la unidad familiar es muy importante para mi familia. Todos los domingos nos juntamos en casa de mis abuelos. Mis tías y mamá usualmente traen la comida para que mi abuela no tenga que cocinar. A los niños, mis primitos y mis hermanitos, les gusta jugar en el patio donde pueden hacer todo el ruido que quieran y nadie los regaña. Mis primos mayores y yo, junto con mis tíos y papá, nos sentamos en la sala a ver un partido de fútbol en la tele. Cuando la comida está lista, todos los niños comen primero, luego las personas mayores. A mis abuelos les encanta tener a toda la familia presente en su casa.

☉ El proceso de la buena redacción ☉

¿Qué proceso debemos seguir para hacer una buena redacción? ¿Qué proceso siguen los buenos escritores? El proceso que la mayoría de los buenos escritores usan consiste en los siguientes pasos: **planificar, escribir un primer borrador, compartir, revisar** y **escribir la versión final.** Veamos ahora en detalle cada paso del proceso.

A. Planificar.   Los buenos escritores siempre piensan y hacen planes antes de empezar a escribir. Una parte esencial de sus planes es pensar en las preguntas clave: ¿Por qué y para quién escribo? Si contestas estas preguntas cada vez que tienes que escribir, la redacción siempre va a tener un buen enfoque. El autor del párrafo sobre la unidad familiar decidió que escribía porque tenía que describir la unidad dentro de su familia y que escribía para informar a su profesor y sus compañeros de clase.

1. **Anotar ideas.** Una manera de empezar es simplemente escribir una lista de todas las ideas *(brainstorm)* que tienes sobre el tema. Después puedes decidir qué información de la lista vas a incluir y qué vas a excluir.

    A continuación aparecen las ideas que anotó el alumno hispano que escribió el pasaje sobre la unidad familiar. Compara la lista con el párrafo que escribió. ¿Incluyó toda la información de la lista? Si no, ¿qué información eliminó?

importante	ver fútbol en la tele	los adultos comen juntos
domingo con abuelos	tío beber demasiado	visitas a tíos
abuelos no gusta ruido	tías preparar comida	a abuelos les gusta la familia
pescar con abuelo	niños juegan en patio	tío toca guitarra
regañar a niños	los adultos en sala	abuela no cocina
fiestas de cumpleaños	niños comen primero	comer juntos

    Ahora prepara tu lista de todo lo que se te ocurra sobre el tema de la unidad familiar en tu familia.

2. **Agrupar ideas.** Después de anotar ideas es importante organizar la información para estar seguro de que hay una conexión lógica entre toda la información que se presenta. Una manera de organizar las ideas en tu lista es ponerlas en agrupaciones *(clusters)* lógicas. Estudia la agrupación que hizo el estudiante que escribió sobre la unidad familiar. ¿Qué seleccionó como el tema principal de su párrafo?

Ahora mira la lista que preparaste en la sección anterior y decide cuál va a ser el tema principal de tu párrafo sobre la unidad familiar. Selecciona toda la información de tu lista relacionada con el tema y descarta la otra información. Tal vez quieras organizarla en una agrupación como ésta para ver claramente que todo está relacionado con el tema principal.

B. Escribir un primer borrador.   Usa la información de tu agrupación para escribir un primer borrador *(first draft)* de tu párrafo sobre la unidad familiar en tu familia. Generalmente, el tema principal, el del círculo central de tu agrupación, se expresa en la primera o segunda oración del párrafo y cada idea en el resto de la agrupación se puede expresar en oraciónes consecutives.

C. Compartir.   Comparte tu párrafo con dos compañeros(as) de la clase. Ellos(as) deben hacerte comentarios sobre el contenido de tu párrafo. ¿Es claro? ¿Es lógico? ¿Lo entienden? ¿Falta alguna información? Tú debes leer y comentar sus párrafos también. Decide qué cambios quieres hacer en tu párrafo basándote en los comentarios de tus compañeros(as), y escribe una segunda versión de tu párrafo si es necesario.

D. Revisar.   Permíteles a dos compañeros(as) de la clase que lean tu párrafo una vez más. Ahora pídeles que te digan si hay errores de gramática o de ortografía *(spelling)*. Tú debes hacer lo mismo con sus párrafos.

E. Escribir la versión final.   Escribe la versión final de tu párrafo, haciendo todas las correcciones necesarias. Como esta es la versión que vas a entregar a tu profesor(a), debes escribirla a máquina o en la computadora para que pueda leerse sin dificultad.

II. Escribamos a otro nivel

A escribir una composición.   Si ya escribes párrafos con facilidad, sigue el mismo proceso que se recomendó para escribir una composición sobre el tema: **La importancia de la unidad familiar.** Tu composición debe consistir en no menos de tres párrafos que introduzcan el tema, lo desarrollen y finalmente, lleguen a una conclusión. Tal y como se especificó para el párrafo, empieza por planificar, anotando y agrupando tus ideas. Claro, tendrás que hacer varias agrupaciones porque tendrás varios párrafos. Luego escribe el primer borrador y compártelo con dos o tres compañeros de clase antes de revisarlo y escribir la versión final.

> *Online Study Center*
> **El mundo mexicoamericanos-chicano al alcance**
> Explora distintos aspectos del mundo mexicoamericanos-chicano en las actividades de la red que corresponden a este capítulo. Ve primero a http://college.hmco.com/pic/deunavez1e y de allí a la página de *¡De una vez!*

Películas que recomendamos

♫ El cine latino en los Estados Unidos ♫

El cine latino es una de las pruebas más claras de que la cultura hispana no está siendo asimilada sin más por el *melting pot* estadounidense. Cada director, cada actor o actriz y cada película, se esfuerza por compartir su riqueza, sus esperanzas y sus luchas con todos los estadounidenses y el mundo. El hecho de que Estados Unidos es la mayor industria cinematográfica mundial, ofrece al cine latino una plataforma inmejorable desde la que proyectarse al país y al mundo. A continuación hay unas películas mexicoamericanas/chicanas importantes.

El mariachi (1993)   **Director:** Robert Rodríguez

Robert Rodriguez tenía solamente 24 años y 7.000 dólares cuando filmó esta exitosa tragicomedia en una versión mexicana del lejano oeste. *El mariachi* es la historia de un solitario mariachi que cruza la frontera y es inmediatamente confundido con un bandido.

Mi familia (1995)   **Director:** Gregory Nava

Gregory Nava relata la odisea de una familia mexicoamericana que vive en Los Ángeles. Desde la penosa llegada de los padres hasta la época contemporánea, los problemas que la familia enfrenta reflejan la realidad de personas entre dos mundos que tiene que adaptarse a una sociedad diferente que exige cambios y aceptación.

Selena (1997)   **Director:** Gregory Nava

Gregory Nava escogió a Jennifer López para personificar a la carismática cantante chicana Selena, cuya corta vida fue increíblemente intensa en drama y acontecimientos. Selena es la cenicienta que se eleva al nivel de princesa gracias a su gran talento y es, al mismo tiempo, víctima de su meteórica subida.

Escuela (2001)   **Directora:** Hannah Weyer

Liliana Luis es una adolescente mexicoamericana cuya vida es cuidadosamente documentada. Hija de trabajadores temporales migrantes, forma parte de una familia de ocho niños que tienen que cambiar de escuela varias veces al año. Este documental retrata las dificultades que Liliana tiene que enfrentar para poder integrarse a la sociedad norteamericana y al mismo tiempo conservar sus raíces.

Real Women Have Curves (2002)   **Directora:** Patricia Cardoso

Ana (América Ferrera) es una brillante estudiante de preparatoria que desea salirse del guión prescrito por su madre (Lupe Ontiveros) y por la sociedad que la rodea. La aceptación de su propia imagen (contra la opinion de su madre, que trata de convencerla de que tiene un problema de peso) es contagiosa, como debe ser, según podemos inferir de esta película. También lo es el deseo de la joven de salirse de las normas preestablecidas para buscar su propio destino allá hasta donde sus propias capacidades la lleven.

Urban Latino TV: Lifestyle (2003); ***The Movement*** (2004); ***The Culture*** (2005)

Excelente serie documental que se asoma a distintos e interesantes aspectos de la cultura latina en los Estados Unidos.

Otras películas y documentales

American Me (1982)
The Milagro Beanfield War (1988)
Luis Valdez and El Teatro Campesino (1993)
The Latino Family (1993)
Women (1995)
The Changing Role of Hispanic Women (1995)
Chicano! A History of the Mexican-American Civil Rights Movement (1996)
Santitos (1997)
Hispanics in the Media (1998)
The American Tapestry (1999)
Knockout (2000)
Luminarias (2000)
Split Decision (2001)
A Day Without a Mexican (2004)

Así funciona nuestro idioma

1.1 Presente de indicativo: Verbos regulares

¡Ya lo sabes!

Mira los siguientes pares de oraciones y di, en cada caso, cuál de las dos te suena bien, la primera o la segunda. Vas a ver que ya sabes mucho de los verbos regulares.

1. **a.** Mis tíos *hablamos* caló.
   b. Mis tíos *hablan* caló.
2. **a.** Después de hacer el ejercicio del caló, *decidimos* que no era tan difícil.
   b. Después de hacer el ejercicio del caló, *decidamos* que no era tan difícil.

Sin duda toda la clase seleccionó la segunda oración en el primer par y la primera en el segundo par. ¿Cómo lo sé? Porque, como les dije antes, ustedes ya saben mucho de verbos regulares. Lo que tal vez no saben es cuál es **la raíz** de un verbo ni cómo **se conjuga** un verbo. Pero, sigan leyendo y van a saber eso también.

Formas

	Verbos en *-ar*	Verbos en *-er*	Verbos en *-ir*
	trabajar	comer	vivir
yo	trabaj**o**	com**o**	viv**o**
tú	trabaj**as**	com**es**	viv**es**
Ud., él, ella	trabaj**a**	com**e**	viv**e**
nosotros(as)	trabaj**amos**	com**emos**	viv**imos**
vosotros(as)	trabaj**áis**	com**éis**	viv**ís**
Uds., ellos, ellas	trabaj**an**	com**en**	viv**en**

- La raíz de un verbo es lo que queda cuando se le quitan las terminaciones **-ar, -er** o **-ir: trabaj-** (raíz de **trabajar**), **com-** (raíz de **comer**), **viv-** (raíz de **vivir**). Conjugar un verbo quiere decir especificar las formas del verbo que corresponden a los pronombres **yo, tú, él, ella,** etc.: **trabajo, trabajas, trabaja,** etc.
- Para formar el presente de indicativo de los verbos regulares, se le agrega a la raíz verbal la terminación que corresponde a cada pronombre, como se ve en la tabla de arriba.

- Para formar oraciones negativas, se coloca la partícula **no** delante del verbo.

  Los hijos de mi hermana hablan inglés, pero **no hablan** español.

- Cuando el contexto o las terminaciones verbales indican claramente cuál es el sujeto, por lo general se omiten los pronombres sujetos. Sin embargo, se usan los pronombres sujetos para indicar cuál es el sujeto en caso de duda, para poner énfasis o para establecer contrastes entre sujetos.

  —Gregory Nava y Rosie Pérez son chicanos, ¿verdad?
  —No, **él** es chicano, pero **ella** es puertorriqueña.

Usos

- Usamos el presente indicativo para expresar acciones que ocurren en el presente, incluyendo las acciones en curso en el momento de hablar.

  Soy estudiante. **Estudio** ciencias políticas.

  —¿Qué **haces** en este momento?
  —**Escribo** la tarea para la clase de español.

- Para indicar acciones preplaneadas que tendrán lugar en un futuro próximo.

  La próxima semana **viajo** a Santa Fe.

- Para reemplazar los tiempos pasados en las narraciones para que éstas resulten más animadas.

> El director Gregory Nava **nace** en San Diego. Desde niño **conoce** la realidad de la frontera con México. **Estudia** cine en la Universidad de California en Los Ángeles.

⌒ Ahora, ¡a practicar! ⌒

A. ¡De vacaciones en la playa! Tú y dos amigos(as) van a pasar una semana en las playas del sur de California. Di qué planes tienen para esa semana de vacaciones.

MODELO lunes / salir hacia San Diego
El lunes salimos hacia San Diego.

1. martes / nadar y jugamos voleibol en la playa
2. miércoles / practicar surfing
3. jueves / visitar "Sea World"
4. viernes / comprar regalos para la familia
5. sábado / regresar a casa
6. domingo / descansar todo el día
7. … (¿otros planes?)

B. ¡Ay! ¡Qué guapo(a)! Estás en una fiesta y hay una persona muy interesante que quieres conocer. Hazle estas preguntas.

1. Soy…, y tú, ¿cómo te llamas?
2. ¿Dónde vives?
3. ¿Con quién vives?
4. ¿Trabajas en algún lugar? ¿Ah, sí? ¿Dónde?
5. ¿Qué tipo de música escuchas?
6. ¿Qué tipo de libros lees?
7. ¿Miras mucha o poca televisión?
8. ¿Tomas el autobús para ir a clase?
9. … (inventen otras preguntas)

C. El estudiante de la semana. El periódico estudiantil de tu universidad publica algo de la vida de un estudiante cada semana. Te han elegido a ti esta semana. Describe tu situación personal en este momento.

MODELO **Vivo en un apartamento con tres chicas. Los lunes, miércoles y viernes asisto a dos clases por la mañana y una por la tarde. Los jueves y viernes…**

¡Ya lo sabes!

No permitas que expresiones como "cambios en la raíz" te confundan porque ya sabes bastante de verbos con cambios en la raíz. Para probarlo, mira estos pares de oraciones y decide cuál de las dos dirías.

1. a. ¿A qué hora *piensas* ir a ver *El Norte*?
   b. ¿A qué hora *pensas* ir a ver *El Norte*?

2. a. Phil Román *se sente* particularmente orgulloso de sus seis Emmys.
   b. Phil Román *se siente* particularmente orgulloso de sus seis Emmys.

¿Cómo? ¿No todo el mundo contestó igual? Sin embargo la mayoría escogió la primera oración en el primer par y la segunda en el segundo par, ¿verdad? ¿Por qué seleccionaron el verbo con cambios en la raíz sin mayor dificultad? Porque ya han internalizado un gran número de estos verbos sin saber necesariamente que la **e** cambia a **ie** a veces, y a **i** en otras, y que la **o** cambia a **ue**. Pero sigue leyendo y todos van a saberlo.

En el presente de indicativo, la última vocal de la raíz de ciertos verbos cambia de **e** a **ie**, de **o** a **ue** o de **e** a **i** cuando lleva acento fonético. Este cambio afecta las formas verbales de todas las personas del singular y la tercera persona del plural. La primera y segunda persona del plural (**nosotros** y **vosotros**) son regulares porque el acento fonético cae en la terminación, no en la raíz del verbo.

	pensar	resolver	medir
	e → ie	o → ue	e → i
yo	p**ie**nso	res**ue**lvo	m**i**do
tú	p**ie**nsas	res**ue**lves	m**i**des
Ud, él, ella	p**ie**nsa	res**ue**lve	m**i**de
nosotros(as)	pensamos	resolvemos	medimos
vosotros(as)	pensáis	resolvéis	medís
Uds., ellos, ellas	p**ie**nsan	res**ue**lven	m**i**den

En este libro de texto los verbos con cambios en la raíz se escriben con el cambio entre paréntesis después del infinitivo: **pensar (ie), resolver (ue), medir (i).**

● Los siguientes son algunos verbos de uso común que tienen cambios en la raíz.

e → ie	o → ue	e → i (-ir verbs only)
cerrar	almorzar	conseguir
empezar	aprobar	corregir
nevar	contar	despedir(se)
recomendar	mostrar	elegir
	probar	pedir
atender	recordar	reír
defender	sonar	repetir
entender	volar	seguir
perder		servir
pensar	devolver	sonreír
	llover	vestir(se)
convertir	mover	
divertir(se)	poder	
mentir	volver	
preferir		
sentir(se)	dormir	
sugerir	morir	

Nota para hispanohablantes En algunas comunidades de hispanohablantes, hay una tendencia a hacer regulares o regularizar los verbos con cambios en la raíz y así dicen *penso, pensas, pensa…* y *recordo, recordas, recorda…* en vez de **pienso, piensas, piensa…** y **recuerdo, recuerdas, recuerda…**. Es importante evitar este uso fuera de las comunidades donde se usa y en particular al escribir.

- Los verbos **adquirir, jugar** y **oler** se conjugan como verbos con cambios en la raíz.

adquirir (**i → ie**)	jugar (**u → ue**)	oler (**o → hue**)
adqu**ie**ro	**jue**go	**hue**lo
adqu**ie**res	**jue**gas	**hue**les
adqu**ie**re	**jue**ga	**hue**le
adquirimos	jugamos	olemos
adquirís	jugáis	oléis
adqu**ie**ren	**jue**gan	**hue**len

Nota para hispanohablantes Algunos hispanohablantes tienden a regularizar el verbo **oler** y dicen *olo, oles, ole…* en vez de **huelo, hueles, huele…**. Es importante evitar este uso fuera de la comunidad donde se usa y en particular al escribir.

◦ Ahora, ¡a practicar! ◦

A. Un emigrante recién llegado. Completa el texto en el presente para contar las experiencias del mexicano Rodolfo al llegar a Los Ángeles.

En Los Ángeles, Rodolfo se <u>(1)</u> (sentir) un poco perdido. Le <u>(2)</u> (pedir) consejos a un amigo, quien le <u>(3)</u> (conseguir) trabajo en un almacén. <u>(4)</u> (Comenzar) a trabajar, <u>(5)</u> (atender) bien a los clientes y <u>(6)</u> (mostrar) buena disposición. Su jefe <u>(7)</u> (aprobar) su modo de trabajar. Después de unos meses, se <u>(8)</u> (sentir) mejor y <u>(9)</u> (reír) más a menudo. Ya no <u>(10)</u> (pensar) regresar a México de inmediato.

B. Película. Usando la forma verbal apropiada del verbo que está entre paréntesis, tu compañero(a) te va a hacer preguntas acerca de la película *El Norte* que acabas de ver en el cine por primera vez. Usa tu imaginación al contestar las preguntas.

MODELO   ¿(Mostrar) esta obra la realidad de los emigrantes latinos?
           —¿Muestra esta obra la realidad de los emigrantes latinos?
           —Sí, por supuesto, muestra esa realidad muy bien.

1. ¿A qué hora (comenzar) la película?
2. ¿(Entender) los angloamericanos las partes en español?
3. ¿Se (emocionar) la gente con la película?
4. ¿Se (reír) mucho los espectadores?
5. ¿(Volver) algunos espectadores a ver la película?
6. ¿(Recomendar) tú la película a todo el mundo?

C. Nuevos compañeros(as) de cuarto. Tu compañero(a) va a hacer el papel de tu nuevo(a) compañero(a) de cuarto. Él (Ella) va a seleccionar la forma apropiada del verbo para hacerte preguntas porque desea conocer algunos aspectos de tu rutina diaria. Una vez que contestes sus preguntas, cambia de papel con tu compañero(a).

1. ¿A qué hora te (despertas/despiertas)?
2. ¿Te levantas enseguida o (duermes/dormes) otro rato?
3. ¿Te (vestes/vistes) antes o después de desayunar?
4. ¿A qué hora (empeza/empieza) tu primera clase?
5. ¿Dónde (almuerzas/almorzas): en la universidad, en un restaurante o en casa?
6. ¿Qué haces después de las clases, trabajas o (jugas/juegas) a algún deporte?
7. ¿A qué hora (volves/vuelves) a casa?
8. ¿A qué hora te (acuestas/acostas)? ¿Te (dormes/duermes) sin dificultad?
9. ¿(Riyes/Ríes) mucho durante el día? ¿Qué te hace reír?

1.3 Verbos con cambios ortográficos y verbos irregulares

¡Ya lo sabes!

Te apuesto que eso de "ortográficos" te asustó. *Ortográfico* se refiere al modo como se escriben las palabras. Pero, incluso si no sabes qué significa *ortográfico,* ya sabes mucho de verbos con cambios ortográficos e incluso de verbos irregulares. ¿No estás muy convencido? Pues, cuando mires estos pares de oraciones para decidir cuál de las dos dirías vas a ver que sí lo sabes.

1. **a.** Si *consego* el libro de Carmen Garza se lo voy a comprar a mi cuñadito.
   b. Si *consigo* el libro de Carmen Garza se lo voy a comprar a mi cuñadito.
2. **a.** *Sabo* que no es difícil hacer cascarones.
   b. *Sé* que no es difícil hacer cascarones.

¿Verdad que la mayoría escogió la segunda oración en cada par? Ya ves como sabes mucho de **verbos con cambios ortográficos** y de **verbos irregulares.** Pero sigue leyendo y vas a aprender mucho más.

Verbos con cambios ortográficos

Algunos verbos requieren un cambio ortográfico para mantener la pronunciación de la raíz.

- Los verbos que terminan en **-ger** o **-gir** cambian la **g** en **j** en la primera persona del singular (**yo**).

  exigir: exijo, exiges, exige, exigimos, exigís, exigen
  recoger: recojo, recoges, recoge, recogemos, recogéis, recogen

  Otros verbos terminados en **-ger** o **-gir:**

coger	corregir (i)	elegir (i)
proteger	dirigir	exigir

- Los verbos que terminan en **-cer,** o **-cir** precedidos de una consonante cambian la **c** en **z** en la primera persona del singular.

  vencer: venzo, vences, vence, vencemos, vencéis, vencen

  Otros verbos en esta categoría:

convencer	ejercer	esparcir

- Los verbos que terminan en **-guir** cambian **gu** en **g** en la primera persona del singular. ¡**Atención!** La **u** en **-guir** no se pronuncia.

  distinguir: distingo, distingues, distingue, distinguimos, distinguís, distinguen

  Otros verbos terminados en **-guir:**

conseguir (i)	proseguir (i)
extinguir	seguir (i)

- Los verbos que terminan en **-uir** cambian la **i** en **y** delante de **o** y **e**. ¡Ojo! La **u** en **-uir** sí se pronuncia.

  influir: influyo, influyes, influye, influimos, influís, influyen

  Otros verbos terminados en **-uir:**

atribuir	construir	excluir	distribuir	incluir
concluir	contribuir	destruir	huir	substituir

- Algunos verbos que terminan en **-iar** y **-uar** cambian la **i** en **í** y la **u** en **ú** en todas las formas excepto **nosotros** y **vosotros.**

  confiar: confío, confías, confía, confiamos, confiáis, confían
  continuar: continúo, continúas, continúa, continuamos, continuáis, continúan

  Otros verbos en esta categoría:

ampliar	enfriar	enviar	guiar
acentuar	efectuar	graduar(se)	situar

¡Ojo! Los siguientes verbos terminados en **-iar** y **-uar** son regulares:

anunciar	cambiar	estudiar
apreciar	copiar	limpiar
averiguar		

Nota para hispanohablantes Algunos hispanohablantes tienden a no hacer estos cambios de ortografía al escribir y, a veces, hasta al hablar. Es muy importante siempre hacer estos cambios al escribir; si no, se consideran errores de ortografía. Al hablar, es importante hacer siempre estos cambios fuera de las comunidades donde se usan.

⟲ Verbos irregulares ⟳

- Los siguientes verbos de uso frecuente tienen varias irregularidades en el presente de indicativo.

estar	ser	tener	decir	ir	oír	venir
estoy	soy	tengo	digo	voy	oigo	vengo
estás	eres	tienes	dices	vas	oyes	vienes
está	es	tiene	dice	va	oye	viene
estamos	somos	tenemos	decimos	vamos	oímos	venimos
estáis	sois	tenéis	decís	vais	oís	venís
están	son	tienen	dicen	van	oyen	vienen

Los verbos derivados de cualquiera de estas palabras tienen las mismas irregularidades:

tener: contener, detener, mantener, obtener
decir: contradecir
venir: convenir, intervenir, prevenir

Nota para hispanohablantes   Algunos hispanohablantes tienden a usar la terminación **-emos** en vez de **-imos** en los verbos **decir, salir** y **venir** y dicen *decemos, salemos, venemos.* Es importante evitar estos cambios al hablar fuera de comunidades donde se usan y siempre al escribir.

- Los siguientes verbos son irregulares en la primera persona del singular solamente.

dar: **doy**	poner: **pongo**	valer: **valgo**
caber: **quepo**	saber: **sé**	ver: **veo**
hacer: **hago**	traer: **traigo**	salir: **salgo**

Los verbos derivados muestran las mismas irregularidades:

hacer: deshacer, rehacer, satisfacer
poner: componer, imponer, oponer, proponer, reponer, suponer
traer: atraer, contraer, distraer(se)

Nota para hispanohablantes   En algunas comunidades de hispanohablantes dicen *cabo* en vez de **quepo**. Es importante evitar ese uso fuera de esas comunidades y en particular al escribir.

- Los verbos que terminan en **-cer** o **-cir** precedidos de una vocal, agregan una **z** delante de la **c** en la primera persona del singular.

conocer: cono**z**co, conoces, conoce, conocemos, conocéis, conocen

Otros verbos en esta categoría:

agradecer	ofrecer	conducir	establecer
aparecer	parecer	deducir	merecer
crecer	permanecer	introducir	perecer
desconocer	pertenecer	producir	reducir
obedecer	reconocer	traducir	

Ahora, ¡a practicar!

A. Un mexicoamericano. Joaquín nos habla de su vida. Completa lo que dice con la forma apropiada del verbo que aparece entre paréntesis.

Mi nombre es Joaquín Ayala. (1)_____ (Ser) mexicoamericano. Como muchos amigos míos, yo (2)_____ (tener) parientes en México. (3)_____ (Vivir) ahora en Ventura, California, pero (4)_____ (ir) con frecuencia a Guanajuato, donde (5)_____ (residir) mi familia. Me (6)_____ (mantener) en contacto con mis parientes y amigos de Guanajuato. Aquí en Ventura (7)_____ (conocer) a muchos amigos mexicanos con quienes (8)_____ (salir) a menudo. Los fines de semana me (9)_____ (distraer) escuchando música y yendo a bailes con mis amigos.

B. ¡Qué talento! Cada uno de los miembros de la clase debe mencionar algo especial acerca de sí mismo(a). Si la frase te describe, contesta en el afirmativo con la forma apropiada del verbo. Si no, contesta en el negativo y crea otra frase que te describa mejor.

MODELO   pertenecer a un grupo musical
        Pertenezco a un grupo musical. / No, no pertenezco a un grupo musical. Juego la fútbol.

1. saber hablar caló
2. conseguir dinero para agencias de la comunidad
3. traducir del francés al español
4. componer poemas de amor
5. proteger animales abandonados
6. construir viviendas para los "sin techo"
7. mantener correspondencia con mis amigos mexicanos
8. dar lecciones de salsa
9. guiar a los turistas a sitios de interés en el barrio
10. ofrecer mis servicios como voluntario en un hospital local

C. ¿Preguntas indiscretas? Selecciona cuatro verbos de esta lista y escribe una pregunta con cada uno que algún (alguna) compañero(a) va a contestar. Escribe cada pregunta en una hoja de papel. Luego, tu profesor(a) va a recoger todos los papeles y dejar que cada persona de la clase seleccione uno y conteste las preguntas.

averiguar	conseguir	incluir
caber	convencer	obedecer
concluir	dirigir	oír
conducir	graduarse	proponer

D. Composición. Lee la composición que un(a) compañero(a) de clase ha escrito acerca de su familia y corrige cualquier forma verbal que no sea apropiada para la lengua escrita.

Hay cinco personas en mi familia: mis padres, mi hermano mayor, mi hermana menor y yo. Yo quero mucho a mis padres y a mis hermanos; somos una familia muy unida. Salemos juntos a fiestas y a ver otras familias amigas. El auto que tienemos es pequeño; yo casi no cabo en el auto, pero siempre consego acomodarme de algún modo. Me llevo bien con mis hermanos; mi hermano influe positivamente en mí y yo influo positivamente en mi hermanita. Todos nos quieremos mucho.

Nueva York, desfile puertorriqueño

La tradición oral: Los trabalenguas

Los trabalenguas son versos o dichos difíciles de pronunciar que se usan como pasatiempo. Con frecuencia tienen poco sentido pero nunca dejan de tener cierto ritmo poético y una repetición de sonidos cautivante. Quién no se ha divertido recitando o escuchando alguna versión del famoso…

> Erre con erre, cigarro;
> erre con erre, barril;
> ¡que rápido corren los carros
> del ferrocarril!

En la mayoría de los casos, con el pasar del tiempo se ha olvidado quiénes fueron los autores de los trabalenguas. En algunos casos, existen varias versiones del mismo. Pero en todo caso, lo que nos queda es otra forma interesante y divertida de la tradición oral. A continuación hay cuatro trabalenguas bien conocidos. Apréndetelos de memoria y trata de recitarlos lo más rápido posible sin equivocarte.

Muchos cocos

Si yo comiera muchos cocos,
muchos cocos compraría,
Pero como pocos cocos como,
pocos cocos compro.

Cuando cuentes cuentos

Cuando cuentes cuentos,
cuenta cuántos cuentos cuentas
cuando cuentes cuentos.

Tres tristes tigres

Tres tristes tigres
tragaban trigo en tres tristes trastos.
En tres tristes trastos
tragaban trigo tres tristes tigres.

Constantino fue a Constantinopla

Constantino fue a Constantinopla.
¿Quién lo desconstantinoplará?
El desconstantinoplador
que lo desconstantinople
buen desconstantinoplador será.

A. ¡Concurso!   Organicen un concurso en la clase para ver quién puede decir los trabalenguas más correcta y rápidamente.

B. Álbum de mi familia.   Pregúntales a tus padres y/o a tus abuelos si saben algunos trabalenguas. Anota los que te cuenten, o aun mejor, apréndetelos de memoria y recítaselos a la clase. Si te atreves, recítales los trabalenguas que acabas de aprender a tus padres y/o abuelos, e invítalos a que los reciten ellos. Incluye estos trabalenguas en tu álbum familiar. No olvides indicar el nombre de la persona que te los contó y, si la tienes o la puedes conseguir, una foto de esa persona.

C. Los trabalenguas en el ciberespacio.   En tu casa o en el laboratorio de computación, usa tu buscador favorito en Internet. Escribe la palabra "trabalenguas" para encontrar páginas que contienen listas de trabalenguas en español. Lee varios de ellos y selecciona dos o tres que consideras más difíciles de decir. Ven a clase el próximo día preparado(a) para participar en un concurso. En grupos de cuatro, túrnense para leer uno de los trabalenguas de sus compañeros para ver quién en el grupo lo puede leer con más rapidez y sin cometer errores. Luego las personas que ganaron en cada grupo van a compartir frente a la clase.

Nuestra riqueza cultural

⊙ Antes de leer ☉

A. ¡Salsa!   ¿Cuánto sabes de la música salsa? Indica en la primera columna si, en tu opinión, estos comentarios son ciertos o falsos. Luego, después de leer la lectura, completa la tercera columna con la opinión del autor. Si algún comentario es falso, corrígelo.

En mi opinión			Según el autor	
C	F	1. El origen principal del tipo de música conocido como salsa es la tradición musical afrocubana.	C	F
C	F	2. El cha-cha-chá y el mambo son dos derivaciones de la salsa.	C	F
C	F	3. Tito Puente, el Rey de la Salsa, es famoso por su habilidad para tocar el piano.	C	F
C	F	4. La expresión que caracterizaba a Celia Cruz, la Reina de la Salsa, es "¡Órale!".	C	F
C	F	5. Otro gran salsero puertorriqueño es Rubén Blades.	C	F

B. La gramática está viva en la lectura.   En parejas, (1) busquen dos ejemplos de adjetivos descriptivos en la lectura; (2) díganle a la clase qué adjetivos seleccionaron y qué sustantivos modifican; y (3) expliquen la posición de los adjetivos que seleccionaron. Para más información sobre adjetivos y sustantivos, consulta *Así funciona nuestro idioma,* página 85.

⊙ Lectura ☉

Tito Puente y Celia Cruz, rey y reina de la salsa

La salsa pone a bailar al mundo

Después de la Segunda Guerra Mundial, a raíz de la llegada de un gran número de puertorriqueños y otros latinos a Nueva York, el género musical latino conocido como "salsa" no sólo conquistó los salones de baile de Nueva York, sino que puso a bailar al mundo entero.

Se conoce como salsa la música rítmica, alegre y pegadiza que tiene su origen en la tradición musical, afrocubana, pero que también comparten Puerto Rico y otras regiones latinas con gran influencia africana. Se han usado varios nombres para denominar esta música y sus derivaciones: guaguancó, son cubano, cha-cha-chá, mambo y salsa.

Tito Puente (1923–2000), un puertorriqueño nacido en el barrio Spanish Harlem de Nueva York, ha sido reconocido como el Rey de la Salsa, por su ingeniosa manera de tocar los timbales y hacer arreglos musicales para la mayoría de los cantantes.

La cantante nacida en Cuba, Celia Cruz (1925–2003), es a su vez reconocida como la Reina de la Salsa por la tremenda energía con que interpretaba sus canciones. El uso continuo de la jovial expresión "¡Azúcar!" es una de las características que la distinguían.

Otros grandes salseros son el puertorriqueño de Nueva York Willie Colón, el panameño Rubén Blades y el nicaragüense Luis Enrique. Recientemente, la carismática pareja puertorriqueña de Marc Anthony y Jennifer López sigue popularizando la música salsa no sólo en sus CDs sino en el cine también. Y gracias a todos ellos y a su magia, hoy la salsa se baila no sólo en los barrios latinos, sino en el mundo entero.

◌ ¿Comprendiste? ◌

A. ¡Salsa!   La salsa tiene su origen en el Caribe y, como es típico de la música caribeña, muestra cierta influencia africana. ¿Por qué crees que hay tanta influencia africana en la música latina? ¿Cuáles son otros ritmos latinos que muestran influencia africana? Contesta estas preguntas con dos compañeros(as) de clase. Informen a la clase de sus conclusiones.

B. ¡No sé bailar!   Se supone que todos los latinos saben bailar y que bailan muy bien, pero siempre hay excepciones. ¿Qué importancia tiene el saber bailar bien para ti? ¿Saldrías con una persona a la que no le gusta bailar? ¿Tendrías a tal persona como novio(a) o esposo(a)? Contesta en uno o dos párrafos escritos. Usa el proceso de escribir que aprendiste en Capítulo 1 (*Redacción*) para asegurarte de que produces buenos párrafos. Antes de entregárselos a tu profesor(a), pídeles a dos compañeros de clase que lean tus párrafos, mientras tú lees los de ellos, y que te hagan sugerencias para mejorarlos.

C. La salsa en el ciberespacio.   En tu casa o en el laboratorio de computación, usa tu buscador favorito en Internet. Escribe las palabras "música puertorriqueña" para encontrar páginas que hablan sobre distintos aspectos de la música puertorriqueña, tanto en la isla como en los Estados Unidos. De entre los más de 20.000 resultados, escoge tres que te informen sobre sus raíces africanas, europeas e indígenas. Selecciona también otras que presenten títulos y letras de canciones. ¿De qué hablan? ¿Reflejan la cultura puertorriqueña? Si puedes escuchar algunas canciones, ¿hay algún ritmo que te guste más? ¿Algún cantante o grupo? Responde estas preguntas y ven a clase preparado(a) para compartir tus respuestas. Si en tu clase hay acceso a Internet, escribe direcciones de sitios donde encontraste información para poder mostrárselos a tus compañeros(as).

Vamos a conversar sobre... el entretenimiento y la violencia

Catástrofes como la masacre ocurrida en la escuela Columbine de Littleton, Colorado, el 20 de abril de 1999, nos hacen preguntarnos por el origen de la violencia en los jóvenes. Vamos a conversar sobre este tema en grupos de tres, intentando responder a las siguientes preguntas. Luego informen a la clase de sus conclusiones, y estén preparados para discutir las opiniones de los demás grupos.

A. La violencia.   ¿Creen que las películas o los videojuegos violentos son una invitación a que los jóvenes practiquen la violencia? ¿Por qué? ¿Creen que las canciones pueden incitar a los jóvenes a la violencia? ¿Cómo?

B. Soluciones.   ¿Creen que sería una solución el establecer una censura y eliminar la violencia de la televisión, el cine y los videojuegos violentos? Si no, ¿cómo recomiendan ustedes que se solucione el problema?

C. Protección de los niños.   Cuando ustedes eran niños, ¿sus familias controlaban sus gustos musicales, lo que veían en la televisión o los videojuegos? Si tienen hijos, o cuando los tengan, ¿qué tipo de control les imponen o les van a imponer? ¿Les permiten/Les van a permitir ver películas violentas? ¿Jugar con videojuegos violentos? ¿Cuál es o puede ser la reacción de los niños ante este control? ¿Qué criterio deben usar los padres para decidir qué es aceptable y qué no es aceptable?

Nuestra riqueza lingüística

◯ Antes de leer ◯

Como bilingüe, tienes ciertas ventajas que tus amigos monolingües no tienen. Una de ésas es una sensibilidad lingüística muy especial que te permite, entre otras cosas, hacer comparaciones entre las dos lenguas que hablas.

1. ¿Qué variaciones has notado entre el inglés que hablas y el que hablan personas de otras partes de los EE.UU.? ¿Por qué crees que existen esas diferencias? ¿A qué se deben?
2. ¿Qué diferencia hay entre el español que hablas y el español del país de origen de tus padres, abuelos o antepasados? ¿A qué crees que se deben esas diferencias?
3. Si tus compañeros de clase son de distinta ascendencia, ¿qué diferencias notas en el español de los mexicanos y el de los puertorriqueños? ¿los cubanoamericanos? ¿los salvadoreños? ¿los dominicanos? ¿los guatemaltecos? ¿los sudamericanos? ¿Por qué crees que existen esas diferencias?

◯ Lectura ◯

Variantes coloquiales: El habla caribeña

El español es una lengua viva y vibrante con muchas variantes en la manera en que se habla de país a país y hasta de una región a otra dentro de un mismo país. Estas variantes hacen que exista el español de México, el de Cuba, el de España, y hasta el de Monterrey y el de Guadalajara o el de Bogotá y el de Medellín. En todo caso, no se trata de otras lenguas sino de distintas maneras de hablar la misma lengua, es decir, de variantes coloquiales o formales. Lo importante es reconocer que todas las variantes son válidas. Ninguna es "mejor" que la otra cuando se trata del español hablado. Recuerda siempre que la lengua es lo que el pueblo dice y no lo que unos gramáticos intolerantes crean que debe decir.

Una variante que predomina en los países del Caribe es la que llamamos "el habla caribeña". Esta variante tiene ciertas características muy marcadas:

1. La omisión de la **s** final en una palabra o la tendencia a aspirar la **s** final y convertirla en **eh.** Por ejemplo, se dice **inglé** o **ingleh** en vez de **inglés.**
2. La tendencia a pronunciar la **r** como **l** en algunas palabras, como **caminal** en vez de **caminar.**
3. La tendencia a "comerse" o no pronunciar la **d** en ciertas palabras. Esta tendencia a veces se extiende a la vocal acompañante y se dice, por ejemplo, **espantá** en vez de **espantada.**
4. Una tendencia a usar **pa'** en vez de **para.**

El habla caribeña aparece con frecuencia en el diálogo de ciertos personajes en las novelas y cuentos de escritores caribeños. Aquí presentamos un ejemplo del cuento "Garabatos" del autor puertorriqueño Pedro Juan Soto. Este diálogo tiene lugar durante la Navidad entre el protagonista, un artista en decadencia, pobre y borracho, y su esposa, una mujer que ya está convencida de que su marido no vale para nada.

—Déjame quieto, mujer...

—Sí, siempre eh lo mihmo: ¡déjame quieto! Mañana eh Crihmah y esoh muchachoh se van a quedal sin jugueteh.

—El día de Reyeh en enero...

—A Niu Yol no vienen loh Reyeh. ¡A Niu Yol viene Santa Cloh!

—Bueno, cuando venga el que sea, ya veremoh.

—¡Ave María Purísima, qué padre, Dioh mío! ¡No te preocupan na máh que tuh garabatoh! ¡El altihta! ¡Un hombre viejo como tú!

◯ ¿Comprendiste? ◯

A. "Garabatos".   Para mostrar que entiendes el habla caribeña en este trozo del cuento "Garabatos" del autor puertorriqueño Pedro Juan Soto, escribe en un español más general las siguientes palabras.

1. eh   _____
2. mihmo   _____
3. Crihmah   _____
4. esoh   _____
5. muchachoh   _____
6. quedal   _____
7. jugueteh   _____
8. Reyeh   _____
9. Niu Yol   _____
10. veremoh   _____
11. na   _____
12. máh   _____
13. tuh   _____
14. garabatoh   _____
15. altihta   _____

B. Encuesta.   Esta lectura cuenta que es muy importante reconocer que todas las variantes coloquiales son válidas —y que ninguna es "mejor" que la otra. Haz una encuesta con cinco amigos hispanos fuera de clase, para ver si están de acuerdo o no. Pregúntales si creen que el español de España es mejor que el español que ellos hablan y si el español que ellos hablan es tan válido como el español que se habla en México (Puerto Rico, Cuba, Nicaragua, etc.). Informa a la clase de tus conclusiones.

C. El habla caribeña en el ciberespacio. En tu casa o en el laboratorio de computación, busca por Internet unos sitios web de estaciones de radio o canales de televisión de Puerto Rico. Escucha las estaciones o los programas que encuentres y luego, escribe un breve informe sobre la(s) manera(s) de hablar que oíste. ¿Entendiste bien lo que oíste? ¿Qué hablas se usaban en los programas que escuchaste? ¿Oíste el habla caribeña?

D. La gramática está viva en la lectura. Lee las siguientes oraciones con la forma apropiada de **ser** o **estar.** Para más información sobre **ser** y **estar,** consulta *Así funciona nuestro idioma,* página 85.

1. Una lengua _____ algo vivo y vibrante con muchas variantes.
2. La lengua española _____ constantemente en proceso de cambio.
3. Estas variantes _____ la razón por la cual el español de España no _____ idéntico al español de México.
4. A pesar de que algunos lingüistas no _____ de acuerdo, el español _____ lo que la gente dice y no lo que _____ escrito en los libros de gramática.
5. _____ muy importante aceptar que todas las variantes _____ válidas. Ninguna _____ mejor que la otra.

Hispanos estelares

Ricky Martin Es un carismático cantante que nos llena de orgullo no solamente porque cruza exitosamente las fronteras culturales de todo el mundo, sino también por su cálida personalidad. "La vida loca" se convierte en un éxito loco que lo pone en primera plana por todo el mundo, pero Ricky Martin continúa haciendo gala de su genuina sencillez sin permitir que el triunfo se le suba a la cabeza. Nace en Hato Rey, Puerto Rico en la Nochebuena de 1971. Desde pequeñito demuestra su talento musical y artístico. En 1984 es aceptado por el exitoso grupo "Menudo", con el que actúa hasta l989. Así, con apenas 17 años, decide irse a Nueva York, y luego a México, siempre buscando la oportunidad del éxito. Para 1993 ya forma parte de la telenovela *General Hospital* filmada en Hollywood, y en 1996 actúa en *Les Misérables* en Broadway. Su éxito definitivo llega con su álbum *Vuelve*, del que se venden más de seis millones de ejemplares.

Ricky Martin

Andrés Sánchez Se necesita valor y mucha preparación para ser uno de los 50 pilotos autorizados para volar el bombardero indetectable B-2, sin duda el avión más caro, poderoso y sofisticado con que cuentan las Fuerzas Aéreas estadounidenses. Esa distinción le ha tocado al mayor Andrés Sánchez, un determinado puertorriqueño que a los 36 años ya ha volado ese avión en Kosovo. Para formar parte de ese grupo élite de pilotos, Sánchez ha tenido que completar un régimen de capacitación riguroso tanto por la disciplina como por el nivel de estudios que lo han templado espiritual y psicológicamente. Está convencido de que su labor es su manera de expresar su dedicación a su nación.

El bombardero
indetectable B-2

A. Hispanos estelares. Contesten estas preguntas con la clase entera.

1. ¿Han asistido a algún concierto de Ricky Martin o lo han visto en la televisión? ¿Qué opinan de su música? ¿Por qué creen que este cantante puertorriqueño ha logrado alcanzar éxito mundial? ¿Es posible que su vida personal no haya cambiado con todo el éxito que ha logrado? Expliquen su respuesta.

2. ¿Cómo creen que Andrés Sánchez llegó a ser piloto del bombardero B-2? ¿Cuántos títulos escolares tendrá —secundaria, universidad, estudios

graduados? ¿Cómo creen que se siente su familia ante sus éxitos? ¿Qué profesión podrá seguir cuando deje el ejército? ¿A quiénes en la clase les gustaría ser piloto? ¿Qué se lo impide?

B. El gran teatro del mundo.

1. Tú y un(a) compañero(a) de clase son reporteros del periódico estudiantil de tu universidad. Ricky Martin, representado por otro compañero de clase, está en su universidad para dar un concierto este fin de semana. En grupos de tres, dramaticen su entrevista con este famoso cantante puertorriqueño.
2. Tú eres el cantante de una banda de rock y siempre has querido seguir una carrera como cantante profesional. Como Ricky Martin está de visita en tu universidad, con un poco de iniciativa logras acercarte a él para hacerle muchas preguntas acerca de cómo triunfar como cantante profesional. Dramatiza la conversación con un(a) compañero(a) de clase.

C. La gramática está viva en la lectura. Completa las siguientes comparaciones de igualdad (=) y desigualdad (≠). Para más información sobre comparaciones de igualdad y desigualdad, consulta *Así funciona nuestro idioma,* página 85.

1. Andrés Sánchez probablemente es (= carismático) Ricky Martin.
2. Ricky Martin probablemente es (≠ disciplinado) Andrés Sánchez.
3. Ricky Martin probablemente tiene (≠ talento musical) Andrés Sánchez.
4. Andrés Sánchez probablemente es (≠ conocido) Ricky Martin.
5. En cuanto a años, probablemente Ricky Martin tiene (=) Andrés Sánchez.

Hablemos de carreras... militares

Muchos hispanos en EE.UU. seleccionan carreras militares. ¿Por qué creen que lo hacen? El número de puertorriqueños que se ha alistado en el ejército de los EE.UU. también es impresionante. ¿Por qué creen que tantos lo han hecho? ¿Es raro o normal que los puertorriqueños sirvan en el ejército de este país? Expliquen su respuesta. Si de repente los Estados Unidos declarara guerra contra otro país, ¿se alistarían Uds? ¿Por qué sí o por qué no? ¿Qué expectativas tendrían en esa situación?

⊙ Para hablar de carreras militares ⊙

Ejército		Capitán	Captain
Fuerza Aérea		Teniente	Lieutenant
Infantería de Marina		**Otras expresiones**	
Almirante	Admiral	alistar	to enlist
Vicealmirante	Vice Admiral	comedor	mess hall
Capitán de Navío	Captain	cuartel	barracks
Capitán de Fragata	Commander	ejército profesional	professional army
Capitán de Corbeta	Lieutenant Commander	objetor(a) de conciencia	conscientious objector
Teniente de Navío	Lieutenant		
Alférez	Ensign	pacifista	pacifist
General de Ejército	General	reclutar	recruit
General de División	Lieutenant/Major General	saludar	to salute
Coronel	Colonel	servicio militar	armed forces draft
Teniente Coronel	Lieutenant Colonel	tener un rango superior	to outrank
Comandante	Major		

A. Los militares y yo.   Completa estas oraciones y compara tus respuestas con un(a) compañero(a) de clase.

1. Yo conozco a militares con el rango de ... pero no conozco a nadie con el rango de ....
2. Durante la guerra con Iraq, varios parientes/amigos se ... para servir en ....
3. Si yo decidiera seguir una carrera militar, escogería servir en ... y probablemente ... sería el rango más alto que alcanzaría.
4. Lo malo con tener el rango más bajo es que siempre tienes que vivir en un ... y tienes que ... a personas con ....
5. Pues, yo jamás seguiría una carrera militar porque soy .... Aun si me llamaran al servicio militar, rehusaría del servir diciendo que soy ....

B. Con el diccionario en mano. Traduce estas oraciones al español.

1. I panicked when I realized that the man to my right was an Air Force general and the woman to my left a Navy commander … and here I was a new recruit.
2. I respect pacifists and believe in a person's right to be a conscientious objector, but I also think that they should respect professional military men and women.
3. Is a lieutenant colonel equal in rank to a lieutenant commander?
4. Is that ensign Ledesma with lieutenant Banegas?
5. I have a sister who is a marine colonel, a brother who is a navy lieutenant commander, and another brother who is an army lieutenant.

C. Debate. Cuando hay guerras, como la de Vietnam, Afganistán e Iraq, los estadounidenses acaban siempre por separarse en dos campos: los que apoyan el papel militar del país y los que se oponen rotundamente. ¿Qué opinan ustedes? ¿Tiene Estados Unidos el derecho y/o la responsabilidad de ser el policía del mundo o creen que debería ser responsabilidad sólo de las Naciones Unidas? Tres voluntarios van a discutir a favor y tres en contra. Luego que la clase vote para ver quién ganó.

D. Militares del futuro. Identifiquen dos o tres compañeros(as) de clase que tal vez se interesen en una carrera militar y otros que se harían objetores de conciencia en caso de servicio militar obligatorio y entrevístenlos. Usen estas preguntas y otras que les parezcan apropiadas.

1. Interesados en la carrera militar: ¿Cuál es la atracción de seguir una carrera militar? ¿Cuánto gana un(a) militar? ¿Por cuánto tiempo tiene que servir? ¿Qué rama militar y rango te interesaría y por qué? ¿Cuáles son algunas ventajas y/o desventajas de seguir una carrera militar?
2. Objetores de conciencia: ¿Serías objetor(a) de conciencia por motivos religiosos, filosóficos, políticos, o por otras razones? Si no te concedieran la condición de objetor de conciencia, estarías dispuesto(a) a ir a la cárcel? ¿Hay otras alternativas para los objetores de conciencia? ¿Cuáles son? ¿Cuáles son algunas ventajas y/o desventajas de ser un objetor(a) de conciencia?

E. Entrevista a un militar profesional. Como tarea para la próxima clase, en parejas, parte de la clase debe entrevistar a un militar hispano de la comunidad. Pregúntenle si es una buena carrera, si la recompensa justifica a arriesgarse la vida, si es una buena vida para las familias, etc. Informen a la clase de los resultados de la entrevista.

F. Entrevista a un veterano pacifista. Como tarea para la próxima clase, en parejas, otra parte de la clase debe entrevistar a un veterano pacifista hispano de la comunidad. Pregúntenle por qué ha optado por la militancia por la paz, qué experiencias tuvo para oponerse a la guerra, y qué le aconseja a un joven que quiere hacerse objetor de conciencia. Informen a la clase de los resultados de la entrevista.

La artista

Soraida Martínez es una diseñadora gráfica y pintora muy original. Nacida en Nueva York de padres puertorriqueños, estudió arte en Rowan University y psicología en Cumberland County College. Soraida es una latina amante de nuestra cultura y ha desarrollado un estilo de pintura que ella llama "verdadismo" porque sus obras, que acompaña con sus propios comentarios sociales, están basadas en experiencias personales. Usa su arte como expresión artística y emocional y también para mostrar los problemas que aquejan a los

Soraida Martínez

latinos. Su visión social es humanitaria y la ejerce a través de visitas a las escuelas para estimular la creatividad de los niños. Además de figurar activamente en el Consejo del Estado de Nueva Jersey, da muchos seminarios y talleres, y siempre está lista para ayudar a la comunidad.

Piano Man: The Survival of Hope

En el cuadro *Piano Man: The Survival of Hope* (véase la página xvii), realizado con colores brillantes y armoniosos, vemos a un pianista cuyas manos son bloques posados sobre el teclado. De esta obra Soraida nos dice que cuando ella era niña le gustaba pasearse por un barrio de Nueva York en el que había una iglesia. Ella se paraba a escuchar al pianista que tocaba música evangélica que la hacía sentirse llena de esperanza. Nos dice: "Desde que nacemos, la sociedad nos pone bloques mentales en nuestro camino que eventualmente tenemos que aceptar o rechazar. A pesar de esos obstáculos, la esperanza es lo que nos da poder para crear nuestra propia verdad y escoger nuestro propio destino… Las manos del pianista, pintadas como bloques, representan las fuerzas de la duda que nos ahogan… los bloques no están realmente en las manos sino en la mente."

A. Soraida Martínez y yo.   Contesta estas preguntas sobre el arte de esta pintora nuyorriqueña y sobre tus propios intereses con un(a) compañero(a) de clase.

1. ¿Conoces otros cuadros de Soraida Martínez? Si tu respuesta es afirmativa, descríbelos. Si no, ¿qué te parece este cuadro? ¿Te gusta o no? ¿Por qué?
2. ¿De dónde sacó Soraida la idea para el cuadro del pianista? Si tú decidieras dibujar algo que tenga relación con algún recuerdo de tu propia infancia, ¿qué dibujarías?
3. Este cuadro es una obra de arte por partida doble, porque además de ser una pintura, también hace referencia a la música. ¿Qué clase de música te gusta a ti? ¿Puedes relacionar tu gusto por la música con algún recuerdo que sigue influyendo en tu vida?

4. Una cosa muy hermosa que parece haber guiado la vida y obra de Soraida es la esperanza. Es evidente que esta fe en sí misma y en el futuro la han llevado al triunfo. ¿Qué esperanzas tienes tú? ¿Cuáles son los obstáculos? ¿Qué puedes hacer para fortalecer esas esperanzas? ¿Crees que podrás vencer todos los obstáculos?

B. Soraida Martínez en el ciberespacio.   En tu casa o en el laboratorio de computación, visita el sitio oficial de Soraida Martínez en Internet (http://www .soraida.com), y visita la galería de arte del verdadismo. Mira los cuadros y lee los comentarios de Soraida. Luego trata de resumir las experiencias de Soraida escribiendo (en español) las frases que te parezcan más importantes de todo lo que dice. Escribe al menos cinco frases. Luego usa tu buscador favorito y escribe "artistas puertorriqueños" o "artistas puertorriqueñas" y selecciona uno(a) de ellos. Ven a clase preparado(a) para compartir tu párrafo sobre Soraida y lo que aprendiste sobre el (la) artista puertorriqueño(a) que elegiste.

C. Así lo hicimos: Análisis de cómo nos acercamos al arte.   En grupos de tres o cuatro, piensen en cómo se acercaron a este cuadro de Soraida Martínez y al cuadro titulado *Cascarones* de Carmen Lomas Garza. ¿Usaron el mismo criterio para evaluar los dos cuadros o criterios distintos? Expliquen. ¿Se fijaron en el uso del color? ¿Encontraron algún mensaje político, religioso o cultural? ¿Cómo clasificaron el estilo de las dos artistas: como realista o abstracto, moderno o tradicional?

 Nuestra herencia literaria

◯ Antes de leer ◯

A. Artistas principiantes.   Cuando un artista, ya sea cantante, músico, actor, cómico, poeta o pintor, está empezando su carrera, busca con frecuencia oportunidades para compartir su talento con el público. Piensa en esa situación al contestar estas preguntas.

1. ¿Qué tipo de oportunidades necesitan los pintores principiantes para lograr el éxito? ¿Los cantantes? ¿Los músicos? ¿Los actores? ¿Los comediantes? ¿Los poetas?
2. ¿Por qué es tan importante tener esas oportunidades?
3. ¿Es fácil conseguir esas oportunidades? Explica tu respuesta.
4. ¿Es necesario tener experiencia para conseguir un buen puesto en tu especialidad? ¿Dónde y cómo piensas conseguir esa experiencia?

B. La gramática está viva en la lectura.   Primero encuentra un uso de **éste, este** y **esté** en la lectura e identifícalo como un adjetivo, pronombre demostrativo o verbo. Luego completa las siguientes oraciones con el adjetivo, pronombre o verbo correcto: **este, éste,** o **esté.** Para más información sobre **pronombres demostrativos,** consulta *Así funciona nuestro idioma,* página 85.

1. La siguiente vez que _____ de visita en Nueva York tendré que visitar _____ café.
2. Me gustan mucho los poemas de Miguel Algarín pero _____ no es mi favorito.
3. Te recomiendo que leas o veas _____ drama de Miguel Piñero.
4. Me dijeron que es posible que _____ en el Nuyorican Poets Café esta noche.
5. _____ o no _____ Piñero, _____ tiene que ser el mejor café de toda la ciudad.

Estrategias para leer: Palabras afines
Palabras afines o "cognados" son palabras parecidas que tienen el mismo significado en dos o más lenguas. Siendo bilingüe, te es bastante fácil reconocer las palabras afines y el hacerlo cuando lees puede ayudarte tremendamente a ampliar tu vocabulario tanto en una lengua como en la otra. Ten esto presente al leer esta lectura. Tal vez quieras practicar viendo cuántas palabras afines puedes encontrar en el primer párrafo de la lectura.

○ **Lectura** ○

Miguel Algarín y el café de los poetas neoyorquinos

Nuyorican Poet's Café, New York City

Si alguna vez viajas a Nueva York y empiezas a sentirte como un granito de arena en un mar de gente, ve al No. 236 este de la Calle Tres, en el sector bajo de Manhattan, donde vas a encontrar un diminuto° lugar llamado *Nuyorican*

pequeñito

Poets Café. Allí vas a escuchar hablar español con acento de todas partes, por supuesto inglés y "spanglish", y muchas otras lenguas, porque este cafecito nuyoriqueño te hace sentir tan en tu casa que atrae a gente de todo el mundo.

Hay muchos cafés en Nueva York, ¿por qué es éste tan especial? ¿Cuál es el secreto de su éxito? Pues, es el lugar donde poetas, escritores y músicos pueden ir a compartir su creación con un público dispuesto a escucharlos y a apoyarlos. Allí leen sus obras hasta cien personas por noche. A veces escuchas poesía, otras veces dramas, y en ciertas noches hay programas para drogadictos y hasta para los ancianos°. Allí también puedes escuchar música de primera, en particular "reggaetón", un tipo de música popular puertorriqueña que combina el dialecto caribeño con el "Spanglish". Después de la tertulia° poética, la gente baila, aunque la pista° de baile esté llena de gente y sea tan diminuta que hay que estar bien apretaditos, como en la vida misma.

¿Y quiénes son los creadores de este lugar tan interesante? Uno de ellos es el desaparecido poeta y dramaturgo° puertorriqueño **Miguel Piñero** y el otro, un hombre de cabellos plateados° llamado **Miguel Algarín,** autor de una docena de libros y profesor emérito de literatura inglesa en Rutgers University.

En uno de sus poemas llamado *"el jibarito° moderno",* Algarín mezcla el inglés y el español de una manera natural y llena de armonía. Esta combinación es un ejemplo perfecto del fenómeno de asimilación de ambas° lenguas por parte de todos aquellos que tenemos la buena fortuna de poseer dos idiomas. Tal como el jibarito, esta moderna forma de expresión "conquista". ¡Qué lo disfrutes!

(glosses, left margin)
viejos
reunión
piso
autor de dramas
de color gris
campesino de Puerto Rico
dos

el jibarito moderno

(glosses, left margin)
verlo
una mujer
sensual
mujer

when he dances latin,
he crosses his legs
right over left,
left over right,
light as a bright feather
el jibarito turns on and off
like the farthest
star in the milky way,
when he smiles his upper lip
covers his vacant gums
where his teeth have melted
just like my sugar teeth
dissolved into the chocolate
that made me fat in childhood,
el jibarito moderno
travels light
maybe he's afraid of gravity,
y eso,

hay que velarlo° cuando
un bonboncito° appears
in the atmosphere,
muchacho,
vélalo y cuídate
porque el jibarito conquista
con su liviana° apariencia
y su estoy asfixiado look
that melts the temperature
of la damita° in blue,
cuídate, cuídate
porque el jibarito
derrite y consume
sin que te des cuenta,
es como el viento
en una tarde caliente
que acaricia y seca
aliviándote el calor.

Reacciona y relaciona

A. Reacciona.   Contesta las siguientes preguntas.

1. ¿Qué hay de interés para todo hispano en el No. 236 este de la Calle Tres en Nueva York? ¿Quiénes son los fundadores? ¿Por qué atrae a tanta gente este lugar?
2. ¿Qué lenguas se oyen hablar allí? ¿Cuál es la más común, en tu opinión? ¿Cómo se divierte la gente en este lugar?
3. Basándote en el poema, ¿cómo es el jibarito moderno? Descríbelo en tus propias palabras. Dibuja al jibarito moderno. La clase va a votar por el mejor dibujo.

B. Relaciónalo.   En tu opinión, ¿cuál es la principal atracción del Nuyorican Poets Café? ¿Irías a ese lugar? ¿Por qué? ¿Sabes de otros lugares parecidos, donde poetas, actores o comediantes van a compartir su talento con el público? Si has ido a uno de esos lugares, describe tu visita. En tu opinión, ¿qué siente Miguel Algarín hacia los jíbaros: respeto, amor, odio…? Defiende tu respuesta con ejemplos del poema.

C. La nueva realidad.   Para muchos puertorriqueños que vienen a vivir a los EE.UU. continentales, como para los muchos inmigrantes de otros países, los primeros días (semanas, meses, años) que pasan en este país son los más difíciles. ¿Por qué? Porque tienen que acostumbrarse a una nueva realidad—a la realidad estadounidense. ¿En qué consiste esta realidad? ¿Por qué es tan difícil acostumbrarse a ella?

D. Dos culturas en contacto.   ¿Tendrías problemas para acostumbrarte a tu nueva realidad si tu familia decidiera mudarse a una ciudad agrícola en el centro este de los EE.UU., o a una ciudad urbana en el este u oeste de los EE.UU.? ¿Qué conflictos crees que encontrarías debido a tu cultura latina? ¿Tendrías que abandonar algunos valores de tu cultura? ¿Cuáles? ¿Por qué? Contesten estas preguntas en grupos de tres. Informen a la clase sobre las conclusiones a las que llegaron.

La acentuación, ¡de una vez!

Acento prosódico y acento escrito

En español, todas las palabras de más de una sílaba tienen una sílaba que se pronuncia con más fuerza o énfasis que las demás. Este énfasis se llama "acento prosódico" o "golpe". Las siguientes tres reglas indican dónde llevan el énfasis la mayoría de las palabras de dos o más sílabas.

Acento prosódico

Regla 1: Las palabras que terminan en **vocal, n** o **s,** llevan el acento prosódico en la penúltima sílaba.

Escucha mientras tu profesor(a) pronuncia las siguientes palabras con el golpe en la penúltima sílaba.

favorito   consideran   escritores

Regla 2: Las palabras que terminan en **consonante,** excepto **n** o **s,** llevan el golpe en la última sílaba.

Escucha mientras tu profesor(a) pronuncia las siguientes palabras con el golpe en la última sílaba.

final   particular   oportunidad

Acento escrito

Regla 3: Todas las palabras que no siguen las dos reglas anteriores llevan acento ortográfico, o sea, acento escrito. El acento escrito siempre se coloca sobre la vocal de la sílaba que se pronuncia con más fuerza.

Escucha mientras tu profesor(a) pronuncia las siguientes palabras que llevan acento escrito.

párrafo   gramática   descripción

A. Sílaba que lleva el golpe.   Escucha mientras tu profesor(a) lee las siguientes palabras. Luego divídelas en sílabas y subraya la sílaba que lleva el golpe según las reglas de acentuación.

1. p r e o c u p e s
2. l u g a r
3. i m p o r t a n t e
4. f a v o r i t o
5. e r r o r e s
6. r e c o m e n d a r
7. c o m p u t a d o r a
8. d i f i c u l t a d
9. b o r r a d o r

10. e s c a p a n
11. e s t r u c t u r a
12. m e s a

B. Sílaba con acento escrito.   Escucha mientras tu profesor(a) lee las siguientes palabras. Luego divídelas en sílabas y pon el acento escrito en la sílaba que lo requiere.

1. l o g i c o
2. i n f o r m a c i o n
3. c a f e
4. g r a m a t i c a
5. r e c o m e n d o
6. a l l i
7. a l g u n
8. c o n e x i o n
9. t a m b i e n
10. c a r a c t e r i s t i c a
11. m a y u s c u l a
12. m u c h i s i m o

 Redacción

I. Descripción de un lugar favorito

Todo estudiante universitario tiene su lugar favorito a donde se escapa para pasar el tiempo, ya sea solo(a) o con amigos íntimos. Puede ser un café, una mesa particular en la cafetería, la biblioteca o el *Student Union*. Ahora vas a describir ese lugar en dos párrafos. Para asegurarte un buen resultado, sigue el proceso que la mayoría de los buenos escritores usan: planificar, escribir un primer borrador, compartir, revisar y escribir la versión final.

A. Planificar.   Prepárate volviendo a leer la descripción del Nuyorican Poets Café. Al leerla, contesta las siguientes preguntas:

● ¿Qué preguntas contesta el primer párrafo: qué, quién, dónde, cuándo, cómo, por qué? ¿y el segundo?
● En tu opinión, ¿cuál es el tema del primer párrafo? ¿del segundo?
● ¿Cuál será el tema del primer párrafo de la descripción de tu lugar favorito? ¿el del segundo?

Ahora prepárate para escribir la descripción de tu lugar favorito.

1. **Anotar ideas.** Escribe una lista de todas las ideas que se te ocurran *(brainstorm)* para mencionar en el primer párrafo y una segunda lista de las ideas que se te ocurran para el segundo. Incluye en tus listas todo lo que piensas que quieres mencionar. Después puedes decidir qué información de las listas vas a incluir y qué vas a excluir.
2. **Agrupar ideas.** Organiza ahora la información de tus listas para estar seguro(a) de que hay una conexión lógica entre la información que decidas presentar en cada párrafo. Pon la información que piensas incluir en el primer párrafo en una agrupación lógica y la del segundo párrafo en otra. Sólo incluye la información que esté directamente relacionada al tema de cada párrafo y elimina la que no esté relacionada.

B. Escribir el primer borrador.   Usa la información de tus agrupaciones para escribir un primer borrador de tu descripción. En este primer borrador, no te preocupes por errores de ortografía o de estructura. Más adelante tendrás oportunidad para corregir errores. En este borrador lo más importante es que incluyas toda la información que consideres pertinente.

C. Compartir.   Comparte tu descripción con dos compañeros(as) de clase. Ellos deben hacerte comentarios sobre el contenido. ¿Es claro? ¿Es lógico? ¿Lo entienden? ¿Falta del información? Tú debes leer y comentar sus descripciones también. Decide qué cambios quieres hacer en tu descripción en base a los comentarios de tus compañeros(as), y escribe una segunda versión de tus párrafos si es necesario.

D. Revisar.   Permíteles a dos compañeros(as) de clase que lean tu descripción una vez más. Ahora pídeles que te digan si encontraron errores de gramática o de ortografía. Tú debes hacer lo mismo con sus descripciones.

E. Escribir la versión final.   Escribe la versión final de tu descripción, haciendo todas las correcciones necesarias. Dado que ésta es la versión que vas a entregar a tu profesor(a), debes escribirla en la computadora para que pueda leerse sin dificultad.

II. Escribamos a otro nivel

Una descripción más extensa. Si tú ya escribes con facilidad, puedes escribir una descripción más detallada de tu lugar favorito. Sigue el mismo proceso que se recomendó en la sección I. Escribe sobre lo que te atrae al lugar, las razones por las cuales vas allí, por qué a veces prefieres estar solo(a) y otras veces acompañado(a), qué haces cuando estás solo(a), quiénes te gusta que te acompañen cuando buscas compañía. Escribe una composición de por lo menos cuatro párrafos. Empieza por planificar, anotando y agrupando tus ideas. Luego escribe un primer borrador y compártelo con dos o tres compañeros(as) de clase antes de revisarlo y escribir la versión final.

Online Study Center

El mundo puertorriqueño al alcance

Explora distintos aspectos del mundo puertorriqueño en las actividades de la red que corresponden a este capítulo. Ve primero a http://college.hmco.com/pic/deunavez1e y de allí a la página de *¡De una vez!*

Películas que recomendamos

◔ El cine puertorriqueño ◔

Durante muchos años se valoró el cine en Puerto Rico como un instrumento educativo. Esto, en combinación con la práctica de las coproducciones, permitió una invasión de directores y actores de otros países, lo cual debilitó la producción nacional de cine puertorriqueño. Fue sólo hasta a partir de los años 80 cuando el cine puertorriqueño comenzó de nuevo a dar frutos propios y a encontrar su propio estilo.

Entre los grandes actores puertorriqueños se destacan Raúl Juliá, José Ferrer, Rita Moreno, Chita Rivera, Héctor Elizondo, Erik Estrada, Miriam Colón, Rosie Pérez, Jimmy Smits, Esai Morales, Marc Anthony, Jennifer López y muchos más.

Doce Horas (2000)   **Director:** Raúl Maldonado Sánchez

San Juan de Puerto Rico sirve de telón de fondo para esta comedia urbana de humor negro. Tratada con realismo, permite echar un vistazo a las experiencias de diferentes personas durante el mismo período de doce horas: una niña joven que sale de fiesta; una ejecutiva después del trabajo; un prostituto gay y una reportera a la caza de la gran noticia de la noche.

Sudor Amargo (2002)   **Directora:** Sonia Valentín

En una fábrica de Puerto Rico para limpiar pescados, este film se centra en un grupo de trabajadores que lucha por mantener sus puestos de trabajo ante la amenaza de despidos y las protestas acaloradas que los rodean. El ambiente volátil alcanza el clímax cuando encuentran muerto al opresivo jefe de la planta y la historia se vuelve una trama policíaca ingeniosa.

Películas relacionadas con los puertorrique[...] en los Estados Unidos continentales

West Side Story (1961) **Directores:** Robert Wise y el coreógrafo Jer[...] Robbins

Esta magnífica obra musical muestra a la perfección el grave problema de la[...] pandillas de nuyorriqueños en lucha contra las de anglos. Rita Moreno ganó u[...] Oscar por su actuación en esta película.

Do the Right Thing (1989) **Director:** Spike Lee

Una película muy controvertida del director afroamericano Spike Lee. Muestra la interacción entre nuyorriqueños y afroamericanos. Rosie Pérez y Rita Moreno actúan en esta película.

Así funciona nuestro idioma

2.1 Adjetivos descriptivos

¡Ya lo sabes!

Tienes razón. Lo de adjetivos descriptivos es algo que ya sabes también. Pruébalo ahora al mirar estos pares de expresiones y decidir cuál de las dos dirías.

1. **a.** tres *triste* y *atractivo* tigres
   b. tres *tristes* y *atractivos* tigres
2. **a.** un *puertorriqueño famoso* cantante
   b. un cantante *puertorriqueño famoso*

¿Elegiste la segunda oración en cada par? Muy bien. Esto sí que es fácil, ¿no? Ahora vamos a ver las reglas relacionadas con los **adjetivos descriptivos,** reglas que hemos internalizado pero que a veces no sabemos expresar.

Formas

● Los adjetivos que terminan en **-o** en el masculino singular tienen cuatro formas diferentes: masculino singular, masculino plural, femenino singular y femenino plural.

	masculino	femenino
singular	puertorriqueño	puertorriqueña
plural	puertorriqueños	puertorriqueñas

- Los adjetivos que terminan en una vocal diferente de la **-o** en el singular tienen sólo dos formas: una para el masculino y femenino singular y otra para el masculino y femenino plural.

  amigo(a) **optimista**   amigos(as) **optimistas**
  libro/película **impresionante**   libros/películas **impresionantes**

- Los adjetivos de nacionalidad que en el masculino singular terminan en consonante tienen cuatro formas diferentes.

  anglosajón   anglosajona   anglosajones   anglosajonas
  inglés   inglesa   ingleses   inglesas

- Otros adjetivos que terminan en consonante en el masculino singular tienen sólo dos formas.

  común   comunes   gris   grises
  eficaz   eficaces   musical   musicales

- Unos pocos adjetivos tienen dos formas para el masculino singular: la forma más corta se usa cuando el adjetivo va delante de un sustantivo masculino singular. Algunos adjetivos de este tipo son:

  bueno: **buen** tiempo   hotel **bueno**
  malo: **mal** actor   hombre **malo**
  primero: **primer** plato   capítulo **primero**
  tercero: **tercer** piso   capítulo **tercero**

Nota para bilingües   En algunas comunidades de hispanohablantes dicen *güeno* en vez de **bueno.** Es importante evitar ese uso fuera de esas comunidades y en particular al escribir.

- El adjetivo **grande,** que indica tamaño, también tiene una forma corta, **gran,** la cual se usa delante de un sustantivo singular y significa "notable, célebre, distinguido": **un gran artista, una gran artista, un gran escritor.**

Concordancia de los adjetivos

- Los adjetivos concuerdan en género y número con el sustantivo al cual modifican.

  Esa música es **animada** y **pegajosa.**
  Encuentro que esos cantantes **modernos** son **presumidos.**

- Si un solo adjetivo sigue y modifica a dos o más sustantivos y uno de ellos es masculino, se usa la forma masculina plural del adjetivo.

  Me gustan las canciones y ritmos caribe**ños.**

- Si un solo adjetivo precede y modifica a dos o más sustantivos, concuerda con el primer sustantivo.

  En casa yo me ocupo de las pequeñ**as** reparaciones y arreglos.

Posición de los adjetivos

- Los adjetivos descriptivos van normalmente detrás del sustantivo al cual modifican; generalmente limitan, aclaran o especifican el significado del sustantivo.

  Soraida Martínez es diseñadora **gráfica.**
  Me gusta tanto la música **clásica** como la música **popular.**
  Nunca compro videojuegos **violentos.**

- Los adjetivos descriptivos se colocan delante del sustantivo para poner énfasis en una característica asociada comúnmente con ese sustantivo.

  Muchos admiran al **talentoso** Ricky Martin.
  ¿Ves ese **diminuto** lugar? Es el Nuyorican Poets Café.

- Algunos adjetivos tienen diferente significado si van detrás o delante del sustantivo. Cuando el adjetivo va detrás del sustantivo, tiene a menudo un significado objetivo o concreto; cuando el adjetivo va delante del sustantivo tiene un significado abstracto o figurado. La siguiente es una lista de este tipo de adjetivos.

	Detrás del sustantivo	Delante del sustantivo
antiguo	casa antigua	mi antiguo jefe
cierto	una promesa cierta	ciertos autores
medio	la clase media	medio litro
mismo	el ministro mismo nos recibió	soy de la misma opinión
nuevo	una casa nueva	una nueva excusa
pobre	niño pobre	¡pobre niño!
propio	costumbres propias de este país	con mi propio dinero
viejo	ropa vieja	una vieja amistad

Antonio es una persona **vieja.** Él y sus amigos recuerdan los **viejos** tiempos.
A veces veo a mi **antigua** profesora de historia; su época favorita era la Grecia **antigua.**

- Cuando varios adjetivos modifican a un sustantivo, se aplican las mismas reglas que se usan en el caso de un solo adjetivo. Los adjetivos siguen al sustantivo para limitar, aclarar o especificar el significado del sustantivo. Preceden al sustantivo para poner énfasis en características inherentes, en juicios de valores o en una actitud subjetiva.

> Los puertorriqueños tienen un **intenso** y **profundo** amor por su isla.
> Marc Anthony es otro **carismático** cantante de origen **puertorriqueño.**

Lo + adjetivos de género masculino singular

- **Lo,** la forma neutra del artículo definido, se usa con un adjetivo masculino singular para describir ideas abstractas o cualidades generales.

> **Lo difícil** es explicar qué es un jíbaro.
> **Lo definitivo** es que la salsa caribeña triunfa por todas partes.

☉ Ahora, ¡a practicar! ☉

A. Los artistas y su vida.   Completa el siguiente texto con las palabras entre paréntesis, prestando atención a la posición del adjetivo.

El arte de __(1)__ (artistas; ciertos) no tiene mucha relación con su __(2)__ (vida; propia). Pueden mostrarnos visiones imaginarias o __(3)__ (visiones; ciertas) que han ocurrido. El arte de otros artistas refleja sus __(4)__ (experiencias; propias). Así, por ejemplo, la __(5)__ (Soraida Martínez; misma) nos dice que el pianista que vemos en su cuadro *Piano Man* es el __(6)__ (pianista; mismo) que ella escuchaba en una iglesia neoyorquina. Así y todo, cada artista busca __(7)__ (formas de expresión; nuevas), diferentes de __(8)__ (formas; antiguas), y trata de ser original aunque a veces usen __(9)__ (temas; viejos).

B. Una diseñadora gráfica latina. Usa la información dada entre paréntesis para hablar de Soraida Martínez.

MODELO Soraida Martínez tiene una _____ (carrera / artístico / distinguido).
Soraida Martínez tiene una distinguida carrera artística.

1. Soraida Martínez es una _____ (diseñador / latino).
2. Es también una _____ (pintor / nuyoriqueño / excelente).
3. Es autora de _____ (diseño / gráfico / interesante).
4. Es una _____ (diseñador / contemporáneo / destacado).
5. Algunas de sus composiciones están inspiradas en la _____ (realidad / social).
6. Sus obras muestran una _____ (calidad / artístico / magnífico).

C. Puertorriqueños. Expresa tus opiniones acerca de los puertorriqueños. Usa las palabras que están entre paréntesis.

MODELO Pocos saben que los puertorriqueños han hecho contribuciones importantes en el campo artístico. (malo)
Lo malo es que pocos saben que los puertorriqueños han hecho contribuciones importantes en el campo artístico.

1. Los puertorriqueños son ciudadanos de EE.UU. (evidente)
2. El habla caribeña es tan válida como el habla de otras regiones. (cierto)
3. En Nueva York hay más puertorriqueños que en San Juan. (sorprendente)
4. Los lugares como el Nuyorican Poets Café estimulan a los escritores. (indiscutible)
5. Ricky Martin hace gala de genuina sencillez. (sorprendente)

⊙ 2.2 Usos de los verbos *ser* y *estar* ⊙

 ¡Ya lo sabes!

Muchos estudiantes cuya primera lengua no es el español dicen que es dificilísimo usar correctamente los verbos **ser** y **estar.** Pero tú no, ¿verdad? ¿Por qué? Pues, porque lo más probable es que ya hayas internalizado estos verbos y su uso. Pruébalo ahora cuando mires estos pares de oraciones y decidas cuál de las dos dirías.

1. **a.** El recital de Miguel Algarín *es* el viernes.
   b. El recital de Miguel Algarín *está* el viernes.
2. **a.** Todo el mundo *está* triste cuando muere un gran artista.
   b. Todo el mundo *es* triste cuando muere un gran artista.

Seguramente elegiste la primera oración de cada par. ¡Qué fácil es! Pero, ¿qué reglas gobiernan el uso de **ser** y de **estar?** Sigue leyendo y lo sabrás.

Usos de *ser*

- Para identificar, describir o definir al sujeto de la oración.

  Miguel Algarín **es** un poeta puertorriqueño de Nueva York.
  "En mi Viejo San Juan" **es** una canción muy famosa.

- Para describir cualidades o características inherentes de las personas, los animales y los objetos.

  Ricky Martín **es** carismático; **es** talentoso; **es** sencillo.

- Para indicar el origen, la posesión o el material de que algo está hecho.

  Raúl Juliá y yo **somos** de San Juan.
  Estos soldaditos **son** de mi hermano menor. **Son** de plástico.

Nota para hispanohablantes En algunas comunidades de hispanohablantes se dice *semos* o *somo* en vez de **somos**. Es importante evitar este uso fuera de estas comunidades y en particular al escribir.

- Para indicar la hora, las fechas y las estaciones del año.

  Hoy **es** domingo. **Son** las siete de la tarde.
  Es noviembre; **es** otoño todavía.

- Para indicar cuándo o dónde tiene lugar un evento.

  El concierto de Willie Colón **es** el sábado a las siete de la noche. **Es** en el teatro principal de la ciudad.

Nota para hispanohablantes Algunas comunidades de hispanohablantes usan el verbo **estar** para localizar eventos. Es importante evitar ese uso fuera de esas comunidades y en particular al escribir.

- Con el participio pasado para formar la voz pasiva. (Consulta el Capítulo 7, página 270 sobre la voz pasiva.)

  La isla de Puerto Rico **fue** explorada por Ponce de León en el siglo XVI.

Usos de *estar*

- Para indicar localización.

  Mi abuelo es de San Juan, pero ahora **está** en Nueva York con la familia.
  Río Piedras **está** al sur de San Juan.

- Con un adjetivo para describir estados o condiciones, o para describir un cambio en alguna característica.

    El café de Miguel Algarín siempre **está** lleno de gente.
    ¿Qué le pasó a Ricardo? **Está** pálido.
    ¡Esta sopa **está** fría!

- Con el gerundio (la forma verbal que termina en **-ndo**) para formar los tiempos progresivos.

    La salsa **está** conquistando los salones de baile de todo el mundo.

- Con un participio pasado para indicar la condición que resulta de una acción. En este caso, el participio pasado funciona como adjetivo y concuerda en género y número con el sustantivo al cual se refiere.

Acción	*Condición que resulta de la acción*
Luisita terminó su tarea.	La tarea **está terminada.**
Pedrito rompió esos platos.	Esos platos **están rotos.**

Ser y *estar* con adjetivos

- Algunos adjetivos tienen un significado diferente cuando se usan con **ser** o **estar.** Los más comunes son los siguientes:

ser	**estar**
Es aburrido. (no es interesante)	Está aburrido. (cansado, malhumorado)
Es bueno. (bondadoso)	Está bueno. (con buena sabor)
Es interesado. (egoísta)	Está interesado. (se interesa por algo)
Es limpio. (aseado)	Está limpio. (se ha lavado)
Es listo. (inteligente)	Está listo. (preparado)
Es loco. (enfermo mental)	Está loco. (irreflexivo, imprudente)
Es malo. (malvado)	Está malo. (enfermo)
Es verde. (color)	Está verde. (no maduro)
Es vivo. (vivaz, despierto)	Está vivo. (no muerto)

   ¡Qué interesado **es** ese joven! Sólo **está** interesado en el dinero.
   Ese muchachito **es** limpio, aunque ahora no **está** limpio.

❍ Ahora, ¡a practicar! ❍

A. Miguel Algarín.   Completa la siguiente información acerca de Miguel Algarín con la forma apropiada de **ser** o **estar.**

Miguel Algarín (1)_____ un hombre de cabellos plateados que (2)_____ autor de muchos libros. (3)_____ dueño de un café que (4)_____ en el No. 236 de la Calle Tres, en Nueva York. Además de (5)_____ dueño de un negocio, Algarín (6)_____ también profesor emérito de literatura inglesa en una universidad. Él siempre (7)_____ ocupado con muchos proyectos. A veces escribe poemas u obras de teatro; otras veces organiza recitales en su café; parece que nunca (8)_____ inactivo.

B. Andrés Sánchez.   Completa la información sobre el piloto Andrés Sánchez con la forma apropiada de ser o **estar.**

Andrés Sánchez (1)_____ puertorriqueño. (2)_____ piloto del bombardero B-2. (3)_____ una persona valerosa y resuelta. No (4)_____ interesado, pero siempre (5)_____ interesado en servir a su patria y (6)_____ listo para cualquier misión. No (7)_____ aburrido porque tiene muchas historias que contar. A pesar de su exigente trabajo, no (8)_____ aburrido con su profesión; al contrario, siempre (9)_____ pensando en su próxima responsabilidad. (10)_____ una persona muy responsable.

C. ¿Quién es así?   Escribe el nombre de una persona que corresponda a cada descripción. Luego compara tu lista con la de un(a) compañero(a).

1. Es un poco aburrido(a).
2. Frecuentemente está aburrido(a).
3. Siempre está listo(a) para ir a fiestas.
4. Cree que es muy listo(a).
5. Está interesado(a) en sus estudios solamente.
6. Es extravagante y bastante loco(a).
7. Siempre dice que está malo(a).

ꝺ 2.3 Comparativos y superlativos ꝺ

 ¡Ya lo sabes!

¡Así es! Tú sabes más de la gramática de lo que te imaginabas, y aunque no conozcas la **terminología,** o sea, los nombres que se les da a conceptos gramaticales como "comparativos" y "superlativos", ya tienes un conocimiento **tácito,** o sea, internalizado, de estos conceptos. Pruébalo ahora cuando mires estos pares de oraciones y decidas cuál de las dos dirías.

1. **a.** Encuentro la historia *más apasionante que* la geografía.
   b. Encuentro historia *la más apasionante que* la geografía.
2. **a.** Mi hermano mayor es *la* persona *más generosa que* conozco.
   b. Mi hermano mayor es *una* persona *más generosa que* conozco.

Seleccionaste la primera oración de cada par, ¿verdad? ¡Qué bueno es esto de tener conocimiento tácito! Pero sigue leyendo y vas a ver que tu conocimiento se va a hacer más explícito, es decir, más claro y formal.

Comparaciones de desigualdad
Para expresar superioridad o inferioridad se usan las siguientes construcciones.

adjetivo: más/menos + adjetivo + **que**
adverbio: más/menos + adverbio + **que**
sustantivo: más/menos + sustantivo + **que**
verbo: verbo + **más/menos** + **que**

Adjetivo: Jimmy Smits es **más** popular **que** Esai Morales. Éste es **menos** conocido **que** Jimmy Smits.
Adverbio: Andrés Sánchez vive **más** peligrosamente **que** muchos de nosotros.
Sustantivo: Andrés Sánchez tiene **más** experiencia en aviones **que** todos nosotros.
Verbo: Ricky Martin viaja **más que** Miguel Algarín.

● En comparaciones en las que se usan las palabras **más** o **menos** delante de un número se usa **de** en vez de **que.**

Se vendieron **más de** seis millones de ejemplares del álbum *Vuelve* de Ricky Martin.

Nota para hispanohablantes Algunos hispanohablantes tienden a usar **que** en vez de **de** en comparaciones delante de números. Es importante usar siempre **de** en comparaciones delante de un número.

Comparaciones de igualdad

● Para expresar igualdades se usan las siguientes construcciones.

> **adjetivo: tan** + adjetivo + **como**
> **adverbio: tan** + adverbio + **como**
> **sustantivo: tanto(a/os/as)** + sustantivo + **como**
> **verbo:** verbo + **tanto como**

Adjetivo: No soy **tan** disciplinado **como** Andrés Sánchez.
Adverbio: Hablo **tan** rápidamente **como** los caribeños.
Sustantivo: Cada mes compro **tantos** discos compactos **como** mi hermano.
Verbo: Mi padre viaja **tanto como** su jefe.

Superlativos

● El superlativo expresa el grado máximo de una cualidad cuando se comparan personas o cosas con otras del mismo grupo o categoría.

> **el/la/los/las** + sustantivo + **más/menos** + adjetivo + **de**

San Juan es **la ciudad más querida de** muchos puertorriqueños.
Enrique es **el estudiante más excéntrico de** la clase.

Nota para bilingües En esta construcción en inglés se usa la preposición *in,* no *of: Enrique is the most eccentric student **in** the class.*

● Para indicar el grado máximo de una cualidad, se pueden también colocar delante del adjetivo adverbios tales como **muy, sumamente** o **extremadamente,** o se puede agregar al adjetivo el sufijo **-ísimo/a/os/as.**

Los cambios ortográficos más comunes que ocurren cuando se agrega el sufijo **-ísimo** a un adjetivo aparecen en el cuadro siguiente.

la vocal final desaparece	caro	**carísimo**
el acento escrito desaparece	útil	**utilísimo**
z se transforma en **c**	veloz	**velocísimo**
c se transforma en **qu**	flaco	**flaquísimo**
g se transforma en **gu**	largo	**larguísimo**
-ble se transforma en **-bil-**	noble	**nobilísimo**

San Juan es una ciudad **sumamente** (**muy/extremadamente**) atractiva.
Jennifer López es **famosísima.**
No puedo bailar esos ritmos **loquísimos.**

Comparativos y superlativos irregulares

Unos pocos adjetivos tienen, además de la construcción comparativa regular, formas comparativas y superlativas irregulares. Las formas irregulares son más frecuentes que las regulares.

Formas comparativas y superlativas de *bueno* y *malo*

Comparativo		Superlativo	
Regular	Irregular	Regular	Irregular
más bueno(a)	mejor	el (la) más bueno(a)	el (la) mejor
más buenos(as)	mejores	los (las) más buenos(as)	los (las) mejores
más malo(a)	peor	el (la) más malo(a)	el (la) peor
más malos(as)	peores	los (las) más malos(as)	los (las) peores

- Para indicar un grado de excelencia, se usan las formas comparativas y superlativas **mejor(es)** y **peor(es).** Las formas comparativas y superlativas regulares **más bueno(a/os/as)** y **más malo(a/os/as),** cuando se usan, se refieren a cualidades morales.

  Creo que la situación de los hispanos está **mejor** ahora que en años anteriores.
  Para ti, ¿cuál es **el mejor** intérprete de salsa?
  Ésta es la **peor** novela que he leído últimamente.
  Tu madre es **la** mujer **más buena** que conozco.

Formas comparativas y superlativas de *grande* y *pequeño*

Comparativo		Superlativo	
Regular	Irregular	Regular	Irregular
más grande	mayor	el (la) más grande	el (la) mayor
más grandes	mayores	los (las) más grandes	los (las) mayores
más pequeño(a)	menor	el (la) más pequeño(a)	el (la) menor
más pequeños(as)	menores	los (las) más pequeños(as)	los (las) menores

- Las formas comparativas y superlativas irregulares **mayor(es)** y **menor(es)** se refieren a edad en el caso de personas y al mayor o menor grado de importancia en el caso de objetos o conceptos. Las formas comparativas y superlativas regulares **más grande(s)** y **más pequeño(a/os/as)** se refieren normalmente a tamaño.

  Todas mis hermanas son **mayores** que yo.
  Mi hermano **menor** es **más grande** que yo.

La economía del país es una de las **mayores** preocupaciones de todos los ciudadanos.

El Nuyorican Poets Café es **más pequeño** que los cafés de mi ciudad.

○ Ahora, ¡a practicar! ○

A. Soraida Martínez. Contesta las siguientes preguntas.

1. ¿Piensas que a Soraida le gusta tanto la pintura como la literatura o que le gusta más la literatura que la pintura?
2. ¿Crees tú que de niña Soraida se interesaba más por la música o por el dibujo?
3. ¿Qué es más caro, un instrumento para tocar música o un juego de lápices para dibujar?
4. ¿Qué influyó más en Soraida, Puerto Rico o Nueva York? ¿Por qué crees eso?
5. ¿Crees que ha hecho más exposiciones en Nueva York que en Los Ángeles? ¿Por qué crees eso?
6. ¿Piensas que dedica más horas a enseñar, a dirigir el Instituto de Artes Visuales o a pintar?

B. Materias de estudio. En grupos de tres, den sus opiniones acerca de las materias que estudian. Utilicen adjetivos como **aburrido, complicado, entretenido, difícil, fácil, fascinante, instructivo, interesante** u otros que conozcan.

MODELO   psicología / sociología
Para mí la sociología es tan complicada como la psicología. o
**Encuentro que la sicología es más (menos) apasionante
que la sociología.**

1. informática / estadística
2. economía / ciencias políticas
3. francés / español
4. matemáticas / física
5. filosofía / historia
6. literatura inglesa / literatura norteamericana
7. biología / química

C. Personalidades puertorriqueñas. Da tu opinión acerca de las personas de origen puertorriqueño que has conocido en esta lección.

MODELO   entender de poesía
**Pienso que Miguel Algarín entiende más de poesía que Andrés
Sánchez porque es poeta.**

1. diseñar más grabados
2. tratar más con niños en su profesión
3. preocuparse más por la difusión de la literatura

4. ofrecer más talleres artísticos
5. interpretar más canciones
6. correr más peligro en su profesión
7. estar más ocupado(a)
8. ser más conocido(a) a causa de su profesión

2.4 Adjetivos y pronombres demostrativos

 ¡Ya lo sabes!

Veamos ahora qué te dice tu conocimiento tácito (sí, conocimiento internalizado) de los **adjetivos** y **pronombres demostrativos.** (¡Cuánta terminología!) Mira estos pares de oraciones y decide cuál de las dos dirías en cada par.

1. **a.** *Este* CD de Tito Puente es más caro que *esos* discos de Celia Cruz.
   b. *Estos* CD de Tito Puente es más caro que *ese* discos de Celia Cruz.
2. **a.** Voy a comprar é*sta* que está aquí; no me gusta *aquélla* que está allá.
   b. Voy a comprar a*quélla* que está aquí; no me gusta é*sta* que está allá.

¿Seleccionaste la primera oración en cada par? Qué fácil es usar el conocimiento tácito, ¿no? Pero para convertirlo en conocimiento explícito hay que seguir leyendo.

Adjetivos demostrativos

	cerca		no muy lejos		lejos	
	singular	plural	singular	plural	singular	plural
masculino	este	estos	ese	esos	aquel	aquellos
femenino	esta	estas	esa	esas	aquella	aquellas

● Los adjetivos demostrativos se usan para señalar gente, lugares y objetos. **Este** indica que algo o alguien está cerca del hablante. **Ese** señala a personas y objetos que no están muy lejos del hablante y que a menudo están cerca del oyente, es decir, de la persona a quien el hablante se dirige. **Aquel** se usa para señalar a personas y objetos que están lejos tanto del hablante como del oyente.

   Este álbum no es de Marc Anthony; **ese** CD que está allí tampoco es de él; **aquel** álbum que ves allá, en la otra fila, sí es de él.

● Los adjetivos demostrativos preceden al sustantivo al cual modifican y concuerdan en género y número con tal sustantivo.

   No me gusta **ese** cuadro; prefiero **aquellas** esculturas.

Pronombres demostrativos

	cerca		no muy lejos		lejos	
	singular	plural	singular	plural	singular	plural
masculino	éste	éstos	ése	ésos	aquél	aquéllos
femenino	ésta	éstas	ésa	ésas	aquélla	aquéllas
neutro	esto		eso		aquello	

- Los pronombres demostrativos masculinos y femeninos tienen las mismas formas que los adjetivos demostrativos y normalmente llevan un acento escrito. También concuerdan en género y número con el sustantivo al que se refieren.

    —¿Te vas a llevar este disco de Celia Cruz?
    —No, **ése** no; quiero **éste** que tengo aquí.

> *Nota para hispanohablantes* ¡Ojo! No hay que confundir los pronombres demostrativos **éste/ésta,** con los verbos **esté/está** o con los adjetivos demostrativos **este/esta.** Estas distinciones son aun más importantes cuando escribes.

- Los pronombres neutros **esto, eso** y **aquello** son invariables y nunca llevan acento escrito. Se usan para referirse a objetos no específicos o no identificados, a ideas abstractas o a acciones y situaciones en sentido general.

    —¿Qué es **eso** que tienes en tu escritorio?
    —¿**Esto?** Es el borrador de un poema que estoy escribiendo.

    Ayer hablamos del origen de la salsa en clase. **Eso** fue muy instructivo.
    El verano pasado tomé lecciones de baile. ¡Qué entretenido fue **aquello**!

Ahora, ¡a practicar!

A. Jugando en el parque.   Usa el adjetivo demostrativo apropiado para completar lo que dicen los amiguitos que ves en el dibujo de la página después.

CHUY: Me gusta (ese / este) camión con que estás jugando, Danilo.
DANILO: Y dime, ¿me cambiarías tu perro por (ese / este) camión?
LUPE: No hagas preguntas tontas. A mí me gustaría saber de quién es (este / aquel) avioncito que está allá en el cielo, bien alto.
IRENE: A mí me tiene sin cuidado (aquella / esta) avioneta. Yo prefiero jugar con cosas que puedo tocar, como (aquella / esta) pelota.
LUPE: Bueno, si es así, déjate de patear (esa / esta) pelota y ven a jugar con (esa / esta) figurita de la Mujer Gata que tengo aquí.

B. ¡No sabemos nada! Trabaja con un(a) compañero(a) y hazle las siguientes preguntas usando la forma apropiada del verbo entre que está paréntesis. Pueden usar las respuestas sugeridas u otras de su elección. Cuando hayan terminado, él (ella) hace las preguntas y tú contestas.

MODELO   ¿Qué (pensar) de la economía nacional? (muy complejo; no comprender mucho)
    —¿Qué piensas de la economía nacional?
    —Eso es muy complejo. No comprendo mucho de eso (acerca de eso).

1. ¿(Creer) que Puerto Rico debe convertirse en un estado de EE.UU.? (controvertido; no saber mucho)
2. ¿(Opinar) que es fácil que los hispanos en EE.UU. triunfen en el campo de la música? (discutible; no entender mucho)
3. ¿Qué (saber) de la cultura hispana en Nueva York? (complicado; no leer)
4. ¿(Querer) que se controle la inmigración ilegal? (difícil; no estar informado[a])
5. En tu opinión, ¿(pensar) que hay que crear leyes para proteger a los trabajadores indocumentados? (problemático; no tener opinión)

C. Trabalenguas.   Selecciona la forma apropiada en el siguiente diálogo entre un(a) compañero(a) y tú discutiendo los trabalenguas del capítulo.

—(Este / Éste) trabalenguas de las erres (ehta / está) bien difícil de decir, ¿no?
—El trabalenguas que yo encuentro difícil es (éste / esté): el de los tres tristes tigres.
—Sí, (esta / está) claro que (ése / ese) no es fácil. Pero quizá (este / esté) aún más difícil el de Constantinopla. ¿No crees?
—Creo que ninguno de los tres que hemos mencionado (está / esta) fácil.

Una tarde de dominó en la Pequeña Habana, Calle Ocho

TAREA

Antes de empezar este capítulo, estudia *Así funciona nuestro idioma* para los siguientes días y haz por escrito los ejercicios correspondientes de *Ahora, ¡a practicar!*

1er día:

2do día:

3er día:

La tradición oral: Las adivinanzas

Como ya sabes, la tradición oral hispana es muy rica en sus muchas representaciones. Ya has visto el uso de refranes y trabalenguas. Otro aspecto sobresaliente de la tradición oral son las adivinanzas, o sea, los juegos de palabras en los cuales se tiene que descifrar algún enigma escondido en unas cuantas frases. Las adivinanzas, como los refranes, han sido parte de todas las culturas desde tiempos remotos. En Egipto, por ejemplo, la Esfinge mantenía el continuo interés del hombre con su juego de adivinanzas. Más tarde, en la tragedia griega, vimos a personajes como Edipo enfrentarse al monstruo de los enigmas. En tiempos más cercanos, cuando todavía no existía ni la radio ni la televisión, las adivinanzas eran una forma muy común de entretener tanto a mayores como a niños. Y gracias a la tradición oral, el juego de las adivinanzas sigue vivo y activo, entreteniendo al público en general.

A. Adivinanzas. Lee estas adivinanzas. Mira primero si tú y un(a) compañero(a) de clase pueden encontrar en la segunda columna la solución a cada adivinanza de la primera columna. Luego expliquen cómo se relacionan las adivinanzas con el dibujo.

_____ 1. Colgada voy por delante y al hombre hago elegante.

_____ 2. Tengo pito, y si me lo toco, te irrito.

_____ 3. Ya eran cinco hijos, hacía frío y hubo que darles cobijo.

_____ 4. Dos hermanas son, pero muy diferentes en su educación.

_____ 5. Soy redondo, redondo; por la mañana salgo, y por la tarde me escondo.

a. la camisa
b. el sol
c. la corbata
d. el sombrero
e. el barco
f. las manos
g. el auto
h. el oro
i. la mano
j. el avión
k. los dedos
l. los pantalones

B. Álbum de mi familia.   Pídeles a tus padres y/o a tus abuelos que te digan algunas de sus adivinanzas favoritas. Anota las que te cuenten, o aun mejor, apréndetelas de memoria y recítaselas a la clase para ver si pueden resolverlas. Incluye estas adivinanzas en tu álbum familiar, escribiendo cada una en un recuadro, si es posible con un dibujo o foto de la solución, e indicando debajo el nombre de la persona que te la contó.

C. Las adivinanzas en el ciberespacio.   En tu casa o en el laboratorio de computación, usa tu buscador favorito en Internet. Escribe en las palabras "adivina adivinanza" para encontrar adivinanzas en español. Selecciona tres o cuatro que te parezcan ingeniosas y tráelas a la clase para compartirlas con tus compañeros(as).

Nuestra riqueza cultural

○ Antes de leer ○

A. El éxito como meta.   ¿Crees que el éxito es algo absoluto, es decir, que sólo triunfan las personas que alcanzan la fama, o puede depender de lo que la persona quiera alcanzar? ¿Cuáles son tus metas para alcanzar el éxito? Ordena ahora la siguiente lista de valores jerárquicamente de mayor a menor importancia para ti. Comparte la lista con la clase, para ver cuáles son los valores más populares, y si hay tres o cuatro valores en cuya importancia todos coinciden.

_____ el amor
_____ el conocimiento
_____ el dinero
_____ el poder
_____ el poder político
_____ el sexo
_____ la belleza
_____ la fama
_____ la familia
_____ la libertad
_____ la salud
_____ el matrimonio

B. La gramática está viva en la lectura.   En parejas, (1) preparen una lista de los seis verbos regulares que aparecen en el pretérito en el párrafo sobre Desi Arnaz; y (2) en el mismo párrafo, cambien los tres verbos en el presente histórico al pretérito (**¡Ojo!** uno es irregular). Para más información sobre el pretérito, consulta *Así funciona nuestro idioma,* página 123.

☾ Lectura ☾

Los cubanoamericanos y el éxito

Un repaso rápido a la vida de algunos cubanoamericanos que han conseguido triunfar en los Estados Unidos sirve para comprender mejor y valorar a este importante grupo hispano. Al mismo tiempo, éstos sirven de ejemplo a otras generaciones de cubanoamericanos y de hispanos en general que no tienen excusa para no alcanzar el éxito personal, pues los que triunfan lo hacen superando todo tipo de obstáculos y desafíos. He aquí algunos ejemplos que ilustran esta afirmación.

Desi Arnaz

El caso de Desi Arnaz (1917–1986), cuyo verdadero nombre es Desiderio Alberto Arnaz y de Acha aunque más conocido como "Ricky Ricardo" en la serie *I Love Lucy,* representa a aquellos que, teniendo una vida cómoda en su país de origen, tienen que empezar de cero cuando llegan a los Estados Unidos. Hijo de un congresista cubano bajo el gobierno del dictador Machado, Desi emigró a los Estados Unidos con su madre en 1952 tras el golpe de estado de Batista. En contraste con la opulencia de la que disfrutaron en Cuba, apenas pudieron llevar consigo algo de ropa cuando salieron apresuradamente de Cuba. La nueva vida que les esperaba en Miami fue de pobreza y prejuicios, y trabajó vendiendo bananas, entre otras duras tareas. Después de muchas peripecias, llegó a ser embajador de los Estados Unidos en América Latina, y triunfó como actor, director, productor y músico.

El caso de José Fajardo (1919–2001) es diferente, porque ya era famoso antes de salir de Cuba para vivir en los Estados Unidos. Flautista y director de orquesta, José Fajardo mostró su talento formando parte de orquestas muy importantes en Cuba. Tras exiliarse de allí en la década de los 60, hizo giras constantes por Asia, África, Europa y Latinoamérica, haciendo popular un repertorio cubano.

Óscar Hijuelos (1951-), es el primer novelista hispano que consigue el premio Pulitzer de ficción por su novela *Los reyes del mambo tocan canciones de amor* (1989). Nació en Nueva York, hijo de José Hijuelos, trabajador de hotel y Magdalena Torrens, ama de casa, quienes habían emigrado de Cuba. Estudió como cualquier otro niño en la escuela pública de Nueva York y luego en el City College de Nueva York. Tras terminar la universidad, trabajó en el sector privado en una compañía de transporte, dedicando gran parte de su tiempo libre a la escritura. Poco a poco sus obras fueron recibiendo reconocimiento público, que lo convirtió en un escritor de gran renombre.

Estos tres ejemplos son sólo un granito de arena en el inmenso mar del éxito cubanoamericano que, como decíamos, invita a la autosuperación y a la lucha personal y comunitaria detectando y desarrollando el talento hasta alcanzar el éxito.

⊙ ¿Comprendiste? ⊙

A. Los cubanoamericanos y el éxito.   Contesta estas preguntas.

1. ¿Estás de acuerdo con el autor cuando dice que los hispanos "no tienen excusa para no alcanzar el éxito personal"? ¿Por qué sí o no?
2. ¿Cómo fue la vida de Desi Arnaz cuando emigraron a los EE.UU.? ¿Crees que los años de juventud de Desi fueron menos difíciles, tan difíciles o más difíciles que los años de tu juventud? ¿Por qué? ¿Crees que tú puedes alcanzar un nivel de éxito equivalente al de Desi Arnaz? Explica tu respuesta.
3. ¿Qué diferencia hay en las carreras de José Fajardo y Desi Arnaz? ¿A qué se deben esas diferencias?
4. Compara tu educación en la primaria y secundaria con la de Óscar Hijuelos. ¿Cuál fue mejor, en tu opinión? ¿Por qué crees eso? ¿Se dedicó Óscar Hijuelos a escribir al graduarse de la universidad o tuvo que buscar otro tipo de empleo? ¿Qué piensas hacer tú tan pronto te gradúes?

B. El éxito.   De los muchos grupos de inmigrantes que llegaron a los Estados Unidos en la segunda mitad del siglo XX, unos han logrado más éxito en este país que otros. ¿Por qué?

C. El éxito y mi comunidad.   ¿Cuánto éxito ha tenido tu comunidad, ya sea mexicana, puertorriqueña, cubanoamericana, dominicana, nicaragüense, salvadoreña, …? ¿Por qué crees que ha tenido tanto éxito o no ha tenido más éxito?

D. El éxito y yo.   ¿Qué significado tiene el éxito para ti? ¿Qué sientes que tienes que lograr durante tu vida para poder decir que alcanzaste el éxito? Contesta estas preguntas en dos o tres párrafos. Usa el proceso de escribir que aprendiste en *Redacción* para asegurarte que escribirás un buen párrafo: planear, escribir un primer borrador, compartir, revisar y escribir la versión final.

E. La música cubana en el ciberespacio.   En tu casa o en el laboratorio de computación, usa tu buscador favorito en Internet. Escribe en las palabras "cuando salí de Cuba" para encontrar páginas que hablan de Cuba. Hay una canción que se llama así. ¿Qué dice su letra? También hay una película que se llama *Cuando salí de Cuba*. ¿De qué trata la película? Consulta otros sitios y trata de interpretar los sentimientos que se expresan en esas páginas. ¿Hablan de política? ¿De nostalgia por Cuba? ¿De amor por la isla? Responde estas preguntas y ve a clase preparado(a) para compartir tus respuestas. Si en tu clase hay acceso a Internet, escribe la dirección de los sitios donde encontraste la información para poder mostrárselos a tus compañeros(as).

El éxito entendido como fama y riqueza va en muchas ocasiones acompañado de consecuencias no deseables. Es muy común encontrar a ricos y famosos cuyas carreras, vidas y familias acaban destrozadas por las drogas o la violencia. Vamos a conversar sobre este tema en grupos de tres, intentando responder a las siguientes preguntas. Luego informen a la clase de sus conclusiones, y estén preparados para discutir las opiniones de los demás grupos.

A. El precio del éxito. ¿Creen que la fama y la riqueza son de por sí perjudiciales para las personas? ¿Por qué sí o no? ¿Creen que si ustedes consiguen la fama y la riqueza, van a terminar con serios problemas? ¿Cómo podrían evitarlo?

B. ¿Soluciones? En algunos países con regímenes comunistas se estableció que todas las personas ganaran los mismos sueldos, tanto si eran médicos, actores, atletas reconocidos internacionalmente o campesinos. ¿Creen que algunos profesionales, como los atletas, actores o cantantes ganan demasiado? ¿Por qué sí o no? ¿Creen que sería una solución el tratar a todos como "trabajadores" y limitar el sueldo de las personas para evitar que algunos tengan mucha fama o dinero? ¿Cuáles serían las consecuencias de la aplicación de este principio?

C. ¿Generador de violencia? La opulencia de algunos, tal y como se percibe en la televisión y el cine, hace pensar que el dinero y la fama dan la felicidad, y que no es difícil conseguirlos. ¿Creen ustedes que esa percepción es positiva o negativa? ¿Por qué? ¿Creen que habría que censurar la televisión y el cine para evitar esa percepción?

D. Generador de migración. Con la televisión a través de satélite, los programas de televisión y las películas de las sociedades más ricos se pueden ver en países menos afortunados. Consecuentemente, es posible que muchas personas se hagan falsas ideas sobre el modo de vida de esos países más ricos. ¿Qué impacto creen que esto puede tener o tiene en la migración? ¿Qué impresión creen ustedes que tienen la mayoría de los latinoamericanos de "la vida típica" en los EE.UU. según Hollywood? ¿Cómo es la familia típica, la casa típica, el número de coches, la educación, el salario, etc.? ¿Cuántos en la clase mantienen ese estilo de vida?

Nuestra riqueza lingüística

◌ Antes de leer ◌

¿Inglés o español?   Las siguientes palabras del español vienen directamente del inglés, pero sólo tres de las palabras se consideran aceptables en todo el mundo hispanohablante. Esas tres hasta aparecen en todo diccionario español. El resto de las palabras sólo tienden a usarse en comunidades donde el español está en continuo contacto con el inglés. En grupos de tres o cuatro, traten de identificar las tres palabras que todo el mundo hispano acepta. Luego comparen su decisión con la de otros grupos de la clase.

nicle	gasolín	espeletear	shorts	taipiar
bonche	cherife	jonrón	chainear	huachar
rula	sainear	champú	peni	puchar

¿Por qué será que sólo tres de estas palabras son aceptadas globalmente y las otras no?

◌ Lectura ◌

El español que hoy hablamos refleja los contactos entre el español y varias lenguas a través de la historia. Aquí vamos a ver lo que ocurrió y sigue ocurriendo en los Estados Unidos entre el español y el inglés.

Lenguas en contacto: El español y el inglés

El contacto entre el inglés y el español comienza cuando los anglohablantes empiezan a establecerse en el suroeste, siendo esta región todavía parte de México. Ese intercambio continúa hoy día debido al gran número de inmigrantes que siguen llegando a los EE.UU. desde países hispanohablantes, en particular de Cuba, Puerto Rico, Nicaragua, El Salvador y la República Dominicana. El continuo contacto entre estas dos lenguas favorece una influencia mutua tanto del inglés al español como del español al inglés.

Una de las consecuencias de este contacto es la tendencia entre muchos hispanohablantes de los EE.UU. a adoptar palabras del inglés y pronunciarlas como suenan en español (*gasoline*—**gasolín**) o españolizarlas (*to push*—**puchar**). Debido a que esto tiende a hacerse con palabras que ya existen en el español **(gasolina, empujar),** estas variantes con frecuencia no se entienden fuera de ciertas comunidades fronterizas y hasta son vistas negativamente por muchos hispanohablantes tanto en los Estados Unidos como en el resto del mundo hispanohablante.

⊙ ¿Comprendiste? ⊙

A. Préstamos del inglés. Lee las palabras de la primera columna y márcalas con una equis (**x**) si son palabras que tú usas. Luego escribe cada palabra en la columna del medio.

Préstamos del inglés		Español general
1. ☐ *daime*	_____	oportunidad
2. ☐ *chequear*	_____	campo
3. ☐ *breca*	_____	revista
4. ☐ *chusar*	_____	camioneta
5. ☐ *bil*	_____	fósforo, cerilla
6. ☐ *pichar*	_____	revisar
7. ☐ *pul*	_____	diez centavos
8. ☐ *pompa*	_____	firmar
9. ☐ *mecha*	_____	freno
10. ☐ *magazín*	_____	billar
11. ☐ *chanza*	_____	almorzar
12. ☐ *troca*	_____	bomba
13. ☐ *fil*	_____	cuenta
14. ☐ *lonchar*	_____	tirar
15. ☐ *sainear*	_____	escoger

¡Ojo! Aunque el uso de estas palabras sigue la lógica de las lenguas en contacto, y tal vez en un futuro no muy lejano, serán posiblemente conocidas y aceptadas por la mayoría de los hispanohablantes, por ahora es preferible usar términos conocidos por todos, especialmente al escribir y cuando hablamos en situaciones formales o con personas que no pertenecen a nuestra comunidad lingüística.

B. Préstamos del español. Tanto como el inglés ha tenido y sigue teniendo influencia en el español, el español también ha tenido y sigue teniendo influencia en el inglés, como se ve en palabras como **rodeo, hacienda, chili, etc...** ¿Puedes nombrar más palabras del español que ahora son aceptadas en el inglés?

C. Una investigación. Haz una investigación sobre el uso de préstamos del inglés que tus padres, hermanos o abuelos usan. Observa cuidadosamente y, sin que ellos se den cuenta, anota los préstamos del inglés que se usan en tu familia. Luego divide la lista de préstamos en dos, una lista con los préstamos que no tienen un equivalente en español y por lo tanto son aceptados en el mundo hispanohablante, y otra para los que ya existe un equivalente y por lo tanto, no son muy aceptados. En este caso, escribe el equivalente también.

Andy García Es un actor cubanoamericano que de veras conoce el éxito. Se le ha llamado "un actor sin límites" porque ha logrado romper los esterotipos y crear su propio lugar en Hollywood. La lista de películas en las que ha actuado es impresionante: *8 Million Ways to Die* (1986), *Stand and Deliver* (1987), *The Untouchables* (1987), *The Godfather: Part III* (1990), *When a Man Loves a Woman* (1994), *Things to Do in Denver When You Are Dead* (1995), *Night Falls on Manhattan* (1996), *The Disappearance of García Lorca* (1997), *Just to Be Together* (2000), *The Man From Elysian Fields* (2001), *Ocean's Eleven* (2001), *Confidence* (2003), *Ocean's Twelve* (2004) y *The Lost City* (2005), entre otras. En esta última, Andy García no sólo actuó, sino tambíen la dirigió y compuso la música. Casado ahora, con tres hijas, Andy tenía sólo cinco años cuando su padre, un abogado y terrateniente habanero, tuvo que salir huyendo del gobierno de Fidel Castro. En los años sesenta Andy se mudó a Los Ángeles, donde tuvo que trabajar de mesero o de lo que encontrara, hasta que consiguió el papel de detective en la película *The Mean Season* (1985). De allí, su carrera de actor se disparó. Además de la pasión con la que se dedica a la actuación, Andy García asegura que la pasión de su vida es la música cubana.

Andy García

Pedro José Greer, Jr. Nació en 1956 en Miami durante una visita de su mamá a unos familiares. A los pocos días se volvieron a La Habana, de donde salieron definitivamente después de la Revolución Cubana de 1959. Siguiendo las huellas de su padre, estudió medicina y se distinguió en la especialidad de gastroenterología. Además de sus triunfos académicos y profesionales, lo que verdaderamente lo distingue es su incansable labor en favor de la gente desamparada. Desde 1984 trabaja dando tratamiento médico a los pobres, y gracias a sus esfuerzos personales fundó la clínica gratuita Camilus Health Concern. "Doc

Pedro José Greer, Jr.

Rambo", como lo llaman en los lugares donde se congrega la gente sin hogar, se encuentra en su elemento cuando cura a los desválidos que encuentra bajo los puentes, y a víctimas sin recursos, abandonadas por la sociedad. Después de que el huracán Andrew devastara Miami en 1992, se puso a trabajar con Emilio y Gloria Estefan para reunir fondos para ayudar a los desamparados. El Dr. Greer reside en Coral Gables con su esposa y dos hijos, y comparte un consultorio con su padre. Su libro *Waking Up in America* (1999) relata en un lenguaje simple y honesto cómo ha conseguido compartir su vida y conocimientos con la gente necesitada.

A. Hispanos estelares.   Contesta estas preguntas.

1. ¿Consideras a Andy García "un actor sin límites"? ¿Por qué? ¿Cuáles de las películas mencionadas en la lectura has visto? ¿Cuál es tu favorita? ¿Por qué? ¿Cómo crees que habrá reaccionado de niño cuando a los cinco años tuvo que abandonar Cuba y mudarse a EE.UU.? Explica. La pasión de su vida es la música cubana; ¿cuál es la pasión de tu vida?

2. ¿Dónde nació Pedro José Greer, Jr.? ¿Por qué tuvo que salir de Cuba su familia? ¿Cuál es su profesión y con quiénes la practica? ¿Por qué creen que la gente sin hogar lo llama "Doc. Rambo"? ¿Cómo se llama su libro y de qué se trata? ¿A quiénes crees que les va a interesar el libro? ¿Por qué?

B. Discurso de agradecimiento.   Cada año el Club de Estudiantes Hispanos de tu universidad da el premio "Un futuro actor (o médico / ingeniero / militar / abogado) sin límites". Tú acabas de saber que te han seleccionado para recibir el premio. Ahora tienes que preparar un discurso de agradecimiento. Prepara ese discurso y preséntalo frente a la clase. Al prepararlo, ten presente lo siguiente:

Tres elementos básicos de los discursos de agradecimiento:

- dar las gracias a las personas o la organización responsable
- explicar el significado del premio
- compartir el honor con todos los merecidos

C. La gramática está viva en la lectura.   En parejas, seleccionen la forma que consideran más apropiada y lean este párrafo en voz alta para saber algo más de los gustos musicales de Andy García. Para más información sobre los pronombres de objeto directo e indirecto, consulta *Así funciona nuestro idioma,* página 123.

Sé que a Andy García (le / lo) fascina la música cubana. Unos amigos míos (le / lo) han visto participar con varios conjuntos en clubes de Miami. Y sé que (le / lo) encantaba la música de Cachao López. (Le / Lo) adoraba. Hasta hizo una película sobre él. También produjo un álbum de su música. Recién (le / lo) escuché en casa de mi prima. (Le / Lo) nominaron para un Premio Grammy por ese álbum.

Hablemos de carreras... en medicina

Sin duda, un gran número de hispanos se ha dedicado a la medicina. Si esa fuera tu carrera preferida, ¿a qué campo de la medicina te dedicarías? ¿Por qué escogerías ese campo? En tu opinión, ¿qué prerrequisitos tendrías que cumplir? ¿Cuáles son las ventajas y desventajas de esa carrera? ¿Qué podrías hacer para superar los obstáculos y llegar a ser un(a) excelente médico?

☯ Para hablar de carreras en medicina ☯

Preparación para hacer estudios premédicos
artes liberales
biología
cálculo
física
química
   orgánica
   inorgánica

La escuela de medicina
a plazos
aprendiz
conocimiento
ingreso
interno(a)
la clínica
nota
pregraduado(a)

premédica
residente

Especializaciones
anestesiología
cardiología
cirugía
dermatología
medicina de familia
neurología
obstetricia-ginecología
oftalmología
ortopedia
patología
pediatría
psiquiatría
radiología
urología

Los médicos
anestesiólogo(a)
cardiólogo(a)
cirujano(a)
dermatólogo(a)
gastroenterólogo(a)
ginecólogo(a)
médico internista / generalista
neurólogo(a)
ortopedista
oftalmólogo(a)
patólogo(a)
pediatra
psiquiatra
radiólogo(a)
urólogo(a)

A. Con el diccionario en mano. Traduce estas oraciones al español para mostrar que sabes bien este vocabulario relacionado con carreras en medicína.

1. After the radiation treatments, he will have to see an oncologist at least once a month.
2. My doctor recommended an excellent cardiologist.
3. First I have to go see the dermatologist, then the gynecologist, and finally the urologist.
4. I can't believe it. To practice family medicine, I have to take biology, physics, organic and inorganic chemistry, and calculus!
5. My neurologist first majored in radiology, then pathology, and finally in neurology.

B. Hablemos de médicos.   Escribe al lado de cada especialista en la primera columna la letra de la descripción de la especialización.

Médicos	Lo que hacen
_____ 1. neurólogo	a. se dedica a la salud de los niños
_____ 2. gastroenterólogo(a)	b. ayuda a pacientes con problemas mentales
_____ 3. dermatólogo(a)	c. se encarga de "leer" los rayos X, tomografías, etc.
_____ 4. cirujano(a)	
_____ 5. médico internista	d. trata todo tipo de problemas con los huesos
_____ 6. oftalmólogo(a)	e. hace análisis de enfermedades en el laboratorio
_____ 7. cardiólogo(a)	
_____ 8. anestesiólogo(a)	f. trata enfermedades de las vías urinarias
_____ 9. ginecólogo(a)	g. trata a mujeres con problemas del aparato reproductor
_____ 10. urólogo(a)	
_____ 11. radiólogo(a)	h. trata las enfermedades del aparato digestivo
_____ 12. psiquiatra	i. trata a pacientes con enfermedades de la piel
_____ 13. pediatra	j. trata las enfermedades del corazón
_____ 14. patólogo(a)	k. analiza y trata problemas del sistema nervioso
_____ 15. ortopedista	
	l. se dedica a problemas de los ojos y la vista
	m. opera a los pacientes
	n. trata a pacientes con todo tipo de enfermedades
	o. da anestesia al paciente para dormirlo

Ahora, decide con la clase a qué tipo de médico llamarían en las siguientes situaciónes. Expliquen lo que creen que ese especialista podría hacer.

1. Tu hermanito estaba jugando al fútbol con sus amigos cuando se cayó y se rompió un brazo y una pierna.
2. Tu abuelita dice que los ojos le están molestando mucho. Le lagrimean constantemente.
3. En una fiesta familiar, tu tío de repente empieza a sentir mucho dolor en el pecho. También dice que le duele el brazo izquierdo.
4. Después de un viajecito a las montañas este fin de semana, notas que tienes la piel en los brazos y las mejillas muy rojas y sientes mucha comezón.
5. Tu hermana mayor te llama muy preocupada porque su bebé tiene una fiebre de 102 grados y no deja de llorar.

C. Médicos del futuro.   Identifica a un(a) compañero(a) de clase que tal vez se interese en una carrera en medicina y hazle las preguntas que siguen.

1. ¿Cuáles son los requisitos para seguir una carrera en medicina? ¿Cuánto tiempo tendrías que asistir a la universidad? ¿Qué requisitos tendrías que cumplir para ser aceptado(a) en un programa de medicina?
2. ¿Qué te motiva a seguir esa carrera? ¿Qué sacrificios tendrías que hacer para seguir esa carrera? ¿Cómo afectaría el seguir esa carrera a tu familia?
3. ¿Cuáles son las ventajas y desventajas de seguir una carrera en medicina?

D. Entrevista con un médico.   Entrevisten a un médico hispano de la comunidad. Seleccionen a uno(a) especializado(a) en un campo que les interese, si es posible. Pregúntenle acerca de su especialidad: si recomienda que la sigan, si tiene que trabajar demasiado, si fue difícil seguir esa especialidad, etc. Informen a la clase de lo que aprendieron.

Arte hispano

El artista

Manuel Pardo nació en Cuba y llegó a los EE.UU. por el año 1965. Su madre, Gladys de Pardo, los trajo a él y a su hermana cuando, a los 39 años, dejó Cuba y a su esposo para poder brindar un futuro mejor a sus niños. Se radicaron en Nueva York, donde la señora Pardo los hizo estudiar en buenos colegios que pagaba con el fruto de su trabajo incansable. El pintor dice que su madre trabajaba dieciséis horas por día, "en dos factorías," y que sus sacrificios fueron increíblemente heroicos. Gladys tiene más de setenta años ahora, y finalmente disfruta de una merecida jubilación y del inmenso cariño de sus hijos.

Manuel Pardo

Mamá y yo y la patria

"Mamá y yo y la patria" (véase la página xvii) es una colección de cuadros únicos no solamente por su estilo y ejecución sino también por su profundo contenido sentimental y emocional. El pintor los hizo para rendir homenaje a su madre, a quien presenta como la recuerda cuando ella tenía treinta años y se engalanaba con las ropas que estaban de moda por esa época. Resaltan los detalles minuciosos de los estampados de las ropas, los accesorios y joyas que lleva, así como el telón de fondo en el que vemos detalles familiares: cuadros en las paredes, muebles y cortinajes. Un detalle que es fascinante es que Manuel Pardo se identifica completamente con su madre y que al pintarla a ella, se pinta él mismo. La colección fue exhibida en la Galería Piltzer de París en el otoño de 1997.

A. Manuel Pardo y yo.   Contesta estas preguntas sobre el arte de este pintor cubanoamericano y sobre tus propios intereses.

1. ¿Qué te parece este cuadro de Manuel Pardo? ¿Te gusta o no? ¿Por qué?
2. ¿Qué motivó a Manuel Pardo a pintar la colección de cuadros "Mamá y yo y la patria"? ¿Crees que es una manera apropiada de expresar agradecimiento? ¿Por qué? ¿Cómo expresas tu agradecimiento a tus padres?

3. Si fueras artista, ¿dibujarías a tu mamá o a tu papá? Explica.
4. Este cuadro refleja, además, la moda de la época. ¿Cuáles son las diferencias con la ropa que está de moda hoy en día?

B. La gramática está viva en la lectura. Con un(a) compañero(a) de clase, identifiquen los cuatro usos de pronombres de objeto directo en la lectura y los seis usos de la **a** personal. Confirmen los resultados con la clase entera. Para más información sobre los pronombres de objeto directo y la **a** personal, consulta *Así funciona nuestro idioma,* página 123.

C. Así lo hicimos: Análisis de cómo nos acercamos a la gramática. En grupos de tres o cuatro, hablen de cómo distinguieron entre los pronombres de objeto directo **los** y **la** y los artículos **los** y **la** en la lectura. ¿Qué técnicas pueden recomendarle a la clase para evitar esa confusión en el futuro? ¿Creen que es algo que confunde a los hispanohablantes con frecuencia? ¿Por qué sí o por qué no?

Nuestra herencia literaria

☯ Antes de leer ☯

A. Es muy relativo... En una hoja de papel, escribe tres edades como respuestas a las siguientes preguntas. Luego compara tus respuestas con el resto de la clase.

1. ¿A qué edad deja una persona de ser niño y pasa a ser joven?
2. ¿A qué edad deja una persona de ser joven y pasa a ser adulto?
3. ¿A qué edad, en tu opinión, deja una persona de ser adulto y pasa a ser anciano?

B. La discriminación. ¿Qué evocas cuando piensas en la discriminación? Para saberlo, contesta estas preguntas. Luego, comparte tus respuestas con la clase.

1. ¿Cuántos tipos de discriminación puedes nombrar?
2. ¿Has sufrido tú discriminación alguna vez? ¿Qué tipo de discriminación?
3. ¿Crees que hay discriminación por la edad en los EE.UU.? Si la hay, ¿quiénes la sufren, los niños, los jóvenes, los adultos o los ancianos? Da ejemplos.
4. ¿Has sufrido tú discriminación de edad? Si es así, explica cómo, cuándo y dónde.
5. ¿Han sufrido tus padres, tíos o abuelos este tipo de discriminación? Explica.

Estrategias para leer: Anticipar

Antes de empezar una lectura, es bueno tener alguna idea del tema de la lectura. Hay varias maneras de hacerlo. Una es estudiar las fotos o dibujos que acompañan la lectura y anticipar el contenido a base de lo que ves. Otra es fijarse en el título de la lectura y la primera oración y tratar de anticipar el contenido a base de lo que ves. Usa estas dos técnicas para anticipar el contenido de este cuento. Estudia el dibujo, luego lee el título y la primera oración del cuento y, basándote en eso, escribe tres cosas que anticipas van a ocurrir o a tratarse en el cuento.

El autor

Ángel Castro nació y se crió en Cuba. Terminó su doctorado en la Universidad de la Habana cuando Fidel Castro tomó el poder en 1959. Cuatro años más tarde, Ángel Castro, junto con varios otros escritores cubanos jóvenes, inmigró a los EE.UU. para escapar del nuevo régimen. Desde entonces, ha publicado ensayos políticos, novelas, libros de poesía y de cuentos.

꩜ Lectura ꩜

Las canas

el que lleva las cuentas en una oficina

rechazo silencioso

pelo blanco

arte de llevar las cuentas / educación

Pedro Gutiérrez, cubano, contador° público y ex Profesor de la Escuela de Ciencias Comerciales de la Universidad de la Habana, era uno más entre los miles que habían abandonado la República de Cuba en repudio silente° al régimen comunista de Fidel Castro, que hoy esclaviza al pueblo cubano. Su edad, sesenta años, de pequeña estatura, despierto de mente y cuerpo, con su cabeza cubierta de nieve. Las canas° eran el orgullo del Profesor Gutiérrez. Las canas simbolizaban una vida de trabajo, dedicado a la contabilidad°, y a la cátedra°, dedicado a moldear a la juventud estudiosa en la Escuela de Ciencias

Comerciales de la Universidad de La Habana. Eran sus canas símbolo de honradez, de trabajo, y los estudiantes cubanos las respetaban y admiraban.

Al llegar a los Estados Unidos de la América del Norte recibió la ayuda generosa del Gobierno Federal, y vivía de un cheque de Welfare (asistencia pública), en una pequeña ciudad de New Jersey, en unión de su esposa, Gertrudis Hernández de Gutiérrez.

—Estoy cansado de vivir sin trabajar..., no me gusta cobrar un cheque sin trabajarlo...

esfuerzo

—Viejo..., y mira que has hecho gestiones° para trabajar de lo que sea...

—Qué difícil es encontrar empleo..., me parece que me discriminan porque soy cubano.

—No, no es porque seas cubano, sino porque eres viejo —le dijo su mujer.

—Es verdad, soy un viejo, tengo sesenta años, pero me parece que aquí, en los

Instructor lee hasta aquí
Grupo 1

Estados Unidos de la América del Norte, discriminan a los negros y a los viejos.

El domingo, Gutiérrez recibió la inesperada visita de un viejo amigo de la infancia —Walterio Rivas—, que enseñaba español en la Universidad de New Jersey.

—¡Qué alegría, Pedro! Estás igualito que la última vez que te vi en La Habana; no has cambiado nada... ¿Has encontrado empleo?

—No, no, Walterio, me he cansado de hacer gestiones..., y nada...

—Bueno, te voy a explicar algo: aquí, en los Estados Unidos de la América del Norte, no gustan de las canas..., las personas mayores de sesenta años lo pasan mal y completamente aislados... Este país adora la juventud, la belleza, el sexo y el dinero..., sobre todo el dinero. Pero no te descorazones, tengo un remedio para ti..., voy a la tienda y regreso en seguida.

Grupo 2

Walterio regresó a la casa de Pedro en menos de veinte minutos con dos frascos de tinte para el pelo.

—Mira..., tienes que hacerme caso y pintarte el pelo..., si no te pintas el pelo, no conseguirás empleo —dijo Walterio.

—Me parece que la juventud en Yankilandia no respeta a los ancianos..., están perdidos... En Cuba, México, en China, Japón, en España, etc., se respeta a los

conocimiento

viejos..., los ancianos son la experiencia y la sabiduría°... —dijo el Profesor Gutiérrez.

Grupo 3
color negro

El lunes, Pedro salía de nuevo a buscar empleo, sus canas habían desaparecido, y en su lugar mostraba un pelo de ébano°.

El martes conseguía empleo en una casa comercial como tenedor de libros.

El miércoles regresaba a su casa y se dirigía a su cuarto, mirándose en el espejo, y al contemplar el ébano en lugar de la nieve, se echó a llorar como un niño.

—Mis canas..., mis canas —se decía.

◌ Reacciona y relaciona ◌

A. Reacciona.   Contesta las preguntas que siguen.

1. ¿Por qué no podía encontrar trabajo Pedro Gutiérrez? ¿Cómo solucionó el problema?
2. El narrador de este cuento expresa su odio hacia "el régimen comunista de Fidel Castro" al decir "que hoy esclaviza al pueblo cubano". ¿Crees que tiene razón? ¿Por qué? Explica tu respuesta.
3. ¿Por qué crees que lloró tanto al final? ¿Crees que hizo bien en teñirse las canas? ¿Por qué? Explica tu respuesta.
4. Con dos compañeros(as) de clase, usa estas siluetas para comparar lo que los hispanos piensan de la gente mayor y cómo la tratan con lo que los estadounidenses piensan y cómo tratan a sus ancianos. Compartan la información en las siluetas con el resto de de clase.

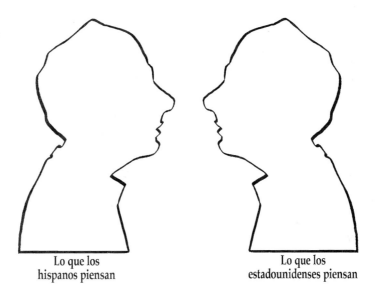

Lo que los
hispanos piensan

Lo que los
estadounidenses piensan

B. Relaciónalo.   ¿Discriminas tú contra los ancianos? Para saberlo, contesta las siguientes preguntas. Compara tus respuestas con las de tres compañeros(as) de clase e informen a la clase quién(es) corre(n) el peligro de discriminar contra los ancianos.

1. ¿A qué edad crees que una persona debe ser forzada a jubilarse (dejar de trabajar)?
2. ¿A qué edad se debe forzar a los ancianos a que dejen de conducir en las carreteras públicas?
3. ¿Debe permitirse que las personas jubiladas consigan empleo en puestos que tradicionalmente ocupa la gente de tu edad?
4. ¿Se les puede permitir a los ancianos que trabajen de niñeros cuidando niños? ¿Contratarías tú a un(a) anciano(a) para que cuide a tus hijos? ¿Por qué sí o no?
5. ¿Qué tipo de trabajo consideras apropiado para las personas mayores jubiladas?

C. Debate. ¿Llevan los ancianos una mejor vida en los países hispanos que en los Estados Unidos? Para decidirlo, tengan un debate frente a la clase. Tres voluntarios deben hablar a favor de que los ancianos llevan una mejor vida en los países hispanos y tres voluntarios a favor de que llevan una mejor vida en los Estados Unidos. La clase va a votar para decidir quién ganó el debate.

La acentuación, ¡de una vez!

◌ Repaso de las reglas básicas de acentuación ◌

A. Reglas de acentuación. Para probar que has memorizado las tres reglas básicas de acentuación, léelas completando la información que falta. Luego da varios ejemplos de palabras que ilustren cada regla.

Regla 1: Las palabras que terminan en _____, _____ o _____, llevan el golpe en la penúltima sílaba.

Regla 2: Las palabras que terminan en _____, excepto _____ o _____, llevan el golpe en la última sílaba.

Regla 3: Todas las palabras que no siguen las dos reglas anteriores llevan _____.

B. Acentuación y ortografía. Escucha mientras tu profesor(a) lee las siguientes palabras. Luego pon el acento escrito en las palabras que lo necesiten.

1. reservacion
2. estudios
3. llegada
4. proxima
5. noche
6. sabado
7. podre
8. posible
9. cantidad
10. formal
11. fijate
12. anterior

C. Músicos cubanoamericanos. Coloca el acento escrito sobre las palabras que lo requieran en las siguientes oraciones.

1. La musica es una de las areas en que los cubanoamericanos se han distinguido.
2. Desi Arnaz, el talentoso musico cubanoamericano, introdujo ritmos tropicales al publico norteamericano.

3. Los esposos Estefan adoran la musica cubana y hacen lo posible por darla a conocer en nuestro pais.
4. Tanto admira Andy Garcia al gran musico cubano Israel "Cachao" Lopez, que lo ha hecho conocer en la nacion a traves de conciertos y hasta en una pelicula que el mismo financio.

Redacción

I. Para escribir cartas entre amigos

Las cartas entre amigos en español son muy parecidas a las cartas entre amigos en inglés, con una diferencia principal —las cartas en español tienden a escribirse usando un nivel de cortesía más formal. Lee esta carta y fíjate en las fórmulas de cortesía que la escritora usó.

8 de octubre

Mi estimado Eduardo:

Deseo que te encuentres bien de salud y que no estés trabajando demasiado como acostumbras. Yo sigo metida en los libros, determinada a mantener las notas al nivel que he establecido. Como te dije en la carta anterior, sigo cinco cursos este semestre y todos requieren una gran cantidad de trabajo.

Sin embargo, estoy determinada a adelantarme lo más posible con los estudios para poder acompañarte el último fin de semana de este mes. No sabes cuánto agradezco tu invitación. Te he echado tanto de menos ésta semana. Y saber que podré escapar unos días sin tener que pensar en mis estudios es exactamente lo que necesito.

Te llamo la semana próxima con los detalles de mi llegada. Hoy mismo llamaré para hacer las reservaciones.

Recibe un abrazo bien fuerte de tu amiga,

Delia

P.D. Llámame el sábado por la noche, si te es posible.

Las siguientes fórmulas de cortesía deben ayudarte a redactar cartas a amigos en español.

A. La fecha: Ésta se escribe en la parte superior derecha de la hoja de papel. Generalmente lleva uno de estos formatos:

22 de febrero de 2007   **22-II-07**

B. La dirección: No aparece en las cartas a amigos, sólo en el sobre. El nombre de la persona a quién se dirige siempre debe llevar título:

Sr.	señor	**Doc.**	doctor
Sra.	señora	**Lic.**	licenciado
Srta.	señorita	**Arq.**	arquitecto
Sres.	señores	**Ing.**	ingeniero

C. El saludo: Las cartas a amigos siempre usan uno de estos saludos o alguna de las variaciones indicadas:

Querido(a)…   **Mi muy querido(a)…**
Estimado(a)…   **Nuestro(a) estimado(a) amigo(a)…**
Queridísimo(a)…   **Mi queridísimo(a)…**

D. La parte principal: Aquí aparece la información que la persona que escribe quiere comunicar a su amigo(a). Ésta puede variar muchísimo, sin embargo, cierta formalidad sigue siendo apropiada. A continuación se presentan algunas fórmulas para empezar y para contestar una carta:

Para empezar una carta

Te escribo estas líneas para informarte que…
Acabo de saber que…
Deseo que te encuentres bien de salud y que…

Para contestar una carta

Recibimos tu carta ayer y queremos decirte que…
No te imaginas cuánto agradezco tu carta de (fecha) y…
Qué gusto nos dio encontrar tu carta de (fecha) en el correo esta mañana…

E. Final: A continuación aparecen varias fórmulas que tienden a usarse al final de una carta a amigos.

Con (mucho) cariño,
Muy atentamente,
Afectuosamente,
Con mucho afecto y admiración,
Te abraza fuertemente tu amigo(a),
Recibe un abrazo (y besos) de tu amigo(a),

F. **Firma:** Ésta empieza al centro de la hoja de papel al final de la carta.

G. **Posdata:** Ésta aparece si es necesario agregar información después de terminar la carta. Se sitúa varios renglones debajo de la firma, a la izquierda de la página después de las iniciales **P.D.**

Carta a un(a) amigo(a).   Escríbele una carta a un(a) amigo(a) de la secundaria que no asiste a tu universidad. Tú decides en el contenido, pero ten presente las fórmulas de cortesía que acostumbramos usar en español. Para asegurarte que escribirás la mejor carta posible, no olvides seguir los pasos del proceso de redacción que has estado usando: planear, organizar, escribir un primer borrador, compartir, revisar de nuevo y escribir la versión final.

II. Escribamos a otro nivel

A escribir cartas a familiares.   Si ya acostumbras escribir cartas en español, escríbeles una carta a tus padres, abuelos o tíos. Cuéntales cómo has pasado el primer mes en la universidad este semestre. No dejes de usar las fórmulas de cortesía, y sigue el proceso de redacción que has estado usando.

Online Study Center

El mundo cubanoamericano al alcance
Explora distintos aspectos del mundo cubanoamericano en las actividades de la red que corresponden a este capítulo: Ve primero a http://college.hmco.com/pic/deunavez1e y de allí a la página de *¡De una vez!*

Películas que recomendamos

◯ El cine cubano ◌

El cine cubano es uno de los mejores de Latinoamérica; cuenta con excelentes actores y consumados directores. A continuación mencionamos algunos de los directores cubanos más conocidos y sus mejores películas.

Lucía (1968)   **Director:** Humberto Solás

Relata la vida de tres mujeres cubanas llamadas Lucía en tres momentos cumbre de la historia de Cuba —1895, 1927 y 1960.

Retrato de Teresa (1979)   **Director:** Pastor Vega

Presenta el problema del machismo en plena sociedad socialista comunista.

El Súper (1979)   **Director:** León Ichaso

Codirigida por León Ichaso y Orlando Jiménez-Leal, esta película explora el problema de la adaptación de un inmigrante cubano a la vida en Nueva York.

Clandestinos (1987)   **Director:** Fernando Pérez

Historia de amor, ilusiones y sacrificio basada en hechos reales ambientada en La Habana, en 1958. Un grupo de jóvenes lucha contra la tiranía de Batista en un grupo de acción clandestino.

La bella del Alhambra (1989)   **Director:** Enrique Pineda Barnet

El ascenso a la fama de una actriz, Rachel, en el agitado mundo político de la Cuba republicana. Es un homenaje al popular teatro bufo cubano.

Fresa y Chocolate (1993)   **Director:** Tomás Gutiérrez Alea

Codirigida por Tomás Gutiérrez Alea y Juan Carlos Tabío, *Fresa y chocolate* fue la primera película cubana que recibió, en 1994, la nominación para el Óscar a la mejor película extranjera. La historia se sitúa en 1979 y narra la relación que se desarrolla entre Diego (Jorge Perugorría), un intelectual gay, y el homofóbico y ortodoxo comunista David (Vladimir Cruz). Tras haber roto su relación con su novia, animado por su compañero de apartamento Miguel (Francisco Gattorno), David decide relacionarse con Diego para investigar sus posibles actividades contrarrevolucionarias. Poco a poco, el conocimiento y las actitudes de Diego van fascinando a David, al tiempo que lo van liberando y ayudando a poner en perspectiva toda su dogmática revolucionaria. La película incluye una preciosa banda sonora de José María Vitier.

Otras películas importantes de Tomás Gutiérrez Alea son *Historias de la revolución* (1960), *Hasta cierto punto* (1984), *Memorias del subdesarrollo* (1968), *Cartas desde el parque* (1988), *La muerte de un burócrata* (1966), *La última cena* (1976) y *Guantanamera* (1994).

○ Películas relacionadas con Cuba ○

I am Cuba (1964) **Director:** Mikhail Kalatozov

Película filmada con el objetivo de justificar la revolución cubana. Contiene cuatro historias que ilustran los abusos del régimen de Batista. Aunque la forma en que se presenta a los personajes norteamericanos puede resultar excesivamente estereotipada, la cinematografía es extraordinaria.

Dance with me (1998) **Director:** Randa Haines

Un joven cubano, Rafael Infante (Chayanne), se abre paso y triunfa en los Estados Unidos.

The Lost City (2005) **Director:** Andy García

Película de una familia cubana, en los años 50, que se ve obligada a abandonar Cuba y exiliarse en los EE.UU.

Así funciona nuestro idioma

○ 3.1 Pretérito: Verbos regulares ○

¡Ya lo sabes!

Esta vez, nada de parejas de oraciones. Lo que tenemos ahora son tres oraciones para que decidas cuál de las tres dirías: la primera, la segunda o la tercera.

1. ¿Qué regalo *comprastes* para tus padres?
2. ¿Qué regalo *comprates* para tus padres?
3. ¿Qué regalo *compraste* para tus padres?

¿Qué decidiste? Que es más difícil, ¿verdad? Sin embargo, la mayoría de la clase debe haber optado por la número tres. ¿Por qué? Porque ésa es la forma del **pretérito** que usaría la gran mayoría de hispanohablantes. Pero, ¿por qué fue tan difícil decidir esta vez? Porque las otras dos oraciones son variantes que algunas comunidades de hispanos todavía usan. Pero sigan leyendo y van a aprender a tomar estas decisiones con facilidad.

Formas

-*ar* Verbs	-*er* Verbs	-*ir* Verbs
respetar	aprender	permitir
respet**é**	aprend**í**	permit**í**
respet**aste**	aprend**iste**	permit**iste**
respet**ó**	aprend**ió**	permit**ió**
respet**amos**	aprend**imos**	permit**imos**
respet**asteis**	aprend**isteis**	permit**isteis**
respet**aron**	aprend**ieron**	permit**ieron**

- Las terminaciones del pretérito de los verbos regulares terminados en **-er** e **-ir** son idénticas.
- Las formas correspondientes a **nosotros** en los verbos regulares terminados en **-ar** e **-ir** son iguales en el pretérito y en el presente de indicativo. El contexto normalmente aclara de qué tiempo se trata.

Saludamos a nuestra profesora ayer y hoy también la **saludamos.**

Nota para hispanohablantes Hay una tendencia dentro de algunas comunidades de hispanohablantes a variar las terminaciones de *tú* a -*astes/-istes* (*respetastes, aprendistes, permitistes*) o a -*ates/-ites* (*respetates, aprendites, permitites*) en vez de usar las terminaciones **-aste/-iste** (**respetaste, aprendiste, permitiste,** etc.). Es importante evitar este uso fuera de esas comunidades y en particular al escribir.

Cambios ortográficos en el pretérito

Algunos verbos regulares sufren un cambio ortográfico para mantener la pronunciación de la raíz.

- En los verbos terminados en **-car, -gar, -zar** y **-guar** cambia la ortografía de la primera persona del singular.

c → qu	explicar: yo **expliqué**
g → gu	pagar: yo **pagué**
z → c	empezar: yo **empecé**
u → ü	averiguar: yo **averigüé**

Otros verbos en estas categorías:

c → qu	g → gu	z → c	u → ü
buscar	entregar	almorzar (ue)	atestiguar
indicar	llegar	comenzar (ie)	amortiguar
sacar	jugar (ue)	destrozar	santiguar
tocar	colgar(ue)	cazar	averiguar

Comencé mi ensayo sobre la música cubana hace una semana y lo **entregué** ayer.

- Ciertos verbos terminados en -**er** e -**ir** cuya raíz termina en una vocal cambian la **i** en **y** en las terminaciones de tercera persona del singular y del plural.

> **creer:** creí, creíste, cre**yó**, creímos, creísteis, cre**yeron**
> **oír:** oí, oíste, o**yó**, oímos, oísteis, o**yeron**

Otros verbos en esta categoría:

caer	huir	construir
leer	influir	intuir

> Los estudiantes **leyeron** acerca de la música africana y de cómo **influyó** en la música cubana.

Nota para hispanohablantes Al escribir, algunos híspanohablantes tienden a no hacer estos cambios de ortografía y escribir *explicé, pagé, empecé, creeron*, etc. Es muy importante estar conscientes de los cambios ortográficos al escribir porque el no hacerlos se considera un error.

Uso

- El pretérito describe una acción, un acontecimiento o una condición considerada acabada en el pasado. Puede indicar el comienzo o el fin de una acción.

> La familia de Pedro José Greer, Jr. **salió** de Cuba en 1959 y se **instaló** en EE.UU. Pedro José **estudió** medicina y se **especializó** en gastroenterología.

ꙩ Ahora, ¡a practicar! ꙩ

A. Un cuento interesante. Usa el pretérito para completar la siguiente narración acerca de la historia que leyó un estudiante.

El fin de semana pasado yo ___(1)___ (tomar) mi libro de español y ___(2)___ (leer) otra vez la historia "Las canas". ___(3)___ (Gozar) de nuevo con los diferentes episodios. Según el protagonista, él nunca ___(4)___ (encontrar) trabajo por ser cubanoamericano. La esposa ___(5)___ (notar) de inmediato que la razón era otra —las canas de su esposo. Un amigo del protagonista ___(6)___ (encontrar) la solución rápidamente. ___(7)___ (Caminar) a la tienda, ___(8)___ (comprar) tinte para el pelo y se lo ___(9)___ (pasar) a su amigo. El protagonista se ___(10)___ (frotar) el cabello con el tinte y, ¡milagro!, las canas ___(11)___ (desaparecer). De inmediato, lo ___(12)___ (contratar [ellos]) en una casa comercial. Después de unos días de trabajo ___(13)___ (entrar) en la sala de baño, se ___(14)___ (mirar) en el espejo y ___(15)___ (llorar). Echaba mucho de menos sus adoradas canas.

B. Manuel Pardo.   Has escrito la biografía del artista Manuel Pardo usando el presente histórico. Tu profesor(a) te pide que la escribas de nuevo usando esta vez el pretérito.

Manuel Pardo nace (1) en Cuba y su madre sale (2) de Cuba con él y con su hermana en 1965. Llegan (3) a los EE.UU. y se instalan (4) en Nueva York. Pasan (5) años difíciles. La madre, muy dedicada, trabaja (6) muchas horas extra. Los niños se educan (7) bien; asisten (8) a buenas escuelas. Manuel llega (9) a ser pintor y celebra (10) su amor por su madre con la colección de cuadros llamada "Mamá y yo y la patria".

C. Viaje a la isla.   Tu compañero(a) contesta las preguntas que le haces tú con respecto a su reciente viaje a Cuba.

MODELO   cuánto tiempo / pasar / en la isla (tres semanas)
    —¿Cuánto tiempo pasaste en la isla?
    —Pasé allí tres semanas.

1. cuándo / llegar / a La Habana (en diciembre)
2. con quién / vivir (con unos parientes)
3. cómo / tratarte / tus familiares y amigos (de modo excelente)
4. qué ciudades / visitar (La Habana y Camagüey principalmente)
5. conocer / a jóvenes cubanos de tu edad (sí, a varios)
6. gustarte / tu estadía en Cuba (sí, muchísimo)
7. influir / en tu vida este viaje (sí, bastante)

D. En busca de trabajo.   Selecciona la forma que consideras más apropiada para tu composición acerca de tu búsqueda de trabajo.

Hace poco yo me (1)_____ (quedé / quede) sin trabajo. (2)_____ (Comenzé / Comencé) entonces a buscar trabajo. (3)_____ (Buscé / Busqué) primero en el periódico local. (4)_____ (Averigué / Averigüé) también con mis amigos. (5)_____ (Entregué / Entregé) mis referencias en varias compañías, pero pienso que no (6)_____ (cayeron / caeron) en buenas manos porque no (7)_____ (recibé / recibí) ninguna llamada para una entrevista. (8)_____ (Creí / Crei) que no encontraría trabajo, pero afortunadamente el director de una compañía (9)_____ (creó / creyó) que yo le podría ser útil a la compañía y me (10)_____ (ofreció / ofrecí) un puesto que me gusta mucho.

3.2 Pronombres de objeto directo e indirecto y la a personal

¡Ya lo sabes!

Javier fue a la oficina de correos. Para saber lo que pasó mientras estaba allí selecciona la oración que tú dirías en cada uno de los siguientes pares.

1. **a.** Pesó un paquete y *le* despachó.
   b. Pesó un paquete y *lo* despachó.
2. **a.** *Los* mandó un regalo a sus tíos.
   b. *Les* mandó un regalo a sus tíos.
3. **a.** También vio *su prima Lola.*
   b. También vio *a su prima Lola.*

Sin duda toda la clase contestó igual y seleccionó la segunda oración de cada par, porque todos tienen un conocimiento tácito de los **objetos directos** e **indirectos** y de la *a* **personal.** Pero, sigue leyendo y vas a aprender mucho más de estos temas.

Los pronombres de objeto directo e indirecto

Directo	Indirecto
me	me
te	te
lo¹ / la	le
nos	nos
os	os
los¹ / las	les

¹ En algunas regiones, en España en particular, **le** y **les** se usan como pronombres de objeto directo en lugar de **lo** y **los** cuando se refieren a personas: Nosotros los españoles conocemos a Jon Secada y **le** admiramos mucho.

● El objeto directo de un verbo responde a la pregunta *¿qué?* o, en el caso de personas, *¿a quién?*

	Objeto directo nominal	Pronombre de objeto directo
Escuché . . . (¿qué?)	Escuché **la canción.**	**La** escuché.
Escuché . . . (¿a quién?)	Escuché **a la cantante.**	**La** escuché.

● El objeto indirecto responde a la pregunta *¿a quién?* o *¿para quién?*

	Objeto indirecto nominal	Pronombre de objeto indirecto
Hablé . . . (¿a quién?)	Hablé **a la cantante.**	**Le** hablé.
Preparé un plato . . . **(¿para quién?)**	Preparé un plato **a/para mis amigos.**	**Les** preparé un plato.

- Las formas del pronombre de objeto directo e indirecto son diferentes en la tercera persona del singular y del plural; en el resto de las personas son iguales.

> Walterio escuchó el problema de su amigo Pedro. **Lo** (directo) calmó y más tarde **le** (indirecto) pasó unos frascos de tinte.
> Mis amigos escuchan mis problemas. **Me** (directo) calman y **me** (indirecto) dan consejos.

- Los pronombres de objeto van delante de los verbos conjugados y de los mandatos negativos.

> El cuento "Las canas" **nos** divirtió mucho.
> Siempre **me** ha interesado la música latina.
> Nunca acierto las adivinanzas; no **me** digas ninguna más.

- Con mandatos afirmativos, los objetos pronominales se colocan después del verbo, con el cual forman una sola palabra. Se debe colocar un acento escrito si el acento fonético cae en la antepenúltima sílaba.

> Cuénta**me** cómo te fue durante tu visita a la Florida. Di**me** qué ciudades visitaste.

- Los pronombres de objeto indirecto van delante de los pronombres de objeto directo cuando los dos se usan en la misma oración.

> —¿Nos explicó la profesora las partes de una carta?
> —Sí, **nos las** explicó la semana pasada.

- Los pronombres de objeto indirecto **le** y **les** cambian a **se** cuando se usan con los pronombres de objeto directo **lo, la, los** y **las.** El significado de **se** puede aclararse usando frases tales como **a él/ella/usted/ellos/ellas/ustedes.**

> —Mi hermano quiere saber dónde está el CD de Miami Sound Machine que te prestó.
> —Lo tengo yo todavía. **Se lo** devuelvo la semana que viene, sin falta.
> Mónica y Eduardo quieren que les preste el DVD de la última película de Andy García. Como no pueden verlo juntos, **se lo** pasaré **a ella** primero.

- Se puede poner énfasis o aclarar a quién se refiere el pronombre de objeto indirecto usando frases tales como **a mí/ti/él/nosotros,** etc.

> ¿**Te** gustaron **a ti** los cuadros de Manuel Pardo? **A mí me** parecieron extraordinarios.
> Berta dice que no le devolví las fotos de su viaje a Cuba, pero yo estoy segura de que **se las** di **a ella** hace una semana.

- Cuando un infinitivo o un gerundio siguen al verbo conjugado, los pronombres de objeto directo e indirecto van detrás del infinitivo o del gerundio, formando una sola palabra, o se colocan delante del verbo conjugado como palabra independiente. Cuando los pronombres van unidos al infinitivo o al gerundio, se debe colocar un acento escrito si el acento fonético cae en la antepenúltima sílaba.

> La profesora va a tocar**nos** una canción de Gloria Estefan / La profesora **nos** va a tocar una canción de Gloria Estefan.
>
> Todavía no sé bailar bien los bailes latinos. Estoy aprendiéndo**los** / **Los** estoy aprendiendo.

- En español, las oraciones en que la palabra principal del objeto indirecto es un sustantivo incluyen normalmente un pronombre de objeto indirecto que se refiere a ese sustantivo.

> Andy García **les** ofrece apoyo **a los músicos cubanos.**
>
> El protagonista del cuento **le** pidió ayuda **a un amigo suyo.**

La a personal

- La **a** personal se usa delante de un objeto directo que se refiere a una persona o personas específicas.

> El protagonista del cuento adora sus canas y también adora **a su esposa.**
>
> El doctor Greer ayuda **a los desamparados.**

Nota para bilingües La **a** personal no existe en inglés: *The protagonist adores his wife.*

- La **a** personal no se usa delante de sustantivos que se refieren a personas anónimas o no específicas.

> Qué bueno; encontré **un voluntario.**
>
> Necesitan **empleados** en esta casa comercial.

- La **a** personal se usa siempre delante de **alguien, alguno, ninguno, nadie** y **todos** cuando estas palabras se refieren a personas.

> El doctor Greer atiende **a todos** los desamparados que necesitan su ayuda. No rechaza **a nadie** por falta de dinero.

- La **a** personal no se usa normalmente después del verbo **tener.** Dos excepciones son cuando *tenes* significa *detenes* (**hold**) o *estas*. Sin embargo, cuando **tener** significa **sostener** o cuando equivale a **estar** sí se emplea la a personal:

> Tengo **varios amigos** que han visitado La Pequeña Habana en Miami. Tengo **un hermano** y **una hermana.**
>
> Tiene *al niño* en sus brazos.
>
> Tiene a la madre enferma.

○ Ahora, ¡a practicar! ○

A. La música latina. Usa el pretérito para hablar del interés creciente que existe en EE.UU. por la música latina.

1. Gloria Estefan y su Miami Sound Machine / lanzar / la canción "Conga"
2. la canción / crear / una conmoción en el mundo musical estadounidense
3. todo el mundo / admirar / Gloria Estefan
4. el público / reconocer / la vitalidad de la música latina
5. muchos / admirar / los cantantes que no olvidaban sus raíces hispanas
6. los vivos ritmos caribeños / cautivar / los estadounidenses

B. Discriminación. Contesta las siguientes preguntas acerca del cuento "Las canas" que leíste en este capítulo. Usa pronombres en tu respuesta.

MODELO ¿Conservó sus canas Pedro Gutiérrez, el protagonista del cuento?
No, no las conservó; se las tiñó.

1. ¿Aprecian las canas en EE.UU. y en Cuba, según Pedro?
2. ¿Quién visitó a Pedro?
3. ¿Le explicó Walterio las costumbres estadounidenses a su amigo Pedro?
4. ¿Quién le pasó el tinte para el pelo a Pedro, su esposa o Walterio?
5. ¿Usó Pedro el tinte para el pelo?
6. ¿Le dieron el empleo de tenedor de libros a Pedro?

C. Buscando empleo. Tu compañero(a) quiere saber cómo te fue en tu última entrevista de trabajo.

MODELO ¿Cuándo te entrevistaron? (hace tres días)
Me entrevistaron hace tres días.

1. ¿Te explicaron las condiciones de tu trabajo? (sí)
2. ¿Les diste tu currículum? (no)
3. ¿Te sirvió tu experiencia previa? (sí, mucho)
4. ¿Te dieron el trabajo? (sí)
5. ¿Cuándo te lo dieron? (el viernes)
6. ¿Cuánto te van a pagar por hora? (ocho dólares)
7. ¿Conoces a tu supervisor? (no)

D. Regalos navideños. Formen grupos de tres; cada persona dirá dos regalos que recibió en la última Navidad (y quién se los dio) y dos regalos que dio (y a quién se los dio).

3.3 *Gustar* y construcciones semejantes

¡Ya lo sabes!

Acabas de conocer a alguien en la universidad y hablan de algunos de los gustos que tienen. ¿Qué dices tú y qué te contesta él (ella)?

1. a. *¿Tú gusta* la música cubana?
    b. *¿Te gusta* la música cubana?
2. a. *Yo fascina* la música cubana.
    b. *Me fascina* la música cubana.

¡A todos nos gusta! Y todos deben de haber seleccionado las mismas oraciones, la segunda de cada par, a causa de ese conocimiento tácito que todos tenemos. Pero sigue leyendo y vas a saber bastante más de **gustar** y **construcciones semejantes**.

El verbo *gustar*

● El verbo **gustar** se usa en estructuras con sujeto, verbo y objeto indirecto. Normalmente el objeto indirecto va delante del verbo y el sujeto va detrás del verbo.

Objeto indirecto	Verbo	Sujeto
Me	gustan	los cuadros de Manuel Pardo.

Nota para bilingües

El verbo **gustar** significa en inglés *to be pleasing: Pardo's paintings are pleasing to me*, con la estructura **sujeto + verbo + objeto indirecto**. Más comúnmente, sin embargo, **gustar** equivale al verbo inglés *to like*, que se usa en estructuras con sujeto, verbo y objeto directo: *I like Pardo's paintings*. Nota que el objeto directo del inglés (*Pardo's paintings*) es sujeto en español y el sujeto del inglés (*I*) es objeto indirecto en español:

I like Pardo's paintings = Me gustan los cuadros de Pardo
I like them = Me gustan

● Cuando el objeto indirecto contiene un sustantivo, la oración tiene también un pronombre de objeto indirecto.

A **mi abuelito le** gustan mucho las adivinanzas.

● Para aclarar o para poner énfasis en el pronombre de objeto indirecto, se usa la frase **a + mí, ti, él, ella, nosotros, ellos, ellas**.

Hablaba con mis abuelos. **A ella le** gustan mucho los proverbios, pero **a él** no **le** gustan los proverbios; él prefiere las adivinanzas.
A mí me gustaron las canciones de Jon Secada, pero **a ti** no **te** gustaron nada.

Las construcciones semejantes a *gustar*

● Los siguientes verbos tienen la misma estructura que **gustar:**

aburrir	fascinar	irritar
agradar	fastidiar	molestar
disgustar	importar	ofender
doler (ue)	indignar	preocupar
encantar	interesar	sorprender
enojar		

> —¿Te **agradó** la última película de Andy García?
> —Me **encantó**. Me **sorprende** que mucha gente no sepa que él es cubanoamericano.

● Los verbos **faltar, quedar** y **parecer** son semejantes a **gustar** ya que se pueden usar con un objeto indirecto. Sin embargo, a diferencia de **gustar,** se usan también a menudo sin objeto indirecto para hacer aseveraciones impersonales.

> **Nos faltan** anestesiólogos en nuestra zona.
> **Faltan** anestesiólogos en nuestra zona.

> **A mí me parecen** difíciles los estudios de medicina.
> Los estudios de medicina **parecen** difíciles.

☉ Ahora, ¡a practicar! ☌

A. La Pequeña Habana.   Usando el pretérito, tú y tus amigos hablan de la visita que hicieron a este fascinante barrio de Miami.

MODELO   a muchos de nosotros / encantar los restaurantes cubanos
A muchos de nosotros nos encantaron los restaurantes cubanos.

1. a algunos / sorprender las tiendas de artículos religiosos
2. a otros / interesar el Museo Cubano de América
3. a mí / emocionar ver que Gloria Estefan está en el Paseo de la Fama
4. a mi mejor amigo(a) / doler no poder escuchar más música cubana
5. a muchos de mis amigos / no gustar algunos platos típicos cubanos
6. a la mayoría de nosotros / parecer impresionantes las calles animadas de este barrio
7. a todos nosotros / faltar tiempo para explorar mejor este barrio

B. Preferencias en entretenimientos.   Completa cada una de las preferencias que aparecen a continuación. Luego compara tus respuestas con las de un(a) compañero(a).

MODELO   unas películas / encantar / muchas personas / ser
Unas películas que les encantan a muchas personas son las películas románticas.

1. un programa de televisión / gustar / mi novio(a) / ser
2. un programa de televisión / aburrir / mi novio(a) / ser

3. un tipo de música / agradar / mí / ser
4. un baile / fascinar / todos / ser
5. un(a) cantante / impresionar / los norteamericanos / ser
6. un actor (una actriz) / fascinar / mis padres / ser

C. ¿Qué piensas tú?   Di lo que piensas de los siguientes temas. Puedes usar los verbos que aparecen a continuación u otros de tu elección.

MODELO   los refranes
Me gustan los refranes; me gustaría aprender más refranes.

aburrir	encantar	gustar	indignar	ofender
agradar	fascinar	impresionar	interesar	sorprender

1. las adivinanzas
2. la música cubana
3. las palabras del español tomadas del inglés
4. el actor Andy García
5. la labor caritativa del doctor Greer
6. las diversas especialidades médicas
7. el cuento "Las canas"
8. la discriminación a causa de la edad

D. Vida académica.   Túrnate con un(a) compañero(a) para responder las siguientes preguntas.

MODELO   ¿Te agrada estudiar idiomas extranjeros?
Sí, (a mí) me agrada estudiar idiomas extranjeros. o No, (a mí) no me agrada estudiar esos idiomas; me parecen difíciles.

1. ¿Te fastidia tener que estudiar materias obligatorias?
2. ¿Te interesan las clases de civilización occidental?
3. ¿Te parece difícil el álgebra?
4. ¿Te entusiasman las clases de cine?
5. ¿Te es fácil obtener buenas notas en español?
6. ¿Te cuesta trabajo asistir a clases temprano por la mañana?
7. ¿Te sorprende el costo de la educación superior?
8. ¿Te falta tiempo para estudiar y divertirte también?

Restaurante dominicano en Quisqueya Heights

La tradición oral: Más refranes

En el Capítulo 1 aprendiste que los refranes son dichos o proverbios que expresan un pensamiento o consejo. Como son parte de la tradición oral, no se conoce el origen de la gran mayoría de estos dichos. Sólo existen porque se transmiten oralmente de generación en generación.

A. El que...   A continuación encontrarás ocho refranes que tratan de aconsejarnos acerca de distintas personas con quienes alguna vez te has de topar en la comunidad. Mira primero si tú y un(a) compañero(a) de clase pueden encontrar el equivalente en inglés de cada refrán de la primera columna. Confirmen el resultado con sus compañeros de clase. Luego traten de pensar en otros refranes que han oído usar a sus padres o abuelos y léanselos a la clase para ver si les pueden decir el significado.

1. El que boca tiene, a Roma va.
2. El que nace panzón, aunque lo fajen de niño.
3. El que adelante no mira, atrás se queda.
4. El que no arriesga, no cruza el mar.
5. El que mucho abarca, poco aprieta.
6. El que anda entre la miel, algo se le pega.
7. El que no llora no mama.
8. El que repica la campana, no puede andar en la procesión.

a. Prepare yourself for any occasion or you will fail.
b. The squeaky wheel gets the grease.
c. You can't have your cake and eat it too.
d. Don't have too many irons on the fire.
e. Nothing ventured, nothing gained.
f. Noisy neighbors, bad friends.
g. You are bound to follow a good example.
h. A person will be whatever he is destined to be.
i. If you don't know the answer, ask the question.

B. Álbum de mi familia.   En el Capítulo 1 les pediste a tus padres y/o abuelos que te dijeran algunos de sus refranes favoritos. Pídeles ahora a tus tíos o a algún vecino mayor que te digan los suyos. Anota los que te cuenten y apréndetelos de memoria para recitárselos a la clase. Incluye estos refranes en tu álbum familiar. No olvides indicar el nombre de las personas que te los contaron y, si las tienes o las puedes conseguir, incluye fotos de esas personas.

C. Los refranes en el ciberespacio.   En tu casa o en el laboratorio de computación, usa tu buscador favorito en Internet. Escribe la palabra "refranes" para encontrar páginas que contienen listas alfabetizadas de refranes en español. Busca refranes que empiecen con **A quien...** o **Al que...** y selecciona los que te parezcan más interesantes. Ven a clase el próximo día preparado(a) para compartir tus refranes favoritos, y para explicar la enseñanza que contienen.

Nuestra riqueza cultural

◯ Antes de leer ◯

A. Mi barrio.   ¿Qué importancia tiene para ti el barrio donde vives? Hazle estas preguntas a un(a) compañero(a) de clase. Luego él (ella) te las va a hacer a ti.

1. ¿Cuánto tiempo ha vivido tu familia en el mismo barrio? ¿Han vivido siempre en la misma casa, apartamento o condominio?
2. ¿Piensas volver al mismo barrio cuando te gradúes? ¿Te gustaría que tus hijos se criaran en el mismo barrio? ¿Por qué sí o por qué no?
3. En tu opinión, ¿cuáles son algunos de los atractivos de tu barrio? ¿Qué tipo de celebraciones tienen en tu barrio: desfiles, ferias, actividades religiosas,…? ¿Hay algo que no te gusta de tu barrio? ¿Qué es?

B. La gramática está viva en la lectura.   Completa estas oraciones en el pretérito. **¡Ojo!** los verbos en paréntesis son **verbos con cambios en la raíz o verbos irregulares** (para más información sobre esta estructura, consulta *Así funciona nuestro idioma*, página 160).

1. El fenómeno de mudarse a otros barrios u otras ciudades se _____ (repetir) bastante a fines del siglo pasado.
2. Sin embargo, ciertos barrios _____ (seguir) atrayendo a varias generaciones.
3. Esos barrios se _____ (convertir) en auténticos símbolos de la presencia hispana.
4. En Quisqueya Heights, la comunidad dominicana _____ (mantener) y sigue manteniendo vivas las tradiciones dominicanas.
5. El año pasado el Desfile Dominicano _____ (tener) lugar en agosto.

◯ Lectura ◯

Quisqueya Heights: "La cuna de la vida"

Nueva York: desfile dominicano

Tradicionalmente, la primera generación de inmigrantes hispanos llegados a los Estados Unidos se agrupa en determinados barrios de las grandes ciudades y permanece en ese barrio. En cambio, las generaciones posteriores tienden a abandonar el barrio de sus padres para vivir en otra zona de la ciudad, generalmente con un nivel de vida más alto, o acaban por mudarse a otra ciudad. Aunque este fenómeno se repite bastante, existen barrios que siguen atrayendo y manteniendo allí a varias generaciones con frecuencia de un sólo país, y que se convierten, con el tiempo, en auténticos símbolos de la presencia hispana.

Este es el caso en Nueva York, con la comunidad dominicana establecida en un barrio llamado Washington Heights. La población dominicana ha crecido tanto allí, que a la zona se la conoce como Quisqueya Heights; Quisqueya significa *cuna de la vida* en taíno, la lengua de los habitantes originales de la actual República Dominicana. Quisqueya era el nombre que los taínos le daban a la isla.

La mayoría de los dominicanos llegó a Nueva York en los últimos treinta años del siglo XX, y hoy día un 75% del casi millón de dominicanos que vive en los Estados Unidos vive en Nueva York, la mayoría de éstos en Quisqueya Heights.

La comunidad dominicana es también el grupo minoritario de mayor crecimiento demográfico en Nueva York, y se calcula que de los casi cuatro millones y medio de hispanos que vivirán en Nueva York en 2025, más de un millón serán dominicanos.

Desde el punto de vista cultural, la comunidad dominicana en Quisqueya Heights aporta y mantiene vivas las tradiciones dominicanas: la música, el colorido, el gusto por la buena comida y, lo más importante, el amor por su tierra. Todo ello se concentra en el Desfile Dominicano, que tiene lugar cada año en agosto, a lo largo de la Sexta avenida. El desfile celebra las valiosas contribuciones de la comunidad dominicana a la ciudad y al mundo, y los expectadores y participantes disfrutan de coloridas carrozas, de la música y del folklore de la República Dominicana.

ා ¿Comprendiste? ර

A. La cuna de la vida neoyorquina. Selecciona la opción que mejor complete las siguientes oraciones.

1. La primera generación de inmigrantes de un país hispano normalmente se agrupa en…

    a. el suroeste de los EE.UU.
    b. barrios de las grandes ciudades.
    c. California y la Florida.

2. La segunda generación de inmigrantes, con frecuencia…

    a. no vive en el mismo barrio que la primera generación.
    b. regresa a su país natal.
    c. se establece en la ciudad de Nueva York.

3. Quisqueya Heights es un barrio…

    a. puertorriqueño.
    b. cubano.
    c. dominicano.

4. En Nueva York viven…

    a. más de un millón de dominicanos.
    b. casi un millón de dominicanos.
    c. menos de medio millón de dominicanos.

5. El desfile dominicano tiene lugar en…

    a. junio
    b. julio
    c. agosto

B. Barrios. ¿Por qué crees que los inmigrantes en general tienden a vivir en el mismo barrio? ¿Qué ventajas y desventajas tiene vivir en barrios o comunidades? ¿Qué crees que aporta la comunidad dominicana a Nueva York que no aporta la comunidad puertorriqueña o cubana? Aparte del barrio dominicano de Quisqueya Heights en Nueva York, ¿qué otros barrios de comunidades hispanas conoces en otras ciudades? Explica si alguna vez notaste algo característico con respecto a lo siguiente al entrar en un determinado barrio hispano.

la forma de vestir	el habla	las costumbres	la comida
los colores	la música	la arquitectura	los negocios

C. Encuesta. Haz una encuesta en tu barrio. Pregúntales a unas cinco personas qué es lo que más les gusta y lo que no les gusta del barrio. Informa a la clase de los resultados.

D. Quisqueya Hights en el ciberespacio. En tu casa o en el laboratorio de computación, usa tu buscador favorito en Internet. Escribe la palabra "Quisqueya" para encontrar páginas que hablan sobre distintos aspectos de la vida dominicana, tanto en la isla como en los Estados Unidos. De entre los más de 30.000 resultados, escoge dos que te lleven a periódicos dominicanos (uno en la isla y otro en Nueva York) y dos que te lleven a emisoras de radio dominicanas. Determina ahora lo que tienen en común estos sitios. Los periódicos, ¿de qué hablan? ¿Qué noticias tienen? ¿De qué deportes hablan? Las emisoras, ¿qué tipo de música tocan? ¿Qué programación tienen? Responde a estas preguntas y ve a clase preparado(a) para compartir tus respuestas. Si en tu clase hay acceso a Internet, escribe las direcciones de los sitios de las emisoras que encontraste para que la clase pueda escuchar música dominicana.

Ciertos valores importantes para los hispanos, como el aprecio por la familia y la comunidad, se notan más al convivir en medio de una sociedad bastante individualista, como la estadounidense. Vamos a conversar sobre este tema, intentando responder a las siguientes preguntas. Estén preparados para discutir las opiniones de otros.

A. Individualismo y comunidad. ¿Qué significa el decir que la sociedad estadounidense es bastante individualista? ¿Están de acuerdo con ese comentario? ¿En qué lo notan? ¿Creen que los hispanos son más gregarios? ¿Por qué opinan eso? ¿En qué tipo de sociedad creen que están mejor protegidos los ancianos, los pobres y los enfermos? ¿Por qué?

B. Mi comunidad. ¿Cómo es la comunidad hispana en la ciudad donde se criaron? ¿Qué porcentaje de la ciudad es hispana? ¿Hay un barrio hispano? ¿Cómo es en comparación con los otros barrios? ¿Hay unidad dentro de la comunidad hispana? ¿A qué se debe?

C. Mis responsabilidades en la comunidad. ¿Qué responsabilidad tienen ustedes dentro de la comunidad hispana? ¿Cómo participan en su comunidad? ¿Qué hacen para ayudar a la comunidad hispana en su ciudad? ¿Qué hace la comunidad hispana para apoyarlos a ustedes?

Nuestra riqueza lingüística

⟲ Antes de leer ⟲

Las palabras afines o "cognados" son palabras de dos lenguas distintas que se escriben y se pronuncian casi de la misma manera y que tienen el mismo significado, por ejemplo: **presidente** y *president*. Con un(a) compañero(a), prepara una lista de cinco o más cognados en inglés y español que ustedes conocen. Luego lean su lista a la clase para ver cuántos cognados distintos encontraron y para confirmar que todos son cognados válidos y no "falsos cognados".

⟲ Lectura ⟲

Hay varias palabras que a pesar de escribirse y pronunciase casi de la misma manera en dos lenguas distintas, tienen significados totalmente diferentes. A estas palabras las llamamos "falsos amigos" o " falsos cognados".

Lenguas en contacto: "Falsos cognados"

A continuación presentamos seis "falsos cognados". Nota cómo estos pares de palabras se escriben de modo semejante en ambas lenguas pero, tienen significados totalmente distintos. Aunque hay ciertas comunidades que usan estos vocablos con sus significados transpuestos, es importante no confundir el significado, en particular en situaciones formales y al escribir. Estudia estas palabras cuidadosamente para no confundir su significado.

1. **mover** — poner en movimiento, agitar una cosa
   to move (relocate) — **mudarse**
2. **aplicación** — efecto de poner una cosa sobre otra
   application — **solicitud**
3. **retirar** — apartar, separar
   to retire (from work) — **jubilarse**
4. **realizar** — hacer real o efectiva una cosa
   to realize — **darse cuenta**
5. **registrar** — examinar cuidadosamente
   to register (school) — **matricularse, inscribirse**
6. **soportar** — llevar sobre sí una carga o peso
   to support (maintain) — **apoyar, mantener**

♀ ¿Comprendiste? ♂

A. El futuro. Marcos y Magaly son novios. Ahora están hablando del futuro. Para saber lo que dicen, lee el siguiente diálogo eliminando las palabras incorrectas en su conversación.

Marcos: ¿Cómo? ¿Te (registraste / matriculaste) en otra universidad?

Magaly: ¡Ay! Si no te lo digo te vas a (dar cuenta / realizar) de todos modos. Lo dije en broma. Acabo de enviar mi (aplicación / solicitud) a tu universidad.

Marcos: Ay, Magaly. Deja de bromear y vamos a hablar en serio. Ya sabes que yo siempre te (soporto / apoyo). ¿Cuándo crees que debemos (movernos / mudarnos)?

Magaly: Prefiero que no lo hagamos hasta después del 26 de agosto. Mi padre se (retira / jubila) ese día y vamos a tener una gran fiesta en casa.

Marcos: Pues, dado que él es quien te va a (soportar / mantener) todo el tiempo que estés en la universidad, tendremos que quedarnos para la fiesta. Pero, entonces (nos movemos / nos mudamos) el 29, ¡a más tardar!

B. Oraciones originales. Escribe oraciones originales con las siguientes palabras. Luego compara tus oraciones con las de dos compañeros de clase.

1. mover / mudarse
2. aplicación / solicitud
3. retirar / jubilarse
4. realizar / darse cuenta
5. registrar / matricularse
6. soportar / sostener

C. "Falsos amigos" en el ciberespacio. En tu casa o en el laboratorio de computación, usa tu buscador favorito en Internet. Escribe las palabras "falsos amigos del inglés al español" para encontrar páginas que contienen listas de falsos cognados entre el inglés y español. Lee varios de ellos y selecciona cinco que crees que la gente usa con frecuencia. Escribe una oración con cada uno de ellos usando las palabras que se corresponden en español. Ven a clase el próximo día preparado(a) para compartir las oraciones con la clase.

Dave Valle ya lleva más de dos décadas de *catcher,* primero con los Marineros de Seattle y más recientemente con los Atléticos de Oakland. Este beisbolista dominicano se crió en Queens, Nueva York, donde su madre, Marilyn, trabajaba de noche en un hospital y con su salario mantenía a Dave y a sus siete hermanos. Ahora Dave Valle reconoce que está al final de su carrera como beisbolista, pero a la vez le sigue encontrando nuevo sentido a su vida. Actualmente Dave Valle también está haciendo el papel de banquero internacional. En 1995 la familia de Dave Valle decidió que quería hacer algo para ayudar a los dominicanos. Ese año, la familia estableció Esperanza, una fundación que ha creado 19 "bancos de esperanza". El propósito de cada uno de estos bancos es facilitarles préstamos a personas pobres de la República Dominicana, para ayudarles a establecer sus propios negocios. Desde el principio, estos préstamos ayudaban a dominicanos pobres a hacerse dueños de sus propios negocios —como Balvina Concepción, quien cocina y vende chicharrones e Ida Fabrullet, quien abrió su propia peluquería. Esperanza, como su nombre implica, no sólo le da dinero a la gente pobre para que pueda comer unos días más, sino le da la oportunidad de independizarse para siempre. Y según Valle, Esperanza ha tenido éxito al recuperar el 96% de sus préstamos. ¿Por qué? Porque "la gente pobre paga sus deudas".

Dave Valle

José Alemán emigró con su madre de la República Dominicana a Rhode Island a los diez años de edad. Al completar la secundaria, se matriculó en la Universidad de Indiana para conseguir una Licenciatura en Pedagogía, con una especialización en educación bilingüe. Al terminar sus estudios, regresó a Rhode Island en busca de un puesto en pedagogía. Desafortunadamente, según Alemán, "el sistema de educación en Providence estaba básicamente cerrado para los profesionales hispanos … no había oportunidad de empleo". Al no encontrar trabajo como maestro, lo hizo como consejero y Director de Asuntos Estudiantiles en el Community College de Rhode Island. Después de algunos años más de estudios, José Alemán fue contratado como director de ALP (Alternate Learning Project) High School, una escuela para jóvenes con problemas en la cual el abandono de los estudiantes había llegado al 66%. Del 34% restante, sólo la mitad asistía a clases con cierta regularidad. En poco más de un año, bajo la dirección de José Alemán, los cambios en ALP High School fueron sorprendentes. El primer y único director hispano de todo el Estado de

Rhode Island transformó por completo la escuela y logró la integración de la mayoría de los estudiantes. "Ahora los estudiantes de esta escuela tienen un periódico que se edita semanalmente … Éstos eran estudiantes que no venían a la escuela; éstos eran muchachos que lo que hacían era pelear, eran muchachos que no estaban produciendo, eran muchachos que cuando venían a la escuela, se pasaban todo el tiempo en la calle", señala José Alemán con cierto y muy merecido orgullo.

A. Hispanos estelares.   Contesta estas preguntas.

1. ¿Quién es Dave Valle? ¿Dónde nació y dónde se crió? ¿Qué es Esperanza? ¿Cómo funciona Esperanza? ¿A cuántos beisbolistas dominicanos puedes nombrar? Nómbralos. ¿Sabes de otros atletas que han dedicado parte de su fortuna a ayudar a gente pobre? ¿Quiénes son y qué han hecho?
2. ¿Quién es José Alemán? ¿Dónde nació y dónde se crió? ¿En qué se especializó en la Universidad de Indiana? ¿Qué situación encontró al regresar a Rhode Island? ¿Qué es el ALP? ¿En qué situación estaba el ALP antes de que nombraran a José Alemán director de la escuela? ¿En qué situación estaba un año después de su llegada? ¿Cuáles fueron sus logros? ¿Qué crees que hizo José Alemán para lograr esos resultados?

B. El gran teatro del mundo.   Hagan las siguientes actividades en grupos de tres.

1. Tú y un(a) compañero(a) de clase son dominicanos que quieren establecer sus propios negocios, pero no han logrado conseguir un préstamo de los bancos debido a que no han establecido un buen límite de crédito. Hoy ustedes tienen una cita en uno de los "bancos de esperanza" de Dave Valle para tratar de conseguir el préstamo que necesitan. Dramaticen esa situación en grupos de tres: uno es el banquero, los otros dos son los dominicanos.
2. Tú y un(a) compañero(a) de clase son reporteros de *Diario Libre*, un periódico dominicano. Hoy entrevistan a José Alemán, a quien le preguntan por qué decidió dedicarse al mundo de la educación, qué satisfacciones le trae su trabajo y cómo logró los excelentes resultados frente a los desafíos con los que contaba. Hablen también de los planes que tiene José Alemán, y qué le aconsejaría a los jóvenes hispanos que quieren seguir una carrera en la enseñanza. Dramaticen esa entrevista en grupos de tres: uno hace el papel de José Alemán y los otros de reporteros.

C. La gramática está viva en la lectura.   Tú eres reportero(a) y estás entrevistando a Dave Valle. Tu compañero(a) va a hacer el papel de Dave. Entrevístalo. (Para más información sobre el pretérito de verbos con cambios en la raíz y verbos irregulares, consulta *Así funciona nuestro idioma*, página 160.) Pregúntale…

1. cuántos hermanos tiene y si su madre (tener) que trabajar cuando era niño.
2. cuánto tiempo (estar) de catcher con los Marineros de Seattle.
3. de dónde le (venir) la idea de la Fundación Esperanza a su familia.
4. qué (decir) sus banqueros cuando habló por primera vez sobre la idea de los "bancos de esperanza".
5. cuánto (poder) recobrar los bancos de esperanza el año pasado.

Hablemos de carreras... en la enseñanza

La enseñanza y la educación son áreas críticas cuando se trata del desarrollo personal y comunitario. La comunidad hispana en los Estados Unidos tiene sed de aprender y espera que el saber ayude a vivir mejor. ¿Creen que les interesaría seguir una carrera como maestros? ¿Necesitarían mucho dinero para hacerlo? ¿Es ésta una clase que les ayudaría a seguir una carrera en la enseñanza? ¿De qué forma podrían ayudar a la comunidad hispana si siguieran esa carrera?

Para hablar de carreras en la enseñanza

Niveles
escuela/colegio
   primaria
   secundaria/superior
universitario
graduado
postgraduado
subgraduado

Personal: Primaria y Secundaria
consejero(a)
director(a)
maestro(a)

Asignaturas/Cursos/ Materias/Carreras
agricultura
álgebra
antropología
aritmética

biología
botánica
cálculo
ciencias
derecho (leyes)
educación
   bilingüe
filosofía
física
geografía
geometría
historia
lenguas extranjeras
matemáticas
medicina
psicología
química
sociología
trigonometría
zoología

Calificaciones
sobresaliente
notable
aprobado
insuficiente

Personal: Universidad
bibliotecario(a)
catedrático(a)/profesor(a)
consejero(a)
decano(a)
profesorado
rector(a)
vicerrector(a)

Facultades: Universidad
facultad de...
   agricultura
   ciencias biológicas
   filosofía y letras
   ingeniería

Edificios: Universidad	licenciatura	graduarse
biblioteca	maestría	hacer un examen
laboratorio		inscribirse
librería	**Procesos generales**	investigación
rectorado	aprobar	prueba
sala de profesores	conferencia	reprobar
salón de actos	conseguir una beca	requisito
salón de clases/aula	curso	seminario
	derechos de matrícula	solicitar ayuda financiera
Títulos: Universidad	especialización	tesis
bachillerato	examinarse	tomar apuntes
doctorado	faltar a clases	

A. La enseñanza y yo. Completa estas oraciones y comparte tus respuestas con un(a) compañero(a) de clase.

1. Si siguiera una carrera en pedagogía me gustaría enseñar _____, _____ o _____. Definitivamente no me gustaría enseñar ni _____ ni _____.
2. En un día típico visito los siguientes edificios universitarios: dos o tres _____, según el número de clases que tenga ese día, la _____, donde paso de dos a cuatro horas cada día estudiando, la _____ si necesito comprar un libro, el _____ para escuchar cintas en francés y el _____ si necesito pagar los derechos de _____.
3. El equivalente de un maestro en secundaria es un _____ o _____ en la universidad, y el de un director es un _____ en la universidad. Dos puestos de personal que las escuelas y universidades tienen en común son los puestos de _____ y _____.
4. En mi colegio recibimos calificaciones numéricas, de uno a cuatro. El equivalente en otros colegios es: 1 = _____, 2 = _____, 3 = _____, 4 = _____.

B. Con el diccionario en mano. Traduce estas oraciones al español para con mostrar que conoces bien este vocabulario relacionado con la enseñanza.

1. The dean of the College of Humanities just asked the president's secretary if he knows where the faculty are having lunch.
2. I received a scholarship in engineering but changed my major to math first and then to foreign languages.
3. Today's lecture dealt directly with my thesis topic. I couldn't take notes fast enough.
4. My daughter is an undergraduate student in the College of Engineering. She will graduate this year and go on for a master's degree.

C. Debate. Al considerar una carrera en enseñanza, hay quienes deciden no seguirla porque consideran que el salario que se obtiene es demasiado bajo. Otros, que optan por la enseñanza, afirman que hay otras recompensas que hacen que sí valga la pena dedicarse a ella. ¿Es esto verdad? Tengan un debate con dos personas discutiendo a favor de una carrera en la enseñanza en base a las distintas recompensas —económicas, humanitarias, personales, etc.— y dos en contra. A continuación que la clase vote para ver quién ganó.

D. Maestros(as)/Profesores(as) del futuro. Identifiquen a los (las) compañeros(as) de clase que tal vez se interesen en una carrera en la enseñanza y entrevístenlos. Usen estas preguntas y otras que les parezcan apropiadas.

1. ¿A qué nivel les gustaría enseñar, a nivel de primaria, secundaria o universidad? ¿Qué materias les interesan? ¿Por qué?
2. ¿Qué tipos de estudios tendrán que hacer para lograr su meta? ¿Cuántos años de universidad tendrán que seguir? ¿Tendrán que hacer otros estudios? En su opinión ¿cuáles son las ventajas y desventajas de seguir una carrera en enseñanza?

E. La importancia de la educación en el ciberespacio. Desde tu casa o en el laboratorio de computación, usa tu buscador favorito en Internet. Escribe las palabras "importancia de la educación en los Estados Unidos" para encontrar páginas que presentan los muchos aspectos de este tema. Relaciona lo que encuentres con la economía, la realización personal y profesional, la salud y todo aquello que consideres importante. Ven a clase el próximo día preparado(a) para presentar tus conclusiones.

El artista

Polibio Díaz nació en 1953 en Barahona, en el sudoeste de la República Dominicana, cerca de la frontera con Haití. Hijo de un famoso político dominicano del mismo nombre, fue enviado a estudiar fotografía en la Universidad de Texas A&M en 1972. En una entrevista con Mark Holston, reportero y fotógrafo de la revista *Américas*, Díaz explica que en 1967, durante su primer viaje a Nueva York, se enteró de que una avenida dividía los vecindarios donde vivían los negros y los blancos. "Desde mi perspectiva como dominicano,

Polibio Díaz

significaba que mi madre vivía a un lado de la calle, mi padre del otro, y yo vivía en medio de la calle. Ahí me di cuenta de que yo era una mezcla de razas, y desde entonces he buscado una definición racial de nuestro país."

No vacila en romper todos los cánones aprendidos en la universidad, y que otros fotógrafos consideran sagrados, para conseguir presentar las imágenes que él considera que ayudan a definir la identidad dominicana. Usa colores vivos, distorsiona el sujeto fotografiado colocándolo en ángulos variados, fuera del centro y a veces superimpuesto. Su estilo es tan real, audaz y valiente como lo es Polibio Díaz, el fotógrafo.

"Guerrero II"

Como en todas sus fotografías, Díaz usa los colores rojo, blanco y azul de la bandera dominicana. En esta foto (véase la página xviii), los combina audazmente sobre la cara y el silbato de su "Guerrero II"; que así viene a convertirse en un símbolo nacional del espíritu dominicano. Este guerrero ya no es indio puro, está mezclado con la sangre de los blancos y en lugar de un instrumento nativo, usa el silbato moderno de los árbitros de deportes. Su mano morena y fuerte domina el ángulo izquierdo de la foto. El objeto que sostiene bien podría ser un palo robusto o una moderna arma de fuego.

A. "Guerrero II". Contesta estas preguntas sobre el cuadro "Guerrero II".

1. ¿Qué convierte a este guerrero en un símbolo nacional? ¿Cuándo no resulta el uso de la bandera nacional un símbolo positivo? ¿Es el uso de los colores de la bandera dominicana algo positivo o negativo en este cuadro? ¿Por qué?
2. En tu opinión, ¿qué representa el silbato que el guerrero tiene en la boca? ¿Cuál habrá sido la intención del artista al darle un silbato?
3. ¿Qué crees que lleva el guerrero en la mano derecha: un arma de fuego, un enorme palo, u otra cosa? ¿Por qué crees eso?
4. Si tú fueras pintor(a) y quisieras pintar a un guerrero que representara a los EE.UU., ¿cómo lo harías?

B. Polibio Díaz y yo.   Contesten en parejas estas preguntas sobre el arte de este fotógrafo dominicano y sus propios intereses.

1. ¿Qué te parece la fotografía "Guerrero II" de Polibio Díaz? ¿Te gusta o no? ¿Por qué?
2. Polibio Díaz usa los colores de la bandera dominicana para expresar sus sentimientos de profundo amor por su patria. ¿Qué sentimientos sientes tú por tu patria y cómo los expresas?
3. Polibio Díaz ha escogido una profesión arriesgada desde el punto de vista de la seguridad económica. ¿Te atreverías tú a seguir una profesión que te encantara pero que no fuera muy lucrativa?
4. El artista trata de hacer que sus fotos sean como un documento de la vida diaria del pueblo dominicano. También trata de que los dominicanos se acepten y se sientan orgullosos de lo que son. ¿Qué te hace sentirte orgulloso(a) de ser quien eres?

C. La gramática está viva en la lectura.   Una joven hispana escribió el siguiente párrafo sobre la foto titulada "Guerrero II". Con un(a) compañero(a) de clase, trata de encontrar los cinco errores que cometió. Para más información sobre expresiones negativas e indefinidas, consulta *Así funciona nuestro idioma*, página 160.

La foto titulada "Guerrero II" del fotógrafo dominicano Polibio Díaz me impresionó muchísimo debido al uso de color. El uso de azul, rojo y blanco —los colores de la República Dominicana— resulta ingenioso. A pesar de que no sabemos nomás de él, su cara, su mirada, su postura parecen decir que el guerrero es un dominicano fuerte y orgulloso. Naide sabe lo que el guerrero traiba en la mano derecha. Yo crei que era una lanza pero otros dicen que es una moderna arma de fuego. Claro, el fotógrafo no ha dicho naida para ayudar a solucionar el problema.

♀ Antes de leer ♂

El proceso de la escritura. ¿Cuál será el proceso que los autores siguen al concebir ideas para sus novelas? Piensa en eso al contestar estas preguntas.

1. ¿De dónde saca un autor la idea para una nueva obra? ¿De su cabeza, de sus experiencias, de la nada? Explica.
2. Cuando le llega una idea a un autor, ¿es una idea completa o parcial? Explica.
3. ¿Crees que un autor siempre sabe cómo va a desarrollarse la idea que tiene? ¿Sabe desde el principio cómo va a terminar la obra que escribe? Explica.
4. ¿Crees que los autores pueden cambiar de opinión o idea? ¿Les puede causar problemas esto—o es simplemente algo normal el cambiar de idea?
5. ¿Crees que un autor debe reportar un hecho verdadero tal y como ocurrió, o tiene licencia para cambiar los hechos e informar al lector de lo que le interesa informar? Explica.

Estrategias para leer: Las familias de palabras

Por **familia de palabras** entendemos un grupo de palabras que se relacionan entre ellas. Si leemos un texto en el que se mencionan los muebles de una casa, podemos esperar que se usarán palabras como **silla, mesa, cama, sofá,** etc. Ayuda a la comprensión si, leemos o escuchamos palabras desconocidas dentro de una familia de palabras. El lector, por ejemplo, supone que vitrina o armario son otros muebles que tal vez no le son familiares.

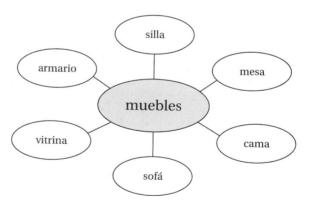

En el siguiente texto encontrarás distintas familias de palabras. Lee rápidamente el texto y trata de determinar al menos una familia de palabras. Haz un mapa de araña en el que incluyes el nombre de la familia de palabras y varias palabras que pertenecen a esa familia.

La autora

Julia Álvarez nació en Nueva York en 1950. Cuando tenía tres meses, su familia se mudó a la República Dominicana, de donde tuvo que huir diez años más tarde cuando se descubrieron las actividades del padre de Julia para derrocar al dictador Rafael Leónidas Trujillo. Una vez en Nueva York, Julia sufrió al no ser ni típicamente estadounidense ni completamente dominicana. Esta intensa soledad y el deseo de conectar con los otros, según sus palabras, la llevaron hacia los libros. En 1967 comenzó a estudiar en el Connecticut College y dos años más tarde pasó a Middlebury College en Vermont, de donde se graduó *summa cum laude*. En 1975 terminó su maestría en Creación Literaria en Syracuse University. Hoy día enseña inglés en Middlebury College. Su primera novela, *How the García Girls Lost Their Accents,* fue publicada en 1991. Desde entonces ha publicado, entre otras obras, *In the Time of the Butterflies* (1994), *¡Yo!* (1997), *Something to Declare* (1998), *In the Name of Salomé* (2000), *A Cafecito Story* (2001) y *The Woman I Kept to Myself* (2004). Además de sus novelas, ha escrito varios poemarios, entre los que destaca *The Other Side/El Otro Lado* (1996), que es bilingüe.

Julia Álvarez

☉ Lectura ☉

Una Posdata°
de *En el tiempo de las mariposas*

post scriptum (P.S.)

El 6 de agosto de 1960 mi familia arribó a la ciudad de Nueva York. Éramos exiliados de la tiranía° de Trujillo. Mi padre había participado en un complot que fue descubierto por el SIM, la conocida policía secreta de Trujillo. En la conocida cámara de torturas° de La Cuarenta (La 40), que los capturados dieran los nombres de los otros miembros sólo era cuestión de tiempo.

Casi cuatro meses después de nuestra huida, tres hermanas, también miembros del movimiento clandestino°, fueron asesinadas cuando regresaban a su casa en un solitario camino de montaña. Habían ido a visitar a sus maridos prisioneros, trasladados° a propósito a una cárcel lejana para obligarlas a hacer ese viaje peligroso. Una cuarta hermana, que no viajó ese día, sobrevivió°.

gobierno injusto y cruel

cámara... lugar donde se maltrata a prisioneros

secreto

llevados de un lugar a otro
no murió

Cuando, de niña, me enteré de ese «accidente», no me pude sacar a las Mirabal de la cabeza. En mis viajes frecuentes a la República Dominicana, busqué toda la información que pude conseguir acerca de estas valientes y hermosas hermanas que hicieron lo que pocos hombres (y sólo un puñado° de mujeres) estuvieron dispuestos a hacer. Durante ese aterrador régimen° de treinta y un años, cualquier indicio de desacuerdo significaba la muerte del disidente, y con frecuencia también de miembros de su familia. Sin embargo, las Mirabal habían arriesgado° sus vidas. No cesaba° de preguntarme: «¿De dónde provenía° ese coraje especial?»

Fue con el propósito de entender esa pregunta que comencé esta historia. Pero, como sucede° con cualquier historia, los personajes asumieron la dirección, más allá de las polémicas° y de los hechos. Cobraron realidad en mi imaginación. Empecé a inventarlos.

Y así resulta que lo que el lector° encuentra en estas páginas no son las hermanas Mirabal de la realidad, ni siquiera las de la leyenda. Yo nunca conocí a las hermanas de carne y hueso, ni tuve acceso a suficiente información, ni el talento ni la inclinación del biógrafo para poder presentar una historia adecuada de ellas. En cuanto a las hermanas de la leyenda, envueltas en superlativos y ascendidas al plano mítico°, también resultaron inaccesibles para mí. Me di cuenta, también, de que tal definición° era peligrosa: era el mismo impulso que había creado a nuestro tirano°, convirtiéndolo en un dios. E irónicamente, al transformarlas en un mito, perdíamos a las Mirabal una vez más, desechando° el desafío de su valor como algo imposible para nosotros, hombres y mujeres comunes y corrientes.

De manera que lo que usted encuentra aquí es a las Mirabal de mi creación, inventadas pero, espero, fieles al espíritu de las verdaderas hermanas. Además, si bien investigué los hechos del régimen y los eventos correspondientes al despotismo° de treinta y un años de Trujillo, en ocasiones me tomé libertades, cambiando fechas, reconstruyendo acontecimientos y dejando de lado personajes o incidentes. Pues yo quería sumergir° a mis lectores en una época de la vida de la República Dominicana que creo que, en última instancia, sólo puede ser aprehendida° por la ficción, sólo finalmente redimida° por la imaginación. Una novela, después de todo, no es un documento histórico, sino una manera de viajar por el corazón humano.

Espero que mediante esta historia novelada pueda hacer que se conozcan las famosas hermanas Mirabal. El 25 de noviembre, día de su asesinato, es celebrado en muchos países latinoamericanos como el Día Internacional de la No Violencia contra la Mujer. Como es obvio, estas hermanas, que lucharon contra un tirano, sirven de modelo para las mujeres que luchan contra toda clase de injusticias.

¡Vivan las Mariposas!

Glosas marginales:

unas pocas
gobierno

puesto en peligro /
dejaba / venía

ocurre
controversia

persona que lee

ascendidas... convertidas
en leyendas / glorificación
dictador
no prestando atención

dictadura

hacer entrar

captada / liberada

◯ Reacciona y relaciona ◯

A. Reacciona. Contesta las siguientes preguntas.

1. ¿Por qué regresó a Nueva York la familia de Julia Álvarez? Si Julia nació en 1950, ¿qué edad tenía cuando regresaron a Nueva York?
2. ¿Quiénes eran las hermanas Mirabal? ¿Qué les sucedió?
3. ¿Por qué fascinaron las hermanas Mirabal a la autora de la novela?
4. ¿Cómo define Julia Álvarez la novela?
5. ¿Con qué se asocia a las hermanas Mirabal, y qué se celebra en el aniversario de su asesinato?

B. Relaciónalo. De todas las víctimas que produjo la dictadura de Trujillo, ¿por qué crees que las hermanas Mirabal han resultado ser las más conocidas?

C. La gramática está viva en la lectura. Lee las siguientes oraciones en voz alta, cambiando los verbos en paréntesis al imperfecto. Luego decide si cada oración es cierta o falsa y corrige las falsas. Para más información sobre el imperfecto, consulta *Así funciona nuestro idioma,* página 160.

1. Según la autora, la leyenda de las hermanas Mirabal las (presentar) casi como diosas.
2. Como Julia Álvarez (ser) amiga íntima de las tres hermanas, su novela es la verdadera historia de las hermanas Mirabal.
3. Julia Álvarez ya (estar) en EE.UU. cuando las hermanas Mirabal fueron asesinadas.
4. Las tres hermanas (haber) visitado a Julia Álvarez en la cárcel la noche de su asesinato.
5. A Julia Álvarez le (interesar) saber de dónde (provenir) el coraje especial de las hermanas Mirabal.

D. Debate. La dictadura de Trujillo duró treinta y un años, período durante el cual el pueblo dominicano perdió un gran número de derechos humanos: el derecho a participar en el poder, riqueza, y educación; el derecho a ser tratados como iguales frente a la ley; el derecho a la libertad, propiedad e igualdad de oportunidades. ¿Creen ustedes que, como ciudadanos estadounidenses, tienen todos estos derechos? ¿Creen que todos los ciudadanos de este país son tratados, de una manera igual e imparcial? Tengan un debate con dos personas del a favor y dos en contra. A continuación que la clase vote para ver quién ganó.

La acentuación, ¡de una vez!

⟳ Diptongos ⟲

- Un **diptongo** es la combinación de una vocal débil (**i, u**) con cualquier vocal fuerte (**a, e, o**) o de dos vocales débiles en una sílaba.

  autora   enc**ue**ntran   conf**ie**sa
  literar**io**   c**ui**dado

- Los diptongos se pronuncian como una sola sílaba.

  au / to / ra   en / c**ue**n / tran   con / f**ie** / sa
  li / te / ra / **rio**   c**ui** / da / do

- Un acento escrito sobre la vocal fuerte de un diptongo pone el énfasis en la sílaba del diptongo.

  des / p**ués**   b**éis** / bol   na / c**ión**   tam / b**ién**

- Un acento escrito sobre la vocal débil separa un diptongo en dos sílabas.

  pa / **ís**   bio / gra / f**í** / a   pe / r**í** / o / do
  d**í** / a

- Dos vocales fuertes siempre se separan y forman dos sílabas.

  po / **e** / ta   le / **ón**   ca / **os**   eu / ro / pe / o

A. Identificar diptongos. Ahora, al escuchar a tu profesor(a) pronunciar las siguientes palabras, pon un círculo alrededor de cada diptongo.

1. t r e i n t a
2. e n v u e l t o
3. n o v i e m b r e
4. f r e c u e n c i a
5. p u e d e
6. i n t e r n a c i o n a l

B. Acentuar o no acentuar diptongos. Ahora, al escuchar a tu profesor(a) pronunciar las siguientes palabras, pon un acento escrito en la vocal débil de aquéllas donde se divide en dos sílabas distintas el diptongo, o en la vocal fuerte de aquéllas donde se acentúa pero no se separa la sílaba del diptongo.

1. p r e s i d e n c i a
2. r e g i o n
3. d i a l o g o
4. v i o l e n c i a
5. t r i u n f o
6. c o n t i n u a
7. h i s t o r i a
8. r a i c e s

Redacción

I. Biografía

En esta actividad vas a escribir una breve biografía en la que narras los hechos importantes de la vida de tu padre/madre/mejor amigo(a). La biografía se va a publicar en la revista *Hispanos*, en una sección dedicada a hispanos modelos de la comunidad. Escribe la biografía en tercera persona, de una forma cronológica, siguiendo como modelo cualquiera de las biografías que aparecen bajo *El autor* o *La autora* al principio de la lectura principal de cada capítulo. Para que tengas un buen resultado, te invitamos a que sigas el proceso que la mayoría de los escritores usan: planificar, escribir un primer borrador, compartir, revisar y escribir la versión final.

A. Planificar.   Prepárate para escribir repasando el texto de las biografías de Francisco Alarcón (página 42), Soraida Martínez (página 76), Ángel Castro (página 115) y/o Julia Álvarez (página 151). Al leerlas, contesta las siguientes preguntas:

- ¿Cómo está ordenada la cronología, de lo más reciente a lo más antiguo, o al revés?
- Si los hechos tienen un orden cronológico, ¿lo tienen también las ideas?
- Al seleccionar los hechos, los autores de este texto tratan de expresarse con intensidad y pasión. ¿Cómo podrías tú añadirle pasión e intensidad a la biografía que vas a escribir? ¿Qué elementos te convendría resaltar?

Ahora prepárate para escribir una biografía incluyendo todos los hechos y las ideas que consideres relevantes.

1. **Anotar ideas.** Haz una lista de todos los hechos e ideas de la vida de la persona que has elegido el año y lugar donde nació, su familia, la casa, la escuela a la que fue, sus compañeros, su maestro(a) y todo lo demás. A continuación aparecen algunas de las ideas que podría haber anotado el biógrafo de Julia Álvarez. Compara esta lista con la biografía que resultó y determina si incluyó o no toda esta información. Si no, ¿qué ideas dejó sin incluir?

   Nació en N.Y. en 1950.
   Se crió en la República Dominicana.
   Su padre fue parte de la resistencia en la R.D.
   En la R.D. asistió a un colegió estadounicense.
   Se sintió muy aislada en EE.UU.
   Leía constantemente.
   Estudió en Connecticut College y en Middlebury College.
   Terminó la maestría en 1975.

Yolanda, Sonia, Carla y Sandi son los personajes principales de su primera novela, How the García Girls Lost Their Accents.
Es madre de dos hijas.
Ahora enseña inglés.
Ahora prepara tu lista con todo lo que te gustaría incluir en tu biografía.

2. **Agrupar ideas.** Organiza ahora la información que has reunido de manera lógica y ordénala cronológicamente. Estudia la agrupación que podría haber hecho el biógrafo de Julia Álvarez antes de escribir su biografía.

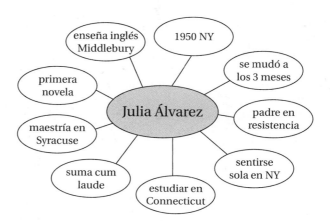

Ahora mira la lista que preparaste en la sección anterior y decide cuál va a ser el tema principal de tu biografía. Selecciona toda la información que piensas usar de tu lista sobre la persona que escogiste. Tal vez quieras organizarla como en este ejemplo para ver claramente que todo está relacionado y ordenado cronológicamente.

B. Escribir un primer borrador. Usa la información que has reunido para escribir un primer borrador de tu biografía. Generalmente, cada oración va a expresar una idea.

C. Compartir. Comparte tu biografía con dos compañeros(as) de la clase. Ellos deben hacerte comentarios sobre el contenido. ¿Es claro? ¿Es lógico? ¿Lo entienden? ¿Falta alguna información? Tú debes leer y comentar sus párrafos también. Decide qué cambios quieres hacer en tu biografía basándote en los comentarios de tus compañeros, y escribe una segunda versión si es necesario.

D. Revisar. Permíteles a dos compañeros de la clase que lean tu biografía una vez más. Ahora pídeles que te digan si hay errores de gramática o de ortografía. Tú debes hacer lo mismo con sus biografías.

E. Escribir la versión final.   Escribe la versión final de tu biografía, haciendo todas las correcciones necesarias. Como ésta es la versión que vas a entregar a tu profesor(a), debes escribirla a máquina o en la computadora para que pueda leerse sin dificultad.

II. Escribamos a otro nivel

A escribir biografías.   Ya que te resulta más fácil escribir, sigue el mismo proceso que se recomendó para escribir una biografía ficcionalizada (puedes inventar los hechos) sobre un(a) amigo(a) imaginario(a). No dejes de clarificar la importancia de esta persona para ti. Tal como se especificó, planifica, anota y agrupa tus ideas. Luego escribe un primer borrador y compártelo con dos o tres compañeros de clase antes de revisarlo y escribir la versión final.

> *Online Study Center*
>
> **El mundo dominicano al alcance**
> Explora distintos aspectos del mundo dominicano en las actividades de la red que corresponden a este capítulo. Ve primero a http://college.hmco.com/pic/ deunavez1e y de ahí a la página de *¡De una vez!*

Películas que recomendamos

⟲ El cine dominicano ⟳

El cine dominicano progresa *in crescendo* desde que Francisco Arturo Palau filmara en 1922 *La Leyenda de Nuestra Señora de Altagracia*. Tal vez por la tumultuosa historia reciente del país, en la filmografía dominicana abundan lo documentales, que aportan un impresionante archivo de documentos históric y ayudan a comprender el pasado y el presente de la República Dominicana.

Trujillo: El poder del jefe (1991), ***II*** (1994) y ***III*** (1996)   **Director:** René Fortun

Tres documentales de René Fortunato que narran los acontecimientos político sociales más importantes ocurridos en la República Dominicana durante el período que va de 1938 a 1961. Trata de los antecedentes que favorecieron el establecimiento de la dictadura de Trujillo, el comportamiento de la dictadura el esfuerzo de quienes pretendían derrocarla. Explora también las relaciones de Trujillo con los Estados Unidos, la muerte de las hermanas Mirabal, el ajusticiamiento de Trujillo y la muerte de los que participaron en la rebelión contra él, entre otros temas.

Nueba Yol (1995) y ***Nueba Yol 3: Bajo La Nueva Ley*** (1997)   **Director:** Ángel Muñiz

Probablemente son las películas con más éxito en la República Dominicana. Balbuena (Luisito Martí) es un emigrante dominicano que hipoteca su casa en Santo Domingo para viajar a Nueva York (*Nueba Yol*), esa especie de "tierra prometida" en la que llueven billetes de dólar del cielo. Balbuena pasa por una serie de peripecias con las que todos los inmigrantes se pueden identificar y donde la lengua, la cultura y las costumbres se convierten en barreras insalvabl para Balbuena. *Nueba Yol 3* es la continuación de *Nueba Yol*, y es aún más divertida que la primera, si cabe.

⟲ Otras películas dominicanas ⟳

Abril: La trinchera del honor (1988)   **Director**: René Fortunato

Documental que narra los acontecimientos que tuvieron lugar en Santo Domingo en abril de 1965: la rebelión en el ejército dominicano y la posterior intervención militar norteamericana.

La ciénaga bajo la lluvia (1994)   **Director:** Pedro González Llorente

Crónica de la vida de un vecindario pobre de Santo Domingo durante una gran inundación del barrio después de muchos meses de sequía. La gente decide tomárselo con alegría, y entrar en las aguas a divertirse. La película revela aspectos importantes del espíritu dominicano.

4 hombres y un ataúd (1996)   **Director:** Pericles Mejía

Un entierro da pie a una serie de aventuras y situaciones sorprendentes y divertidas.

La Victoria (2004)   **Director:** José E. Pintor

Una historia real de venganza que lleva al protagonista a perseguir al asesino de su hijo hasta La Victoria, la cárcel más dura de la República Dominicana.

☽ Películas relacionadas con la República Dominicana ☾

In the Time of the Butterflies (2001)   **Director:** Mariano Barroso

Adaptación al cine de la novela de Julia Álvarez que trata la oposición de las hermanas Mirabal —"las Mariposas"— al dictador Trujillo, que culmina con la muerte de aquéllas. La historia se cuenta desde la perspectiva de Minerva Mirabal (Salma Hayek). Edward James Olmos desarrolla un brillante papel de Trujillo.

La fiesta del chivo (2006)   **Director:** Luis Llosa

Basada en la novela de Mario Vargas Llosa del mismo título. Un drama personal combinado con el desarrollo de una conspiración política en torno a Trujillo.

4.1 Pretérito: Verbos con cambios en la raíz y verbos irregulares

¡Ya lo sabes!

Un par de amigos han ido a cenar a un restaurante caribeño. Selecciona la pregunta que hizo uno y la respuesta del otro cuando habían terminado de cenar.

1. a. ¿*Pediste* la cuenta?
   b. ¿*Pidiste* la cuenta?
2. a. Sí, el camarero ya la *trujo*.
   b. Sí, el camarero ya la *trajo*.

Si seleccionaste la primera oración del primer par y la segunda del segundo par es porque tienes un conocimiento tácito de muchos de los verbos con irregularidades en el pretérito. Si no estuviste de acuerdo, tal vez es porque usas variantes de los **verbos con cambios en la raíz** y de los **verbos irregulares en el pretérito.** Pero sigue leyendo y vas a ver que hay mucha regularidad en las irregularidades de estos verbos.

Verbos con cambios en la raíz

- Los verbos terminados en **-ir** que tienen cambios en la raíz en el presente cambian la **e** en **i** y la **o** en **u** solamente en las formas de tercera persona del singular y del plural; las otras formas son regulares. (Consulta el Capítulo 1, página 54 para verbos con cambios en la raíz en el presente.)

e → i	e → i	o → u
preferir	medir	dormir
preferí	medí	dormí
preferiste	mediste	dormiste
prefirió	midió	durmió
preferimos	medimos	dormimos
preferisteis	medisteis	dormisteis
prefirieron	midieron	durmieron

Muchos dominicanos prefirieron salir de su país antes que sufrir la dictadura de Trujillo.

José Alemán pidió trabajo en muchas escuelas.

- Los verbos que terminan en **-ar** y **-er** que tienen cambios en la raíz en el presente son regulares en el pretérito.

   Muchos dominicanos que viven en EE.UU. **vuelven** a su país de vez en cuando, pero tengo un amigo que nunca **volvió.**

Verbos irregulares

- Algunos verbos de uso frecuente tienen una raíz irregular en el pretérito y dos terminaciones irregulares: **-e** en la primera persona singular y **-o** en la tercera persona singular, ambas sin acento escrito.

Verbo	Raíz en	Terminaciones	
-u- e *-i-*			
andar	anduv-		
estar	estuv-		
caber	cup-		
haber	hub-	**e**	imos
poder	pud-	iste	isteis
poner	pus-	**o**	ieron
querer	quis-		
saber	sup-		
tener	tuv-		
venir	vin-		
traer	traj-	**e**	imos
decir	dij-	iste	isteis
producir	produj-	**o**	eron

Los verbos que se derivan de los mencionados en el cuadro tienen las mismas irregularidades, por ejemplo:

poner: componer, proponer
tener: detener, mantener, sostener
traer: atraer, contraer, sustraer

venir: convenir, intervenir
decir: contradecir, predecir

   José Alemán **tuvo** mucho éxito como educador. **Pudo** motivar a muchos estudiantes hispanos. Sus éxitos atrajeron la atención de padres y educadores. Sus amigos siempre **dijeron** que él era una persona con mucha iniciativa.

Hay tendencia dentro de algunas comunidades de hispanohablantes a usar formas diferentes a las anotadas en el cuadro anterior. Así, por ejemplo, el verbo **andar** se usa como si fuese regular en el pretérito y se dice *andé, andaste, andó,* etc. en vez de las formas **anduve, anduviste, anduvo,...** Del mismo modo, algunas comunidades hispanohablantes dicen *truje, trujiste, trujeron,...* en vez de **traje, trajiste, trajeron;** *yo estubo/ estuvo* o *tubo/tuvo* en vez de **yo estuve** o **tuve;** *dijistes/dijites/dejite* en vez de **dijiste;** o *dijieron* en vez de **dijeron.** Es importante evitar estos usos fuera de estas comunidades y en particular al escribir.

- Otros verbos irregulares:

dar		hacer		ir / ser	
di	dimos	hice	hicimos	fui	fuimos
diste	disteis	hiciste	hicisteis	fuiste	fuisteis
dio	dieron	hizo	hicieron	fue	fueron

Julia Álvarez **dio** a conocer una parte de la historia negra de la República Dominicana en su novela sobre las hermanas Mirabal. **Hizo** un trabajo de rescate histórico.

Los verbos **ir** y **ser** tienen formas idénticas en el pretérito. Normalmente el contexto aclara qué significado se quiere expresar.

José Alemán **fue** de la República Dominicana a Rhode Island, lo cual **fue** muy importante en su vida.

Hay una tendencia dentro de algunas comunidades de hispanohablantes a decir *jui, juiste/juites, jue,...* en vez de decir **fui, fuiste, fue,** ... Es importante evitar esos usos fuera de esas comunidades y en particular al escribir.

☉ Ahora, ¡a practicar! ☉

A. Quien a hierro mata... Usa el pretérito para conocer algunos datos de la vida del tristemente famoso Rafael Leónidas Trujillo.

Rafael Leónidas Trujillo (1)_____ (nacer) en Villa de San Cristóbal en 1891. (2)_____ (Estar) en colegios militares y en 1916 (3)_____ (ingresar) en la Guardia Nacional. Ocho años más tarde (4)_____ (ser) elegido comandante en jefe de ese cuerpo militar. En 1930 (5)_____ (causar) la caída del presidente y (6)_____ (tomar) el poder. (7)_____ (Estar) de jefe máximo hasta 1938 y luego entre 1942 y 1952

_____(8)_____ (gobernar) como un déspota. Durante su gobierno se _____(9)_____ (producir) innumerables matanzas y crueldades. Trujillo se _____(10)_____ (mantener) en el poder hasta 1961, año en que _____(11)_____ (ser) asesinado.

B. Nacimiento de un libro.   Completa la siguiente información acerca de la novela *En el tiempo de las mariposas* de Julia Álvarez. Cambia el presente histórico al pretérito.

En 1960 la familia de Julia Álvarez huye (1) de la dictadura de Trujillo y se instala (2) en Nueva York. Ese mismo año, tres hermanas de apellido Mirabal son (3) asesinadas en la República Dominicana después de una visita a sus esposos encarcelados. Julia, una niña entonces, decide (4) años más tarde saber más de esos asesinatos. Viaja (5) a la República Dominicana, busca (6) información, hace (7) investigaciones y, cuando tiene (8) bastante información, cuenta (9) la historia, desde su punto de vista de novelista. El resultado es (10) su novela *En el tiempo de las mariposas.*

C. Mal día.   Lee la composición que escribió un(a) compañero(a) de clase y corrige cualquier forma verbal que no sea apropiada para la lengua escrita.

Ayer yo jui al cine y me durmí bien tarde. Yo no tubo tiempo de estudiar para el examen de hoy. Como tubo problemas con mi carro andé a la universidad y no truje todos los libros necesarios. Mis compañeros me dijieron: vas a tener que estudiar mucho para el próximo examen.

D. Estás de reportero.   Hazles preguntas a tus compañeros(as) de clase hasta encontrar personas que hacen las siguientes actividades.

MODELO   Fue al cine el fin de semana pasado.
   —**¿Fuiste al cine el fin de semana pasado?**
   —**Sí, fui al cine el fin de semana pasado.** o **No fui al cine el fin de semana pasado.**

1. Vino a clase sin su libro de texto.
2. Estuvo en la biblioteca ayer.
3. No hizo la tarea para hoy.
4. Tuvo que trabajar hace dos días.
5. No trajo la tarea que teníamos para hoy.
6. Anduvo una milla para hacer ejercicio.
7. No pudo dormir bien la noche anterior.

9 4.2 Imperfecto 6

 ¡Ya lo sabes!

Los padres de Carmen han regresado de un viaje a la República Dominicana. Carmen quiere saber de qué hablaban con sus parientes dominicanos y por qué han llegado con más maletas de las que llevaban al salir de Nueva York. ¿Qué le dicen sus padres?

1. **a.** *Hablábamos* de ti y de tus hermanos con nuestros parientes de la República Dominicana.
   b. *Hablábanos* de ti y de tus hermanos con nuestros parientes de la República Dominicana.
2. **a.** Tuvimos que comprar más maletas allá porque *traíamos* muchos regalos para ti y para todo el mundo.
   b. Tuvimos que comprar más maletas allá porque *tráibamos* muchos regalos para ti y para todo el mundo.

¿Escogiste la primera oración en cada par? Si fue así, es porque tienes un conocimiento tácito del **imperfecto.** Si no estuviste de acuerdo, es porque estás acostumbrado(a) a usar variantes del imperfecto. Pero sigue leyendo y vas a ver que el imperfecto es uno de los tiempos más fáciles de aprender.

Formas

Verbos en -ar	Verbos en -er	Verbos en -ir
visitar	**vender**	**recibir**
visit**aba**	vend**ía**	recib**ía**
visit**abas**	vend**ías**	recib**ías**
visit**aba**	vend**ía**	recib**ía**
visit**ábamos**	vend**íamos**	recib**íamos**
visit**abais**	vend**íais**	recib**íais**
visit**aban**	vend**ían**	recib**ían**

- Nota que las terminaciones del imperfecto de los verbos terminados en **-er** e **-ir** son idénticas.
- Hay sólo tres verbos irregulares en el imperfecto: **ir, ser** y **ver.**

ir: iba, ibas, iba, íbamos, ibais, iban
ser: era, eras, era, éramos, erais, eran
ver: veía, veías, veía, veíamos, veíais, veían

Usos

- El imperfecto expresa acciones habituales o que ocurrían con cierta
regularidad en el pasado.

    El semestre pasado yo **tenía** mis clases en la mañana. En la tarde **iba** a la
    biblioteca a estudiar. Casi todas mis materias **eran** difíciles. Por supuesto
    que mi materia favorita **era** el español. Algunos días me **tocaba** trabajar.
    A veces **salía** con mis amigos, lo que siempre me **distraía** mucho.

- Expresa acciones que estaban realizándose en el pasado.

    Ayer, cuando tú me llamaste por teléfono, yo **leía** una novela de Julia Álvarez.

- Sirve para hacer descripciones en el pasado. Esto incluye tanto el trasfondo o
ambiente de las acciones como condiciones físicas, emocionales y mentales.

    Ayer después de un largo paseo me **sentía** cansada, pero **estaba** relajada y sin
    estrés.
    Era un domingo de invierno como cualquier otro. **Hacía** frío. El cielo **estaba**
    con nubes. Afortunadamente no **llovía.** Todo **parecía** tranquilo. De
    repente,…

- Sirve para decir la hora en el pasado.

    Cuando llegué a casa no sé si **era** la una de la tarde o si ya **eran** las dos.

∽ Ahora, ¡a practicar! ᕑ

A. El desfile dominicano. Usa el imperfecto para completar lo que te escribe tu amiga Maribel desde Nueva York.

Yo (1)_____ (saber) que (2)_____ (existir) un Desfile Puertorriqueño. Lo que ni yo ni mis amigos (3)_____ (saber) (4)_____ (ser) que los dominicanos también (5)_____ (tener) su propio desfile. El domingo pasado me (6)_____ (pasear) por Manhattan cuando vi un espectáculo extraordinario. Te cuento. (7)_____ (Haber) carrozas bellamente adornadas; la gente (8)_____ (aplaudir) a los que (9)_____ (ir) en ellas así como a los que (10)_____ (caminar) y (11)_____ (bailar) delante de ellas. Personalidades políticas y artísticas (12)_____ (saludar) a la gente que (13)_____ (mover) sus banderas dominicanas que (14)_____ (llevar) en la mano. Todo (15)_____ (ser) alegría. Te debo confesar que ese día todos los que (16)_____ (estar) allí nos (17)_____ (tratar) como verdaderos dominicanos.

B. Una tarde típica. Di lo que pasaba en tu casa por las tardes el semestre pasado.

MODELO   perro   **Mi perro miraba la televisión en el cuarto de mi hermano.**

1. hermanita   *jugaba .*
2. hermano
3. papá
4. mamá
5. yo
6. gato

C. Un joven muy activo. Di lo que acostumbraba hacer Sammy Sosa cuando era joven.

MODELO   jugar al béisbol
          Jugaba al béisbol.

1. tener que trabajar   *tenía*
2. asistir a partidos de béisbol los fines de semana   *asistía*
3. escuchar ritmos latinos todos los días   *escuchaba*
4. ir a bailes animados con sus amigos   *iba*
5. bailar merengue a las mil maravillas   *bailaba*
6. casi nunca dormir hasta tarde   *dormía*
7. ver películas en la tele   *veía*
8. ser tratado como rey por su madre   *era*

D. De regreso. Revisa lo que escribió un(a) compañero(a) de clase y corrige cualquier uso que no sea apropiado para la lengua escrita.

Mi familia y yo regresábanos de un viaje a la República Dominicana y nadie se puede imaginar lo contentos que estábanos. Yo traiba regalos para mis amigos. En realidad, todos tráibanos muchos regalos y muchas maletas pesadas. Yo me sentiba un poco triste. Creo que todos estábanos tristes porque habíanos tenido unas vacaciones fantásticas y pronto íbanos a volver a la rutina de siempre.

☾ 4.3 Expresiones indefinidas y negativas ☾

¡Ya lo sabes!

Mira estos pares de oraciones y decide, en cada par, cuál de las dos dirías y cuál no dirías. Veamos si todos están de acuerdo.

1. **a.** *No* supo *nadie* la adivinanza.
   b. *Nadie no* supo la adivinanza.
2. **a.** *Nadie* llegó a la hora.
   b. *Naiden* llegó a la hora.

Probablemente escogiste la primera oración en cada par. ¿Cómo lo sé? Porque sé que tienes un conocimiento tácito de las **expresiones negativas e indefinidas**. Pero hay que seguir leyendo para que ese conocimiento tácito se haga explícito.

Expresiones indefinidas	Expresiones negativas
algo	nada
alguien	nadie
alguno	ninguno
alguna vez	nunca, jamás
siempre	nunca, jamás
o	ni
o … o	ni … ni
también	tampoco
cualquiera	

—¿Conoces **algo** de la vida del pelotero Dave Valle?
—Después de leer este capítulo sé **algo**; antes no sabía **nada** de él.
—¿Ha obtenido **alguien** en tu familia un título en pedagogía?
—No, **nadie** ha conseguido ese título.

—¿Has leído *En el tiempo de las mariposas* o *In the Name of Salomé* de Julia Álvarez?
—No, no he leído **ni** *En el tiempo de las mariposas* **ni** la otra novela. **Tampoco** he leído *¡Yo!* En realidad, no he leído **ninguna** de sus novelas.

> *Nota para hispanohablantes* Hay una tendencia dentro de algunas comunidades de hispanohablantes a decir *naida* o *nomás* en vez de decir **nada.** Es importante evitar esos usos fuera de esas comunidades y en particular al escribir.

Alguno y ninguno

- **Alguno** y **ninguno** son adjetivos y, por lo tanto, concuerdan con el sustantivo al cual se refieren. **Alguno** varía en género y número —**alguno, alguna, algunos, algunas**— mientras que **ninguno** se usa en el singular solamente: **ninguno, ninguna.**

  —¿Conoces a **algunos** dominicanos americanos?
  —No, no conozco **ninguno**. Conozco a **algunos** cubanoamericanos solamente.

- **Alguno** y **ninguno** pierden la **-o** final delante de un sustantivo masculino singular.

  Ningún estudiante acertó todas las adivinanzas.
  ¿Hay **algún** barrio hispano en tu comunidad?

- Cuando **alguien, nadie, alguno/a/os/as** o **ninguno/a** introducen un objeto directo que se refiere a personas, son precedidos por la preposición **a.**

  —¿Conoces a **alguien** de la República Dominicana?
  —No conozco **a nadie** de ese país.

Nunca y jamás

- **Nunca** y **jamás** significan lo mismo. **Nunca** se usa con mayor frecuencia en el habla cotidiana. **Jamás** o **nunca jamás** pueden usarse para enfatizar.

  Nunca me he interesado por las ciencias naturales.
  ¡Jamás he vivido bajo un gobierno dictatorial!

  —¿Comprarías otra vez un coche usado?
  —¡No, **nunca jamás!** La próxima vez compraré un coche nuevo.

- En preguntas, **jamás** es sinónimo de **alguna vez; jamás** se prefiere cuando se espera una respuesta negativa.

  —¿Te has interesado **alguna vez (jamás)** por los deportes?
  —¿Has estado **jamás** en un partido de las Grandes Ligas?
  —**Nunca jamás.**

No

- **No** se coloca delante del verbo en una oración. Los pronombres de objeto se colocan entre **no** y el verbo.

  No conocía la historia del beisbolista Dave Valle. **No la** había leído en ninguna parte antes.

- Las oraciones negativas en español pueden contener una o más palabras negativas. La partícula **no** se omite cuando otra expresión negativa precede al verbo.

  —Yo **no** he visto **nunca** un eclipse de sol.
  —Yo **tampoco** he visto uno.
  —Mis amigos **no** se han interesado **nunca** por la astronomía.
  —Yo **tampoco nunca** me he interesado por esa disciplina.

Cualquiera

- **Cualquiera** se puede usar como adjetivo o como pronombre. Cuando se usa como adjetivo delante de un sustantivo singular, **cualquiera** pierde la **a** final y se convierte en **cualquier.**

  Te recomiendo que leas **cualquier** obra de Julia Álvarez. Te encantará.

  —¿Es fácil hacer descubrimientos astronómicos?
  —No, no creo que **cualquiera** pueda hacerlos.

Nota para hispanohablantes Hay una tendencia dentro de algunas comunidades de hispanohablantes a decir *cualesquier* o *cualesquiera* en vez de decir **cualquier.** Es importante evitar esos usos fuera de esas comunidades y en particular al escribir.

⊙ Ahora, ¡a practicar! ⊙

A. ¿Sabes algo de los dominicanos?   Contesta estas preguntas para ver cuánto sabes sobre los dominicanos en EE.UU.

MODELO   ¿Has estado en la República Dominicana alguna vez?
Nunca he estado en ese país. o **Sí, estuve allí en el 2004.**

1. ¿Conoces a algunos beisbolistas dominicanos que juegan en las Grandes Ligas?
2. ¿Entiendes algo del poder político de los dominicanos americanos?
3. ¿Has leído algunas novelas de Julia Álvarez?
4. ¿Has visto a una pareja bailar el merengue?
5. ¿Te has paseado por Quisqueya Heights en Nueva York?
6. ¿Sabes en qué ciudades o estados se concentra la población dominicana?
7. ¿Sabes quién es Junot Díaz?
8. ¿Sabías algo de José Alemán antes de leer este capítulo?

B. No coincidimos.   Por cada afirmación que tú haces tu amigo(a) hace una totalmente contraria.

MODELO   Todos tiene interés en los viajes espaciales.
Nadie tiene interés en los viajes espaciales.

1. Alguna vez vamos a ver a seres extraterrestres.
2. Todos apoyan los gastos para las investigaciones espaciales.
3. Algunas personas van a vivir en una colonia espacial.
4. Siempre va a haber interés en la vida en otros planetas.
5. Nuestra comprensión del universo ha avanzado algo.
6. Algunos creen que la astronomía y la astrología están relacionadas.

C. Lista de nunca acabar.   Prepara dos listas. En una anota quejas que tienen los padres de sus hijos y en la otra las quejas que los hijos tienen de sus padres. Luego compara tus listas con las de un(a) compañero(a) y compártanlas con la clase.

MODELOS   Padres: *¡Jamás te veo estudiando!*
Hijos: *Mis padres nunca me dejan usar su auto.*

D. Música caribeña.   Lee lo que ha escrito tu amigo acerca de la música caribeña y corrige cualquier uso que no sea apropiado para la lengua escrita.

Me fascina la música caribeña. No hay naida como el ritmo y la alegría de esa música. Si alguen toca cualquiera disco de música caribeña, yo lo reconozco de inmediato. Mis amigos dicen que no conocen a nadien que sepa tanto de la música caribeña como yo. Espero poder viajar al Caribe alguna vez.

San Francisco, California: Presencia nicaragüense en el barrio de La Misión

TEMAS CULTURALES

La tradición oral: Los piropos

Nuestra riqueza cultural: La famosa gastronomía nicaragüense: Un sabor a ritmo

Vamos a conversar sobre... la reconciliación

Hispanos estelares: Leoncio Sáenz y Sara Torres

Hablemos de carreras... en el servicio voluntario

Arte hispano: *Mujeres conversando* de Julie Aguirre

Nuestra herencia literaria: "El zoológico de papá" (fragmento) de Lizandro Chávez Alfaro

Películas que recomendamos: El cine nicaragüense

LENGUA

Nuestra riqueza lingüística: Lenguas en contacto: Influencia del inglés en el español escrito

La acentuación, ¡de una vez!: Triptongos

Redacción: Una composición

Así funciona nuestro idioma

5.1 Pretérito e imperfecto: Acciones acabadas y acciones que sirven de trasfondo

5.2 Pretérito e imperfecto: Acciones simultáneas y recurrentes

EN EL CIBERESPACIO

Los piropos

Los grupos religiosos y su servicio

El arte primitivista

TAREA

Antes de empezar este capítulo, estudia *Así funciona nuestro idioma* para los siguientes días y haz por escrito los ejercicios correspondientes de *Ahora, ¡a practicar!*

1er día:

5.1 Pretérito e imperfecto: Acciones acabadas y acciones que sirven de trasfondo **(pp. 196–197)**

2do día:

5.2 Pretérito e imperfecto: Acciones simultáneas y recurrentes **(pp. 198–200)**

La tradición oral: Los piropos

Los piropos, como los refranes los trabalenguas y las adivinanzas también son parte de la tradición oral. Son dichos que usan los hombres para llamar la atención de una mujer. Algunos piensan que por formar parte de una mentalidad machista o de otra época pueden ofender o insultar a las mujeres. En todo caso, estos dichos, que deben demostrar el ingenio de la persona que los dice, tienden a decirse con rapidez, como dardos, con la intención de sorprender a la persona a quien se dirigen. El uso más común de los piropos es, por supuesto alabar a una mujer. A pesar de que existe una lista larguísima de piropos clásicos tradicionales, como los que siguen, los jóvenes de cada generación siguen inventando nuevos piropos con la esperanza de mostrar su ingenio y de agradar a ese siempre posible nuevo amor.

Un lápiz sin punta no puede escribir, y yo sin tu amor no puedo vivir.

Si tu novio no te trata como a una princesa... vente conmigo.

¡Cómo avanzó la tecnología, que hasta las flores caminan!

Si la felicidad es agua y el amor es fuego, como me gustaría ser tu bombero.

¿Quién habrá sido el pirata que perdió este tesoro?

I LOVE YOU en inglés, TI AMO en italiano, pero lo mucho que TE QUIERO, te lo digo en castellano.

¿Cuántos años tardaron tus padres... para hacerte tan hermosa?

A. Los piropos. Contesta las primeras dos preguntas. Luego escribe tus piropos originales individualmente.

1. ¿Qué opinas de estos piropos, los consideras amorosos o insultantes? ¿Por qué?
2. ¿Qué opinas de los piropos en general, son ofensivos o un verdadero elogio para la persona a quien se dirigen?
3. Ahora piensa en una persona con quien te gustaría establecer una relación amorosa y escribe dos piropos que podrías usar para captar la atención de tal persona. Tu profesor(a) va a recoger los piropos y a leer, anónimamente por supuesto, varios en voz alta para que la clase decida cuáles son los mejores.

B. Álbum de mi familia. Pregúntales a tu padre, tíos y abuelos si usaban piropos cuando eran jóvenes, o si los usan ahora. Pídeles que te digan algunos y, si se atreven, que te digan con quién los usaron y en qué situaciones. A tu madre, tías y abuelas pídeles que te digan, si han escuchado piropos, los que más les gustan. Anota los que te cuenten, o aun mejor, apréndetelos de memoria y recítaselos a la clase. Incluye estos piropos en tu álbum familiar, escribiendo cada uno en un recuadro, e indicando debajo el nombre de la persona que te lo dijo.

C. Los piropos en el ciberespacio. En tu casa o en el laboratorio de computación, usa tu buscador favorito en Internet. Escribe la palabra "piropos" para encontrar páginas que contienen listas de piropos en español. Selecciona los tres que te parezcan más románticos, y escríbelos en un trozo de papel que vas a doblar como si fuera una tarjeta para el día de San Valentín. Si deseas, decora tu "tarjeta de San Valentín". Ven a clase el próximo día preparado(a) para compartir tus tarjetas con otros estudiantes.

Nuestra riqueza cultural

◯ Antes de leer ◌

Mi opinión y la del autor. Antes de leer indica lo que sabes de la gastronomía nicaragüense seleccionando **C (cierto)** o **F (falso)** en la primera columna. Después de leer indica cuál es la opinión del autor.

En mi opinión		La gastronomía nicaragüense	Según el autor	
C	F	**1.** La comida nicaragüense es una combinación de la cocina indígena y la cocina española.	C	F
C	F	**2.** Los españoles adoptaron el uso del aceite, la carne de res y de puerco de los indígenas americanos.	C	F
C	F	**3.** El "gallo pinto" es un plato nicaragüense que siempre se prepara en la temporada de Navidad.	C	F
C	F	**4.** El nacatamal es una pasta de maíz rellena de carne de puerco o pollo, con verduras.	C	F
C	F	**5.** El tamal nicaragüense es idéntico al tamal mexicano.	C	F

⌒ Lectura ⌒

La famosa gastronomía nicaragüense: Un sabor a ritmo

Entre la comida y la música nicaragüense, existe una relación sinestésica. (Por si no lo recuerdas, la sinestesia es la aplicación de una sensación propia de un sentido a otro: "un olor dulce" o un "sonido oscuro".) Así que decir que la comida nicaragüense es "una sinfonía de olores y sabores" tanto como su música es "la salsa y el azúcar" de todos los días, no es exagerar. Al contrario, la comida nicaragüense tiene, como su música, una larga historia que se remonta a las culturas precolombinas, con abundante uso de frutas y de productos naturales; manteniendo la tradición mesoamericana, los nicaragüenses siguen incorporando el maíz, los frijoles y una variedad de condimentos a su cocina. De los españoles adoptaron el uso del aceite, los fritos y la carne, como la ternera o el puerco.

Hoy día la gastronomía nicaragüense mantiene un plato que se cocina casi diariamente: el «gallo pinto», hecho de arroz y frijoles cocinados separadamente, y luego mezclados con un sofrito de cebolla, a veces acompañado de huevos y queso.

También hay varios platos que combinan elementos tradicionales mesoamericanos con las carnes, frutas o verduras introducidas por los europeos. Entre éstos se destaca el nacatamal, que es una pasta de maíz rellena de carne de puerco o pollo, con verduras, envuelto todo en una hoja de plátano y hervido. Otro de los platos favoritos es el tamal, muy parecido al nacatamal, pero con aceitunas, chile y uvas pasas, envuelto en hoja de banano, y frito.

Un plato que se consume en la temporada de Navidad es la gallina rellena, preparada con relleno de cerdo, encurtido, cebolla, chiltoma, ajo y achiote. La gallina rellena es el plato típico de la cena de Nochebuena nica.

Combina éstas y otras muchas comidas con un delicioso jugo de frutas tropicales, para obtener una extraordinaria sinfonía de sabores.

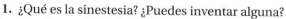

⌒ ¿Comprendiste? ⌒

A. La gastronomía nicaragüense. Contesta estas preguntas sobre la rica gastronomía nicaragüense.

1. ¿Qué es la sinestesia? ¿Puedes inventar alguna?
2. ¿Cuál es el plato que se come con más frecuencia en Nicaragua? ¿Lo has probado? ¿Acostumbras comer un plato similar? Si así es, descríbelo.
3. Menciona elementos tradicionales mesoamericanos que se combinan con elementos europeos en la comida nica.
4. Si pasaras la Nochebuena en Managua, ¿qué plato comerías seguramente? ¿Y si la pasaras en tu casa? ¿Hay algún plato que tu familia prepara siempre para esa ocasión? ¿Cuál es?
5. ¿Qué es un nacatamal? ¿Cómo se comparan el tamal nicaragüense y el tamal mexicano o el del país de origen de tus antepasados? ¿Cómo se compara la comida nicaragüense en general con la comida de tu familia? Explica en detalle.

B. La gramática está viva en la lectura. Túrnate con un(a) compañero(a) de clase para completar estas oraciones con el pretérito o el imperfecto de los verbos en paréntesis. Tengan presente al hacerlo si se trata de acciones acabadas o acciones que sirven de trasfondo. Confirmen los resultados con la clase entera. Para más información sobre el pretérito y el imperfecto, consulta *Así funciona nuestro idioma,* página 196.

1. Cada vez que (regresar) a Nicaragua a visitar a mis abuelos, (encontrar) que la comida nicaragüense (ser) una sinfonía de olores y sabores.
2. Este año cuando (llegar), mi abuela me (preparar) mi plato favorito: «gallo pinto». ¡(Ser) sabrosísimo!
3. Un día mi abuela y yo nos (poner) a hacer nacatamales. Ella (rellenaba) la masa y yo los (envolver) en las hojas de banano.
4. Para Navidad el año pasado, mi abuela y mi mamá (preparar) un plato típico nica: la gallina rellena. Mientras mi abuela (limpiar) la gallina, mi mamá (picar) el cerdo, encurtido, cebolla, chiltoma, ajo y achiote.
5. El recuerdo de esa sinfonía de sabores me (animar) este año a ayudarle más a mi mamá en la cocina. Ayer, por ejemplo, ella me (enseñar) a preparar el «gallo pinto». Mientras ella (cocinar) el arroz y los frijoles, yo (preparar) el sofrito.

Vamos a conversar sobre... la reconciliación

Después de una larga y turbulenta historia reciente, Nicaragua implantó a finales de los años 80 varias leyes de amnistía y reconciliación, con el objeto de dar una oportunidad a la paz y favorecer el cambio social. Vamos a conversar sobre este tema, intentando responder a las siguientes preguntas.

A. La reconciliación allá. ¿Crees que los gobiernos tienen derecho a perdonar las condenas o los crímenes de miles de personas para poder comenzar una nueva historia? ¿Hay algunos crímenes que no se deben perdonar? ¿Por qué sí o por qué no? ¿Crees que la amnistía y la reconciliación sirven para algo?

B. La reconciliación en los Estados Unidos. ¿Crees que los Estados Unidos tienen en estos momentos un gran problema de reconciliación entre los dos partidos políticos mayoritarios? ¿Crees que se pueden reconciliar las afirmaciones de la derecha religiosa sobre la oración en la escuela y contra la teoría de la evolución, con las de otros sectores más liberales de la sociedad, como la del matrimonio entre homosexuales? ¿Quién crees que va a tener que ceder al final? ¿Por qué crees eso? ¿Crees que la tolerancia y la reconciliación están muy relacionadas?

C. La reconciliación en mi ciudad. ¿Has sentido alguna vez la necesidad de reconciliarte con miembros de otro grupo social? ¿Hay grupos en tu barrio o ciudad que tienen que hacer el esfuerzo por reconciliarse entre ellos? Si así es, ¿cuáles son? ¿Crees que están dispuestos a pagar el precio que significa comenzar de nuevo? Prepara una lista de lo que habría que hacer para que distintos grupos étnicos o sociales en tu ciudad o en el país se reconciliaran.

Nuestra riqueza lingüística

↻ Antes de leer ↺

En el Capítulo 3, aprendieron que el inglés ha tenido bastante influencia en el español hablado. También ha influido en la lengua escrita. Miren si pueden identificar cinco palabras deletreadas incorrectamente debido a la influencia del inglés en el español escrito. Luego traten de decidir cuál ha sido la causa de los errores. ¿Siguen algún patrón?

lubricante	*innovador*	*questionario*
commercial	*immediatamente*	*efectivo*
revisión	*inocente*	*philosofía*

↻ Lectura ↺

Si no identificaron patrones en los errores, simplemente sigan leyendo y van a aprender a reconocer varias diferencias útiles que con frecuencia resultan en patrones de errores en el deletreo de palabras similares en inglés y español.

Lenguas en contacto: Influencia del inglés en el español escrito

Algunos estudiantes hispanohablantes, en particular los que se han criado en los EE.UU. y nunca han recibido educación formal en la lengua de sus padres, y también los que se mudaron a los EE.UU. antes de completar la escuela secundaria en sus países de origen, tienden a dar muestras de la interferencia del inglés en el deletreo de palabras similares en español. Lo interesante es que la mayoría de los errores de deletreo causados por interferencia del inglés se pueden anticipar, y por lo tanto, evitar. A continuación se presentan varias reglas útiles que les pueden ayudar a evitar algunos de los errores más comunes.

- Las terminaciones *-tion* y *-sion* en inglés, generalmente se escriben **-ción** y **-sión** en español:

  nación   *nation*   revisión   *revision*

- La combinación *qua* o *que* en inglés, generalmente se escriben **ca** o **cue** en español:

  calificado   *qualified*   cuestionario   *questionnaire*

- La combinación *ph* en inglés se escribe **f** en español:

  fotógrafo   *photographer*   filosofía   *philosophy*

- Las palabras que empiezan con *-imm* en inglés se escriben **-inm** en español:

  inmaduro   *immature*   inmigrar   *immigrate*

- Cuando hay una consonante doble en inglés, se escribe una en español:

  efectivo   *effective*   asociación   *association*
  atractivo   *attractive*   inteligente   *intelligent*

○ ¿Comprendiste? ○

A. Carta de un inmigrante.   Ernesto Rivas es un estudiante de origen nicaragüense que emigró a los EE.UU. hace diez años. Ahora es estudiante en tu universidad y te pide que lo ayudes a revisar una carta que acaba de escribirles a sus abuelos en Nicaragua. Trata de encontrar los diez errores de deletreo debido a la interferencia del inglés en el español escrito de Ernesto.

Queridos abuelos:

Es increíble. Hace sólo 9 años que immigramos a los Estados Unidos y ya estoy en mi primer año de universidad. No cabe duda que ésta es una gran nation, pero sigo echando de menos mi Nicaragua.

Me siento muy orgulloso porque acabo de saber que me van a dar una beca para estudiar photografía el siguiente semestre. Como ustedes saben, yo siempre he querido ser photógrafo. Hasta sé que cuando me gradúe, immediatamente me voy a dedicar a publicar un libro attractivo titulado <u>Nicaragua, vista por un nicaragüense.</u> Mi philosofía personal siempre ha sido que los estadounidenses tienen que ver mi país como lo veo yo, por mis proprios ojos. No creo que sea immaduro seguir los sueños de mi niñez. Claro que quando se publique, ustedes recibirán la primera copia.

B. Otra carta de Ernesto.   Tu amigo Ernesto Rivas acaba de escribirles otra carta a sus abuelos en Managua. Como lo ayudaste tanto con la última carta, te pide que le revises ésta también.

Queridos abuelos:

Gracias por contestarme immediatamente. Estas últimas semanas he estado muy occupado estudiando para mis exámenes de mitad de curso. Esta vez el examen de philosofía me tiene bastante preoccupado. Es que esa materia es tan differente de mis otras classes. Pero bueno, si me pongo a estudiar en serio, creo que me irá bien.

La semana passada un amigo me invitó a casa de sus padres a cenar. Ellos son immigrantes también, de El Salvador. Fue una noche muy agradable. Bueno, ya se me hace tarde y mañana tengo que levantarme muy temprano. Trataré de llamarlos por teléphono el veintidós de este mes porque sé que es su anniversario.

C. Concurso de ortografía.   Prepárense para tener un concurso de ortografía. La clase se divide en un número par de equipos de cuatro a cinco personas para que grupos de dos equipos (A y B) compitan entre sí. Los miembros de cada equipo tienen un número: 1, 2, 3, etc. Cada equipo prepara una lista de tres a cinco palabras en español, difíciles de deletrear debido a la interferencia del inglés. La persona número 1 del equipo A dice una palabra de su lista y la persona número 1 del equipo B tiene que deletrearla correctamente. Si comete un error, el equipo A gana un punto y la persona número 2 del equipo B debe tratar de deletrearla. Mientras la palabra no se deletrea correctamente, el equipo A sigue acumulando puntos. Si la palabra se deletrea correctamente, el proceso de repite, o sea, la persona número 1 del equipo B dice una palabra de su lista y el equipo A trata de deletrearla correctamente.

Leoncio Sáenz se ha destacado como pintor, dibujante, ilustrador de libros y revistas, autor de murales y esculturas monumentales. Nació en Paxila, Nicaragua, en 1935. A los veinte años entró en la Escuela Nacional de Bellas Artes de Managua, donde se inició en todas las técnicas que luego ha desarrollado durante su vida. De origen maya e inspirado por el orgullo de su herencia prehispánica, Leoncio Sáenz ha conseguido reflejar en su obra, en particular en sus murales, la simbología y el modo de ver el mundo de los mayas. Fue uno de los fundadores del grupo Praxis, iniciado a comienzos de los años 60. Este grupo se dedica a rescatar los valores y los símbolos de la identidad nacional nicaragüense, profundizando en sus raíces indígenas. Irónicamente, mientras en Nicaragua se colocan las primeras piedras para la construcción del museo Leoncio Sáenz, el artista llega enfermo, pobre y ciego a su vejez. Las desgracias del pintor se iniciaron hace unos años, cuando unos delincuentes lo golpearon y le provocaron graves fracturas en la pierna izquierda. Su salud se ha agravado porque también padece de diabetes. Por suerte, algunos sectores de la sociedad nica se han movilizado para ayudar a un artista cuya herencia perdurará por generaciones.

Sara Torres nació en 1966 en Estelí, Nicaragua, y actualmente reside en Miami, ciudad a la que emigró en 1983. Sara está casada y tiene una hija. La adolescencia de Sara fue tan difícil como la de la mayoría de los jóvenes nicaragüenses que sufrieron la devastadora Guerra Civil de 1978 a 1979. Pero en diciembre de 1982 asistió a un encuentro juvenil católico que le cambió la vida. Su voz comenzaba a mostrarse como un auténtico don para comunicar su fe religiosa a otros jóvenes, y en 1989, junto con Alberto Coppo (su actual arreglista), formó la banda ROKKA, que después de algunas vicisitudes se disolvió. Sara, desilusionada por varios motivos con

Sara Torres

la iglesia católica, lo dejó todo durante siete años, refugiándose en el trabajo. En noviembre de 1998, se volvió a encontrar con Alberto Coppo, quien le propuso grabar sus canciones anteriores. A finales de 1998 inició la grabación de su primera producción: "Pensando en ti". Después de participar en varias giras por Centroamérica en 2002, donde presentó 21 conciertos y varias entrevistas televisadas a nivel local, nacional e internacional en Guatemala y El Salvador, decidió en el 2003 renunciar a su trabajo como instructora de inglés en una universidad comunitaria, para dedicarse completamente a la música como instrumento para expresar sus ideas y sentimientos más profundos.

Hispanos estelares. Contesta estas preguntas con tres compañeros de clase. Informen a la clase de sus conclusiones.

1. ¿Qué evidencia hay de que Leoncio Sáenz se inspira en su herencia prehispánica? ¿Conoces a otros artistas que reflejen las raíces indígenas de su pueblo en su arte? ¿Quiénes son? ¿Qué condiciones crees que se tienen que dar para que un artista tan importante como Leoncio Sáenz termine su vida siendo pobre? ¿Qué se debería hacer para ayudar a estas personas?

2. ¿Qué obstáculos tuvo que vencer Sara Torres para poderse dedicar a cantar a tiempo completo? ¿Por qué crees que Sara Torres ha dedicado tiempo y energía a visitar Centroamérica para cantar y hablar con la gente? ¿Crees que hay mucha gente como ella, que deja la seguridad de un trabajo fijo, para dedicarse a la música? ¿Qué tipo de convencimiento crees que necesitan este tipo de personas para dar este paso? ¿Crees que podrías darlo tú si tuvieras la motivación?

Hablemos de carreras... en el servicio voluntario

El servicio religioso tanto como el servicio voluntario social son siempre opciones para los que quieren ponerse al servicio de la comunidad. ¿Crees que se trata de una opción razonable en el mundo moderno o crees que pertenece a otros tiempos? ¿Qué sabes de esta vocación? ¿Conoces a alguien que haya optado por la vida religiosa o el servicio social a tiempo completo? ¿Cuáles son los impedimentos a los que crees que estas personas tienen que enfrentarse?

☉ Para hablar de carreras en el servicio religioso y voluntariado social ☉

Servicio religioso		
apoyo moral	ecumenismo	católicos
ayuda a los países en vías de desarrollo	laicos	fundamentalistas
	religiosos	metodistas
ayuda material	vocación	mormones
bondad		pentecostalistas
dar de comer al hambriento	**Misioneros**	presbiterianistas
	anglicistas	testigos de Jehová
	bautistas	

Comunidad
cárcel
hospital
dispensario
centro de salud
campo de refugiados
orfanato
estructuras sanitarias
iglesia
mezquita
sinagoga
templo

Necesitados
alcoholizados/alcohólicos
drogadictos
excluidos
huérfanos

indigentes
mujeres víctimas de maltrato
personas sin techo

Trabajo voluntariado
ayuda humanitaria
beneficio
capacitación
evaluación
experiencia
gratificación personal
Médicos Sin Fronteras
ONG (Organización no
    gubernamental sin fines
    de lucro)
solidaridad
supervisión

**Servicio voluntario en la
comunidad**
alfabetización
atención a niños
catástrofe
control de natalidad
derechos humanos básicos
desnutrición
desocupación
deterioro
diversidad
educación pública
primeros auxilios
programas de consulta
rehabilitación
rescatar
sistemas de salud

A. Con el diccionario en mano. Traduce estas oraciones al español para mostrar que controlas bien este vocabulario relacionado al servicio religioso y voluntariado social.

1. The work of religious missionaries and lay people continues to provide a much needed humanitarian support in developing countries.
2. The generosity as well as moral and material support of Baptist, Catholic, Fundamentalist, Mormon, and Jehovah's Witness is being felt in hospitals, jails and orphanages all over Latin America.
3. However difficult it may be, volunteer work with alcoholics, drugaddicts, and homeless people is personally very rewarding.
4. As a community social volunteer, I plan to help in the areas of malnutrition and literacy of children, birth control, and unemployment.
5. Fortunately, as in the United States, many churches, synagogues, and temples are opening their doors to the homeless.

B. Hablemos del servicio voluntario. Contesta las siguientes preguntas. Luego, comparte tus respuestas con un(a) compañero(a).

1. ¿Qué tipo de servicio voluntario consideras indispensable? ¿Por qué? ¿Hay algunos servicios que consideras innecesarios? ¿Cuáles? ¿Por qué?
2. ¿Has trabajado de voluntario(a) con un grupo religioso o social alguna vez? Si así es, describe tu experiencia. Si no, ¿tienes algún pariente o amigo(a) que lo ha hecho? Describe su experiencia.

3. ¿Por qué crees que hay tantos misioneros y voluntarios religiosos en los países latinoamericanos? ¿Crees que van a Latinoamérica sólo a predicar o van a dar ayuda material también? ¿Por qué crees eso?
4. ¿Te gusta que vengan voluntarios religiosos o sociales a tu casa? ¿Por qué?

C. Voluntarios del futuro.   Identifica a un(a) compañero(a) de clase que tal vez se interese en trabajar de voluntario religioso o social y hazle las siguientes preguntas.

1. ¿Cuáles son los requisitos para servir de voluntario? ¿Requiere entrenamiento previo o puede hacerlo cualquier persona? ¿Puede servir de voluntario una persona que no es miembro de un grupo religioso? ¿Por qué sí o por qué no?
2. ¿Qué te motiva a ofrecerte de voluntario? ¿Qué sacrificios tendrías que hacer para servir de voluntario? ¿Cómo crees que te afectaría hacer tal trabajo?
3. ¿Cuáles son las ventajas y desventajas de dedicar parte de tu vida al servicio voluntario?

D. Entrevista con un voluntario religioso o social.   Como tarea para la próxima clase, en parejas, entrevisten a un voluntario hispano de la comunidad. Pídanle que les cuente sobre sus experiencias. ¿Por qué lo hace? ¿Es todo lo que esperaba? ¿Lo volvería a hacer? ¿Por qué sí o por qué no?

E. Los grupos religiosos y su servicio en el ciberespacio.   En tu casa o en el laboratorio de computación, usa tu buscador favorito en Internet. Escribe las palabras "judíos hispanos", "cristianos hispanos", "musulmanes hispanos", "budistas hispanos", "hinduistas hispanos", etc., para encontrar páginas dedicadas a estos grupos. Céntrate en uno de ellos, y escribe toda la información que puedas sobre esta comunidad en los Estados Unidos, su participación y su servicio a las comunidades locales. Ven a clase el próximo día preparado(a) para compartir toda la información que encontraste.

La artista

Julie Aguirre nació en 1954 en Nicaragua. A partir de 1973, cuando conoció a su esposo, un pintor que murió luchando contra el dictador Somoza, se hizo pintora autodidacta. En una reciente entrevista, Julie Aguirre afirma: "Mi vecindario es mi inspiración para mi pintura. Mi trabajo proviene de mis recuerdos. De las calles. La gente que viene y va. Esa es mi principal riqueza. Los paisajes y los temas urbanos…

Julie Aguirre

"Revivo mis recuerdos cuando pinto. No podría ir a una escuela de arte. El arte era una afición cuando conocí a un amigo que estaba con otro amigo y el nombre de ese amigo era Olmer Madrigal, un pintor… Yo miraba cuando él pintaba. Tenía alguna formación. Había estudiado en Italia. 'Debes dibujar', enfatizaba. 'Dibujo las cosas como las siento', le contesté. 'Se van a burlar de mí', le dije, pero él me alentó. Así que el arte nos unió y nos enamoramos y nos casamos. Mi esposo Olmer decía que mi trabajo iba bastante bien. Todo lo aprendí de él. Lo sé, porque es pintar sin cesar. Pintar para mí es innato…"

Mujeres conversando

En *Mujeres conversando* (véase la página xviii), Aguirre pinta uno de sus temas más recurrentes: la mujer nicaragüense. La mujer morena, responsable, dedicada, líder, cabeza de familia y principal motor de la sociedad nicaragüense. El cuadro presenta, con el típico planismo primitivista, los rostros diferenciados de varias generaciones de mujeres que llenan el paisaje urbano. La escasez de hombres (sólo aparece uno en el cuadro) no se percibe como desolación o ausencia, sino como la paz, tranquilidad y cotidianidad que brota del cuadro.

A. Julie Aguirre y yo. Contesta estas preguntas sobre el arte de Julie Aguirre y tus propios intereses.

1. ¿Qué te parece este cuadro de Julie Aguirre? ¿Te gusta? ¿Por qué sí o por qué no?
2. ¿Conoces a otros pintores primitivistas? ¿Qué diferencia sus trabajos de los de otros pintores no primitivistas?
3. ¿Estás de acuerdo con que la mujer tiene un papel muy importante en la sociedad nicaragüense y en otras culturas hispanas?
4. Julie Aguirre afirma que pintar es algo innato para ella. ¿Crees que esto es verdad para todos los artistas? ¿Crees que todo el mundo tiene algo innato que debe desarrollar? ¿Tienes tú algo innato? ¿Por qué no intentas pintar un cuadro primitivista? Tal vez tengas un talento especial para este tipo de pintura. Si así fuera, ¿qué te gustaría incluir en tus cuadros?

B. La gramática está viva en la lectura.   Con un(a) compañero(a) de clase,
encuentra un buen ejemplo en esta lectura del uso del pretérito y el imperfecto
en (1) acciones acabadas y acciones que sirven de trasfondo y (2) acciones
simultáneas y recurrentes. Confirmen los resultados con la clase entera. Para más
información sobre el pretérito y el imperfecto, consulta *Así funciona nuestro
idioma,* página 196.

C. El arte primitivista en el ciberespacio.   En tu casa o en el laboratorio
de computación, usa tu buscador favorito en Internet. Escribe las palabras
"pintura primitivista nicaragüense" para encontrar páginas que hablan de la
pintura primitivista. ¿Cuál fue su origen? ¿Qué tiene que ver el poeta Ernesto
Cardenal con esta corriente artística? ¿Quiénes son sus máximos exponentes
en estos momentos? Consulta varios sitios y trata de determinar qué expresa el
primitivismo. ¿Se trata de política? ¿De una forma de ver el mundo? ¿De un
arte sin implicaciones sociales? Responde a estas preguntas y llega a clase
preparado(a) para compartir tus respuestas. Si en tu clase hay acceso a Internet,
escribe la dirección de los sitios donde encontraste la información para poder
mostrárselos a tus compañeros(as).

Nuestra herencia literaria

◌ Antes de leer ◌

La persecución política.   ¿Qué piensas tú de la persecución por razones
políticas? Para saberlo, contesta estas preguntas. Luego, comparte tus respuestas
con dos compañeros(as) de clase. Informen a la clase si opinan que hay personas
que sufren persecución política en este país.

1. ¿Conoces algún período de la historia de los Estados Unidos en que las
   personas de un determinado grupo étnico hayan sufrido persecución? ¿Crees
   que se sufre persecución hoy en día? ¿Cuáles son las causas, y quiénes son las
   víctimas?
2. ¿Conoces a algún miembro de algún movimiento político que haya sufrido
   persecución? ¿Qué le pasó?
3. ¿Has sufrido tú o alguien que conoces algún tipo de persecución, tanto en este
   país como en su país de origen? ¿Qué pasó? ¿Cómo terminó todo?
4. ¿Crees que se puede/debe perseguir a alguien por sus ideas, si escribe o dice
   algo subversivo? O, por el contrario, ¿piensas que todo el mundo tiene derecho
   a escribir, pensar o decir lo que quiera?
5. Si te despertaras mañana siendo miembro del congreso de un país
   latinoamericano que acabara de deshacerse de su dictador, ¿cómo empezarías
   a restablecer la democracia? ¿Qué cambiarías inmediatamente en tu país?

Estrategia para leer cuentos [primer párrafo, última oración]

El cuento es una narración que, por ser breve, no puede permitirse el lujo de incluir muchos elementos que no sean fundamentales para comunicar el mensaje que pretende. Por esta razón, tienes que leerlo con mucha atención desde el principio hasta el fin, teniendo en cuenta cada personaje y cada acontecimiento, para que, cuando llegues al final del cuento, comprendas plenamente su significado.

Una de las formas de lograr esta lectura atenta y concentrada es marcar el texto. Para hacer esto (¡con un lápiz!), puedes usar…

1. la forma lineal tradicional
2. diferentes colores dependiendo de la importancia de la idea
3. signos convencionales

Si decides usar esta última opción, te sugerimos los siguientes (todos van al margen derecho del texto):

(o) un círculo para indicar una idea central
(I) una barra vertical para subrayar varios renglones que contienen una idea importante
(ll) una barra vertical doble para subrayar varios renglones muy importantes
(?) un signo de interrogación para indicar que no comprendes algo
(!) un signo de admiración para indicar sorpresa
(☹) una cara triste para indicar tristeza y
(☺) una cara alegre para indicar humor o alegría.

En el margen izquierdo puedes escribir palabras clave y nombres de personajes importantes que te ayuden a seguir el hilo del cuento y a repasar la lectura. Al leer el cuento que sigue, usa estos signos y comprueba si te facilitan la lectura.

El autor [última oración]

Lizandro Chávez Alfaro nació en Bluefields, Nicaragua, en 1929. Comenzó a escribir poesía durante su adolescencia, aunque pronto descubrió que la poesía limitaba su expresión a problemas personales, mientras que la prosa narrativa lo liberaba de toda esa individualidad para explorar otros mundos. Su primera incursión en la narrativa fue con un libro de cuentos, *Los monos de San Telmo*, escrito en 1960 y con el que obtuvo el premio Casa de las Américas en 1963. En 1976 fue nombrado Director de la Editorial Universitaria Centroamericana en San José, Costa Rica. En 1979 fue nombrado director de Fomento del Arte del Ministerio de Cultura; posteriormente asumió la Dirección de la Biblioteca Nacional "Rubén Darío" y dirigió la revista *Universidad* de la Universidad Nacional Autónoma de Nicaragua (UNAN-Managua). A la colección de cuentos *Los monos de San Telmo* pertenece el siguiente cuento, *El zoológico de papá*, narrado por un niño de 13 años internado en el Union College de Schenectady, Estados Unidos. Es hijo de un dictador ficticio que, acostumbra criar animales salvajes con los que tortura a sus prisioneros políticos, tal como lo hacía el verdadero dictador Somoza García.

๑ Lectura ๑

· ·

El zoológico de papá (Fragmento)

· ·

Desde que nací, o desde que tengo uso de razón, me está diciendo que yo nací para mandar; que el país me necesita como yo lo necesito a él. Yo era muy niño (ahora tengo trece años y hace mucho tiempo dejé de ser niño);

[...]

Pero esta mañana se puso serio conmigo porque le ordené al soldado que estaba de guardia en el jardín que metiera la bayoneta entre los barrotes de la jaula. Al principio, el raso° no quería obedecer; tal vez no recordaba que soy coronel. Después lo hizo. Cuando le dijeron lo que había sucedido vino, y me miró como nunca me había mirado. No sé por qué. Me quiere mucho y siempre me deja hacer lo que quiero. Creo que ya se le pasó. Tiene tanto que hacer que de seguro ya se le olvidó. Desde aquí lo veo parado junto a una de las jaulas; ah, están metiendo a otro. Antes yo no sabía lo que era un enemigo, hasta que me lo explicó y me hizo sentir lo mismo que él siente con ellos. A veces me cuesta dormirme por pensar en esas cosas. Eso me sucedió anoche, aunque también es cierto que el león (el puma, quiero decir) estuvo rugiendo° mucho.

[...]

Una vez, en un periodicucho°, le dijeron pirata a mi papá, y hubo muchos muertos. Entonces no teníamos el zoológico todavía, ni yo sabía lo que es un enemigo, y yo no supe muy bien hasta esta mañana; y lo sé mejor ahora que veo las jaulas. Desde esta ventana se ve todo el jardín de mi casa —se oye mejor: Casa Presidencial—. Mi papá, el coronel Gómez, el capitán Bush, y Mayorga, que es jefe de la policía, y varios guardias, siguen parados alrededor de una jaula. Creo que están confesando a alguien. Parece que ayer quisieron matarlo cuando estaba en el palco° presidencial del estadio, viendo un juego de *baseball*. Mayorga me cae bien. Siempre que nos encontramos se cuadra° y me hace el saludo militar, porque él es capitán y yo coronel: fue el regalo que me hizo mi

soldado (raso°)

haciendo ruido (rugiendo°)

periódico insignificante (periodicucho°)

asientos reservados (palco°)
se pone firme (se cuadra°)

papá el día que cumplí doce años. Tengo mi uniforme con todas las insignias, pero casi siempre ando vestido de civil, como esta mañana que el guardia no quería obedecer. Y el maldito puma rugiendo toda la noche. Se me fue el sueño y me levanté muy temprano, cuando amanecía. Me vestí y salí al jardín para ver qué había de nuevo. Las fieras° siempre amanecen muy bravas y es cuando hay que verlas. Gruñen, enseñan los dientes y tiran grandes manotazos por entre los barrotes que dividen la jaula, y entonces los hombres se hacen chiquitos en un rincón, tiemblan, sin quitarle los ojos al animal. Algunos hasta se orinan de miedo dicen. Pero por más que se encojan siempre sacan arañazos en alguna parte del cuerpo. Tiene que ser así: la jaula está dividida en dos por una reja°; en un lado está la fiera y en el otro un enemigo acurrucado°. La jaula está hecha para el tamaño del animal. Claro que no a todos los traen al zoológico, sólo a los más culpables o a los que no quieren confesar, porque la reja que divide la jaula puede levantarse poco a poco para hacerle ver al preso° que si no habla se lo puede comer la fiera. Cuando hay que hacer esto dejan al animal sin comer todo un día. ¡Qué hambre! Algunos de los presos dan asco°, otros dan risa, y otros dan cólera°, porque a pesar de estar como están no se les bajan los humos° y siguen diciendo sus... sus cosas. *Nonsense*, se dice en inglés. Así era el nuevo que encontré esta mañana, en la jaula del puma. A todos los demás ya los conocía porque los trajeron hace varios días, pero a éste acababan de enjaularlo la noche anterior; un hombre con cara de indio, y por los arañazos que tenía ropa hecha tiras°, como si toda la noche hubiera peleado con la fiera. Me le acerqué y olía a algo rancio, o no sé cómo llamarlo, porque nunca había sentido ese olor que me dio miedo y cólera. Lo más extraño es que el olor parecía salirle de los ojos con que miraba al animal y me miraba, como si yo hubiera sido la cola del puma. El guardia también se acercó y allí estuvimos platicando mientras el puma daba manotazos y el hombre sumía° el pecho, tratando de capearlos°. Le pregunté al raso si sabía qué había hecho el hombre ese y no lo sabía muy bien, sólo de oídas. Pero platicando nos dimos cuenta de que era un periodista y que estaba ahí por escribir una sarta° de mentiras y ofensas. Escribió algo así como que nuestro país parecía una propiedad, una hacienda de los Estados Unidos, y que mi papá era solamente el mandador, el que administraba la hacienda... y que el ejército del que mi papá es jefe sólo sirve para que no haya elecciones libres. ¡Mentira! Esta última vez mi papá fue elegido por el Congreso Nacional, y el Congreso Nacional representa al pueblo. Esto me lo enseñaron muy bien en el Union College. Así que por qué hablan. Entonces sentí más fuerte el olor, pero ya no tenía miedo. Me acordé que soy coronel y le ordené al raso que calara° bayoneta y la hundiera entre los barrotes. Quería ver al hombre meterse en las garras° del puma, a ver si así seguía pensando lo mismo. El guardia sonrió y se hizo el desentendido, creyendo que yo bromeaba, pero lo decía de veras. Le recordé que soy coronel. El soldado se puso serio y sin dejar de verme caló bayoneta. Cuando el enjaulado sintió el primer pinchazo en la espalda, gritó diciéndome algo de mi mamá.

    ¡Jodido indio! Esto me hizo ver chispas, y puse la mano en la culata para empujar el rifle.

golpes con la garra

deshacía

Mientras el preso se hacía el fuerte, Nerón se había alborotado y metía las garras, y los zarpazos° eran más rápidos. En una de esas la punta de la bayoneta le cayó en el espinazo (bueno lo que en inglés se llama *spinal column*). Lo vi arquearse y un momento después oímos que algo se debarataba° entre las zarpas. Tratamos de detener al puma con la misma bayoneta, pero de seguro tenía mucha hambre y con todo y pinchazos siguió manoteando. Yo sólo quería que el hombre dejara de pensar lo que pensaba; nada más. Entonces llegó mi papá; me mandó que volviera a mi cama, pero antes me miró como nunca me había mirado. Yo creo que él tenía pensada otra cosa para el periodista, y yo se la eché a perder. Ahora está ahí junto a otra de las jaulas. Si levanto un poco más la vista puedo ver casi toda la ciudad. A esta hora de la tarde es bonita y me gusta más que Schenectady, tal vez porque sé que aquí mando yo.

◯ Reacciona y relaciona ◯

A. Reacciona. Contesta estas preguntas para mostrar que entendiste lo que leíste.

1. ¿Quién narra este cuento, el dictador o el hijo del dictador?
2. ¿Qué ocurrió ese día que causó que el dictador se disgustara con su hijo?
3. ¿Qué opina la prensa del zoológico del dictador? ¿Por qué crees que dicen eso? ¿Crees que todo el mundo opina lo mismo de ese zoológico?
4. El hijo del dictador habla en inglés. ¿Qué crees que añade eso al cuento?
5. ¿Quién fue la víctima de la fiera del dictador? ¿Crees que hay otras víctimas implícitas en el cuento?
6. ¿Crees que el narrador es fiable, es decir, puedes creer todo lo que dice? De lo que dice, ¿qué crees y qué no crees? ¿Por qué?

B. Relaciónalo. ¿Crees que el cuento relaciona a los Estados Unidos con el dictador? ¿En qué lo notas? ¿Qué conclusiones crees que quiere el cuento que extraigamos con respecto a los Estados Unidos?

C. Debate. Como ilustra el cuento, durante la llamada guerra fría, los Estados Unidos apoyaron a todos los dictadores latinoamericanos, considerando que las revoluciones de izquierda serían una puerta para el comunismo. Estos dictadores han causado cientos de miles de muertos, y son en muchos casos los responsables de las penurias económicas que aún sufren muchos países latinoamericanos. Tres voluntarios deben estar a favor de que los Estados Unidos, para defenderse, tienen derecho a influir en la política de cualquier país, y tres voluntarios deben estar en contra de que los Estados Unidos tengan derecho o deban influir en la política de otros países. La clase va a votar para decidir el equipo ganador del debate.

D. La gramática está viva en la lectura. Con un(a) compañero(a) de clase, encuentra tres ejemplos en esta lectura del uso del pretérito y el imperfecto en (1) acciones acabadas y acciones que sirven de trasfondo y (2) acciones simultáneas y recurrentes. Confirmen los resultados con la clase entera. Para más información sobre el pretérito y el imperfecto, consulta *Así funciona nuestro idioma,* página 196.

La acentuación, ¡de una vez!

೨ Triptongos ೬

- Un **triptongo** es la combinación de tres vocales: una vocal fuerte **(a, e, o)** en medio de dos vocales débiles **(i, u).** Los triptongos pueden ocurrir en varias combinaciones: **iei, iai, uau, uei, iau,** etcétera.
- Los triptongos siempre se pronuncian como una sola sílaba. Si requieren acento escrito, éste siempre se pone sobre la vocal fuerte. Estudia las siguientes palabras con triptongos mientras tu profesor(a) las pronuncia.

  estud**iái**s   averig**uái**s   limp**iéi**s

- La **y** tiene valor de vocal **i,** por lo tanto cuando aparece después de una vocal fuerte precedida por una débil forma un triptongo. Estudia las siguientes palabras con triptongos mientras tu profesor(a) las pronuncia.

  Urug**uay**   b**uey**   Camag**üey**

A. Vosotros(as). Muchos verbos en la segunda persona plural **(vosotros)** con frecuencia presentan triptongo. Ahora al escuchar a tu profesor(a) pronunciar las siguientes palabras, divídelas en sílabas y pon un círculo alrededor de los triptongos.

1. cambiáis
2. lleguéis
3. continuáis

4. averiguáis
5. efectuáis
6. lleguéis

B. Acentuar o no acentuar triptongos. Ahora, al escuchar a tu profesor(a) pronunciar las siguientes palabras, pon un acento escrito en la vocal fuerte de aquéllas que lo requieren.

1. Paraguay
2. iniciais
3. Uruguay
4. guau

5. jugueis
6. miau
7. enviais
8. saqueis

Redacción

I. Para escribir una composición: "Mi comunidad"

Al escribir una composición, es importante expresar de modo claro y organizado tu propio punto de vista sobre el tema. Conviene utilizar el vocabulario adecuado y tratar de no repetir palabras ni conceptos. Se puede escribir sobre las ventajas o las desventajas de algo o dar argumentos a favor o en contra de un tema, pero es importante evitar hablar de que algo es bueno o malo, triste o alegre, grande o pequeño. Ah, y no caigas en la tentación de mencionar el título hasta bien avanzada la composición.

Lee esta breve redacción y comenta su estructura.

Nombre: Sergio Lobo

Clase: Español 145

Mi comunidad

No cabe duda de que el hombre es un ser gregario, y de que su deseo de rodearse de otros seres humanos va más allá de la familia inmediata y lejana, para alcanzar a toda una comunidad.

El inmigrante latinoamericano en los Estados Unidos, habiendo roto los lazos naturales con su país de origen, encuentra en la comunidad un segundo hogar, un mundo desde el que puede asomarse al nuevo y extraño universo en que ahora se mueve.

Mi comunidad no solamente me sirve para rodearme de personas y de instituciones que me son familiares, sino que, poco a poco, se ha convertido en generadora de cultura, de tal modo que la nueva realidad es mucho más rica que la originaria, y mi comunidad en Los Ángeles, California, tiene casi más sabor nicaragüense que nuestro antiguo barrio en León.

En este sentido, como siempre, tiene razón la sabiduría popular cuando afirma en el proverbio: "el buey no es de donde nace, sino de donde pace (donde come y vive)."

Una buena composición generalmente tiene los siguientes elementos en su estructura:

- **Introducción:** Un párrafo introductorio en el cual se habla o bien de una experiencia personal, o bien de una generalidad que ayuda a presentar el tema que se va a tratar. Para comenzar se pueden resumir algunos de los principales argumentos a favor o en contra del punto de vista que se va a tomar:

A pesar de la idea generalizada de que…	**No cabe duda de que…**
Hay quien piensa…	**Por más que…**

- **Parte principal:** Aquí se trata de establecer la opinión personal del escritor de forma clara. Si fuera necesario, dependiendo del tema, se pueden presentar datos, cifras o ejemplos que apoyen el punto de vista:

Como muestran las estadísticas…	**Dada mi experiencia…**
Según…	

- **Continuación:** En uno o dos párrafos, se continúa argumentando a favor o en contra de las ideas ya expuestas. Se pueden utilizar palabras conectoras:

A pesar de esto…	**Por otra parte…**
Por el contrario…	**Quizá por esto…**

También conviene tratar de personalizar y de sincerarse con el lector usando expresiones como las siguientes:

Desde mi punto de vista…	**Personalmente…**
Obviamente…	**Por suerte…**
Para ser honesto(a)…	

- **Conclusión:** Finalmente, se escribe una breve conclusión resumiendo lo dicho hasta ahora, y tal vez llevando el tema un paso adelante y cerrándolo ahí. Se pueden utilizar expresiones como éstas:

Con todo lo dicho…	**Para terminar…**
En conclusión…	**Por lo tanto…**
En consecuencia…	

Tu propia redacción. Escribe ahora una composición en la que hablas con tus propias palabras de tu comunidad. Tú decides el contenido, pero ten presente la estructura y las expresiones que usamos en las composiciones en español. Para asegurarte de escribir la mejor composición posible, no olvides seguir los pasos del proceso de redacción que has estado usando: planear, organizar, escribir un primer borrador, compartir, revisar de nuevo y escribir la versión final.

II. Escribamos a otro nivel

A comparar comunidades. Si ya acostumbras a escribir redacciones en español, escribe una composición en la que compares las diferencias entre las comunidades hispanas y las comunidades de personas de habla inglesa. Escribe sobre los aspectos positivos de cada una de ellas. No dejes de usar algunas de las expresiones comparativas que has aprendido y de seguir la estructura que se acostumbra usar en español. Sigue el proceso de redacción que has estado usando.

Online Study Center

El mundo nicaragüense al alcance
Explora distintos aspectos del mundo nicaragüense en las actividades de la red que corresponden a este capítulo. Ve primero a http://college.hmco.com/pic/deunavez1e y de ahí a la página de *¡De una vez!*

Películas que recomendamos

⊙ El cine nicaragüense ⊙

El cine nicaragüense es, probablemente, uno de los más desconocidos de América Latina. Parecería no existir, y sin embargo existe. Es importante señalar que varias de las mejores películas nicaragüenses son fruto de coproducciones internacionales y que la mayoría de los cortometrajes o documentales tratan temas políticos. Pero nada de esto resta valor a un cine que es valiente y tiene conciencia de su propia importancia. Hay quienes opinan que la ignorancia que se tiene de él es una forma más de colonización cultural.

¡Que se rinda tu madre! (1984)   **Director:** Fernando Somarriba

Narra la historia de un combatiente sandinista capturado por la contrarrevolución y llevado a un campamento hondureño donde es brutalmente torturado.

Mujeres de la frontera (1986)   **Director:** Iván Argüello

Cortometraje de ficción. Narra la problemática de las mujeres en zonas fronterizas que, mientras sus maridos luchaban en la guerra, resolvían su sobrevivencia y la de sus hijos. Película ambientada en los años 80, con todo su movimiento social, su violencia y su organización popular.

La paz bajo el fuego (1990)   **Director:** Félix Zurita

Documental que narra el complejo proceso de amnistía implementado por el gobierno sandinista para propiciar la desmovilización de la contra, la integración de sus miembros a la vida civil y preparar así el camino para las primeras elecciones democráticas. Se pueden ver los campamentos de la contra, las negociaciones, los actos preelectorales, y la opinión de la gente en las calles y mercados.

Metal y vidrio (2002)   **Director:** Pierre Pierson

Un cortometraje de ficción que trata el drama de los niños indigentes nicaragüenses que viven en el basurero de "La Chuerca" de Managua. En concreto, es la historia de un niño que sobrevive dentro de ese cruel universo y que sueña con salir de allí para alcanzar una manera de vivir digna.

Películas relacionadas con Nicaragua

Alsino y el cóndor (1982)   **Director:** Miguel Littín

Coproducción internacional financiada por Nicaragua, México, Cuba y Costa Rica. La revolución sandinista inspiró al director chileno a dirigir esta película, en la que el personaje principal, Alsino encuentra en los revolucionarios sandinistas al hombre que siempre quiso ser.

Report from the Front (1983)   **Directores:** Deborah Shaffer/Tom Sigel/ Pamela Yates

La mejor película sobre la guerra que Estados Unidos impuso a Nicaragua. Asocia partes de los discursos de Reagan contra Nicaragua con información que refuta cada uno de sus argumentos. Imágenes de un campo militar de la CIA en Honduras. Entrevistas con los líderes de la contra.

The World Stopped Watching (2003)   **Director:** Peter Raymont

Documental que describe cómo Nicaragua ha sido ignorada por los medios de comunicación internacionales en los últimos años. Peter Raymont regresa a Nicaragua para tratar de determinar por qué al mundo ya no le importa la política nicaragüense.

Así funciona nuestro idioma

5.1 Pretérito e imperfecto: Acciones acabadas y acciones que sirven de trasfondo

¡Ya lo sabes!

Lee estos pares de oraciones y decide qué oración dirías en cada par, la primera o la segunda.

1. **a.** Llegué al museo, *compré* una entrada y visité la exposición de Leoncio Sáenz.
   b. Llegué al museo, *compraba* una entrada y visité la exposición de Leoncio Sáenz.
2. **a.** Las fieras del zoológico no estaban animadas; *dormían* y no prestaban atención al público.
   b. Las fieras del zoológico no estaban animadas; *durmieron* y no prestaban atención al público.

¿Ya decidiste? ¿A que escogiste la primera en el primer par, y la segunda en el segundo par? ¿Por qué? Pues porque tienes un conocimiento tácito del uso de pretérito e imperfecto en acciones acabadas y acciones que sirven de trasfondo. Pero sigue leyendo y ese conocimiento se va a hacer aun más firme.

- Cuando se cuenta o escribe una historia, el imperfecto se usa para describir el trasfondo de una acción pasada y el pretérito para indicar las acciones o estados acabados.

    Ayer **hacía** viento y bastante frío. No me **sentía** con ganas de salir de casa. Así, **saqué** un libro del estante y me **puse** a leer.

- Con el imperfecto se describen estados o condiciones físicas, mentales o emocionales; con el pretérito se indica un cambio en una condición física, mental o emocional.

    Ayer, al llegar de la universidad, **estaba** cansado y me **dolía** un poco la cabeza. Pero cuando recibí una llamada de Óscar invitándome a ir al cine, ya no me **dolió** la cabeza y me **sentí** lleno de energía.

Nota para hispanohablantes Dentro de algunas comunidades de hispanohablantes se tiende a decir *sintía, sintías, sintíamos, sintían* y *pudía, pudías, pudíamos, pudían* en vez de decir **sentía, sentías, sentíamos, sentían** y **podía, podías, podíamos, podían.** Es importante evitar esos usos fuera de esas comunidades y en particular al escribir.

- A continuación aparecen dos listas de expresiones temporales; las expresiones de la izquierda tienden a usarse con el pretérito, las de la derecha con el imperfecto.

Normalmente con el pretérito	Normalmente con el imperfecto
anoche	a menudo
ayer	cada día
durante	frecuentemente
el (verano) pasado	generalmente, por lo general
la (semana) pasada	mientras
hace (un mes)	muchas veces
	siempre
	todos los (días)

El mes pasado hice un viaje a Nicaragua. **Durante** el viaje **conocí** muchos lugares y personas interesantes. **Regresé ayer** y ya echo de menos a los amigos que **conocí**.

El semestre pasado iba a la universidad prácticamente casi todos los días. **Cada día tenía** una clase a las ocho de la mañana. Yo **siempre llegaba** a las ocho menos diez. Mi amiga Soledad **por lo general llegaba** atrasada. **Mientras** el profesor **hablaba** no todos los estudiantes **prestaban** atención.

Nota para hispanohablantes   Dentro de algunas comunidades de hispanohablantes se tiende a decir *llegates, pasates, llamates, decidites, salites, sentites, regresates, dormites* en vez de decir **llegaste, pasaste, llamaste, decidiste, saliste, sentiste, regresaste, dormiste.** Es importante evitar esos usos fuera de esas comunidades y en particular al escribir.

Ahora, ¡a practicar!

A. Primera vez.   Les cuentas a tus amigos tus reacciones cuando fuiste por primera vez a un restaurante que ofrecía comida nicaragüense.

MODELO   sentirse entusiasmado(a) porque probaría algo nuevo
Me sentía muy entusiasmado(a) porque probaría algo nuevo.

1. temer que la comida no me agradara mucho
2. esperar comer algo exótico
3. no saber exactamente qué tipo de comida probaría
4. estar impaciente por saber en qué consistía esa comida
5. no entender todo lo que aparecía en el menú
6. sentirse un poco preocupado(a) porque quería elegir bien
7. querer tener una buena experiencia

B. El pequeño dictador. Completa el siguiente párrafo con las formas apropiadas de los verbos en el pasado para contar una parte de la historia que leíste en este capítulo.

Este cuento es sobre el hijo de un dictador. El niño (1)____ (tener) trece años, (2)____ (vivir) con su padre en un país centroamericano y (3)____ (estudiar) en los Estados Unidos. Cuando (4)____ (cumplir) doce años, su padre lo (5)____ (nombrar) coronel. Un día el niño (6)____ (ir) al zoológico, lugar en que (7)____ (mantener) a los presos políticos en las jaulas de las fieras salvajes, pero separados por una reja. El niño le (8)____ (hablar) al guardia que (9)____ (cuidar) la jaula. Le (10)____ (pedir) que usara la bayoneta para torturar al prisionero. El guardia (11)____ (rehusarse). El niño le (12)____ (recordar) su rango —coronel. El guardia (13)____ (obedecer) y (14)____ (satisfacer) el pedido del niño. No me (15)____ (gustar) para nada la conducta del pequeño dictador en todo el cuento.

C. Estudios de verano. Tu compañero(a) selecciona la pregunta apropiada para saber cómo te fue en el curso de verano que seguiste en Managua.

MODELO   por cuántas semanas (estudiaste / estudiates)
        —¿Por cuántas semanas estudiaste?
        —Estudié por seis semanas y aprendí mucho.

1. dónde (leítes / leíste) acerca del curso
2. (vivites / viviste) con una familia
3. (estuviste / estuvites) en Managua todo el tiempo
4. en cuántos cursos te (inscribiste / inscribites)
5. (tuvites / tuviste) una experiencia provechosa
6. (conociste / conocistes) a muchos jóvenes nicaragüenses
7. (regresates / regresaste) con buenos recuerdos

5.2 Pretérito e imperfecto: Acciones simultáneas y recurrentes

¡Ya lo sabes!

Esta vez tenemos no dos sino tres pares de oraciones. A ver si toda la clase se pone de acuerdo.

1. **a.** Cuando entré en la sala de clase, todos mis compañeros ya *estaban* allí.
   b. Cuando entré en la sala de clase, todos mis compañeros ya *estuvieron* allí.
2. **a.** El semestre anterior yo no *trabajaba* y por lo general *estudiaba* los fines de semana.
   b. El semestre anterior yo no *trabajaba* y por lo general *estudié* los fines de semana.

3. a. El semestre anterior no trabajé ningún fin de semana y los *dedicaba* todos a estudiar.

   b. El semestre anterior no trabajé ningún fin de semana y los *dediqué* todos a estudiar.

Tuvieron menos dificultad con el primer par de oraciones, ¿verdad? Pero seguramente todos escogieron la primera oración en los dos primeros pares y la segunda en el último par. ¿Fue así? Como pueden ver, ustedes tienen un conocimiento tácito del uso de pretérito e imperfecto en acciones simultáneas y recurrentes. Sigan leyendo para que ese conocimiento se haga más firme aún.

- Es común hablar de dos o más acciones o condiciones pasadas usando una sola oración compuesta en que aparece más de un verbo conjugado. En estas oraciones compuestas el imperfecto describe el ambiente, las condiciones que rodeaban la acción pasada y el pretérito expresa lo que ocurrió.

   Cuando **llegué** a la casa de mi amigo Francisco, **era** ya un poco tarde. Como él no **esperaba** mi visita, se **sorprendió** mucho cuando **abrió** la puerta.

- Cuando se describen acciones o condiciones recurrentes, o sea, acciones o condiciones que se repitieron muchas veces en el pasado, el pretérito indica que esas acciones o condiciones han tenido lugar y se consideran acabadas en el pasado; el imperfecto pone énfasis en que eran acciones o condiciones habituales.

   El semestre pasado **estuve** muy ocupado. De lunes a viernes me **ocupé** de mis seis cursos y los fines de semana **trabajé** quince horas. **Fue** un semestre dificilísimo.

   El semestre pasado **estaba** muy ocupado. **Llevaba** seis cursos y **trabajaba** quince horas los fines de semana. Me **parecía** que no **tenía** un minuto libre.

- Cuando los verbos **conocer, poder, querer** o **saber** se usan en el imperfecto se refieren a estados mentales; cuando se usan en el pretérito indican acciones o intenciones específicas.

   Yo no **conocía** a ninguna joven nicaragüense, pero anoche **conocí** a una joven de Managua, la capital.

   Esta mañana yo **quería** ir al museo de arte contemporáneo; no **quería** ir sola y por eso invité a mi compañera de cuarto; ella **no quiso** ir porque tenía mucha tarea. Voy a ir otro día para que las dos vayamos juntas.

Nota para bilingües El inglés tiene un solo tiempo simple en el pasado (*I wanted*), no dos como el español (**quería, quise**). Así, el contraste entre el pretérito y el imperfecto se puede expresar en inglés usando verbos diferentes para dejar claro el contraste.

Verbo	Imperfecto	Pretérito
conocer	to know	to meet (first time)
poder	to be able to	to manage
querer	to want	to try (affirmative)
saber	to know	to find out

Nota para hispanohablantes

Dentro de algunas comunidades de hispanohablantes se tiende a decir *conocíanos, queríanos, podíanos, sabíanos...* en vez de decir **conocíamos, queríamos, podíamos, sabíamos...** Es importante evitar esos usos fuera de esas comunidades y en particular al escribir.

◡ Ahora, ¡a practicar! ◠

A. Desastres de fin de semana. Tú y tus amigos dicen algo que les pasó el fin de semana pasado.

MODELO   asistir al partido de fútbol / comenzar a llover
Cuando (Mientras) yo asistía al partido de fútbol, comenzó a llover. ¡Qué disgusto!

1. escribir la tarea para la clase de historia / cortarse la electricidad y perder todo lo que había escrito
2. pasear en bicicleta / desinflarse una llanta
3. ir a pagar la cuenta del restaurante / darse cuenta de que había dejado el dinero en casa
4. conducir hacia la tienda / un automóvil chocar con el mío
5. estar en el banco / entrar unos ladrones
6. llamar por teléfono a mi novio(a) / decirme que no quería verme más

B. Todo tiempo pasado fue mejor. Selecciona la forma apropiada de los verbos para saber qué les cuenta el abuelo a sus nietos acerca de su pasado.

Debo decirles, nietos míos, que yo (1)_____ (era / fui) un hombre muy fuerte. (2)_____ (Podía / Pude) levantar sin problemas pesas de doscientas libras y más. (3)_____ (Tenía / Tuve) una memoria fantástica. (4)_____ (Sabía / Supe) de memoria los nombres de todos nuestros presidentes y las fechas en que (5)_____ (gobernaron / gobernaban). A causa de mi trabajo, (6)_____ (conocía / conocí) a muchos hombres famosos a quienes todavía veo de vez en cuando. Hace dos años, cuando (7)_____ (cumplía / cumplí) ochenta y seis años, me (8)_____ (daba / di) cuenta de que ya no (9)_____ (tenía / tuve) la fuerza de antes. Fui al gimnasio y no (10)_____ (podía / pude) levantar doscientas libras; imagínense, apenas si (11)_____ (levantaba / levanté) ciento ochenta libras. ¡Así es la vida!

C. Huellas muy antiguas. Completa el párrafo con la forma apropiada del pretérito o del imperfecto para saber lo que vio Javier en un museo de Managua.

Cuando yo (1)____ (ir) a Managua (2)____ (visitar) el museo de Acahualinca. Es un museo interesantísimo, pero poco visitado. Allí se pueden ver huellas que seres humanos (3)____ (hacer) hace más de seis mil años. Al principio se (4)____ (dar) la siguiente explicación: hace mucho tiempo (5)____ (haber) una erupción volcánica y unas personas que (6)____ (huir) (7)____ (dejar) esas huellas. Sin embargo, hoy se sabe que son huellas de personas que (8)____ (ir) caminando normalmente. Las huellas (9)____ (ser) descubiertas en el año 1874, pero solamente a comienzos de la década de 1980 se (10)____ (hacer) una investigación exhaustiva de las huellas y se (11)____ (determinar) que se (12)____ (tratar) de huellas de hombres, mujeres y niños que (13)____ (caminar) por el sitio en sus actividades habituales. Esa tarde yo (14)____ (pasar) un rato muy agradable en compañía de antepasados muy lejanos.

D. Historia prehispánica. Completa el siguiente párrafo sobre los indios mosquitos de Nicaragua usando la forma apropiada del pretérito o del imperfecto.

Uno de los grupos indígenas que (1)____ (habitar) el territorio que hoy conocemos como Nicaragua (2)____ (ser) los mosquitos, así llamados, dicen, por las nubes de mosquitos que (3)____ (haber) en la región. Cuando (4)____ (llegar) los europeos a la que hoy es la Costa Atlántica de Nicaragua, (5)____ (existir) unos 5.000 habitantes. Los mosquitos nunca (6)____ (obedecer) a ningún rey porque su gobierno (7)____ (ser) toda la comunidad. Los primeros que (8)____ (tener) contacto con los mosquitos de la Costa Atlántica (9)____ (ser) los piratas ingleses y franceses que (10)____ (llegar) a ese lugar. Según algunos investigadores, el médico personal y barbero del famoso pirata Henry Morgan (11)____ (ser) el primero que (12)____ (describir) las costumbres de los mosquitos de Nicaragua.

E. Mis parientes nicaragüenses. Lee lo que ha escrito Josefina sobre su estadía en Managua con unos parientes. Corrige cualquier uso que no sea apropiado para la lengua escrita.

El verano pasado mi hermana y yo fuimos a Managua. Vivíanos en casa de unos parientes nicaragüenses de mi padre. Tenían ellos dos hijas, nuestras primas, con quienes nos llevábanos muy bien. Fue un verano ideal. Nuestras primas y nosotras nos levantábanos tarde, íbanos a los centros comerciales, paseábanos por el centro de la ciudad o nos sentábanos a conversar en un café. A menudo salíanos fuera de la ciudad durante el fin de semana. Yo quiero volver y vivir allí por más tiempo.

6

Salvadoreños
El porvenir

El Salvador, Volcán Santa Ana

La tradición oral: Los refranes

A. El porvenir. Lee estos cinco refranes que tienen que ver con el porvenir. Mira primero si tú y un(a) compañero(a) de clase pueden encontrar el significado de cada refrán de la primera columna. Luego, expliquen cómo se relacionan los refranes con el dibujo y piensen en situaciones donde pueden usar estos refranes.

_____ 1. Por lo que hoy tiras, mañana suspiras.

_____ 2. Nunca digas, "De esta agua no beberé".

_____ 3. Los últimos serán los primeros.

_____ 4. Mañana es discípulo de hoy.

_____ 5. Uno es arquitecto de su propio destino.

a. Nunca sabes qué terminarás haciendo en la vida.

b. El agua en algunas partes no es tan buena como en otras.

c. Tu futuro depende de ti y de lo que hagas ahora.

d. Todo lo que aprendes hoy, te ayudará en el futuro.

e. Hay que guardar lo que tienes, porque nunca sabes qué vas a necesitar.

f. La vida es muy irónica, y los que ahora están mal, algún día estarán bien, y al revés.

B. Los refranes. Contesta las preguntas.

1. ¿Qué opinas del refrán que dice que mañana es discípulo de hoy? ¿Crees que no hay que contar con la buena suerte, y que es mejor dedicarse a prepararse bien para el futuro?

2. ¿Has tenido alguna experiencia que confirme el refrán "Nunca digas, 'De esta agua no beberé'"? ¿Has tenido que aceptar o hacer algo que antes habías dicho que nunca ibas a hacer o aceptar?

3. ¿Has tenido alguna experiencia que confirme el refrán que dice que los últimos serán los primeros? ¿Crees que es sólo un refrán para consolar a los pobres o los que no tienen suerte, o responde a la realidad?

C. Álbum de mi familia. Habla con tus padres, hermanos o tíos y hazles las preguntas de la Actividad **B.** Puedes también preguntarles por cada uno de los refranes presentados. En tu álbum, escribe el refrán y, debajo, el comentario de tus parientes sobre cada uno de los refranes.

D. Las frases célebres en el ciberespacio. Las frases célebres son una especie de refranes que todavía no han pasado a la tradición oral. Desde tu casa o el laboratorio de computación, usa tu buscador favorito en Internet. Escribe las palabras "frases célebres" para encontrar listas alfabetizadas de frases célebres en español. Anota y selecciona las que te parecen más interesantes y que, según tú, merecerían algún día pasar a ser refranes. Ven a clase el próximo día preparado(a) para compartir las frases célebres que seleccionaste y para explicar la enseñanza que contienen.

Nuestra riqueza cultural

Antes de leer

A. Salvadoreños en los EE.UU. ¿Cuánto sabes de los salvadoreños en los EE.UU.? Indica en la primera columna si, en tu opinión, estos comentarios son ciertos o falsos. Luego, después de leer la lectura, completa la tercera columna con la opinión del autor. Si algún comentario es falso, corrígelo.

En mi opinión			Según el autor	
C	F	**1.** Hoy día, casi tres millones de salvadoreños hacen de los EE.UU. su hogar.	C	F
C	F	**2.** El 25% de los salvadoreños en los EE.UU. había asistido a la universidad antes de emigrar a este país.	C	F
C	F	**3.** Los salvadoreños son tan trabajadores como la media de los latinos en los EE.UU.	C	F
C	F	**4.** En el año 2000, los salvadoreños en los EE.UU. mandaron casi un millón de dólares a parientes en El Salvador.	C	F
C	F	**5.** Los emigrantes salvadoreños reconocen la importancia de aprender inglés y se esfuerzan mucho por hacerlo.	C	F

B. La gramática está viva en la lectura. En parejas, (1) busquen cinco usos de **por** y cinco de **para** en la lectura y (2) explíquenle a la clase por qué se usó **por** o **para** en cada caso. Para más información sobre **por** y **para**, consulta *Así funciona nuestro idioma,* página 227.

⊙ Lectura ⊙

El porvenir de los salvadoreños en los EE.UU.

Durante los años que duró la guerra civil que asoló El Salvador a principios de la década de los 80, más de doscientos mil salvadoreños emigraron legalmente a los Estados Unidos. Hoy día aproximadamente un millón de salvadoreños han hecho de los Estados Unidos su hogar, incluyendo en ese total tanto a inmigrantes legales como a indocumentados. Los estados para los que han emigrado más salvadoreños son California, Texas, Nueva York, Virginia y Maryland. A pesar de que muchos inmigrantes salvadoreños ya tenían sus profesiones y de que más del 25% de ellos había asistido a la universidad, muchos salvadoreños se encuentran en la actualidad trabajando por unos sueldos bastante bajos.

Llama la atención que más del 80% de los varones salvadoreños trabajen, mientras la media para varones latinos de segunda generación es de algo más del 60%. Se trata de una prueba clara de la conciencia laboral y la responsabilidad social de los salvadoreños.

Algo por lo que se preocupan mucho los salvadoreños en los Estados Unidos es por la situación de los familiares que se quedaron en el país centroamericano. De ahí que gran parte de sus ahorros se destine al envío de fondos a El Salvador. Así, de los diez millones de dólares que enviaron en 1980, se ha pasado a los mil novecientos millones que enviaron en el 2000.

El futuro de muchos de los salvadoreños en los Estados Unidos depende en parte de las facilidades que el gobierno estadounidense ofrezca para la regularización de los que llegaron como refugiados. Éstos, por su parte, se esfuerzan por aprender el inglés y la historia de este país, convencidos de la necesidad de acercarse culturalmente a los estadounidenses para poder hacer de este país su casa.

⊙ ¿Comprendiste? ⊙

A. Los salvadoreños en los Estados Unidos. Selecciona la opción que mejor complete las siguientes oraciones.

1. Hoy día, casi _____ de salvadoreños viven en los Estados Unidos.

    a. medio millón
    b. un millón
    c. dos millones

2. Un _____ de los salvadoreños que emigran a los Estados Unidos ya tiene preparación universitaria.

   a. 20%
   b. 30%
   c. 25%

3. En el año 2000, los salvadoreños enviaron a El Salvador _____ millones de dólares.

   a. 190
   b. 1900
   c. 2900

4. El porvenir de muchos salvadoreños en los Estados Unidos depende de _____.

   a. la regularización de su situación legal
   b. el envío de diez millones de dólares
   c. la visita a sus familiares a El Salvador

B. El porvenir de los hispanos en los EE.UU. ¿Qué efecto tendrá el ser hispano(a) en tu futuro? ¿Ayudará o causará problemas? ¿Cómo será el futuro de los hispanos en los Estados Unidos? ¿Serán aceptados en la sociedad estadounidense o tendrán que asimilarse a la cultura anglosajona totalmente? ¿Todavía hablarán español o lo habrán perdido totalmente debido al movimiento de "*English Only*" tan común a fines del siglo XX? ¿Creen que se verán perjudicados por políticas radicales como el "*English Only*" o el movimiento contra la discriminación positiva (*Affirmative Action*)? ¿Qué pueden hacer para defenderse?

C. Encuesta. Haz una encuesta en tu barrio. Pregúntales a unas cinco personas lo siguiente: ¿Tienen que enviar dinero a sus familiares que dejaron en sus países de origen? ¿Creen que la práctica de enviar dinero a los familiares en los países de origen terminará por ayudar el desarrollo de esos países, y hará menos necesaria la emigración? ¿Qué ventajas e inconvenientes ven ellos en el enviar o no dinero? Combina los resultados de tu encuesta con los de dos otros compañeros de clase. Luego informen a la clase de las conclusiones a las que llegaron.

D. Los hispanos y su futuro en el ciberespacio. En tu casa o en el laboratorio de computación, usa tu buscador favorito en Internet. Escribe las palabras "el futuro de los hispanos" para encontrar páginas que hablan sobre distintos aspectos que afectan el futuro de los hispanos. Escoge algún aspecto que te resulte importante destacar, como el futuro político, económico, el futuro del español y cualquier otro que te parezca interesante. Estudia cómo es el futuro para los hispanos de acuerdo a la información que encontraste, y compártela con la clase.

Desde que en 1976 la Corte Suprema de Justicia reinstaurara la pena de muerte, Estados Unidos es uno de los pocos países "civilizados" del mundo que la practica. En 2004, 59 condenados a la pena capital fueron ejecutados, 6 menos que en 2003. Vamos a conversar sobre este tema.

A. La pena de muerte como forma de evitar el crimen. ¿Crees que la pena de muerte aporta alguna solución al problema del crimen? ¿Crees que hay personas que no cometen crímenes por miedo a la pena capital, o crees que realmente no afecta?

B. La pena de muerte y los errores judiciales. ¿Crees que la justicia en los Estados Unidos es tan efectiva que garantiza que no se ejecute a una persona inocente? ¿Cuántas ejecuciones de personas inocentes se tendrían que producir para convencer a los partidarios de la pena de muerte de que ésta es injusta? ¿Crees que las personas pobres o de una etnia determinada tienen la misma posibilidad de defenderse de la pena de muerte que los ricos?

C. La pena de muerte como compensación. Un aspecto importante de la pena de muerte en los Estados Unidos es la compensación a la familia de la víctima. ¿Crees que esta compensación es justa? ¿Crees que el gobierno puede disponer de una vida humana como forma de impartir justicia?

Nuestra riqueza lingüística

◯ Antes de leer ◯

Tú estás en una reunión de estudiantes internacionales de tu universidad y oyes a dos personas decir lo siguiente:

> **Estudiante A:** Pero hombre, ¿qué tenés? Te ves bien preocupado.
> **Estudiante B:** ¿A qué te referís vos? Yo me siento perfectamente bien. A lo mejor vos no te sentís bien.

Contesta las preguntas a continuación para ver cómo reaccionas a esta conversación.

1. Probablemente las dos personas que hablan son...

   a. mexicanos.
   b. centroamericanos.
   c. italianos.
   d. sudamericanos.

2. Es obvio que los dos son…

    a. campesinos.
    b. de la clase alta.
    c. de la clase baja.
    d. Todas las respuestas.

3. En su habla, estas dos personas usan…

    a. un español incorrecto.
    b. un dialecto.
    c. un español muy educado.
    d. Ninguna de estas respuestas.

4. ¿Cuál es el significado de las siguientes palabras?

    a. che   _____
    b. vos   _____
    c. tenés   _____
    d. referís   _____

☉ Lectura ☉

Variantes coloquiales: El voseo centroamericano

Al conversar con un salvadoreño inmediatamente vas a notar variantes en su habla: el uso de ciertas palabras, como: *cipote* por **niño**, *cadejo* por **perro**, *chompipe* por **pavo** y *chojoles* por **frijoles.** Pero lo que probablemente notarás primero es el uso del voseo, una variante coloquial que hace uso del pronombre *vos* para dirigirse al interlocutor. En el voseo americano, el pronombre *vos* tiene sus propias formas verbales: *tenés* por **tienes**, *decís* por **dices**, *sabés* por **sabes**... Generalmente cuando pensamos en el voseo americano, pensamos en en el Cono Sur: Argentina y Uruguay en particular, pero no en El Salvador. Sin embargo, es interesante saber que esta variante predomina no sólo en Argentina, Uruguay y Paraguay, sino también en El Salvador, Guatemala, Honduras, Nicaragua y Costa Rica y en ciertas regiones de Bolivia, Chile, Colombia, Ecuador, Panamá, Venezuela y México.

Es importante señalar que el voseo tiene su origen en el castellano antiguo de España, que empleaba exclusivamente dos formas de segunda persona: el **tú** como pronombre singular y el *vos* como pronombre plural. El vos también se usaba para expresar respeto a una persona. Como tal, llegó a las Américas con los primeros colonizadores españoles. Pero ya para el siglo XVII, en las grandes ciudades de la península empezó a favorecerse el uso de **usted** para expresar respeto y el *vos* fue desapareciendo. Lo mismo ocurrió en las Américas en las regiones que estaban en mayor contacto con España: Cuba, República Dominicana, Puerto Rico y Perú. Pero en el resto del continente el voseo siguió usándose, desarrollando las variantes regionales del voseo americano actual. Es notable cómo en el voseo americano desapareció totalmente el uso reverencial del voseo antiguo; ahora principalmente denota familiaridad con el interlocutor.

⋐ ¿Comprendiste? ⋑

A. El voseo en las Américas. Contesta las siguientes preguntas.

1. ¿Cuál es el significado de estas palabras salvadoreñas: *chompipe, cipote, chojoles, cadejo*? ¿Cuál será el origen de estas palabras?
2. ¿Qué es el voseo? ¿Dónde se usa?
3. ¿Cuál es el origen del voseo en las Américas? ¿Por qué sólo se usa en ciertas regiones y no en otras?

B. "La botija" de Salarrué.
El poeta, pintor y escritor salvadoreño Salvador Salazar Arrué, quien usa el seudónimo "Salarrué", ha sido considerado el máximo exponente de la narrativa campesina. En sus cuentos, los personajes campesinos siempre usan el voseo. Con un(a) compañero(a), identifica las expresiones de voseo en estos fragmentos del cuento "La botija" de *Cuentos de barro* (1933). Luego escríbelos cambiando esas expresiones a un español más general.

Que es / estás

sepultura antigua / ya estuvo

Dónde

1. ¡Hijo: abrí los ojos, ya hasta la color de qué los tenés se me olvidó!…
2. ¡Qués° necesario que te oficiés en algo, ya tás° indio entero!
3. Vos vas arando y ¡plosh!, de repente pegás en la huaca°, y yastuvo°; tihacés de plata.
4. ¡Onde° te metés babosada! Pensaba el indio sin darse por vencido.

C. El voseo caribeño en el ciberespacio.
En tu casa o en el laboratorio de computación, usa tu buscador favorito en Internet. Escribe las palabras "poema vos" para encontrar páginas dedicadas a distintos poemas que usan el voseo. Selecciona varios representativos de Centroamérica y Sudamérica. Elige el poema que más te guste. Ven a clase el próximo día preparado(a) para compartirlo.

Daisy Cubías Salvadoreña, poeta, educadora y defensora de los derechos humanos, emigró de El Salvador a los Estados Unidos en 1970. A principios de los años 80, los paramilitares en El Salvador, asesinaron a su hermano, su hermana y al marido de su hermana. Mucho de lo que Daisy escribe y hace por los derechos humanos surge como respuesta a los horrores de la guerra. Daisy ha hecho varias giras por Centroamérica con su poesía bilingüe llevando un mensaje de paz y de esperanza para sus sufridos pueblos. Entre sus obras se destaca su contribución a una novela escrita por Fran Leeper Buss, *El viaje de los gorriones* (1991). La novela narra la historia de refugiados salvadoreños que entran en los Estados Unidos e intentan empezar una vida nueva en Chicago. Mientras esperan la llegada de su madre y la hermana menor, la comunidad salvadoreña, siempre luchando para salir adelante, los acoge y ayuda para que se preparen para la batalla de sobrevivir en el nuevo medio.

Su poesía también está al servicio de su misión de ayudar a los salvadoreños, tanto los que viven en los Estados Unidos como en El Salvador. Ha escrito *Children of War: Poems of Love, Pain, Hope, and Determination* (1989). Sobre el futuro de los salvadoreños y de los hispanos en general, Daisy Cubías en su poema "*Life*" se pregunta:

> ¿Mañana?
> ¿Qué nos espera?
> ¿La vejez
> la tristeza
> o tal vez un hospicio
> en un barrio olvidado?

Elías López Tejada Nació en San Salvador, El Salvador, en 1965. El segundo hijo de una familia de cinco hermanos, fue enviado a San Francisco, a la casa de su tío, a la edad de ocho años. Dos años más tarde se unió a él su madre, María Alicia Tejada, que decidió emigrar con los cuatro hijos restantes, al haberlos abandonado su marido. Doña María Alicia tuvo que trabajar jornadas de 16 horas y mantener a sus hijos en casa del tío, donde vivían otras 17 personas. Pero si la vida era difícil en casa, más difícil se hacía en la escuela, donde los estudiantes que no

Elías López Tejada

se alistaban con alguna pandilla, eran golpeados y humillados sistemáticamente. Elías terminó en una de esas pandillas. Por suerte, a los 15 años, Elías, cansado del estilo de vida de la calle, decidió solicitar entrar en un seminario, y lo logró, con la recomendación del sacerdote de la parroquia de su barrio. Los cuatro años que pasó allí lo ayudaron muchísimo y lo prepararon para la universidad. Solicitó admisión a la Universidad de California en Davis, donde se graduó en 1994 con un doctorado en Economía Agrícola, con tres especializaciones relacionadas con la estadística. En su tesis doctoral no se olvidó de su pasado, y se preocupó por ahondar en el por qué un hispano que recibe una pobre educación en la escuela secundaria, termina recibiendo un trabajo de pobre. En los años posteriores a su graduación ha trabajado en distintas oficinas del Estado de California, y en este momento trabaja para la Oficina del Canciller de la Universidad de California en Davis. Tanto ahí como en la investigación que practica por su cuenta, Elías se apoya en la estadística y el análisis de datos para promover la educación y los sistemas de ayuda para los hispanos, a fin de aumentar tanto su poder adquisitivo como su calidad de vida.

A. Hispanos estelares.   Contesta estas preguntas.

1. ¿Quién es Daisy Cubías? ¿Qué motiva a Daisy a escribir y luchar por los derechos humanos? ¿En qué novela ha participado? ¿Qué cuenta esa novela? ¿Conoces a otras personas que han sufrido experiencias traumáticas y han decidido ponerse a luchar por los derechos de los menos favorecidos? ¿Quiénes son y qué han hecho?
2. ¿Quién es Elías López? ¿En qué condiciones vivió en San Francisco de los ocho a los quince años? ¿Quiénes ayudaron a Elías? ¿Cuál es el diploma más avanzado que ha obtenido? ¿A qué se dedica Elías en estos momentos? ¿Qué sentido le da a su trabajo?

B. El gran teatro del mundo.

1. Tú y dos compañeros de clase forman un comité en su barrio que se encarga de ayudar a refugiados recién llegados a los EE.UU. Acaban de saber de una madre e hija salvadoreñas que acaban de llegar, escapándose después del asesinato del padre y el hijo mayor. Dramaticen la discusión que tienen acerca de cómo van ayudar a estas personas.
2. Tú y un(a) compañero(a) de clase son tíos (o tías) de un(a) joven salvadoreño(a) que está teniendo grandes problemas para adaptarse a la vida en los EE.UU. Acaban de saber que su sobrino(a) está por integrarse a una pandilla. Deciden hablar con su sobrino(a) para hacerlo(a) entender por qué no debe asociarse con las pandillas y para aconsejarlo(a) sobre cómo puede asimilarse a la cultura estadounidense con más facilidad. Dramaticen esa conversación.

Hablemos de carreras... en estadística y análisis de datos

Entrar en el mundo de la estadística y el análisis de datos puede resultar una carrera apasionante para quienes tienen un pensamiento análitico, se defienden bien en matemáticas y tienen interés por conocer los patrones y las tendencias sociales. ¿Crees que se trata de una opción razonable para ti? ¿Te gusta manejar datos y extraer conclusiones basándote en esos datos? ¿Conoces a alguien que se dedique a la estadística y el análisis de datos? ¿Crees que ayudaría a las comunidades hispanas si más hispanos se dedicaran a esta carrera? ¿Por qué sí o no?

◦ Para hablar de la estadística y el análisis ◦

Análisis de datos
diagrama
gráfico
margen de error
muestra
porcentaje
programación
resolver problemas

Bases de datos
demografía
encuesta
explosión demográfica
modelo
placebo

informe
resultado

Números
constantes
ecuaciones
fórmula
exactitud
media
significante
valor
variable
mercadeo
poder adquisitivo

A. La estadística y yo. Completa estas oraciones y comparte tus respuestas con un(a) compañero(a) de clase.

1. Las encuestas, cuando son fiables, tienen un _____ bastante bajo.
2. Hizo un análisis detallado de los datos sobre los niños hispanos y la educación preescolar, y ahora va a escribir su _____.
3. Para poder realizar la encuesta, vamos a tomar una _____.
4. Para generar bases de datos y poder adquirir información de una forma automatizada es importante saber _____.
5. Las personas pobres tienen un _____ muy limitado.
6. Los pacientes que tomaron el _____ sintieron la misma mejoría que los que tomaron la medicina.

B. Con el diccionario en mano.   Traduce estas oraciones al español para mostrar que conoces bien este vocabulario relacionado con la estadística.

1. Statistics is a problem-solving process that seeks answers to questions through data.
2. To gain useful information, the sample must be representative of the population.
3. Statistical theory shows that a survey of 1,000 carefully selected voters suffices to represent the opinions of the millions of people in the voting population.
4. Percentiles are values that divide a sample of data into one hundred groups containing equal numbers of observations.
5. A placebo is an inactive treatment or procedure. It literally means 'I do nothing'. The 'placebo effect' (usually a positive or beneficial response) is attributable to the patient's expectation that the treatment will have an effect.

C. Estadística y compromiso social.   Identifica a un(a) compañero(a) de clase que tal vez esté interesado en cursar una carrera en estadística y análisis de datos y entrevístalo(la). Usa estas preguntas y otras que te parezcan apropiadas.

1. ¿Crees que tienes las cualidades que se requieren para ser buen analista? ¿Cuáles son esas habilidades?
2. ¿Qué tendrás que hacer para lograr tu meta? ¿Cuántos años de universidad tendrás que seguir? ¿Qué rama deberías enfatizar más, las ciencias o las letras? ¿Qué materias dentro de esas ramas?
3. ¿Crees que podrás ayudar a la comunidad hispana con tu carrera? ¿Cómo? ¿Crees que hay datos que la gente ignora sobre la contribución de los hispanos en los Estados Unidos? ¿Crees que, de saberse, cambiarían en algo los prejuicios de algunos contra los inmigrantes? ¿Estarías dispuesto(a) a investigarlos y darlos a conocer?

E. Datos sobre hispanos en el ciberespacio.   En tu casa o en el laboratorio de computación, usa tu buscador favorito en Internet. Escribe la palabra "datos hispanos en los Estados Unidos" o "estadística hispanos en los Estados Unidos" para encontrar sitios que contienen distinta información y estadísticas sobre los hispanos en los Estados Unidos. Elige una de ellas y anota la información que te parezca más importante. Ven a clase el próximo día preparado(a) para presentar los datos que te parezcan más relevantes a la clase.

La fotógrafa

Muriel Hasbún nació en 1961 y creció en San
Salvador, en el seno de una familia bastante poco
habitual: árabe por parte de su padre y descendiente
de judíos europeos por el lado materno. Su abuelo
paterno, un árabe de Belén, llegó a El Salvador a
principios del siglo XX y su madre encontró refugio
en este país centroamericano después de los
terribles años de la Segunda Guerra Mundial, cuando
se perseguía y se asesinaba a los judíos. Sus padres le
enseñaron un temprano amor al arte y a la fotografía,
que ella perfeccionó durante sus años de
universitaria en la Universidad de Georgetown y en
la Universidad de George Washington en los Estados

Muriel Hasbún

Unidos. Muriel Hasbún divide su tiempo entre Washington, D.C. y El Salvador. En
su país ella fotografía toda clase de escenarios, tales como jóvenes refugiados que
llegaban a la comunidad de Santa Tecla durante la guerra en El Salvador. Sus
exhibiciones en América Central, Estados Unidos y Europa le han dado un
prestigio muy merecido por la virtuosidad de su trabajo. Muriel se confiesa una
persona que ha desarrollado una sensibilidad extrema hacia lo aparentemente
irreconciliable.

Volcán de Izalco, amén

"Volcán de Izalco, amén" (véase la página xviii) viene de la colección titulada
Todos los santos (1995–96). Es una fotografía en plata gelatina con óleo aplicado
a mano que refleja la originalidad de esta talentosa fotógrafa salvadoreña. En la
foto, Muriel Hasbún ha conseguido unir exitosamente varios elementos para
resaltar majestuosa belleza del volcán Izalco, conocido como "el faro del
Pacífico". El volcán es consecuencia de varias migraciones geológicas y
comprendiendo este hecho, Hasbún yuxtapuso la caligrafía árabe en forma de
una oración que parece saltar del volcán en vez de llamas y cenizas. De esa
manera, ha conseguido crear un símbolo de sí misma, ya que ella también es
producto de varios pueblos emigrados a El Salvador. Es sabido que la furia
explosiva del Izalco causa tremendos desastres en la zona, pero por otro lado,
sus cenizas ayudan a fertilizar la tierra. De similar manera, los antepasados de la
fotógrafa tuvieron que abandonar su lugar de origen debido a la violencia bélica
y disenciones políticas y se refugiaron en El Salvador, que los acogió y les dio la
oportunidad de empezar una nueva vida y de contribuir al desarrollo del país.

A. "Volcán de Izalco, amén".   Contesta estas preguntas sobre el cuadro "Volcán de Izalco, amén".

1. ¿Qué simboliza el volcán Izalco para los salvadoreños? ¿Qué asocias tú con un volcán?
2. En tu opinión, ¿qué representa la caligrafía árabe que parece saltar del volcán? ¿Por qué habrá usado caligrafía en vez de llamas o nubes la artista? Si tú hubieras hecho esta fotografía, ¿qué harías saltar del volcán para que fuera símbolo de ti mismo?
3. En general, ¿consideras el poder de un volcán algo positivo o negativo? ¿Por qué? ¿Cómo crees que ve la artista ese poder?
4. ¿Qué opinas de la técnica de la artista de pintar sobre una foto? ¿Crees que da buen resultado? ¿Por qué? Si tú decidieras pintar sobre una foto para crear un símbolo de ti mismo(a), ¿que foto seleccionarías y que pintarías sobre la foto? ¿Por qué?

B. Muriel Hasbún y yo.   Contesta estas preguntas sobre el trabajo de esta fotógrafa salvadoreña y tus propios intereses.

1. ¿Qué piensas de esta foto? ¿Te gusta o no? ¿Por qué?
2. ¿Crees que esta foto es un símbolo válido de la fotógrafa Hasbun? ¿Por qué sí o por qué no?
   Si tú quisieras crear un símbolo sobre ti mismo(a), ¿qué elementos incluirías? ¿Cuál sería el significado de tales elementos?
3. Muriel Hasbún ha encontrado inspiración para su carrera artística investigando los orígenes de su familia materna y paterna. ¿Qué sabes tú de la vida de tus bisabuelos y tatarabuelos? ¿Hay algunos hechos en la vida de tus antepasados que podrían de alguna manera tener un efecto directo en tu vida? ¿Cuáles serían esos hechos y cómo podrían afectarte?
4. ¿Crees que sería difícil ser criado en un país hispano y ser de ascendencia árabe y judía? ¿Por qué? ¿Sería difícil ser de esas ascendencias y ser criado en los EE.UU.? Explica tu respuesta.

C. La gramática está viva en la lectura.   Una joven hispana escribió la siguiente comparación sobre la foto titulada "Volcán de Izalco, amén" de Muriel Hasbún y una foto que ella pintó. Con un(a) compañero(a) de clase, traten de encontrar los cinco errores que cometió.

La foto titulada "Volcán de Izalco, amén" de la artista salvadoreña Muriel Hasbun es más impresionante que el mío, pero yo no soy una artista profesional como ella. Su uso de caligrafía árabe es como el uso mía de florecitas. Me gusta más mi foto que el suyo porque el mío incluye un lago frente al volcán. No cabe duda que ambas fotos, la de ella y el mío son excelentes ejemplos del arte fotográfico.

Nuestra herencia literaria

⊙ Antes de leer ⊙

Tu país de origen. ¿Qué es lo que más se tiende a resaltar cuando se habla de nuestra propia patria? Piensa en eso al contestar estas preguntas.

1. Cuando un poeta quiere enaltecer su propio país a través de un poema, ¿de qué habla, de su geografía, su historia, su gente? ¿A qué más puede hacer referencia?
2. ¿Qué determina si un poeta habla de su país afirmativa o negativamente? Si tú fueras poeta, ¿cómo hablarías de los Estados Unidos? ¿Qué te motivaría a hablar de esa manera?
3. ¿Crees que si un poeta ha vivido fuera del país, en el exilio, por ejemplo, mostrará una imagen más negativa de su país? ¿Por qué sí o por qué no?
4. ¿Por qué crees que los escritores tienden a personalizar los países, como si fueran individuos con características humanas? ¿Qué características le darías tú a los Estados Unidos?
5. En una hoja aparte, escribe una estrofa dedicada a los Estados Unidos o a tu país de origen o el de tus padres. Prepárate para leerla en voz alta al resto de la clase.

Estrategias para leer: La lectura en voz alta

La lectura en voz alta es una de las mejores estrategias para disfrutar de la poesía, aún cuando no se comprendan todas las palabras del poema, ni se conozca bien cómo se distribuyen las frases que forman los distintos versos. Sin necesidad de intentar lograr una comprensión total de un poema, leer en voz alta ayuda a organizar las frases de una forma comprensible y a captar la musicalidad que el poeta imprimió a cada uno de los versos. De esta forma, se captará el sentido global y se gozará del placer de leer sin preocuparse de lo que significa cada palabra y cada nombre propio que se usa en el poema.

Lee las biografías de estos poetas que escribieron poemas a El Salvador, y luego lee en voz alta cada uno de los poemas. Trata de darle sentido y musicalidad a lo que lees.

Recuerda que en poesía, al leer en voz alta, es importante enlazar las palabras de acuerdo a los siguientes criterios:

● Una consonante final siempre se enlaza con una vocal inicial.

en el inmenso mar americano

- Una vocal final siempre se enlaza con una vocal inicial.

  hallando eternidad en cada hijo

- Consonantes finales e iniciales idénticas, siempre se enlazan.

  se enrollará a su cuello

◦ Lectura ◦

Tres poetas y tres poemas a El Salvador

La poeta (I)
Claribel Alegría nació en Estelí, Nicaragua, en 1924, pero se considera salvadoreña, ya que desde muy niña vivió en El Salvador. Junto con su esposo, Darwin J. Flakoll, lleva una vida artística, intelectual y política intensa. Con él ha publicado la novela *Cenizas de Izalco* (1968), varios informes sobre la situación en El Salvador y Nicaragua, ensayos literarios y antologías poéticas. Claribel Alegría ha publicado más de veinte libros de poesía y narrativa, así como muchos testimonios históricos.

El Salvador

Es arrugadito
El Salvador
si pretende plancharlo
el enemigo
se enrollará° a su cuello   agarrará
hasta asfixiarlo°.   ahogarlo

La poeta (II)
Lilian Jiménez de Leiva nació en la ciudad de Santa Ana en 1923. Se casó con el poeta guatemalteco Raúl Leiva y en la actualidad residen en México. Sus dos obras publicadas son *Tu nombre* 1955 (poemas) y *Sinfonía popular* 1959 (poemas).

Poema a El Salvador

Sangre de El Salvador hay en mis venas
nacida, fruto cálido°, del pueblo   caliente
como parte de un río que se vierte°   derrama
en el inmenso mar americano.
Tierra querida, Cuscatlán° antiguo,   centro de El Salvador
trayectoria de mitos y de símbolos,
azules espirales de la Historia

pueblo indígena de El
  Salvador

cacique salvadoreño que
  resistió la invasión
  española en 1525

herencia

convirtió

produciendo

viento suave

vigorosa

se dirije

eterna

de una tribu pipil° que buscó ansiosa
su libertad y su destino.
Renace de la muerte
el indio altivo,
Atlacatl° soberano con tatuaje de piedra
hallando eternidad en cada hijo
que ha recogido
su legado° de siglos.
Resuena en la gran boca del Izalco
el encendido signo
que se cuajó° en estrella
desovillando° luces de esperanza,
y un hálito° de flechas y espadas
anuncia al hombre la pujante° fuerza
de mi pueblo viril que hoy se encamina°
a la visión perenne° del futuro.

El poeta (III)

Roque Dalton nació en San Salvador, en 1935. Estudió derecho y antropología
en universidades de El Salvador, Chile y México. Por su militancia política fue
encarcelado y además vivió exiliado en Guatemala, México, Cuba, Checoslovaquia,
Corea y Vietnam del Norte. Roque Dalton publicó varias obras poéticas. Fue el
fundador del Ejército Revolucionario del Pueblo (ERP) y murió asesinado en 1975
por compañeros de esa organización.

El Salvador será

El Salvador será un lindo
y sin exagerar serio país
cuando la clase obrera y el campesinado
lo fertilicen lo peinen lo talqueen°
le curen la goma° histórica
lo adecenten° lo reconstituyan
y lo echen a andar.°
El problema es que hoy El Salvador
tiene como mil puyas° y cien mil desniveles°
quince mil callos y algunas postemillas°
cánceres cáscaras caspas° shuquedades°
llagas fracturas tembladeras tufos.°
Habrá que darle un poco de machete
lija° torno° aguarrás° penicilina
baños de asiento besos de pólvora.

lo… le pongan talco

malestar después de una
  borrachera, cruda / hagan
  decente/**echen…**pongan
  en marcha

puntas afiladas /
  irregularidades /
  abcesos

piel seca de la cabeza /
  suciedad / mal olor

papel para pulir / máquina
  para moldear / esencia de
  trementina (para pintar)

De *Poemas para vivir pensándolo bien*

◯ Reacciona y relaciona ◯

A. Reacciona. Contesta estas preguntas para mostrar que entendiste lo que leíste.

1. ¿Cómo caracteriza Claribel Alegría a El Salvador? Explica tu respuesta.
2. ¿Dónde están las raíces auténticas de El Salvador, según el poema de Lilian Jiménez de Leiva?
3. ¿Cuáles son los problemas de El Salvador que describe el poema de Roque Dalton? ¿Cuál es la solución, según su poema?
4. ¿Cuál de las voces de los tres poemas dice sentirse más unido(a) a El Salvador? ¿Cuál dice sentirse más pesimista? ¿Cómo lo dicen?
5. A El Salvador se lo llama "El pulgarcito de América". ¿Cuál de los poemas hace referencia implícita al tamaño de El Salvador?
6. Usa estas siluetas del mapa de El Salvador para comparar lo que los poetas dicen de su país. Escribe sólo adjetivos. Puedes expresar frases o conceptos con tus propios adjetivos.

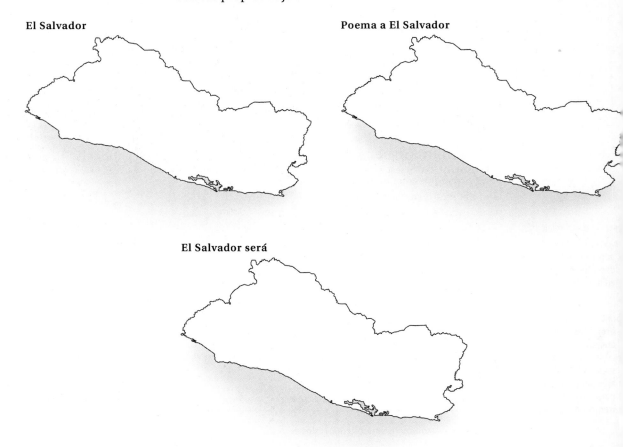

El Salvador

Poema a El Salvador

El Salvador será

B. Relaciónalo. ¿Cómo es tu país? Escribe una serie de versos que describan los aspectos que más te llaman la atención de los Estados Unidos o de tu país de origen (su geografía, su gente, sus playas, su música, su historia…). A continuación, léeselos a un(a) compañero(a) y entre los (las) dos, traten de, confeccionar un solo poema que hable de los Estados Unidos o de su país de origen. ¿A cuál de los poemas anteriores se parece más su poema? ¿Por qué creen que se da ese parecido? Lean su poema a la clase.

C. Debate. ¿Creen que al hablar de su país, los poetas reflejan el lugar que tienen en la sociedad de ese país? ¿Creen que en los Estados Unidos una persona sin casa pueden hablar de la misma manera que un multimillonario? ¿Creen que el patriotismo y el nacionalismo están condicionados por la condición social y económica? Tengan un debate frente a la clase. Dos voluntarios deben hablar a favor de que el patriotismo y el nacionalismo están condicionados, y dos deben argumentar en contra. La clase va a votar para decidir quién ganó el debate.

D. La gramática está viva en la lectura. Con un(a) compañero(a) de clase, busca todos los infinitivos que se usan como sujetos u objetos en el primer y el tercer poema. Informen a la clase de los que encontraron. Para más información sobre los infinitivos, consulta *Así funciona nuestro idioma*, página 233.

La acentuación, ¡de una vez!

◯ Palabras interrogativas, exclamativas y relativas ◯

- En español, todas las palabras **interrogativas** requieren acento escrito.

¿adónde?	¿cuánto(a)?	¿por qué?
¿cómo?	¿cuántos(as)?	¿qué?
¿cuál(es)?	¿dónde?	¿quién(es)?
¿cuándo?		

- Todas las palabras **exclamativas** también requieren acento escrito.

    ¡Qué sorpresa!   ¡Ah! ¡Cuánto te ama!   ¡Cómo me gustan!

- Las palabras **relativas** parecidas a las palabras interrogativas nunca llevan acento escrito.

    Cuando llegué, le dije **que, como** no sabía el número de teléfono, no llamé.

A. Interrogativos y exclamativos. Una amiga salvadoreña acaba de invitarte a una fiesta en su casa para celebrar su cumpleaños. ¿Qué preguntas le haces para conseguir los detalles de la fiesta?

Tú

1. ¿_____ es la fiesta?
2. ¿A _____ hora es?
3. ¿_____ es?
4. ¿_____ es tu dirección?
5. ¿_____ puedo traer?
6. ¿_____ no?
7. ¿_____ personas van?
8. ¿_____ son tus primos?
9. ¿A _____ invitaste?

Ella

Es el domingo.
A las 8:30.
Es en mi casa.
Es Calle Tornillo, número 117.
Nada, gracias.
Porque ya tenemos todo.
Cinco primos y seis amigos, y claro, mis
   padres y mis tíos.
Son de El Salvador.
A Nuria, Irene, Andrea, Elodia, Mauricio y a ti.

B. En la fiesta. Coloca el acento escrito sobre las palabras que lo requieran en las siguientes oraciones.

1. ¡Que pena! Como nadie me conoce, cuando te pregunten quien soy, diles que soy un amigo de la universidad.
2. Sí sé donde vive. Como te dije ayer, vive en el mismo barrio donde viven tus amigos, los Acuña.
3. Cuando la policía vino a hablar comigo, dijo que todavía no sabían donde, cuando o como tuvo lugar el crimen. ¡Que miedo sentí!
4. José, para quien todo es un problema, anduvo todo el día buscando a quienes pudieran ayudarlo. ¡Cuanto trabajo!
5. ¡Que gentío! En cuanto llegue, pregúntale cuantas personas están invitadas y donde piensa sentar a tanta gente.

Redacción

I. Para escribir artículos periodísticos

El artículo periodístico es una crónica más o menos extensa que narra acontecimientos que son del interés de los lectores. El artículo periodístico se rige por un manual de estilo en el que deben predominar la claridad, la concisión, la exactitud, la sencillez, la naturalidad, la originalidad, la corrección y la propiedad. El artículo debe también responder a los famosos "¿Qué? ¿Quién? ¿Cuándo? ¿Cómo? ¿Dónde? ¿Por qué?" Lee este artículo y comenta cómo se reflejan estas cualidades en el estilo del artículo de *La Prensa Gráfica*, periódico de El Salvador.

31 lesionados en choque de rastra y bus de ruta 301

Un total de 31 lesionados provocó la colisión de un tráiler y un autobús de la ruta 301 ocurrida ayer en el kilómetro 103 de la carretera Panamericana, a inmediaciones de El Triunfo (Usulután). El accidente que se registró a las 7:15 de la mañana fue causado, según el informe policial, por el exceso de carga que era trasladada en el furgón del tráiler que era conducido con rumbo a Costa Rica. "La carga me desbalanceó y cuando llegué a la curva perdí el control", declaró Pedro Meléndez Chavarría, motorista del tráiler. Meléndez, de nacionalidad nicaragüense, fue detenido por la Policía acusado de lesiones culposas en las 31 personas que resultaron golpeadas, como el motorista del bus, Luis Alberto Mendoza, de 30 años de edad.

Aníbal Velásquez, el cobrador, explicó que el accidente hubiera tenido consecuencias fatales de no ser por la adecuada reacción del motorista del bus. "Cuando vio que el camión se nos venía encima comenzó a orillarse. Si nos agarra de frente hubiera sido peor. Poco faltó para que nos fuéramos al barranco", narró Velásquez quien fue uno de los pocos que resultó ileso.

"Sentí que volé dentro del bus"

María Ricarda González, de 54 años, viajaba con su nieta Ruth Nohemí Pérez González, de nueve. Ambas procedían de San Miguel y su intención era reunirse con el abuelo en San Salvador.

"Yo iba parada abrazada con mi abuela cuando sentí el golpe. Sentí que volé dentro del bus. Pensé que alguien me había empujado con fuerza", relata la pequeña quien quedó lesionada y todavía permanece internada en el hospital, a la espera de ser intervenida porque presentaba fractura de tibia y peroné en la pierna derecha.

La menor perdió el control y cuando volvió en sí ya estaba siendo atendida por particulares.

Según María Ricarda, todo fue tan rápido que no alcanzó a comprender qué es lo que había ocurrido hasta que fue auxiliada por personas particulares que le preguntaban si tenía alguna fractura.

"Estoy agradecida con esas personas que nos ayudaron. Voy a orar por mi nieta y por todos", dijo.

Las siguientes fórmulas deben ayudarte a redactar artículos periodísticos en español.

A. El título. Éste debe representar claramente el contenido de la noticia. Normalmente, por brevedad, se evitan los artículos y a veces los verbos, como en caso del artículo de *La Prensa Gráfica:*

31 lesionados en choque de rastra y bus de ruta 301

B. La fecha. Normalmente, si el hecho ocurrió el día anterior a la noticia, o cualquier otro día de esa semana, no se escribe la fecha. En ese caso se usan otras fórmulas como

Ayer…	**La noche pasada…**
El pasado domingo…	**Ayer por la tarde…**
El pasado martes…	**En la mañana de ayer…**

C. El primer párrafo. El primer párrafo del artículo debe contener la noticia, que luego se desmenuzará en el resto del artículo:

Un total de 31 lesionados provocó la colisión de un tráiler y un autobús de la ruta 301 ocurrida ayer en el kilómetro 103 de la carretera Panamericana…

D. La parte principal. Los párrafos que siguen se centran en detallar los acontecimientos, citando a testigos, explicando las causas que rodearon el incidente, y haciendo una relación de las consecuencias de dicho incidente. Para introducir los párrafos, se usan entre otras las siguientes fórmulas:

Los hechos ocurrieron…	**La causa de…**
Según testigos presenciales…	**Por otra parte…**

Una forma muy efectiva de introducir a un testigo es hacerlo hablar, para luego informar al lector de quién se trata. Las citas textuales siempre se deben abrir y cerrar con comillas:

"La carga me desbalanceó y cuando llegué a la curva perdí el control", declaró Pedro Meléndez Chavarría, motorista del tráiler.

E. Un respiro. Una forma efectiva de separar los distintos párrafos y de seguir manteniendo la atención del lector es incluir citas textuales de testigos, en negrita, como si fueran subtítulos o abrieran una nueva sección.

"Sentí que volé dentro del bus".

F. Final.   El artículo puede cerrarse hablando de las consecuencias de los hechos, o mostrando una visión panorámica de los acontecimientos. Es muy frecuente cerrar las noticias con una cita textual de alguno de los testigos, protagonistas o víctimas.

> "Estoy agradecida con esas personas que nos ayudaron. Voy a orar por mi nieta y por todos", dijo.

Tu artículo.   Escribe un artículo sobre algo que ocurrió esta semana. Tú decides el contenido, pero sigue las fórmulas descritas arriba y responde a las preguntas de "¿Qué? ¿Quién? ¿Cuándo? ¿Dónde? ¿Cómo? ¿Por qué?". Para asegurarte de escribir el mejor artículo posible, no olvides seguir los pasos del proceso de redacción que has estado usando: planear, organizar, escribir un primer borrador, compartir, revisar de nuevo y escribir la versión final.

II. Escribamos a otro nivel

A escribir artículos.   Ya que te resulta más fácil escribir, sigue estas sugerencias para escribir un artículo periodístico más extenso. Narra todos los detalles importantes e incluye comentarios de varios testigos. Sigue el proceso de redacción que has estado usando.

Online Study Center

El mundo salvadoreño al alcance

Explora distintos aspectos del mundo salvadoreño en las actividades de la red que corresponden a este capítulo. Ve primero a http://college.hmco.com/pic/ deunavez1e y de ahí a la página de *¡De una vez!*

Películas que recomendamos

○ El cine salvadoreño ○

En El Salvador no se puede hablar de cine en términos de industria, pues no existe la necesaria infraestructura. Sin embargo, es de destacar el desarrollo de sus documentales durante la década de los 80, con el trabajo de los grupos Cero a la Izquierda y Radio Venceremos, ambos vinculados a las luchas de liberación del Frente Farabundo Martí. En esta etapa se filmaron documentales como *Zona intertidal* (1980), *Morazán* (1980), *El Salvador: el pueblo vencerá* (1980), *La decisión de vencer* (1981) y *Carta de Morazán* (1982), todos ganadores del Festival de La Habana. Destaca también el largometraje de José David Calderón, *Los Peces Fuera del Agua* (1971).

Pasaporte al mundial (1969)   **Director:** José David Calderón

Uno de los mayores éxitos de taquilla en El Salvador. Documental que relata el partido de fútbol frente a Haití, con el que se logra la clasificación al mundial de México.

○ Películas relacionadas con El Salvador ○

Salvador (1986)   **Director:** Oliver Stone

Película basada en la cruenta guerra civil en El Salvador, contada desde la perspectiva de un periodista estadounidense que, al final de su carrera, decide viajar a El Salvador para narrar los horrores de la guerra.

Romero (1989)   **Director:** John Duigan

La vida y la muerte de Monseñor Óscar Arnulfo Romero, asesinado por militares y paramilitares salvadoreños. Protagonizada por el ya fallecido Raúl Juliá.

Spank (Azote) (2003)   **Director:** Christian Blaze

Cortometraje del director salvadoreño radicado en Canadá, que tiene lugar en el año 2013. Con la creación de un programa de holograma virtual que se utiliza vía Internet, la población mundial ha logrado un grado de comunicación nunca antes soñado.

Vidas Inocentes (2004)   **Director:** Luis Mandoki

El director mexicano Luis Mandoki muestra su visión de la guerrilla salvadoreña a través de los ojos de un niño de once años llamado Chava. La historia fue inspirada por los sucesos de la infancia del guionista Óscar Torres.

Así funciona nuestro idioma

6.1 Las preposiciones *para* y *por*

¡Ya lo sabes!

Tu amigo Aníbal te pregunta si sabes lo que significan los dos refranes españoles que siguen. En cada par de refranes, selecciona el que te dijo tu amigo.

1. **a.** *Para* aprender, lo principal es querer.
   b. *Por* aprender, lo principal es querer.
2. **a.** *Por* la facha y *por* el traje, se conoce al personaje.
   b. *Para* la facha y *para* el traje, se conoce al personaje.

Estoy seguro de que seleccionaste la primera oración en ambos casos. ¿Verdad que es fácil cuando se tiene un conocimiento tácito del uso de **por** y **para**? Sigue leyendo y ese conocimiento será aun más firme.

La preposición *para* indica

● propósito, objetivo, uso o destino.

> Mis hermanas van a ir a El Salvador **para** visitar a unos parientes de nuestros padres.
> Necesito comprar un estante **para** mis discos compactos.
> Acaba de llegar una carta; es **para** ti.

> *Nota para hispanohablantes* Hay una tendencia dentro de muchas comunidades de hispanohablantes a decir *pa* en vez de **para.** Es importante evitar ese uso fuera de esas comunidades y en particular al escribir.

● movimiento o dirección hacia un objetivo o destino.

> Mis hermanas salen **para** San Salvador la semana que viene.

● la persona o personas que mantiene(n) una opinión o que hace(n) un juicio.

> **Para** muchos salvadoreños, el país necesita reformas políticas y económicas urgentes. **Para** ellos, el país está en crisis.

● el tiempo en que se realizará una acción.

> Mi informe sobre los salvadoreños en EE.UU. estará terminado **para** el miércoles próximo.

- una comparación de desigualdad implícita.

> El Salvador ofrece una gran variedad de paisajes **para** un país relativamente pequeño.
>
> **Para** no ser salvadoreño, dominas muy bien las formas del voseo.

La preposición *por* indica

- movimiento a lo largo o a través de un lugar.

> Debes tener cuidado cuando manejas **por** la carretera Panamericana.

- período de tiempo. **Durante** también se puede usar en este caso o se puede omitir la preposición por completo.

> El verano pasado trabajé como voluntario en El Salvador **por** diez semanas.
> El verano pasado trabajé como voluntario en El Salvador **durante** diez semanas.
> El verano pasado trabajé como voluntario en El Salvador diez semanas.

- la causa, motivo o razón de una acción.

> Claribel Alegría recibió el premio de la Casa de las Américas **por** su obra *Sobrevivo.*
> Muchas personas no viajan a Centroamérica **por** temor a la inestabilidad política.

- la persona o cosa a favor o en defensa de la cual se hace algo.

> Daisy Cubías lucha **por** los derechos de los salvadoreños.
> Mi mamá hizo muchos sacrificios **por** todos sus hijos.
> En las próximas elecciones debes votar **por** tus candidatos favoritos.

- el cambio o substitución de una cosa por otra.

> ¿Me puedes explicar qué quiere decir el refrán dar gato **por** liebre?

- el agente de una acción en una oración pasiva. (Consúltese el Capítulo 7, página 270 para el tratamiento de las construcciones pasivas.)

  En 1976 la pena de muerte fue reinstaurada en EE.UU. **por** la Corte Suprema de Justicia.
  El poema "El Salvador será" fue escrito **por** Roque Dalton.

- un medio de transporte o de comunicación.

  Viajaremos **por** avión y cuando lleguemos a nuestro destino te llamaremos **por** teléfono.

- proporciones, frecuencia o una unidad de medida.

  Se estima que en El Salvador hay 25 muertes **por** cada 1.000 nacimientos.
  En El Salvador los trabajadores del campo ganan menos de cien dólares **por** mes.

- La preposición **por** se usa en las siguientes expresiones de uso común.

por ahora	por lo tanto
por cierto	por más (mucho) que
por consiguiente	por otra parte
por eso	por poco
por fin	por supuesto
por la mañana (tarde, noche)	por último
por lo menos	

☉ Ahora, ¡a practicar! ☾

A. Ciudadana modelo. Menciona algunas de las razones por las cuales se quiere tanto a Daisy Cubías.

MODELO   admirar / trabajo social
           La admiran por su trabajo social.

1. elogiar / defensa de los derechos humanos
2. aplaudir / campañas contra la violencia
3. estimar / labor como educadora
4. aclamar / poesía bilingüe
5. alabar / trabajo en pro de los salvadoreños
6. admirar / mensajes llenos de esperanza

B. Buenas iniciativas. Menciona algunas de las iniciativas del gobierno salvadoreño para mejorar la situación del país.

MODELO   anunciar medidas económicas: controlar la inflación
           El gobierno anunció medidas económicas para controlar la inflación.

1. dictar resoluciones: respetar los derechos humanos
2. presentar leyes ecológicas: proteger el medio ambiente
3. proponer medidas: combatir el narcotráfico

4. prometer incentivos: estimular la economía
5. iniciar negociaciones: resolver conflictos políticos

C. Artista salvadoreña. Completa la siguiente información acerca de la fotógrafa Muriel Hasbún, usando la preposición **para** o **por,** según convenga.

1. La fotografía "Volcán de Izalco, amén" fue creada _____ Muriel Hasbún.
2. _____ el cráter del volcán no sale humo sino caligrafía árabe.
3. Hasbún usó estas letras árabes, que representan una oración de su abuelo, _____ describir sus raíces.
4. El abuelo de Hasbún salió de Belén _____ El Salvador en 1914.
5. La madre de Hasbún era una judía francesa que estuvo oculta _____ tres años durante los años 40 en Francia.
6. _____ Hasbún, el tema de la identidad que ha moldeado la conciencia de los inmigrantes y los mestizos en toda América tiene especial importancia.

D. Educador modelo. Completa la siguiente información acerca de la vida de Elías López Tejada, usando la preposición **para** o **por,** según convenga.

Este educador salvadoreño fue enviado a la casa de un tío cuando tenía ocho años. Al haber sido abandonada _____ su marido, su madre emigró a EE.UU. con sus otros cuatro hijos. Doña María Alicia trabajaba largas horas _____ mantener a la familia. En la escuela algunos alumnos eran golpeados _____ los pandilleros. _____ evitar esos castigos, Elías se unió a una de las pandillas. Cuando tenía quince años fue aconsejado _____ el sacerdote de la parroquia de su barrio. Éste le dio una recomendación _____ entrar en un seminario donde permaneció cuatro años. _____ continuar con su educación ingresó a la Universidad de California en Davis, donde obtuvo un doctorado en Economía Agrícola. En sus trabajos posteriores a su graduación ha mostrado su preocupación _____ promover la educación y la ayuda a los jóvenes hispanos _____ que tengan un futuro brillante.

E. El volcán Izalco. Tu compañero Julián te ha pedido que leas el párrafo que ha escrito sobre el volcán Izalco prestando atención al uso de *para* y *por,* y que corrijas cualquier uso de estas preposiciones que no sea apropiado.

El volcán Izalco es admirado tanto (1) por los salvadoreños como (2) para los visitantes extranjeros. Se reconoce fácilmente (3) para su forma cónica, típica de los volcanes. Se cree que (4) por mediados del siglo XVIII ya era un volcán activo. Desde esa fecha y (5) por su constante actividad se le dio el nombre de Faro del Pacífico —sus señales de humo servían como señal (6) para los barcos. (7) Por los amantes de la naturaleza, es un placer hacer caminatas (8) para llegar hasta la cumbre del volcán, ya que existe un sendero (9) por subir al volcán. Si uno tiene energía (10) por subir puede gozar de una vista magnífica.

6.2 Adjetivos y pronombres posesivos ↺

¡Ya lo sabes!

Estás mirando unas fotografías de El Salvador que sacó una amiga tuya y las comparas con unas que tomaste tú antes. ¿Qué le dices a tu amiga?

1. *Tus fotografías* son más artísticas que *las mías.*
2. *Tu fotografías* son más artísticas que *mías.*

Sin duda seleccionaste la primera oración. ¿Cómo lo sé? Porque sé que tienes conocimiento tácito del uso de los **adjetivos y pronombres posesivos.** Pero sigue leyendo para aumentar ese conocimiento.

Forma breve: adjetivos		Forma larga: adjetivos/pronombres	
Singular	Plural	Singular	Plural
mi	mis	mío(a)	míos(as)
tu	tus	tuyo(a)	tuyos(as)
su	sus	suyo(a)	suyos(as)
nuestro(a)	nuestros(as)	nuestro(a)	nuestros(as)
vuestro(a)	vuestros(as)	vuestro(a)	vuestros(as)
su	sus	suyo(a)	suyos(as)

● Todas las formas posesivas concuerdan en género y número con el sustantivo al cual modifican —esto es, concuerdan con el objeto o persona que se posee, no con el poseedor.

> **Tus** padres nacieron en El Salvador. **Los míos** nacieron en Guatemala.
> Leí a Roque Dalton. Me gustaron **los poemas suyos.**
> Leí a Lilian Jiménez de Leiva. Me gustaron **los poemas suyos.**

> *Nota para bilingües* En inglés, las formas de tercera persona singular *his* y *her* concuerdan con el poseedor: *his poems* = **sus poemas** (de él); *her poems* = **sus poemas** (de ella). En español, los adjetivos posesivos concuerdan con el sustantivo al que se refieren.

Adjetivos posesivos

● Las formas cortas de los adjetivos posesivos se usan más frecuentemente que las formas largas. Van delante del sustantivo al cual modifican.

> **Mi** lugar favorito en El Salvador es el centro turístico Cerro Verde.

● Las formas largas se usan a menudo para poner énfasis o para indicar contraste o en construcciones con el artículo definido o indefinido: **el/un**

(amigo) mío. Van detrás del sustantivo al cual modifican y van precedidas del artículo definido o indefinido.

> **La** zona **nuestra** recibe la visita de muchos turistas.
> **Una** meta **mía** es dominar muy bien el español escrito.

● Las formas **su, sus, suyo(a), suyos(as)** pueden ser ambiguas ya que tienen muchos significados.

> ¿Dónde estudia **su** hermano? (de él, de ella, de Ud., de Uds., de ellos, de ellas)

En la mayoría de los casos, el contexto indica qué significado se quiere expresar. Para evitar cualquier ambigüedad del adjetivo o pronombre posesivo, se pueden usar frases tales como **de él, de ella, de usted,** etcétera, detrás del sustantivo. Cuando se hace esto, delante del sustantivo no se usa el adjetivo posesivo sino el artículo definido correspondiente.

> ¿Dónde estudia **el** hermano **de él?**
> **La** familia **de ella** viene de El Salvador.

● En español, se usa generalmente el artículo definido en lugar de una forma posesiva para referirse a las partes del cuerpo o a un artículo de ropa.

> No me siento bien. Estoy resfriado y me duele **la** garganta.
> Siento frío y por eso no voy a quitarme **el** abrigo.

Pronombres posesivos

● Los pronombres posesivos usan las formas posesivas largas. Reemplazan a un adjetivo posesivo + un sustantivo: **mi casa → la mía.** Se usan generalmente con un artículo definido.

> —Mis familiares viven en un barrio hispano. ¿Y **los tuyos**?
> —**Los míos** viven en la parte norte de la ciudad.

● El artículo generalmente se omite cuando el pronombre posesivo sigue inmediatamente al verbo **ser.**

> Estos cuadros **son míos.** ¿**Son tuyas** esas fotografías?

○ Ahora, ¡a practicar! ○

A. Diferencias en la familia.   Habla de las clases de tu hermana Teresa y de las tuyas.

MODELO   Teresa: ser por la tarde. Yo: por la mañana
Sus clases son por la tarde. Las mías, por la mañana.

1. Teresa: ser científicas. Yo: humanísticas
2. Teresa: reunirse dos veces por semana. Yo: tres veces por semana
3. Yo: tener examen final. Teresa: pruebas parciales

4. Yo: requerir un trabajo de investigación. Teresa: breves informes

5. Teresa: ser dictadas por un profesor. Yo: por un ayudante

B. Gustos diferentes. Tú y tu compañero(a) no tienen las mismas preferencias. ¿Cómo varían?

La fotografía de Muriel Hasbún es una obra artística mientras que (1)_____ (mía / la mía) es una simple fotografía. Nada sale del volcán en (2)_____ (mía / mi) fotografía, mientras que en (3)_____ (la suya / el suyo) se ven letras árabes. (4)_____ (Mía / La mía) es una copia de la realidad, mientras que (5)_____ (la suya / suya) presenta la realidad interior de ella. (6)_____ (Su / Suya) fotografía tiene un profundo mensaje; (7)_____ (la mía / mía) es una vista de una belleza de la naturaleza. Me gustan ambas fotografías; (8)_____ (la suya / suya) por su arte; (9)_____ (mía / la mía) porque es (10)_____ (mía / la mía).

C. El habla de los salvadoreños. Un compañero te pide que le revises su uso de los adjetivos y pronombres posesivos en este párrafo, en que compara su habla con la de los salvadoreños.

Veo que hay diferencias entre el modo de hablar de los salvadoreños y (1) mío.

(2) Sus ritmo me parece muy rápido mientras que (3) mío es más lento. La jerga

(4) suyo tiene palabras que (5) mía no tiene. Por ejemplo, no sabía a qué se

refería (6) suya palabra "cipote". Por otra parte, me costó acostumbrarme al uso

(7) suyos de "vos" que entiendo equivale a (8) mío uso de "tú". Así y todo

entiendo la mayor parte de lo que dicen.

6.3 El infinitivo

¡Ya lo sabes!

Una amiga tuya no se interesa mucho por los refranes por la razón que da en una de las oraciones del primer par. Tú tratas de interesarla al decir una de las oraciones del segundo par. ¿Qué oración pronunció cada uno de ustedes?

    1. a. Es difícil *aprendo* nuevos refranes.
       b. Es difícil *aprender* nuevos refranes.
    2. a. *Acabo encontrar* un libro de refranes. ¿Quieres verlo?
       b. *Acabo de encontrar* un libro de refranes. ¿Quieres verlo?

¿Seleccionaste la segunda oración en ambos pares? Si fue así es porque tienes un conocimiento tácito del uso del infinitivo. Continúa leyendo y vas a aprender más acerca del **infinitivo** y de sus usos.

El infinitivo puede usarse

● como el sujeto de la oración. El artículo definido **el** puede preceder al infinitivo. En español el sujeto puede ir delante o detrás del verbo principal, como puede verse en las oraciones que siguen.

> Fumar es malo para la salud se los jóvenes. (A los jóvenes les hace mal fumar.)
> Es difícil **crear** fotografías artísticas. (**Crear** fotografías artísticas es difícil.)

● como el objeto de un verbo. En este caso, algunos verbos requieren una preposición delante del infinitivo.

Verbo + *a* + infinitivo	Verbo + *de* + infinitivo	Verbo + *con* + infinitivo	Verbo + *en* + infinitivo
aprender a	acabar de	contar con	insistir en
ayudar a	acordarse de	soñar con	pensar en
comenzar a	dejar de		
decidirse a	quejarse de		
empezar a	tratar de		
enseñar a	tratarse de		
volver a			

> Los padres de Muriel Hasbun le **enseñaron a apreciar** el arte.
> Elías López Tejada **insiste en promover** la importancia de la educación.
> Mis padres **sueñan con volver** a El Salvador.

Nota para hispanohablantes En algunas comunidades de hispanohablantes hay una tendencia a no usar o a intercambiar las preposiciones que acompañan estos verbos y decir *Yo soñé de ti anoche* o *Tratamos comunicarnos contigo ayer* en vez de **Yo soñé contigo anoche** y **Tratamos de comunicarnos contigo ayer**. Es importante usar siempre las preposiciones debidas con estos verbos fuera de esas comunidades y en particular al escribir.

● como el objeto de una preposición.

> **Antes de leer** a Roque Dalton yo no sabía nada de este autor.
> Daisy Cubías escribe poesía **para llevar** un mensaje de paz y comprensión a sus lectores.

Nota para bilingües Tras una preposición, en inglés se usa la forma verbal terminada en *-ing,* no el infinitivo: *Before reading Roque Dalton, I knew nothing about him* = **Antes de leer a Roque Dalton no sabía nada de él.**

- La construcción **al** + infinitivo indica que dos acciones ocurren al mismo tiempo. Equivale a **en el momento en que** o **cuando.**

   Al ingresar a la universidad, no sabía qué carrera iba a seguir. (En el momento en que ingresé / Cuando ingresé…)

> *Nota para bilingües*
>
> Esta construcción equivale al inglés *upon/on* + verbo terminado en *-ing* o una oración introducida por *when: Upon/On entering the university I,…* ; *When I entered the university,…*

- como un mandato impersonal. Esta construcción aparece frecuentemente en instrucciones y letreros.

   Contestar todas las preguntas.
   Llenar con letra de molde.
   No **fumar.**

☉ Ahora, ¡a practicar! ☉

A. Consejos.   Sigue el modelo para mencionar algunos de los consejos que recibió Elías López Tejada cuando era adolescente.

MODELO   fundamental / no abandonar la escuela
          Es fundamental no abandonar la escuela.

1. indispensable / pedir consejos a los profesores
2. importante / no desanimarse
3. preciso / tener ideales y seguirlos
4. necesario / esforzarse en la escuela
5. esencial / obtener un título profesional
6. … (añade otros consejos)

B. Señales de tráfico.   Primeramente empareja cada señal de tráfico con su significado. Luego escribe un par de oraciones indicando si crees que es fácil o difícil entender señales como éstas y por qué.

1.

2.

3.

4.

5.

a. Ceder el paso.
b. Conducir preferentemente a no más de 70 kilómetros por hora.
c. Conducir por la vía de la derecha.
d. Girar a la derecha.
e. Conducir con precaución.
f. No entrar.
g. No adelantar.
h. Conducir obligatoriamente siempre a 70 kilómetros por hora.

C. Subida al Izalco.   Completa la siguiente narración de Gaby, quien visita El Salvador, sobre la subida al volcán Izalco. Cuando sea necesario, emplea una preposición apropiada.

Durante nuestra estadía en El Salvador (1) decidimos _____ hacer una excursión a la cima del volcán Izalco. (2) Queríamos _____ hacer ejercicio y también (3) soñábamos _____ contemplar un hermoso panorama desde la cima. (4) Empezamos _____ subir como a las once, acompañadas de un policía y un guía turístico. Nos dijeron que (4) tratáramos _____ subir sin prisa porque no (4) queríamos _____ llegar a la cima agotados. Había nubes y (5) comenzó _____ llover. No (6) contábamos _____ tener un tiempo lluvioso. Así y todo seguimos subiendo. Afortunadamente después de un tiempo (7) dejó _____ llover y cuando llegamos a la cima hacía mejor tiempo. Había menos nubes y eso nos (8) permitió _____ contemplar un paisaje magnífico. No nos (9) quejamos _____ haber hecho el viaje.

D. Salida de la patria.   Una compañera ha escrito el siguiente párrafo acerca de los salvadoreños que ahora viven en EE.UU. y desea que leas y corrijas cualquier uso de un verbo conjugado seguido de un infinitivo que no sea apropiado. Presta atención a la preposición que puede ir delante del infinitivo.

Durante la década de los 80 muchos salvadoreños (1) empezaron emigrar a EE.UU. (2) Acababa a comenzar una guerra civil que costó muchas vidas. Los nuevos emigrados no (3) contaban con hacer trabajos que pagan poco dinero. Aún así, (4) aprendieron ahorrar y enviaron y siguen enviando dinero a los miembros de la familia que no (5) quisieron emigrar o que (6) insistieron de quedarse en su patria. Muchos de los emigrados no (7) dejan de pensar en su país de origen y (8) sueñan de regresar a El Salvador a veces. Sin embargo, saben que eso es difícil; se han adaptado al nuevo país, (9) han aprendido a comunicarse en inglés y (10) tratan contribuir a la sociedad en que ahora se encuentran.

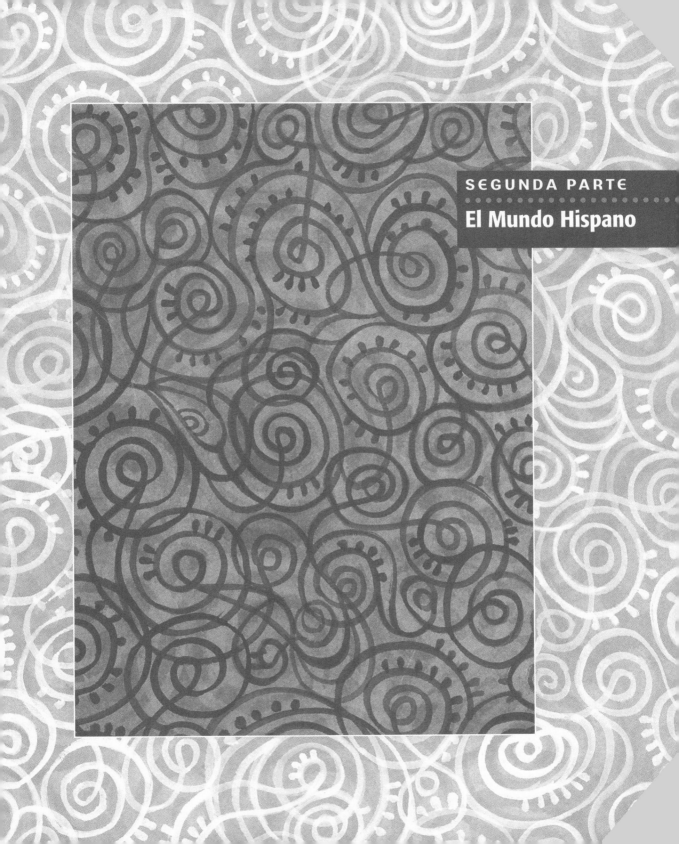

Barcelona: Casa Batlló, diseñada por el arquitecto catalán Antoni Gaudí

Los dichos populares son expresiones que la gente repite en determinadas situaciones. Son muy valiosos porque reflejan un modo de vida determinado (del campo, de la caza, del toreo…) y a veces encierran mucha sabiduría, sin pretender ser refranes.

A. Dichos y expresiones populares. Lee estos dichos populares de España relacionados con el mundo de los toros, y luego conéctalos con la explicación apropiada a la derecha. Finalmente, explica cómo se relacionan los dichos y los dibujos.

_____ 1. Agarrar al toro por los cuernos (o por las astas).

_____ 2. Hasta el rabo, todo es toro.

_____ 3. ¡Puerta!

_____ 4. ¡Ánimo y al toro!

_____ 5. Echar un capote

a. ¡Ten valor y enfréntate al problema!

b. Tratar un problema con seriedad.

c. Ayudar

d. ¡Vete!

e. Hasta que no se resuelve un problema del todo, siempre puede ser peligroso.

B. Álbum de mi familia. Divierte a tus padres, abuelos o tíos con estos dichos. Pregúntales si los conocen, y si te pueden decir algunos más. Anota los que te cuenten y apréndetelos de memoria para recitárselos a la clase para ver si pueden explicar su significado. Ponlos también en tu álbum familiar con los nombres de las personas que te los dieron. Si puedes copiar o dibujar algo que ilustre las expresiones que incluyes, hazlo también.

Nuestra riqueza cultural

◌ Antes de leer ◌

Los orígenes del flamenco.   Indica en la primera columna si, en tu opinión, estos comentarios son ciertos o falsos. Luego, después de leer la lectura, completa la tercera columna con la opinión del autor. Si algún comentario es falso, corrígelo.

En mi opinión			Según el autor	
C	F	1. El flamenco es una música creada por los árabes que vivían en España.	C	F
C	F	2. Los gitanos eran un pueblo nómada.	C	F
C	F	3. Las formas más primitivas del flamenco no necesitan instrumentos musicales.	C	F
C	F	4. Los distintos estilos del flamenco se llaman "palos".	C	F
C	F	5. La mayoría de los estilos del flamenco fueron creados en el norte de España.	C	F
C	F	6. El flamenco está vivo y continúa evolucionando hoy día.	C	F

◌ Lectura ◌

I. El flamenco: Ritmo, guitarra, baile y canto

La palabra flamenco proviene de las palabras árabes *felag* (campesino) y *mengu* (fugitivo) y se identifica con el cante de los gitanos de Andalucía, en el sur de España. La condición nómada de estos gitanos que llegaron a Andalucía a partir del siglo XV los lleva a ser una cultura acostumbrada a tomar prestadas las formas musicales de los lugares por donde pasaban, y a reinterpretarlas a su propio estilo. A esto se suma la gran riqueza cultural y artística que encontraron en Andalucía, dado que en ella, para entonces, habían convivido por casi ochocientos años las culturas árabe, judía y cristiana.

La música era y es una parte muy importante del vivir cotidiano y las celebraciones de los gitanos. Todo lo que necesitan para comenzar a hacer música es la voz y las manos y los pies para marcar el ritmo. Por esta razón, las formas más primitivas del flamenco no necesitan de ningún tipo de instrumento musical.

Los diferentes estilos o "palos" del flamenco están agrupados en familias de acuerdo a su estructura, melodía y temas más o menos comunes.

La mayoría de los palos fueron creados en las provincias andaluzas de Cádiz, Málaga y Granada. Algunos de los más populares son la soleá (de soledad), las tonás, las seguirillas (o siguirillas), los tangos y los fandangos. Estos palos tienen muchas variaciones, que a menudo se denominan por su lugar de origen, como las malagueñas (de Málaga), o los fandangos de Huelva.

El flamenco es, en fin, una música riquísima que no ha cesado de evolucionar desde sus orígenes y que continúa viva, evolucionando constantemente.

La canción "como el agua que vemos a continuación es del gran cantaor flamenco José Monje Cruz, más conocido por Camarón de la Isla. Se trata de un tango. El tango es un palo flamenco con mucho ritmo que no hay que confundir con el tango argentino. Junto a la bulería, es el palo más popular de la fiesta flamenca, por su ritmo vivo y alegre y su compás medido, que permite que sea bailado, lo que da lugar a movimientos, a veces improvisados, llenos de brillantez y de expresividad.

Como el agua (1981)
Por Camarón de la Isla

Limpiaba el agua del río
como la estrella de la mañana
limpiaba el cariño mío
el manantial de tu fuente clara

ay como el agua, ay como el agua, ay como el agua

Como el agua clara
que baja del monte
así quiero verte
de día y de noche

ay como el agua, ay como el agua, ay como el agua

yo te eché mi brazo al hombro
pequeño brillo de luna
iluminaban tus ojos
de ti deseo 'toíto' el calor
pa ti mi cuerpo si lo quieres tú
fuego en la sangre
nos corre a los dos

ay como el agua, ay como el agua, ay como el agua

si tus ojillos fueran aceitunitas verdes
toda la noche estaría muele que muele
muele que muele
toda la noche estaría muele que muele
muele que muele

luz del alma me adivina
que a mí me alumbra mi corazón
mi cuerpo alegre camina,
porque de ti lleva la ilusión

ay como el agua, ay como el agua, ay como el agua

⌒ ¿Comprendiste? ⌒

A. El flamenco. Contesta estas preguntas con un(a) compañero(a) de clase. Luego comparen sus respuestas con el resto de la clase.

1. ¿Cuál es el origen del flamenco? ¿Cómo eran sus formas más primitivas?
2. ¿Qué es un palo? ¿Dónde fueron creados la mayoría de los palos?
3. ¿Te parece "Como el agua" una canción triste? ¿Qué tipo de sentimientos expresa?
4. ¿Qué tipo de lenguaje utiliza esta canción? ¿Es culto y rebuscado, o popular?
5. Por qué crees que usa palabras como *pa* y *toíto* en lugar de **para** y **todito?**
6. Si tú decidieras escribir una canción flamenca, ¿de qué escribirías? ¿Por qué seleccionarías ese tema?

B. El flamenco en el ciberespacio. En tu casa o en el laboratorio de computación, usa tu buscador favorito en Internet. Escribe las palabras "los palos del flamenco" para obtener una lista completa de los palos del flamenco. Lee las definiciones de los palos y trata de determinar cuál de ellos sería tu favorito. Luego, busca en Internet bajo "radio flamenco" algún sitio que te permita escuchar canciones flamencas. Ve a clase preparado(a) para compartir con tus compañeros tu palo favorito, y darles el nombre de las canciones y cantaores que encontraste.

⌒ Antes de leer ⌒

Mi país. ¿Qué nivel de diversidad hay en la ciudad donde vives? ¿Crees que la aceptación de la diversidad es algo ya conseguido, o hay mucho por hacer? Hazle estas preguntas a un(a) compañero(a) de clase. Luego él (ella) te las va a hacer a ti.

1. ¿Cuántos grupos étnicos o gente de distintos países vive en tu ciudad? ¿Viven en armonía, o hay conflictos derivados de las diferencias culturales?
2. ¿Qué valores crees que aporta la diversidad? ¿Cuáles son los desafíos?
3. En tu opinión, si tuvieras que emigrar a Europa, ¿a qué país emigrarías? ¿Qué tipo de acogida crees que tendrías? ¿Crees que te resultaría más fácil vivir en España por ser un país hispanohablante?

◌ Lectura ◌

II. España, modelo de diversidad

España tiene algo en lo que se puede considerar un modelo para los otros países hispanohablantes: está condenada a ser un país abierto a la diversidad.

Durante siglos España fue una encrucijada de culturas que dejaron su particular huella, produciendo un país donde se hablan cuatro idiomas oficiales y docenas de variantes dialectales. Hoy día, una vez más, por su situación geográfica, por su apertura al mar, y por su actitud abierta, España es el destino de gran parte de la inmigración procedente del norte de África y del África subsahariana. A esto hay que unir el gran flujo migratorio de los países hispanohablantes, tanto de hijos de emigrantes españoles que llegan a la península para probar fortuna en la tierra de sus antepasados, como de los que quieren iniciar una nueva vida en un país que en estos momentos cuenta con una de las economías más fuertes de Europa. Muchos entran en España como un modo de pasar a la Europa de la Unión Europea, y terminan quedándose allí por la facilidad del idioma y el clima agradable.

Otro fenómeno a tener en cuenta es la entrada de numerosos ciudadanos que hay de la Comunidad Europea que, por el clima y por el estilo de vida, han dejado su país de origen para vivir en España. Hay cerca de un millón de ciudadanos británicos que viven en España, sobre todo en el sur. También abundan los alemanes, suecos, y otros miembros de países de la Comunidad Europea. Es muy común ir al mercado de un pueblo del sur de España y oír a una persona comprando verduras frescas o pescado, en un español incipiente.

España es, pues, un modelo de país diverso donde andaluces, aragoneses, asturianos, baleares, canarios, cántabros, castellanos, catalanes, ceutíes, extremeños, gallegos, manchegos, melillenses, murcianos, navarros, riojanos, valencianos y vascos están llamados a compartir su vida, su espacio y su futuro entre ellos y con ciudadanos de otros países de Europa, de África, de Asia y de las Américas.

◌ ¿Comprendiste? ◌

A. Los españoles y la diversidad. Selecciona la opción que mejor complete las siguientes oraciones.

1. España siempre ha sido un país…

 a. abierto.   **b.** cerrado.   **c.** tradicional.

2. En España se hablan…

 a. cuarenta idiomas.   **b.** cuatro idiomas.   **c.** miles de dialectos.

3. En España viven más de un millón de…

    a. ingleses.   **b.** alemanes.   **c.** suecos.

4. La mayoría de los británicos vive en el…

    a. norte.   **b.** este.   **c.** sur.

B. Encuesta.   Haz una encuesta. Pregúntale a un (una) español(a), ya sea un(a) amigo(a), profesor(a), persona de negocios o cualquier otro(a) español(a) que conozcas, lo siguiente: ¿Cómo ve a su país? ¿Cree que seguirá progresando o que enfrentará grandes dificultades? ¿Cómo afectará al país tener tantos inmigrantes? ¿Cree que el hecho de que muchos de los inmigrantes sean musulmanes será un desafío especial? ¿Cree que los inmigrantes se adaptarán al modo de vida español, o al contrario? Compara los resultados de tu encuesta con los del resto de la clase para saber lo que piensa la mayoría de los inmigrantes españoles.

C. La gramática está viva en la lectura.   Completen las siguientes oraciones con la forma correcta del participio pasado o el presente perfecto. Para más información sobre **el participio pasado y el presente perfecto,** consulta *Así funciona nuestro idioma,* página 264.

1. En la opinión de muchos, España (*has been condemned*) a ser un país abierto a la diversidad.
2. Desde principios del siglo XXI, España (*has been*) con una de las economías más fuertes de Europa.
3. Debido a que siempre (*has had*) una actitud abierta, España es el destino de gran parte de la inmigración procedente del norte de África y del África subsahariana.
4. Una fuerte economía, la facilidad del idioma y el clima agradable (*have been*) las razones principales por las cuales tanta gente (*have immigrated*) a España recientemente.
5. Todos los españoles (*have had*) a compartir su vida, su espacio y su futuro con ciudadanos de otros países de Europa, de África, de Asia y de las Américas.

D. España en el ciberespacio.   En tu casa (o en el laboratorio de computación), usa tu buscador favorito en Internet. Escribe las palabras "inmigración en España" para encontrar páginas que hablan sobre la inmigración en España. Escoge algún aspecto que te resulte importante destacar, como las cifras, los destinos, los requisitos y cualquier otro que te parezca interesante. Ven a clase preparado(a) para compartir la información.

El uso de drogas y estupefacientes es uno de los grandes problemas que azotan a la juventud de muchos países. Hasta ahora, para afrontar este desafío, se usan sobre todo métodos policiales. Hay quienes argumentan que la prohibición del alcohol en los Estados Unidos aumentó el crimen sin reducir el consumo de alcohol o el alcoholismo. ¿Ocurre lo mismo con las drogas? Vamos a conversar sobre este tema, intentando, en grupos de tres, responder a las siguientes preguntas. Luego informen a la clase de sus conclusiones, y estén preparados para discutir las opiniones de los demás grupos.

A. Las drogas legales.   Dado que el alcohol y el tabaco provocan dependencia y tienen consecuencias muy serias para la salud, ¿Creen que deberían ser considerados drogas? ¿Piensan que el consumo de alcohol o de tabaco debería prohibirse? puesto que el alcohol se prohibe a los jóvenes hasta los 21 años, ¿Creen que se deberían bajar ambos a los 18? ¿se debería también prohibir el tabaco hasta los 21?

B. Las drogas blandas.   Dadas las consecuencias negativas del uso de estas drogas, ¿se puede hablar de drogas "blandas" (marihuana o hachís)? ¿Creen que el uso terapéutico de la marihuana justifica su uso? ¿Creen que si el alcohol es legal, debería ser legal el consumo de marihuana u otras drogas blandas? ¿Creen que si un jóven consume marihuana u otra droga blanda, es más propenso a usar drogas duras? ¿Por qué sí o no?

C. Las drogas duras.   Por "droga dura" se entiende la droga que crea un síndrome de abstinencia cuando se deja de consumirla (cocaína, heroína, etc.). ¿Cuál creen que es la mejor manera de evitar que la gente consuma estas drogas? ¿Creen que legalizarlas ayudaría a resolver el problema del consumo de drogas duras y la violencia que a veces conllevan?

D. Las drogas de diseño.   Aparte de las tradicionales drogas duras, los jóvenes consumen las llamadas drogas de diseño (éxtasis, speed, etc.) ¿Creen que estas drogas son tan nocivas como las drogas duras? ¿Permitirían ustedes que sus hijos o hijas consumieran este tipo de drogas? ¿Qué harían para evitarlo?

Nuestra riqueza lingüística

ᕲ Antes de leer ᕱ

Estudia las siguientes listas de palabras e identifica la categoría a la cual pertenece cada lista.

alfombra	limón	astronomía	acequia
almohada	naranja	geometría	algodón
sofá	zanahoria	matemáticas	alfalfa

Si adivinaste algo parecido a artículos de lujo, frutas y vegetales, ciencias y agricultura, acertaste. Ahora, las cuatro listas también tienen algo en común. Si no te es obvio, sigue leyendo y vas a dar en el clavo.

ᕲ Lectura ᕱ

En esta sección vas a aprender lo que pasa cuando dos lenguas acaban por estar en contacto, la una con la otra, por un largo período de tiempo.

Lenguas en contacto: El español y el árabe

Los lingüistas nos dicen que cuando dos lenguas conviven por un extenso período de tiempo, ambas lenguas acaban por influirse mutuamente. La historia apoya esta teoría totalmente; basta sólo ver la lengua española a lo largo de su historia. Las lenguas indígenas de España, en esos tiempos llamada Península Ibérica, sintieron tanta influencia del latín durante los casi ochocientos años que perduró la invasión romana, que el latín de los soldados romanos se convirtió en la lengua oficial de toda la península. Con el tiempo, ese latín llegó a ser la lengua española. Pero España sufrió otras ocupaciones, cada una dejando impronta en la lengua española. Sobresale la ocupación musulmana, que empezó en el año 711 y no terminó hasta el año 1492. El contacto entre español y el árabe durante esos casi ochocientos años hizo que la lengua española adoptara un gran número de palabras árabes, inclusive todas las palabras que aparecen en las listas de las cuatro categorías de arriba: artículos de lujo, frutas y vegetales, ciencias y agricultura.

ᕲ ¿Comprendiste? ᕱ

A. Lenguas en contacto.   Contesta estas preguntas.

1. Según los lingüistas, ¿qué es inevitable cuando dos lenguas conviven por un extenso período de tiempo?
2. ¿Cuál es el origen de la lengua española? ¿Qué influyó en su desarrollo?

3. ¿Por cuántos años ocuparon los musulmanes la Península Ibérica? ¿Cuál fue el resultado?
4. ¿Por qué crees que varias palabras en las categorías de lujo, frutas y vegetales, ciencias y agricultura fueron adoptadas del árabe?
5. Unas 4000 palabras en español fueron adoptadas del árabe. De esas, un gran número empieza con *al-* ¿Por qué será?

B. Influencia del árabe.   A que ya hablas un poco de árabe. A continuación hay dos listas. La primera es de palabras árabes, la segunda de palabras en español. Pon la letra de cada palabra en español al lado de la palabra árabe de la cual se deriva.

	Árabe		Español
_____	1. albarcoc	a.	alfiler
_____	2. albóndoca	b.	alfalfa
_____	3. algabru	c.	naranja
_____	4. alcobba	d.	álgebra
_____	5. alcotón	e.	almacén
_____	6. alfásfas	f.	albaricoque
_____	7. alhibál	g.	almanaque
_____	8. âljomra	h.	albóndiga
_____	9. almajzen	i.	azul
_____	10. almanaj	j.	algodón
_____	11. alquiré	k.	ojalá
_____	12. azeituna	l.	alquiler
_____	13. lazurd	m.	alfombra
_____	14. narang	n.	alcoba
_____	15. ua xa Alah	o.	aceituna
_____	16. almuhadid	p.	alcohol
_____	17. azaferán	q.	toronja
_____	18. toroncha	r.	alguacil
_____	19. aluacir	s.	azafrán
_____	20. alcohl	t.	almohada

David Bisbal Nació en la ciudad de Almería, España, en 1979. A los 18 años abandonó sus estudios para dedicarse al canto. Después de trabajar en distintos oficios, su verdadera oportunidad le llegó en el programa "Operación Triunfo" (una versión española de *American Idol*), en cuya primera edición (2002) resultó

ser uno de los finalistas, terminando en segundo lugar. A partir de entonces Bisbal logró consolidarse como toda una revelación musical en el pop latino. Su primer disco, *Corazón latino*, apareció en el verano de 2002, compuesto por 11 temas, de los cuales su primer sencillo, "Ave María", logró colocarse entre los primeros lugares de las listas de popularidad, no sólo en España, sino en países como Estados Unidos, México, Costa Rica, Puerto Rico y Venezuela. En noviembre de 2002 David Bisbal recibió el prestigioso Premio Ondas al mejor álbum, y después la revista *Billboard* lo eligió como el Artista Revelación Internacional 2003. Ese mismo año fue premiado con el Grammy Latino en la categoría de Artista Revelación y el Premio TV y Novelas de México. En 2004 Bisbal presentó su segundo disco, *Bulería*, donde fusionó el pop con distintos ritmos latinos, además de una aportación mayor de su raíz flamenca. Bisbal es sin duda uno de los cantantes jóvenes con mayor proyección internacional.

David Bisbal

Pau Gasol Nació en Barcelona en 1980 y se crió en Sant Boi de Llobregat, donde vive cuando está en España. Allí dio sus primeros pasos en el mundo del baloncesto, concretamente en su colegio de El Llor. En poco tiempo pasó a formar parte de varios equipos españoles. En la temporada 97–98 se proclamó campeón de España Junior con el Barcelona. A partir de aquí la carrera de Pau Gasol se destaca por sus triunfos en el club barcelonés y en la selección Española (Lisboa del 99), proclamándose campeón del Mundo al derrotar en la final a los Estados Unidos. En el año 2000, Pau Gasol empezó sus estudios de medicina, pero decidió dejarlos al poco tiempo para poder dedicarse exclusivamente al mundo del

Pau Gasol

baloncesto. En junio de 2001 se incorporó a las filas del equipo de la NBA Atlanta Hawks y rápidamente fue traspasado al Memphis Grizzlies. En la NBA, Gasol pasó desapercibido en sus primeros partidos. Pero con el tiempo fue adaptándose al equipo y al cambio de país y de liga. Fue ganando la confianza del público y de su entrenador, al punto que en su primera temporada en la NBA fue proclamado el mejor jugador principiante del año (*Rookie 2002*). En el año 2006 fue elegido jugador *All Star*, siendo el primer jugador español de la historia en conseguirlo. Ese mismo año logró con la selección española, la medalla de oro en el campeonato del mundo en Japón. Pau Gasol mide 2 metros 15 centímetros (8,2 pies).

A. Hispanos estelares. Contesta estas preguntas con tres compañeros de clase e informen a la clase de sus conclusiones.

1. ¿Quién es David Bisbal? ¿A qué se dedica? ¿Cómo consiguió llegar a la fama? ¿Qué premios ha conseguido? ¿Qué tipo de ritmos mezcla? ¿Conocen algunas de sus canciones? ¿Cuáles?
2. ¿De dónde es Pau Gasol? ¿Cómo llegó a jugar baloncesto profesional? ¿Cuáles son los mayores logros de su carrera? ¿Lo han visto jugar? ¿Qué les parece como jugador de baloncesto? ¿Creen que tiene mucho futuro?

B. El gran teatro del mundo.

1. Están participando en el programa "Operación Triunfo", el equivalente de *American Idol*, en un canal de la televisión de España. Uno(a) de ustedes hace de presentador(a). Algunos(as) voluntarios(as) tienen la oportunidad de demostrar sus dotes cantando o actuando. Si pueden cantar en español, mucho mejor. El resto de la clase vota para seleccionar las mejores voces y los mejores talentos, y al final se deciden por un(a) cantante que puede grabar un disco, y un actor con talento para la televisión. Invitan a estos artistas a volver a repetir la actuación que los va a llevar a la fama.
2. Es la final del Super Tazón (*Superbowl*), faltan 55 segundos para el final, los equipos están empatados a 27 puntos, y el entrenador pide el último tiempo muerto (*time out*). Uno(a) de ustedes hace de entrenador(a) y los otros de jugadores. Pueden inventar los nombres de los jugadores y dar instrucciones para la última jugada del partido. Todos están obviamente cansados. Su equipo tiene la pelota, y tienen que ponerse de acuerdo sobre qué jugada van a hacer para ganar el partido. Dense ánimos unos a otros.

C. La gramática está viva en la lectura. Completa las siguientes oraciones con alguna forma apropiada de la voz pasiva, según lo indicado. Luego identifica a la persona que se describe en cada oración. Para más información sobre **la voz pasiva,** consulta *Así funciona nuestro idioma,* página 270.

1. Su fama (*has been attributed*) a su participación en el programa de televisión "Operación Triunfo".
2. En la temporada 97-98, (*he was proclaimed*) campeón de España Junior con el Barcelona.
3. (*He stands out*) por sus triunfos en el club barcelonés y en la selección española.
4. Su primer disco (*was recorded*) en el verano de 2002.
5. Sus estudios de medicina (*were abandoned*) para poder dedicarse exclusivamente a su verdadero amor.
6. Sus esfuerzos (*were recognized*) en el año 2003, cuando recibió dos premios internacionales.

Hablemos de carreras... de deportistas profesionales

Llegar a ser un deportista de élite no es algo que está al alcance de todos, aunque sí lo está el intentarlo. ¿Tienes alguna habilidad que podrías desarrollar para hacerte deportista profesional? ¿Qué pasos tendrías que dar? ¿Cuántas horas al día tendrías que entrenarte? ¿Tendrías que cambiar de ciudad y de universidad? ¿Cómo crees que recibirían tus amigos y familiares la noticia de que vas a intentar convertirte en deportista profesional?

ꙮ Para hablar de carreras de deportistas profesionales ꙮ

Baloncesto (Básquetbol)
aro, cesto (o canasta)
balón
cancha
falta
... intencional
... personal
... técnica
gimnasio
substitución
tiempo muerto

Acciones de baloncesto
bloquear
caminar
encestar (o conseguir una
    canasta)
hacer un tanto
palmear
pasar/tirar el balón
consultar recoger el rebote
tiro lanzar un de gancho
tiro lanzar un de salto
tiro lanzar un fijo
tiro lanzar un libre

Jugadores de baloncesto
ala-pívot
alero
base
escolta
pívot

Fútbol
campeonato
copa
córner
cuadro indicador/marcador
espectadores
estadio
faltas
tarjeta amarilla (amonestación)
tarjeta roja (expulsión)
fuera de juego
    ... lugar
gol (golazo)
libre directo
libre indirecto
liga
partido
penalti (pena máxima)
tiempos del partido
primer/segundo tiempo
    (primera/segunda parte)
prórroga
tiempo adicional
torneo
tribunas (fondos)

Campo de fútbol
área
    ... grande
    ... chica
césped

córner (o la esquina)
línea
    ... de fondo
    ... de gol
    ... divisoria
medio centro
punto de penalti
sector
    ... derecho
    ... izquierdo

Protagonistas del partido
árbitro
entrenador
defensa central
lateral izquierdo
lateral derecho
centrocampista
mediapunta
delantero centro
extremo derecha
extremo izquierda
portero (o guardameta o
    arquero)
suplente (o reserva)

Acciones de fútbol
anotar/marcar/meter un gol
    (tanto)
cometer una falta (penal)
derrotar
detener/pasar el balón

empatar	lesionar(se)	... de centro
estar empatados	recibir el balón	... de puerta
golpear el balón (chutar, patear)	saque	... neutral
... de cabeza	... de banda	

A. Preparémonos para hablar.   Completa estas oraciones y comparte tus respuestas con un(a) compañero(a) de clase.

1. **Baloncesto:** El árbitro marcó una _____ y Pau Gasol tuvo la oportunidad de lanzar dos _____ para empatar el partido. El entrenador contrario pidió un _____, pero su equipo ya no consiguió ninguna _____.
2. **Fútbol:** Al cometer el _____, el defensa del equipo visitante vio su segunda _____ y fue expulsado. El delantero del Real Betis _____ el penal con la pierna izquierda, y consiguió un auténtico _____.
3. **El fútbol** se juega en un _____ mientras que el baloncesto se juega en una _____. Los _____ miran constantemente el _____ para saber si los dos equipos salen _____ o si uno totalmente _____ al otro.

B. Con el diccionario en mano.   Traduce estas oraciones al español para mostrar que conoces bien este vocabulario relacionado con los deportes.

1. I prefer basketball because the score changes constantly with the players fighting for the rebounds and making baskets all the time. I especially like it when the ball goes right through the net without touching the rim.
2. Soccer is the game, my friends. There is nothing like seeing the midfielder pass the ball to the left wing, who then kicks it to the forward, who proceeds to make a goal with a beautiful head shot. Unless, of course, the referee calls offside.

C. Deportistas profesionales del futuro.   Identifiquen a los (las) compañeros(as) de clase que tal vez se interesen en una carrera en deportes y entrevístenlos. Usen estas preguntas y otras que les parezcan apropiadas.

1. ¿En qué deportes les interesa especializarse? ¿Es fácil o difícil conseguir un puesto profesional? ¿Qué se requiere?
2. ¿Qué tendrán que hacer aquí en la universidad para lograr su meta? ¿Qué efecto tiene su GPA? ¿Qué o quiénes en la universidad los puede ayudar más a alcanzar su meta?
3. ¿Qué porcentaje de atletas universitarios logra hacerse profesional? ¿Cuántos miembros de su equipo aspiran a ser deportistas profesionales? ¿Cuántos alcanzarán esa meta?
4. ¿Qué porcentaje de deportistas profesionales en baloncesto/béisbol/fútbol serán hispanos? ¿De dónde será la mayoría, de los Estados Unidos o de algún país hispano? ¿Creen que es más o menos difícil llegar a ser deportista profesional para un hispano que para un anglo? ¿Por qué creen eso?

D. Entrevista con un deportista profesional. Seleccionen una pareja de la clase para que entreviste a un deportista hispano profesional de la comunidad o a uno no hispano. Pídanles que informen a la clase de los resultados de su entrevista. ¿En qué deportes se especializa? ¿Fue difícil llegar a ser profesional? ¿Sufrió algunas quebraduras o lesiones dañinas al cuerpo? ¿Lo volvería a hacer? ¿Se lo recomendaría a ustedes? ¿Por qué sí o por qué no?

Arte hispano

La artista

Inmaculada Hidalgo es la artista más famosa en el diseño de abanicos en la España contemporánea. Inmaculada nació en Fuente de Piedra, provincia de Málaga, en Andalucía. Estudió Arte y Diseño, y se especializó en abaniquería, disciplina que estudia el arte y técnica de este exclusivo complemento. La originalidad de esta artista malagueña radica en haber roto con los diseños clásicos y con el formato semicircular del tradicional abanico plegable. Los cortes en las varillas de madera y en las telas, los calados y las terminaciones hacen que los abanicos que salen de su estudio sean no solamente únicos e irrepetibles, sino genuinas obras de arte. Algunos críticos han definido su obra como "una sinfonía de colores y formas armónicas".

Abanico Nazarí

"Abanico Nazarí" de Inmaculada Hidalgo (véase la página xix) describe la época nazarí, del siglo XIII al XV, en la que conviven en armonía en Andalucía las culturas árabe, judía y cristiana, la mayor experiencia histórica de convivencia pacífica entre culturas.

El corte rectangular que se aprecia en la parte inferior del abanico representa el Arco de las Atarazanas, actual mercado del centro histórico de Málaga que conserva la arquitectura nazarí de la época. Por encima del rectángulo, se aprecian las dovelas o piedras labradas en forma de cuña que forman el arco de la puerta. A ambos lados, pueden verse escudos árabes con el pensamiento "Sólo Dios es vencedor", que conmemora victorias guerreras.

Por encima de las dovelas y en el centro de la tela, puede apreciarse una representación de la Alcazaba, fortaleza árabe sobre la que gira el diseño urbanístico de la actual ciudad de Málaga. Encima de ella, la luna mora, que representa la fecundidad. En la orla superior, a derecha e izquierda, el árbol de la vida. En el centro, un poema de Ibn Gabirol, poeta nacido en Málaga en la época nazarí, que en el abanico ha sido escrito de izquierda a derecha intencionadamente para expresar la convivencia y diálogo que se daba en Andalucía en ese período histórico entre la cultura árabe y cristiana. En la parte inferior del abanico hay un corte triangular con siete varillas de color natural de igual altura, que representan el candelabro hebreo. Debajo se ven dos estrellas superpuestas sobre un fondo de color burdeos que representa el color de la tierra y los vinos andaluces: una estrella de ocho puntas, la nazarí; otra de seis puntas, la estrella de David.

A. "Abanico Nazarí".   Contesta estas preguntas sobre el Abanico Nazarí.

1. ¿Cuáles son los símbolos más importantes que se ven en el Abanico Nazarí?
2. ¿Qué opinas de la decisión de la artista de alterar la forma tradicional de los abanicos? ¿Crees que da buen resultado? ¿Por qué?
3. En tu opinión, ¿por qué crees que el hecho de que el texto árabe del poema esté escrito de izquierda a derecha expresa la convivencia y aceptación de la diversidad?
4. ¿Por qué crees que la artista añade lugares árabes de la ciudad de Málaga que todavía hoy están en pie?

B. Inmaculada Hidalgo y yo.   Contesta estas preguntas sobre el trabajo de esta artista española y tus propios intereses.

1. ¿Qué piensas de este abanico? ¿Te gusta o no? ¿Por qué?
2. ¿Crees que este abanico representa bien toda la obra de Inmaculada Hidalgo? ¿Por qué sí o por qué no?
3. Si tuvieras la oportunidad de decorar un abanico con elementos importantes de tu cultura, ¿qué incluirías? ¿Cuál sería el significado de esos símbolos?
4. ¿Regalarías tú un abanico de estas características? ¿A quién se lo regalarías? ¿Lo usarías tú? ¿Por qué sí o no?

C. Abanicos en el ciberespacio.   En tu casa o en el laboratorio de computación, usa tu buscador favorito en Internet. Escribe las palabras "el lenguaje de los abanicos" o "idioma del abanico" para encontrar páginas que hablan sobre las convenciones en el uso de los abanicos. Apréndete algunas de ellas, y trae a clase un abanico (si no lo puedes conseguir, hazte uno de papel) y ven preparado(a) para compartir el lenguaje nuevo que has aprendidó con los otros estudiantes.

Nuestra herencia literaria

⊙ Antes de leer ⊙

Manejando en la ciudad. ¿Te conviertes en una persona distinta cuando manejas tu coche? ¿Cómo cambia tu personalidad? Piensa en eso al contestar estas preguntas.

1. ¿Te gusta manejar o lo haces por obligación? ¿Qué tipo de conductor eres? ¿Eres paciente o impaciente? ¿Agresivo(a) o tímido(a)? ¿Tolerante o intolerante? ¿Cortés o descortés?
2. ¿Cómo se maneja en la ciudad donde vives? ¿Son los conductores pacientes y comprensivos, o agresivos? ¿Cómo te caracterizas a ti mismo?
3. ¿Insultas a otros conductores cuando hacen algo que parece descortés? ¿Qué haces para indicarles tu frustración? ¿Tocas la bocina? ¿Haces gestos con las manos? ¿Algo más?
4. ¿Has manejado en una ciudad distinta a la tuya? ¿Te has sentido inseguro(a)? ¿Has sido más o menos agresivo(a) en esa ciudad? ¿Cómo clasificas a los conductores de esa ciudad?
5. ¿Has llegado tarde a alguna cita importante por encontrarte en medio del tráfico? ¿Qué has sentido o crees que se siente al ser detenido por el tráfico cuando tienes prisa?

Estrategias para leer: Prestar atención a las voces
En el Capítulo 3 estudiaste el concepto de la voz narrativa, es decir, la voz que nos cuenta una historia. Esta voz normalmente se expresa en primera o en tercera persona, dependiendo de si nos cuenta aventuras propias o de otras personas.

Vamos a profundizar un poco más en este concepto, para ver que la voz es una herramienta más del autor, y a través de ella tiene la opción de determinar el tipo de relación que mantiene con nosotros los lectores. Puede contarnos todo lo que sabe, hacernos guiños constantes, adelantarnos u ocultarnos información, o ser fría y aséptica con nosotros. También puede alternar funciones, o mantener una posición intermedia. Pero de lo que no cabe duda es de que la voz usa mecanismos para crear efectos y generar sensaciones en el lector, y que hay pistas en el texto para determinar adónde quiere llevarnos la voz.

Para entender qué tipo de relación quiere mantener la voz con nosotros los lectores, conviene prestar atención al tono, la dicción, el vocabulario o el tipo de frases que usa, entre otras cosas.

Ser conscientes de este recurso con que cuenta el autor o autora de un texto puede ayudar a comprenderlo más profundamente.

La voz narrativa. Repasa el siguiente cuento de Rosa Montero y trata de determinar cuánta fuerza tiene la voz y qué relación establece contigo, respondiendo a estas preguntas.

1. ¿Hablan los protagonistas por sí mismos o a través del narrador? ¿Dirías, entonces, que este cuento se narra en primera, segunda o tercera persona?
2. ¿Hay muchos signos de exclamación y de interrogación, muchos puntos suspensivos, y muchos paréntesis en el cuento?
3. La voz narrativa habla de un tú, de modo que el que lee se convierte en un personaje más del cuento. ¿Qué crees que logra el cuento al forzar esta identificación?
4. Leyendo un par de frases del narrador, ¿qué crees que sabe el narrador de lo que siente y piensa el/la protagonista?

La autora

Rosa Montero nació en Madrid en 1951, en una familia de clase media-baja. A causa de la tuberculosis, estuvo desde los cinco años hasta los nueve encerrada en su casa, donde se dedicó a leer y escribir. A los nueve años volvió al colegio. En 1969, ingresó en la Escuela de Periodismo. Rosa comenzó a sobresalir pronto como escritora y periodista, colaborando en infinidad de periódicos y revistas, hasta llegar a *El País,* donde empezó como colaboradora para finalmente ser nombrada redactora-jefa de *El País Semanal* en 1980. En 1983 escribió su exitosa novela *Te trataré como a una reina.* También publicó la

Spanish journalist and writer Rosa Montero

novela *Temblor* en 1990, el cuento "El nido de los sueños" en 1992, y la novela *Bella y oscura* en 1993. En 1999 publicó *Pasiones,* una serie de artículos que presenta una visión literaria de 18 grandes romances de la historia. En 2003 publica su novela *La loca de la casa,* muy bien recibida por el público y la crítica y que Rosa Montero considera uno de sus mejores trabajos. La siguiente lectura es una columna periodística que narra las vivencias de un conductor cualquiera, una mañana de tráfico lento en cualquier ciudad.

Lectura

El arrebato°

Las nueve menos cuarto de la mañana. Semáforo° en rojo, un rojo inconfundible. Las nueve menos trece, hoy no llego. Embotellamiento° de tráfico. Doscientos mil coches junto al tuyo. Tienes la mandíbula° tan tensa que entre los dientes aún está el sabor del café del desayuno. Miras al vecino. Está intolerablemente cerca. La chapa° de su coche casi roza° la tuya. Verde. Avanza, imbécil. ¿Qué hacen? No arrancan. No se mueven, los estúpidos. Están paseando, con la inmensa urgencia que tú tienes. Doscientos mil coches que salieron a pasear a la misma hora solamente para fastidiarte. ¡Rojjjjjo! ¡Rojo de nuevo! No es posible. Las nueve menos diez. Hoy desde luego que no llego-o-o-o (gemido° desolado). El vecino te mira con odio. Probablemente piensa que tú tienes la culpa de no haber pasado el semáforo (cuando es obvio que los culpables son los idiotas de delante). Tienes una premonición° de catástrofe y derrota°. Hoy no llego. Por el espejo ves cómo se acerca un chico en una motocicleta, zigzagueando entre los coches. Su facilidad te causa indignación, su libertad te irrita. Mueves el coche unos centímetros hacia el del vecino, y ves que el transgresor está bloqueado, que ya no puede avanzar. ¡Me alegro! Alguien pita por detrás. Das un salto, casi arrancas. De pronto ves que el semáforo sigue aún en rojo. ¿Qué quieres, que salga con la luz roja, imbécil? Te vuelves en el asiento, y ves a los conductores a través de la contaminación y el polvo que cubre los cristales de tu coche. Los insultas. Ellos te miran con odio asesino. De pronto, la luz se pone verde y los de atrás pitan desesperadamente. Con todo ese ruido reaccionas, tomas el volante°, al fin arrancas. Las nueve menos cinco. Unos metros más allá la calle es mucho más estrecha; sólo cabrá un coche. Miras al vecino con odio.

Aceleras. Él también. Comprendes de pronto que llegar antes que el otro es el objeto principal de tu existencia. Avanzas unos centímetros. Entonces, el otro coche te pasa victorioso. Corre, corre, gritas, fingiendo gran desprecio: ¿a dónde vas, idiota?, tanta prisa para adelantarme sólo un metro... Pero la derrota duele. A lo lejos ves una figura negra, una vieja que cruza la calle lentamente. Casi la atropellas°. «Cuidado, abuela» gritas por la ventanilla; estas viejas son un peligro, un peligro. Ya estás llegando a tu destino, y no hay posibilidades de aparcar. De pronto descubres un par de metros libres, un pedacito de ciudad sin coche: frenas°, el corazón te late apresuradamente°. Los conductores de detrás comienzan a tocar la bocina°: no me muevo. Tratas de estacionar, pero los vehículos que te siguen no te lo permiten. Tú miras con angustia el espacio libre, ese pedazo de paraíso tan cercano y, sin embargo, inalcanzable. De pronto, uno de los coches para y espera a que tú aparques. Tratas de retroceder°, pero la calle es angosta y la cosa está difícil. El vecino da marcha atrás para ayudarte, aunque casi no puede moverse porque los otros coches están demasiado cerca. Al fin aparcas. Sales del coche, cierras la puerta. Sientes una alegría infinita, por haber cruzado la ciudad enemiga, por haber conseguido un lugar para tu coche; pero fundamentalmente, sientes enorme gratitud hacia el anónimo° vecino que se detuvo y te permitió aparcar. Caminas rápidamente para alcanzar al generoso

uror
uces que controlan tráfico / atasco, obstrucción de tráfico / huesos de la boca que se mueven
l metal del coche / toca
uejido, llanto
sospecha / fracaso, desastre
control de dirección de un auto
golpeas con el coche
paras el coche / **te late ...** palpita rápidamente / pito de un auto
dar marcha atrás
desconocido

se pone pálido

conductor, y darle las gracias. Llegas a su coche, es un hombre de unos cincuenta años, de mirada melancólica. Muchas gracias, le dices en tono exaltado. El otro se sobresalta, y te mira sorprendido. Muchas gracias, insistes; soy el del coche azul, el que estacionó. El otro palidece°, y al fin contesta nerviosamente: «Pero, ¿qué quería usted? ¡No podía pasar por encima de los coches! No podía dar más marcha atrás». Tú no comprendes. «¡Gracias, gracias!» piensas. Al fin murmuras: «Le estoy dando las gracias de verdad, de verdad…» El hombre se pasa la mano por la cara, y dice: «es que… este tráfico, estos nervios…» Sigues tu camino, sorprendido, pensando con filosófica tristeza, con genuino asombro°: ¿Por qué es tan agresiva la gente? ¡No lo entiendo!

(margen izquierdo:) se pone pálido

(margen izquierdo:) sorpresa

◯ Reacciona y relaciona ◯

A. Reacciona.   Contesta estas preguntas para mostrar que entendiste lo que leíste.

1. ¿Adónde va el protagonista del cuento? ¿Por qué está tan frustrado?
2. ¿Qué otros personajes hay en el cuento, además del protagonista? ¿Qué relación mantiene el protagonista con ellos?
3. ¿Puede estacionar el protagonista? ¿Gracias a qué o quién? ¿Cómo reacciona?
4. ¿Cómo termina el cuento? ¿Crees que el protagonista, una vez fuera del coche, ve las cosas con más claridad, o el final es irónico?
5. ¿Te molesta que la gente vaya hablando por teléfono mientras maneja? ¿Les dices algo si ves que no están prestando atención al volante?

B. Relaciónalo.   ¿Cómo eres tú cuando estás al volante? En estos globos escribe los adjetivos o frases que normalmente dices a los otros conductores cuando estás enojado(a), tienes prisa o estás frustrado. Luego comparen sus adjetivos y frases con los del cuento. ¿Son parecidos? ¿Son muy diferentes? ¿Quiénes son más agresivos, ustedes o el protagonista del cuento?

C. Debate. ¿Creen que los hombres y las mujeres manejan de la misma manera? Tengan un debate frente a la clase. Dos voluntarios deben hablar a favor de que las mujeres manejan peor que los hombres, y dos deben argumentar que no, que las mujeres manejan igual o mejor que los hombres. La clase va a votar para decidir quién ganó el debate.

D. La gramática está viva en la lectura. ¡O tal vez no! Esta lectura tiene sólo dos verbos en el presente de subjuntivo. ¿Los puedes encontrar? En base a lo que acabas de aprender del subjuntivo, ¿por qué crees que no hay más verbos en el presente de subjuntivo en este cuento? ¿Habrá algo en este tipo de narrativa que no lo permita? Para más información sobre **el subjuntivo en cláusulas principales,** consulta *Así funciona nuestro idioma,* página 278.

La acentuación, ¡de una vez!

◔ Repaso de acentuación, diptongos y triptongos ◔

A continuación aparece un resumen de todas las reglas de acentuación, diptongos y triptongos que has estudiado. Leelo con cuidado para refrescar tu memoria y luego ten las reglas presentes al hacer las actividades que siguen.

Acentuación

Regla 1: Las palabras que terminan en **vocal, n** o **s,** llevan el acento prosódico en la penúltima sílaba.

Regla 2: Las palabras que terminan en **consonante,** excepto **n** o **s,** llevan el golpe en la última sílaba.

Regla 3: Todas las palabras que no siguen las dos reglas anteriores llevan acento ortográfico, o sea, acento escrito. El acento escrito siempre se coloca sobre la vocal de la sílaba que se pronuncia con más fuerza.

Diptongos

Un **diptongo** es la combinación de una vocal débil (**i, u**) con cualquier vocal fuerte (**a, e, o**) o de dos vocales débiles en una sílaba. Los diptongos se pronuncian como una sola sílaba. Un acento escrito sobre la vocal fuerte de un diptongo pone el énfasis en la sílaba del diptongo. Un acento escrito sobre la vocal débil separa un diptongo en dos sílabas.

Triptongos

Un **triptongo** es la combinación de tres vocales: una vocal fuerte (**a, e, o**) en medio de dos vocales débiles (**i, u**). Los triptongos pueden ocurrir en varias combinaciones: **iei, iai, uau, uei, iau,** etcétera. Los triptongos siempre se pronuncian como una sola sílaba. Si requieren acento escrito, éste siempre se pone sobre la vocal fuerte. La **y** tiene valor de vocal **i,** por lo tanto cuando aparece después de una vocal fuerte precedida por una débil forma un triptongo.

A. Acentuación, diptongos y triptongos. Escucha mientras tu profesor(a) lee las siguientes palabras. Luego divídelas en sílabas y pon el acento escrito en la sílaba que lo requiere.

1. p e r i o d i s t a
2. f a n a t i c o
3. t r a g e d i a
4. g u i t a r r i s t a

5. A v i l a
6. c o n v e n c i o n
7. g u i a i s
8. n a c i o n a l i d a d

9. j u g u e t o n
10. r a i z
11. P a r a g u a y
12. m e d i o d i a

B. Acentuación y ortografía. Ahora coloca el acento escrito sobre las palabras que lo requieran en las siguientes oraciones.

1. Antes de la llegada de los romanos, la region que ahora llamamos España, se conocia como la Peninsula Iberica.
2. Los arabes hicieron grandes contribuciones no solo en la lengua española, sino tambien en la agricultura, arquitectura, musica, medicina, astrologia, matematicas y las ciencias en general.

Redacción

I. Narración
En esta actividad vas a narrar, para un concurso de cuentos, un incidente que te ocurrió en la carretera. Decide si vas a escribir en primera, segunda o tercera persona y elige el tipo de narrador apropiado, de los mencionados arriba. Para asegurarte un buen resultado, te invitamos a que sigas el proceso que la mayoría de los buenos escritores usan: planificar, escribir un primer borrador, compartir, revisar y escribir la versión final.

A. Planificar. Antes de escribir repasa el texto del cuento "El arrebato". Al leerlo, contesta las siguientes preguntas:

● ¿Cómo se cuenta la historia, de un modo tradicional dando todos los datos de la persona, diciendo dónde se encuentra, etc. o directamente al grano, dejando que hable el protagonista?
● ¿Cómo se expresan la frustración y el estrés?
● La situación en que se encuentra el protagonista es un lugar común. ¿Crees que tu historia puede contener uno o varios lugares comunes como modo de interesar al lector? ¿Cuáles son esos lugares comunes?

Ahora prepárate para escribir tu narración incluyendo todos los hechos y las ideas que consideres relevantes.

1. **Anotar ideas.** Haz una lista de los hechos y sentimientos que se te ocurran para tu narración: el lugar donde ocurrió, si ibas solo(a) o con otros, las reacciones, los sentimientos, las consecuencias y todo lo demás. He aquí una lista de ideas que podría haber escrito Rosa Montero.

Ir al trabajo	Desvío debido al accidente
Detenerse para poner gasolina	Tráfico lento
Embotellamiento	Policías idiotas
Desesperación	Problemas en estacionar
Escuchar la radio	Ambulancia pasa a toda velocidad
Accidente	¿Por qué tanta agresividad al volante?

2. **Agrupar ideas.** Organiza ahora la información de tu lista para estar seguro(a) de que hay una conexión lógica entre toda la información que quieres presentar. Pon toda la información en una agrupación lógica y ordenada. Estudia la agrupación que podría haber hecho Rosa Montero antes de escribir su cuento.

Ahora mira la lista que preparaste en la sección anterior y decide cuál va a ser el tema principal de tu narración. Selecciona toda la información que piensas usar de tu lista. Tal vez quieras organizarla como en el diagrama anterior para ver claramente que todo está relacionado y ordenado cronológicamente.

B. Escribir un primer borrador. Usa la información que reuniste para escribir un primer borrador de tu narración. Generalmente, cada idea va a expresarse en una oración.

C. Compartir.   Comparte tu narración con dos compañeros(as) de la clase. Ellos deben hacerte comentarios sobre el contenido. ¿Es claro? ¿Es lógico? ¿Lo entienden? ¿Tiene intensidad? Tú debes leer y comentar sus párrafos también. Decide qué cambios quieres hacer en tu narración atendiendo a los comentarios de tus compañeros(as), y escribe una segunda versión si es necesario.

D. Revisar.   Permíteles a dos compañeros(as) de clase que lean tu narración una vez más. Ahora pídeles que te digan si hay errores de gramática o de ortografía. Tú debes hacer lo mismo con las suyas.

E. Escribir la versión final.   Escribe la versión final de tu narración, haciendo todas las correcciones necesarias. Como ésta es la versión que vas a entregar a tu profesor, debes escribirla a máquina o en la computadora para que pueda leerse sin dificultad.

II. Escribamos a otro nivel

A escribir cuentos. Ya que te resulta más fácil escribir, sigue el mismo proceso que se recomendó para escribir un cuento sobre un incidente que te ocurrió en la carretera. Decide en qué persona lo vas a narrar y qué tipo de narrador vas a usar. Cuando lo termines, escríbelo de nuevo pero usando otro tipo de narrador esta vez. Tal como se especificó, planifica, anota y agrupa tus ideas. Luego escribe un primer borrador y compártelo con dos o tres compañeros de clase antes de revisarlo y escribir la versión final.

> **Online Study Center**
>
> **El mundo español al alcance**
> Explora distintos aspectos del mundo español en las actividades de la red que corresponden a este capítulo. Ve primero a http://college.hmco.com/pic/deunavez1e y de ahí a la página de *¡De una vez!*

ꙮ El cine español ꙮ

El cine español cuenta con excelentes actores y consumados directores. De Buñuel a Amenábar, y de Fernando Rey a Penélope Cruz o Javier Bardem, el elenco de profesionales del cine español es rico y crece cada día con mayor fuerza. A continuación recomendamos algunas de las películas más sobresalientes de los últimos años.

Mar adentro (2004)   Director: Alejandro Amenábar

Mar adentro narra la vida de Ramón, un parapléjico que lleva casi treinta años en una cama al cuidado de su familia. Su única ventana al mundo es la de su habitación, desde donde ve el mar por el que viajó y donde sufrió el accidente que lo llevó a la cama desde su juventud. Su único deseo es terminar con su vida dignamente. Pero su mundo se ve alterado por la llegada de dos mujeres: Julia, una abogada que quiere apoyar su lucha por morir dignamente, y Rosa, una mujer del pueblo que intenta convencerlo de que la vida merece la pena. La personalidad de Ramón termina por cautivar a las dos mujeres. Alejandro Amenábar también ha dirigido *Los otros* (*The Others*), (2001) y *Abre los ojos* (*Open your Eyes*), (1997).

Hable con ella (2002)   Director: Pedro Almodóvar

Historia de la amistad de dos hombres, la soledad compartida y el diálogo como medio de supervivencia para Benigno y Marco. Los dos personajes están unidos por el destino y la larga convalescencia en coma de las mujeres a las que aman.

Pedro Almodóvar ha dirigido más de quince películas. Entre ellas se destacan *La mala educación* (2004), *Todo sobre mi madre* (1999), por la que recibió un Óscar a la mejor película extranjera, y *Mujeres al borde de un ataque de nervios* (1988), por la que lo recibió en 1988.

La niña de tus ojos (1998)   Director: Fernando Trueba

Ambientada durante la Guerra Civil española. Como otra de las iniciativas de colaboración entre el General Franco y Adolf Hitler, Alemania invita a un grupo de cineastas españoles a rodar la doble versión —alemana y española— del drama musical de ambiente andaluz *La niña de tus ojos* en Berlín. Pronto descubren que han salido de una guerra para caer en otra, y que la hospitalidad del ministro alemán de propaganda se debe a los encantos juveniles de la actriz Macarena Granada (Penélope Cruz). Poco a poco los actores empiezan a preguntarse si la vida no es más importante que una película.

Fernando Trueba dirigió también *Ópera prima* (1980), *La belle époque* (1992), por la que recibió el Óscar a la mejor película extranjera en 1994, *Two Much* (1996), y *Calle 54* (2000) entre otras.

Así funciona nuestro idioma

○ 7.1 **El participio pasado y el presente perfecto de indicativo** ○

¡Ya lo sabes!

¿Qué te dijo tu amiga Teresa cuando le preguntaste acerca del autor de un ritmo flamenco que estaba ella tocando?

1. **a.** Ese tango flamenco fue *componido* por Camarón de la Isla.
   b. Ese tango flamenco fue *compuesto* por Camarón de la Isla.
2. **a.** Es un cantaor muy *conocido* entre los aficionados al flamenco.
   b. Es un cantaor muy *conocida* entre los aficionados al flamenco.

Con toda seguridad seleccionaste la segunda oración en el primer par y la primera en el segundo par. ¿Ves que no es difícil cuando uno ya tiene un conocimiento tácito del **participio pasado**? Sigue leyendo y ese conocimiento se hará aun más sólido.

○ El participio pasado ○

● El participio pasado es la forma del verbo que sigue al verbo **haber** en frases tales como **yo he llegado** y **tú has llegado.** El participio pasado de la mayoría de los verbos termina en **-ado** o **-ido: cerrado, comprendido, salido.**

> *Nota para bilingües* Tal como en español, en inglés el participio pasado es la forma del verbo que sigue al verbo *to have* en frases tales como *I have arrived* and *you have returned.* En los verbos regulares del inglés, el participio pasado termina en *-ed: to arrive → arrived, to wait → waited, to publish → published.* Cuando estas formas en *-ed* no van acompañadas del verbo *to have,* son formas del tiempo pasado. Observe: *I studied* (= **estudié**) frente a *I have studied* (= **he estudiado**).

Formas del participio pasado

Verbos en *-ar*	Verbos en *-er*	Verbos en *-ir*
ayudar	*entender*	*decidir*
ayud**ado**	entend**ido**	decid**ido**

● El participio pasado de los verbos regulares se forma añadiendo **-ado** a la raíz de los verbos terminados en **-ar** e **-ido** a la raíz de los verbos terminados en **-er** e **-ir.**

- El participio pasado de los verbos que terminan en **-aer, -eer** e **-ír** lleva acento ortográfico.

caer: **caído**	creer: **creído**	oír: **oído**
traer: **traído**	leer: **leído**	reír (i): **reído**

- Algunos verbos tienen participios pasados irregulares.

abrir: **abierto**	poner: **puesto**
cubrir: **cubierto**	resolver (ue): **resuelto**
decir: **dicho**	romper: **roto**
escribir: **escrito**	soltar (ue): **suelto**
hacer: **hecho**	ver: **visto**
morir (ue): **muerto**	volver (ue): **vuelto**

- Los verbos que se derivan de los infinitivos anotados arriba también tienen participios pasados irregulares.

cubrir: descubrir → **descubierto**
escribir: describir → **descrito;** inscribir → **inscrito**
hacer: deshacer → **deshecho;** satisfacer → **satisfecho**
poner: componer → **compuesto;** imponer → **impuesto;** suponer → **supuesto**
volver: devolver → **devuelto;** revolver → **revuelto**

Usos de participio pasado

El participio pasado se usa:

- con el verbo auxiliar **haber** para formar los tiempos perfectos. En este caso, el participio pasado es invariable. (Consúltese la p. 268 de este capítulo.)

Yo no **he escuchado** una canción de Camarón de la Isla.
Mi hermana menor no **ha visitado** España todavía.

- con el verbo **ser** para formar la voz pasiva. En esta construcción, el participio pasado concuerda en género y número con el sujeto de la oración. (Consúltese la p. 270 de este capítulo para la voz pasiva.)

  "El Abanico Nazarí" **fue diseñado** por la artista Inmaculada Hidalgo.
  Los abanicos de Inmaculada **son admirados** por especialistas y profanos.

- con el verbo **estar** para expresar una condición o estado que resulta de una acción previa. El participio pasado concuerda en género y número con el sujeto. (Consúltese el Capítulo 2, pp. 90–91 para **ser** y **estar** + participio pasado.)

  Publicaron una novela la semana pasada. La novela **está publicada.**

- como adjetivo para modificar sustantivos. En este caso, el participio pasado concuerda en género y número con el sustantivo al cual modifica.

  En español hay muchas palabras **derivadas** del árabe.

◌ Ahora, ¡a practicar! ◌

A. Maravilla artística. Completa la siguiente información acerca de la Mezquita de Córdoba usando el participio pasado del verbo indicado entre paréntesis.

La Mezquita de Córdoba está <u>(1)</u>____ (considerar) como una de las maravillas del arte arábigo-andaluz. Su construcción fue <u>(2)</u>____ (iniciar) por Abderramán I en el año 786 y fue <u>(3)</u>____ (continuar) por Abderramán II y por Alhakem II. La última y mayor ampliación fue <u>(4)</u>____ (hacer) por Alamanzor, en el año 987. Un rasgo único de esta mezquita es que no está <u>(5)</u>____ (orientar) hacia la Meca, como todas las otras mezquitas. Por su extensión —23.000 m² — está <u>(6)</u>____ (catalogar) como la tercera mezquita del mundo. Es un recinto religioso <u>(7)</u>____ (crear) para la oración y para el deleite de quienes entran en él. Por su belleza e importancia histórica la mezquita fue <u>(8)</u>____ (declarar) patrimonio de la humanidad.

B. Planes de viaje. Un(a) compañero(a) te pregunta acerca del viaje a España que vas a hacer dentro de poco. En tus respuestas puedes utilizar las sugerencias que aparecen entre paréntesis o cualquier otra que sea apropiada.

MODELOS   —¿Pediste permiso en el trabajo? (Sí)
               —Sí, está pedido. No hubo problema.
               —¿Hiciste las reservacione? (Todavía no)
               —No, todavía no están hechas. Las voy a hacer pronto.

1. ¿Planeaste todas las actividades de tu viaje? (No)
2. ¿Resolviste los problemas que tenías en el trabajo? (Sí)
3. ¿Reservaste el hotel? (Sí)

4. ¿Cancelaste el hotel por adelantado? (No)
5. ¿Alquilaste el coche que necesitas? (Todavía no)
6. ¿Seleccionaste los lugares que vas a visitar? (Sí)

C. Impresiones de España. Lee lo que ha escrito Emilio, uno de los estudiantes norteamericanos en gira por España con algunos compañeros de curso. Corrige los participios pasados que no son apropiados para la lengua escrita.

Este viaje por España ha sido muy interesante. Hemos recorridas varias regiones del país y hemos descubrido que no es un país tan grande como EE.UU., pero es un país fascinante. Hemos sacados fotos muy interesantes porque todos hemos traido una cámara digital o una videocámara. Ayer conocimos a Manolo, un madrileño que ha visitado EE.UU. y que es amigo de uno de nuestro grupo. Mi amigo Leopoldo le dijo a Manolo: «Yo ha escrito a mis padres que ellos también deben venir a visitar España». A su vez, Pablo le dijo: «Casi me he morido de calor en el sur de España; no sabía que era tan caluroso en el verano». Todos se han ponido muy contentos porque Manolo los ha invitado a una fiesta el fin de semana que viene. Yo creo que muchos de mis amigos han resolvido regresar a España tan pronto como puedan.

El presente perfecto de indicativo

 ¡Ya lo sabes!

¿Qué te dice tu amigo Esteban cuando le preguntas sobre sus planes para las vacaciones de verano?

1. **a.** Varios amigos me *han aconsejados* que visite España.
   b. Varios amigos me *han aconsejado* que visite España.
2. **a.** Yo *he* decidido visitar el sur de España.
   b. Yo *ha* decidido visitar el sur de España.

Apuesto a que tú y la mayoría de la clase seleccionaron la segunda oración en el primer par y la primera en el segundo par. Es fácil cuando se tiene un conocimiento tácito del **presente perfecto de indicativo.** Sigue leyendo para hacer explícito ese conocimiento.

Verbos en *-ar*	Verbos en *-er*	Verbos en *-ir*
caminar	*comer*	*insistir*
he caminado	**he** comido	**he** insistido
has caminado	**has** comido	**has** insistido
ha caminado	**ha** comido	**ha** insistido
hemos caminado	**hemos** comido	**hemos** insistido
habéis caminado	**habéis** comido	**habéis** insistido
han caminado	**han** comido	**han** insistido

● Para formar el presente perfecto de indicativo se conjuga el verbo auxiliar **haber** en el presente de indicativo y se añade el participio pasado de un verbo. En este tiempo verbal, el participio pasado es invariable; siempre termina en **-o.**

Nota para hispanohablantes Hay una tendencia dentro de algunas comunidades de hispanohablantes a sustituir *ha* por ***he*** al formar la primera persona singular del presente perfecto y decir *yo ha vivido/comido/recibido* en vez de decir **yo he vivido/comido/recibido.** Es importante evitar este uso fuera de esas comunidades y en particular al escribir.

● Los pronombres reflexivos y los pronombres de objeto directo o indirecto se colocan delante de las formas conjugadas del verbo **haber.**

> Pau Gasol **se ha destacado** entre los basquetbolistas de la NBA norteamericana. **Le han dado** algunos premios importantes.

Uso del presente perfecto de indicativo

● El presente perfecto de indicativo se usa para referirse a acciones o acontecimientos que comenzaron en el pasado y que continúan o se espera que continúen en el presente, o que tienen repercusiones en el presente.

> España **ha sido** siempre un país abierto a culturas diversas. Estas culturas no se **han mantenido** aisladas sino que se **han integrado** de modo armónico. El agente de viajes dice que me **ha enviado** los billetes de avión, pero aún no los **he recibido.**

∽ Ahora, ¡a practicar! ∽

A. ¿Interés por el flamenco?   Un(a) compañero(a) y tú toman turnos para hacerse preguntas acerca del flamenco.

MODELO   interesarse por el flamenco
—¿**Te has interesado por el flamenco?**
—**No, nunca he me interesado por el flamenco, pero he visto bailaores de flamenco en la televisión. (o Sí, desde que tenía doce años me he interesado enormemente por ese arte.)**

1. leer artículos acerca del flamenco
2. asistir a una presentación de flamenco
3. comprender la explicación sobre los palos del flamenco
4. comprar discos de Camarón de la Isla
5. ver películas en que cantan o bailan flamenco
6. conocer a alguien que baila flamenco
7. practicar alguna vez algunos pasos del flamenco
8. hacer una presentación acerca de bailes folklóricos
9. oír hablar de Pepe de Lucía
10. escribir algún trabajo de investigación acerca de los bailes o canciones de algún país hispano

B. Situación en los últimos tiempos.   Selecciona la forma del presente perfecto de indicativo apropiada para completar este párrafo acerca de la juventud española.

Según encuestas recientes, se considera que cuando alguien _(1)____ (cumplir) quince años ya _(2)____ (dejar) de ser niño y se _(3)____ (convertir) en joven; en el otro extremo, cuando alguien _(4)____ (llegar) a los treinta y cuatro años ya se _(5)____ (transformar) en un adulto. Tradicionalmente los padres _(6)____ (mantener) económicamente a los jóvenes, pero últimamente la proporción de jóvenes que viven de recursos propios _(7)____ (aumentar); a los veinticinco años un tercio de los jóvenes ya _(8)____ (emanciparse) económicamente y a los veintinueve años esa proporción _(9)____ (alcanzar) el 75%. En el hogar, la interacción entre los miembros de la familia _(10)____ (disminuir) mientras que _(11)____ (crecer) el procesamiento y consumo de información usando medios audiovisuales o informáticos. Hace diez años un 25% de los jóvenes se interesaba en la lectura mientras que actualmente ese número _(12)____ (caer) a un 15%.

C. Experiencias semejantes.   Describe cosas que tú y tus padres han hecho juntos últimamente.

MODELO   **Hemos mirado un programa musical en la televisión.**

D. Experiencias diferentes.   Describe cinco cosas que tú has hecho, pero que tus padres no han hecho nunca.

∽ 7.2 Construcciones pasivas ∽

¡Ya lo sabes!

¿Qué te contesta tu amigo español Paco cuando le preguntas acerca de la constitución española y el número de regiones autónomas en la España de hoy?

1. **a.** La última constitución española *fue firmado* por el rey Juan Carlos en 1978.
   b. La última constitución española *fue firmada* por el rey Juan Carlos en 1978.
2. **a.** Actualmente *se reconoce* 17 regiones autónomas en España.
   b. Actualmente *se reconocen* 17 regiones autónomas en España.

Es seguro que seleccionaste la segunda oración de cada par. Sin embargo, la elección debe de haber sido más difícil en el segundo par. Lee la información que sigue para afianzar tu conocimiento de las **construcciones pasivas.**

Voz pasiva con *ser*

- Las acciones pueden expresarse en la voz activa —Cervantes escribió *El Quijote*— o en la voz pasiva —*El Quijote* fue escrito por Cervantes. En las oraciones activas el sujeto ejecuta la acción. En las oraciones pasivas el sujeto recibe la acción. Observa que el objeto directo de las oraciones activas es el sujeto de las oraciones pasivas y el sujeto de las oraciones activas aparece precedido por la preposición **por** en las oraciones pasivas.

Voz activa

Rosa Montero publicó *La loca de la casa.*   *Rosa Montero published* La loca de la casa.

Subject	+	Verb	+	Direct Object

Voz pasiva

La loca de la casa fue publicada por Rosa Montero.   La loca de la casa *was published by Rosa Montero.*

Subject	+ **ser** +	Past Participle	+ **por** +	Agent

- En la voz pasiva, **ser** puede usarse en cualquier tiempo verbal y el participio pasado concuerda en género y número con el sujeto de la oración. El agente puede omitirse en una oración pasiva.

   España **fue invadida** por los árabes en el año 711. La lengua que se hablaba en la península no **es reemplazada** por el árabe; pero sí **es influida** por esa lengua.

   La novela *Te trataré como a una reina* **fue publicada** en 1983.

Sustitutos de las construcciones pasivas

La voz pasiva con **ser** no se usa muy frecuentemente en el español escrito o hablado. En su lugar se prefiere la construcción pasiva con **se** o un verbo en la tercera persona del plural sin sujeto especificado.

- Cuando se desconoce o no interesa mencionar a la persona que ejecuta una acción, se puede usar la construcción pasiva con **se.** En este caso el verbo está siempre en la tercera persona del singular o del plural.

  El 25 de julio **se celebra** la fiesta de Santiago Apóstol, patrón nacional de España.

  En España **se hablan** cuatro idiomas oficiales: el español, el catalán, el gallego y el euskera o vascuence.

- La construcción con **se** tiene varios equivalentes en inglés. Se puede usar ya sea una oración pasiva o una oración con sujetos impersonales indeterminados como *one, they, you* o *people,* lo que resulte más apropiado según el contexto.

  Se cometen errores sin querer.
  Mistakes are made inadvertently.
  One makes mistakes inadvertently.
  They (you, people) make mistakes inadvertently.

- Un verbo conjugado en la tercera persona del plural sin pronombre sujeto también se puede usar como sustituto de la voz pasiva con **ser** cuando no se expresa el agente.

  Anunciaron una nueva política económica.
  En esta zona no **permiten** construir edificios altos.

Ahora, ¡a practicar!

A. La España temprana. Usa la información siguiente para mencionar algunos datos importantes de la historia temprana de España.

MODELO poblar / por numerosos grupos en la época prehistórica
Fue poblada por numerosos grupos en la época prehistórica.

1. colonizar / por fenicios y griegos a partir del año 1100 a.C.
2. llamar / Hispania por los romanos
3. invadir / por tribus germánicas a la caída del imperio romano en el siglo V d.C.
4. gobernar / por visigodos hasta el siglo VIII
5. conquistar / por los musulmanes en el año 711

B. Un rey que cree en la democracia. Completa la siguiente información acerca del rey de España, don Juan Carlos de Borbón, usando **ser** + participio pasado del verbo indicado.

Su Majestad don Juan Carlos I nació en Roma en 1938 pero regresó a España cuando tenía 10 años. (1)_____ (educar) en escuelas militares españolas; sus estudios en economía y derecho (2)_____ (concluir) en 1961 en la Universidad Complutense de Madrid. En 1969 don Juan Carlos (3)_____ (designar) sucesor a la Jefatura del Estado y tras la muerte de Francisco Franco en 1975 (4)_____ (proclamar) rey de España. Unos años más tarde el texto de la nueva constitución (5)_____ (elaborar) por el parlamento; esta constitución, actualmente vigente, (6)_____ (aprobar) por referéndum en 1978. La transición a la democracia (7)_____ (impulsar) por el rey desde el comienzo de su reinado. Un momento crítico en su reinado ocurrió el 23 de febrero de 1981 cuando el congreso de los diputados (8)_____ (tomar) por la fuerza la guardia civil en un intento de golpe de estado. Esta crisis (9)_____ (superar) por la actuación decisiva del rey, quien desautorizó el golpe. Esta intervención real (10)_____ (aplaudir) por todos los españoles.

C. Exitosa escritora madrileña. Nereida ha escrito un párrafo acerca de la escritora española Rosa Montero. Presta atención a las construcciones con **se** y haz cualquier corrección que sea necesaria para la lengua escrita.

La carrera literaria de la escritora madrileña Rosa Montero se inicia con artículos periodísticos que se publica en diversos medios de comunicación. En 1980 se le otorga el Premio Nacional de Periodismo por sus reportajes literarios. Su primera obra es *Crónica del desamor,* en la que se presenta los problemas y enredos de la vida cotidiana. En una de sus últimas obras, *La loca de la casa,* se mezcla la ficción, el ensayo y la autobiografía. Las páginas de ese libro, dice un crítico, se lee de principio a fin con gran placer. El título del libro se deriva de una frase de Santa Teresa de Jesús que llamaba a la imaginación la loca de la casa.

D. Noticias. En grupos de tres o cuatro, hablen de las noticias que han leído o escuchado recientemente.

MODELO **Aumentan los problemas del tráfico en la ciudad.**

Vocabulario útil

aconsejar	creer	denunciar	pronosticar
anunciar	decir	informar	tener

 ## 7.3 Las formas del presente de subjuntivo y el uso del subjuntivo en las cláusulas principales ⌒

¡Ya lo sabes!

¿Qué comentan tus amigos sobre los serios problemas del tráfico en la ciudad?

1. **a.** Es importante que *solucionan* estos problemas.
   b. Es importante que *solucionen* estos problemas.
2. **a.** Es cada vez más difícil que *puédanos* llegar a la hora al trabajo.
   b. Es cada vez más difícil que *podamos* llegar a la hora al trabajo.
3. **a.** Es una lástima que *haiga* tantos vehículos en las calles y carreteras.
   b. Es una lástima que *haya* tantos vehículos en las calles y carreteras.

Apuesto que tú, como casi todos en la clase, escogiste la segunda oración de cada par. Es así de fácil cuando se tiene un conocimiento tácito de las **formas del presente de subjuntivo.** Pero sigue leyendo y ese conocimiento será aun más sólido.

● Los dos modos verbales principales del español son el *indicativo* y el *subjuntivo.* El modo indicativo narra o describe algo que se considera definido, objetivo o real. El modo subjuntivo expresa emociones, dudas, juicios de valor o incertidumbre acerca de una acción.

Inmaculada Hidalgo **diseña** interesantes abanicos. *(Indicativo)*
Quizás en el futuro ella **diseñe** un abanico tan único como el abanico Nazarí. *(Subjuntivo)*

● El subjuntivo, de uso frecuente en español, aparece generalmente en cláusulas subordinadas introducidas por **que.**

Dudo **que** mis padres **sepan** quién es Pau Gasol.

Formas

Verbos en *-ar*	Verbos en *-er*	Verbos en *-ir*
trabajar	*responder*	*permitir*
trabaj**e**	respond**a**	permit**a**
trabaj**es**	respond**as**	permit**as**
trabaj**e**	respond**a**	permit**a**
trabaj**emos**	respond**amos**	permit**amos**
trabaj**éis**	respond**áis**	permit**áis**
trabaj**en**	respond**an**	permit**an**

- Para formar el presente de subjuntivo de todos los verbos regulares y de la mayoría de los verbos irregulares, se quita la terminación **-o** de la primera persona del singular del presente de indicativo y se agregan las terminaciones apropiadas. Nota que todas las terminaciones de los verbos terminados en **-ar** tienen en común la vocal **-e,** mientras que todas las terminaciones de los verbos terminados en **-er** e **-ir** tienen en común la vocal **-a.**

Nota para hispanohablantes Hay una tendencia en algunas comunidades de hispanohablantes a acentuar la última sílaba de la raíz en la primera persona plural y decir *trabájemos, respóndamos,…* o *trabájenos, respóndanos,…* en vez de decir **trabajemos, respondamos,…** Es importante evitar este uso fuera de esas comunidades y en particular al escribir.

- La mayoría de los verbos que tienen una raíz irregular en la primera persona del singular del presente de indicativo mantienen la misma irregularidad en todas las formas del presente de subjuntivo. Los siguientes son algunos ejemplos.

conocer (**conozc**ø): conozca, conozcas, conozca, conozcamos, conozcáis, conozcan
decir (**dig**ø): diga, digas, diga, digamos, digáis, digan
hacer (**hag**ø): haga, hagas, haga, hagamos, hagáis, hagan
influir (**influy**ø): influya, influyas, influya, influyamos, influyáis, influyan
proteger (**protej**ø): proteja, protejas, proteja, protejamos, protejáis, protejan
tener (**teng**ø): tenga, tengas, tenga, tengamos, tengáis, tengan

Nota para hispanohablantes Hay una tendencia en algunas comunidades de hispanohablantes a acentuar la última sílaba de la raíz en la primera persona plural de estos verbos también y decir *hágamos, influyamos, téngamos,…* o *háganos, influyanos, ténganos,…* en vez de decir **hagamos, influyamos, tengamos,…** Es importante evitar este uso fuera de esas comunidades y en particular al escribir.

Verbos con cambios ortográficos

Algunos verbos requieren un cambio ortográfico para mantener la pronunciación de la raíz. Los verbos que terminan en **-car, -gar, -guar** y **-zar** tienen un cambio ortográfico en todas las personas.

c → qu sacar: saque, saques, saque, saquemos, saquéis, saquen

g → gu pagar: pague, pagues, pague, paguemos, paguéis, paguen

z → c alcanzar: alcance, alcances, alcance, alcancemos, alcancéis, alcancen

u → ü averiguar: averigüe, averigües, averigüe, averigüemos, averigüéis, averigüen

Otros verbos en estas categorías:

atacar	entregar	almorzar (ue)	amortiguar
indicar	jugar (ue)	comenzar (ie)	apaciguar
publicar	llegar	empezar (ie)	atestiguar
tocar	obligar	organizar	

Nota para hispanohablantes Hay una tendencia en algunas comunidades de hispanohablantes a acentuar la última sílaba de la raíz en la primera persona plural de estos verbos también y decir *sáquemos, páguemos, averígüemos,...* o *sáquenos, páguenos, averígüenos,...* en vez de decir **saquemos, paguemos, averigüemos,...** Es importante evitar este uso fuera de esas comunidades y en particular al escribir.

Verbos con cambios en la raíz

- Los verbos con cambios en la raíz que terminan en **-ar** y en **-er** tienen los mismos cambios en la raíz en el presente de subjuntivo que en el presente de indicativo. Recuerda que todas las formas cambian, excepto **nosotros** y **vosotros.** (Consúltese el Capítulo 1, p. 55 para una lista de verbos con cambios en la raíz.)

Presente de subjuntivo: Verbos en *-ar, -er* con cambio en la raíz	
e → ie *cerrar*	*o → ue* *mover*
cierre	mueva
cierres	muevas
cierre	mueva
cerremos	movamos
cerréis	mováis
cierren	muevan

● Los verbos con cambios en la raíz terminados en **-ir** tienen los mismos cambios en la raíz que en el presente de indicativo, excepto que las formas correspondientes a **nosotros** y a **vosotros** tienen un cambio adicional de **e** a **i** y de **o** a **u.**

Presente de subjuntivo: verbos en *-ir* con cambio en la raíz		
e → ie, i *sentir*	o → ue, u *dormir*	e → i, i *servir*
sienta	duerma	sirva
sientas	duermas	sirvas
sienta	duerma	sirva
sintamos	durmamos	sirvamos
sintáis	durmáis	sirváis
sientan	duerman	sirvan

Verbos irregulares

● Los siguientes seis verbos, que no terminan en **-o** en la primera persona del singular del presente de indicativo, son irregulares en el presente de subjuntivo. Nota los acentos escritos en algunas formas de **dar** y **estar.**

haber	ir	saber	ser	dar	estar
haya	vaya	sepa	sea	dé	esté
hayas	vayas	sepas	seas	des	estés
haya[1]	vaya	sepa	sea	dé	esté
hayamos	vayamos	sepamos	seamos	demos	estemos
hayáis	vayáis	sepáis	seáis	deis	estéis
hayan	vayan	sepan	sean	den	estén

[1]Nota que **haya** es la forma del presente de subjuntivo que corresponde a la forma **hay** del presente de indicativo: Sé que **hay** una tienda en esa esquina. Dudo que **haya** una tienda en esa esquina.

∽ Ahora, ¡a practicar! ∾

A. Recomendaciones. Di lo que tus padres les recomiendan a ti y a tu hermana, que quieren ser jugadoras de básquetbol profesional. Selecciona la forma que consideras más apropiada.

Nos recomiendan que <u>(1)</u> (practiquemos / practíquenos) todos los días, pero que no <u>(2)</u> (olvídemos / olvidemos) nuestra educación; nos piden que <u>(3)</u> (seamos / séanos) aplicados y que <u>(4)</u> (estúdiemos / estudiemos) mucho, que <u>(5)</u> (sáquemos / saquemos) buenas notas y que <u>(6)</u> (prestemos / préstemos) atención a los consejos de nuestros profesores. También nos recomiendan que <u>(7)</u> (cuídemos / cuidemos) nuestro estado físico y que <u>(8)</u> (hagamos / hágamos) ejercicio. También nos dicen que <u>(9)</u> (miremos / mírenos) con atención cuando <u>(10)</u> (haiga / haya) un partido de básquetbol en la televisión. Pero sobre todo, nos piden que <u>(11)</u> (mostremos / muéstremos) responsabilidad y que <u>(12)</u> (seamos / séamos) pacientes. Si perseveramos lograremos nuestros objetivos.

B. Reformas urgentes. Tú das tu opinión sobre lo que piensas que es necesario que se haga en tu ciudad.

MODELO   mejorar las vías de acceso a la ciudad
    Es necesario que se mejoren las vías de acceso a la ciudad.

1. controlar el crecimiento
2. modernizar el transporte público
3. resolver los problemas del tráfico
4. crear más escuelas
5. aumentar el número de parques en la ciudad
6. combatir el problema de las drogas
7. ofrecer buenas oportunidades de empleo

C. De paso por Sevilla.   Menciona las sugerencias que te hace un amigo cuando le preguntas qué puedes hacer durante los días que vas a pasar en Sevilla.

MODELO   recorrer el centro histórico de la ciudad
Te sugiero que recorras el centro histórico de la ciudad. Verás que el simple caminar es un placer.

1. no dejar de visitar la Catedral, la Giralda y el Alcázar
2. pasear por el pintoresco barrio de Santa Cruz
3. dar un paseo a lo largo del río Guadalquivir
4. probar el gazpacho andaluz
5. ver un espectáculo flamenco en uno de los tablaos de la ciudad
6. ir a las ruinas romanas de Itálica, situadas a corta distancia de la ciudad
7. adquirir algunos azulejos sevillanos
8. averiguar si hay alguna feria folklórica en esa fecha

El subjuntivo en las cláusulas principales

 ¡Ya lo sabes!

Albertito le cuenta a su amigo Roberto sus sueños. ¿Qué le dice?

1. **a.** Me gusta mucho el básquetbol. Quizá en el futuro me *convierta* en un jugador famoso.
   b. Me gusta mucho el básquetbol. Quizá en el futuro me *convierto* en un jugador famoso.
2. **a.** *Ojalá* pueda jugar en un equipo profesional.
   b. *Ójala* pueda jugar en un equipo profesional.

Estoy seguro de que escogiste la primera oración en ambos pares. No es nada difícil cuando se tiene un conocimiento tácito del uso del **subjuntivo en las cláusulas principales.** Pero hay que seguir leyendo para que ese conocimiento se haga más firme.

● El subjuntivo se usa siempre después de **ojalá (que)** porque significa **espero que.** El uso de **que** después de **ojalá** es optativo.

   Ojalá (que) yo **pueda** estudiar en España el verano que viene.
   Ojalá (que) mis compañeros y yo **obtengamos** un buen empleo al terminar los estudios.

Nota para hispanohablantes Hay una tendencia en algunas comunidades de hispanohablantes a cambiar de lugar el acento en la palabra **ojalá** y decir *ójala* u *ojala.* Es importante evitar este uso fuera de esas comunidades y en particular al escribir.

- El subjuntivo se usa después de las expresiones **probablemente** y **a lo mejor, acaso, quizá(s)** y **tal vez** para indicar que algo es dudoso o incierto. El uso del indicativo después de estas expresiones indica que la idea expresada es definida, cierta o muy probable.

> **Probablemente me inscriba** en cinco cursos el próximo semestre. *(menos seguro)*
>
> **Probablemente me inscribiré** en cinco cursos el próximo semestre. *(más seguro)*
>
> **Tal vez mis padres vayan** a Madrid el mes próximo. *(menos seguro)*
>
> **Tal vez mis padres van** a Madrid el mes próximo. *(más seguro)*

ᴏ Ahora, ¡a practicar! ᴏ

A. Anticipando un viaje. Selecciona la forma verbal que crees más apropiada para indicar lo que esperas que ocurra durante los días que tú y tus compañeros pasarán en Andalucía.

1. Ojalá _____ (vayamos / váyamos) a un tablao a ver bailar flamenco.
2. Ojalá que _____ (puédanos / podamos) visitar un pueblo blanco.
3. Ojalá que no _____ (pasemos / pasamos) todo el tiempo en museos.
4. Ojalá que no _____ (hará / haga) demasiado calor.
5. Ojalá Andalucía me _____ (resulta / resulte) tan fascinante como dicen que es.
6. Ojalá que nadie se _____ (enferma / enferme).
7. Ojalá que _____ (ténganos / tengamos) tiempo de gozar de las playas.

B. ¿Semestre agotador? Te has inscrito en cinco clases el semestre que viene y necesitas también tener un empleo. Esperas que todo resulte bien.

MODELO poder acomodar los estudios y el trabajo
Ojalá que yo pueda acomodar los estudios y el trabajo.

1. conseguir un buen empleo de tiempo parcial
2. ganar bastante dinero en mi trabajo
3. tener buenos profesores
4. no dormirme en clase
5. lograr completar todos los deberes a tiempo
6. aprobar todos mis exámenes
7. sacar buenas notas en mis cursos

C. Futuro incierto. Un(a) compañero(a) te pregunta lo que vas a hacer cuando termines tus estudios. No estás seguro(a), pero le mencionas cuatro o cinco posibilidades.

MODELO **Quizás (Tal vez, Probablemente) me tome unas largas vacaciones.**

8 México
En revolución en el siglo XXI

México: Vista panorámica de Teotihuacán

La tradición oral: Los dichos populares

Como viste en el capítulo anterior, los dichos populares son expresiones que la gente repite en determinadas situaciones. Lee estos dichos populares de México relacionados con el mundo del campo y luego conéctalos con las frases que se encuentran a la derecha. Finalmente, explica cómo se relacionan los dichos y el dibujo.

_____ **1.** Viejos, los cerros.

_____ **2.** Se te van las cabras al monte.

_____ **3.** Ya no se cuece en el primer hervor.

_____ **4.** Ahí es donde la puerca torció el rabo.

_____ **5.** Tanto peca el que mata la vaca como el que estira la pata.

a. Ya está bien. ¡De ahí no pasa!

b. Todos son responsables.

c. Se te olvidan las cosas.

d. La edad es relativa. Yo soy todavía joven.

e. Ahora es una persona mayor, un anciano.

Nuestra riqueza cultural

⊙ Antes de leer ⊙

Los corridos.   Indica en la primera columna si en tu opinión, estos comentarios son ciertos o falsos. Luego, después de leer la lectura, completa la tercera columna con la opinión del autor. Si algún comentario es falso, corrígelo.

En mi opinión			Según el autor	
C	F	1. El corrido mexicano tiene su origen en la Revolución Mexicana de 1910.	C	F
C	F	2. Los corridos siempre narran las batallas y el heroísmo de la revolución.	C	F
C	F	3. Hay corridos que narran temas muy contemporáneos como la Guerra de Irak y hasta Osama Bin Laden.	C	F
C	F	4. Los corridos sobre el narcotráfico son tan populares que hasta existe un género llamado "narcocorridos".	C	F

⊙ Lectura ⊙

I. El corrido: Música narrativa popular

El corrido es un género musical de la narrativa popular que, en el pueblo hispano, inmediatamente evoca la Revolución Mexicana. Hay quienes afirman que las raíces del corrido se encuentran en el poema épico medieval, en el romance, mientras que otros, de corriente indigenista, niegan que haya que buscar en Europa las raíces de esta manifestación cultural tan mexicana, y consideran al corrido de la misma familia que los *huehuetlatolli e itoloca°*. Sea cual sea su origen, es impresionante que varios siglos más tarde el corrido siga hablando de grandes temas sociales y narrando las batallas y el heroísmo diario de la Revolución, sin ignorar las borracheras, infidelidades y tragedias que forman parte de la vida. Es interesante que este género de música narrativa continúe aún en el siglo XXI, abarcando temas cotidianos como el amor engañado, el sufrimiento del débil frente al poderoso, las injusticias del gobierno, y hasta el narcotráfico. La popularidad de este último tema ha hecho que se le conozca como el "narcocorrido". No cabe duda que el papel principal del corrido es divulgar noticias frescas sobre los acontecimientos más importantes. Basta fijarse en el gran número de corridos dedicados a la desgracia del 11 de septiembre y la Guerra de Irak: "Corrido de una mexicana en Irak" de Anónima, "Tragedia en Nueva York" por El As de la Sierra y "Corrido de Osama Bin Laden" de Andrés Contreras, por mencionar algunos.

huehuetlatolli (consejos) e itoloca (lo que se dice de alguien o algo)

- **Las mujeres de Juárez.** El siguiente corrido de Los Tigres del Norte, uno de los grupos contemporáneos más dedicados a asuntos relacionados con la conciencia social, lamenta el asesinato de más de 300 mujeres trabajadoras, un número que sigue aumentando en la ciudad fronteriza de Ciudad Juárez.

Las mujeres de Juárez

Humillante y abusiva la intocable impunidad
Los huesos en el desierto muestran la cruda verdad
Las muertas de Ciudad Juárez son vergüenza nacional

Mujeres trabajadoras de maquiladoras
Cumplidoras y eficientes, mano de obra sin igual
Lo que importan las empresas no lo checa el aduanal

Vergonzosos comentarios se escuchan por todo el mundo
La respuesta es muy sencilla cuáles saben la verdad
Ya se nos quitó lo macho o nos falta dignidad

La mujer es bendición y milagro de la fe,
la fuente de la creación parió al zar y parió al rey
y hasta al mismo Jesucristo lo dio a luz una mujer

Es momento ciudadanos de cumplir nuestro deber
Si la ley no lo resuelve, lo debemos resolver
Castigando a los cobardes que ultrajan a la mujer

Llantos, lamentos y rezos se escuchan en el lugar
De las madres angustiadas y al cielo imploran piedad
Que les devuelvan los restos y poderlos sepultar

El gran policía del mundo también nos quiso ayudar
Pero las leyes aztecas no quisieron aceptar
Tal vez no les convenía que esto se llegue a aclarar

Ya hay varias miles de muertas en panteones clandestinos
Muchas desaparecidas que me resisto a creer
Es el reclamo del pueblo que lo averigüe la ley

Letra y música de Paulino Vargas, grabado por Los Tigres del Norte en su disco *Pacto de Sangre(2004)*

ᴼ ¿Comprendiste? ᴼ

A. Corridos.　Contesta estas preguntas con un(a) compañero(a) de clase. Luego comparen sus respuestas con el resto de la clase.

1. ¿A qué vergüenza nacional se refiere el corrido? ¿Cuántas muertas hay? ¿Cuál es el pedido final que hace el corrido?
2. ¿Conoces algún corrido? ¿Cuál es tu corrido favorito? ¿Por qué te gusta?
3. ¿Por qué crees que siguen siendo tan populares los corridos?
4. Si tú decidieras escribir un corrido, ¿de qué escribirías? ¿Por qué seleccionarías ese tema?

B. Álbum de mi familia.　Pregúntales a tus padres, abuelos o tíos si conocen algunos de los corridos mencionados en la lectura. Pídeles que te digan cuáles son sus favoritos y anota los que te cuenten en tu álbum familiar, con los nombres de las personas que te los dieron. En la clase hagan una encuesta para ver cuáles son los corridos más populares entre sus familiares. Si no conocen ninguno, pregúntales cuál es su música latina favorita y quienes son sus cantantes favoritos.

C. La gramática está viva en la lectura.　Con un(a) compañero(a) de clase, vean cuántos ejemplos de cláusulas nominales pueden encontrar en esta lectura. Decidan si son oraciones que expresan emociones, opiniones, sugerencias, incredulidad, duda o certeza. Confirmen los resultados con la clase entera. Para más información sobre **el subjuntivo en cláusulas nominales**, consulta *Así funciona nuestro idioma*, página 308.

D. Los corridos en el ciberespacio.　En tu casa o en el laboratorio de computación, usa tu buscador favorito en Internet. Escribe la palabra "corrido" y el nombre de uno de los corridos mencionados en la lectura. Haz un breve resumen del tema del corrido que seleccionaste y comparte tu resumen con unos compañeros de clase. Luego escribe "radio corridos" o "radio narcocorridos" y escucha algunos corridos en la radio. Vuelve a clase preparado(a) para hacer un breve resumen de uno de los corridos o narcocorridos que escuchaste.

Antes de leer

A. La Revolución Mexicana de 1910. ¿Qué sabes de la Revolución Mexicana de 1910? Trata de identificar a estos personajes.

_____ 1. Porfirio Díaz

_____ 2. Emiliano Zapata

_____ 3. Álvaro Obregón

_____ 4. Pancho Villa

_____ 5. Francisco Madero

_____ 6. Victoriano Huerta

_____ 7. La Adelita

_____ 8. Venustiano Carranza

a. Líder de las fuerzas del norte de Chihuahua y Durango

b. Un militar que se declaró presidente provisional de México en 1913

c. Líder de fuerzas indígenas del sur de México

d. Un corrido dedicado a las mujeres que acompañaban a los soldados revolucionarios

e. Gobernador de Coahuila que dirigió el desarrollo de la nueva constitución de México

f. Presidente de México por tres décadas

g. Candidato a la presidencia de México en 1909

h. Líder de las fuerzas de Sonora, nombrado presidente en 1920

B. La gramática está viva en la lectura. Con un(a) compañero(a) de clase, vean cuántos ejemplos del uso de pronombres relativos pueden encontrar en esta lectura y anótenlos junto con el antecedente de cada pronombre. Confirmen los resultados con la clase entera. Para más información sobre **pronombres relativos,** consulta *Así funciona nuestro idioma,* página 312.

Lectura

II. México: Las revoluciones de ayer y de hoy

El México de hoy día aún celebra con festividades y monumentos la Revolución de 1910, una revolución cuyo impacto se aprecia todavía hoy en las vidas de los mexicanos que viven en México y fuera de él. Por si fuera poco, en México se están dando otras "revoluciones" que si bien no se manifiestan de manera violenta, sí tienen tantas posibilidades de marcar el futuro de México como aquella revolución de hace cien años:

● **La revolución demográfica y migratoria del campo a la ciudad, y de México a los Estados Unidos.**

Durante las últimas tres décadas del siglo XX, la población de México, que no pasaba de los 48.2 millones de personas en 1970, prácticamente se duplicó al pasar a 97.5 millones en el año 2000. Este aumento en la población, el cual fue acompañado del flujo migratorio del campo a la ciudad, ha creado una impresionante realidad: México D.F. La ciudad es tres ciudades en una: la prehispánica, fundada por los aztecas hace casi 700 años, la colonial, de bellos y barrocos edificios civiles y religiosos, y la del siglo XXI, con enormes rascacielos, calles de 45 kilómetros de longitud y una población de más de

20 millones de habitantes. Esta ciudad sirve de motor al resto del país, generando una dinámica vida cultural.

La revolución migratoria también afecta a los Estados Unidos, donde la inmigración mexicana ha crecido sin parar desde 1970, cuando eran 760.000, hasta sobrepasar los 11 millones en 2004. Los emigrantes mexicanos están jugando un papel fundamental, no sólo en la economía y sociedad de los Estados Unidos, sino también en la mexicana. Se calcula que en 2005 los emigrantes mexicanos enviaron más de 20.000 millones de dólares en efectivo a sus familiares en México. Esta cantidad es el triple de lo que se envió en el año 2000, y fue la más alta entrada de capital extranjero en México, superando incluso la que se produjo por la exportación de petróleo. Pero la importancia del papel de los emigrantes mexicanos no se reduce a la entrada de divisas; el enorme intercambio cultural que favorecen tendrá un impacto incalculable en las próximas generaciones.

- **La revolución indigenista del EZLN.**

En 1994, la revolución del Ejército Zapatista de Liberación Nacional (EZLN) con base en Chiapas, México, provocó una serie de incidentes que llamaron la atención de todo el mundo sobre la situación de los doce millones de indígenas de México, e indirectamente sobre la falta de dignidad de todos los oprimidos del planeta. Se abrió así una lucha revolucionaria de resistencia cuya existencia resulta paradójica, porque por definición los ejércitos revolucionarios combaten para hacerse con el poder. El EZLN, sin embargo, ha optado por la resistencia, no como modo de agresión sino para "que la derrota definitiva del racismo se convierta en una política de Estado, en una política educativa, en un sentimiento de toda la sociedad mexicana", en palabras del líder zapatista, el subcomandante Marcos.

Los zapatistas fueron los primeros en denunciar los acuerdos globales similares al Tratado de Libre Comercio de América del Norte como una nueva forma de colonialismo. Hoy día su lucha continúa no sólo en Chiapas, sino en el subconsciente de todos, dado que gracias a ellos se ha introducido en la conciencia de México y del mundo la necesidad de una revolución pacífica pero efectiva que traiga la dignidad negada a los indígenas.

↺ ¿Comprendiste? ↻

A. México = revolución.   Selecciona la opción que mejor complete las siguientes oraciones.

1. La población de México creció en los últimos 30 años del siglo XX un…

    a. 10%.
    b. 50%.
    c. 100%.

2. En México D.F. hay calles…

   a. de hasta cuarenta y cinco kilómetros.
   b. de hasta ciento cuarenta y cinco kilómetros.
   c. de hasta quinientos cuarenta y cinco kilómetros.

3. En los Estados Unidos viven más de _____ de mexicanos.

   a. un millón
   b. once millones
   c. ciento once millones

4. Los zapatistas irrumpieron en la historia de México y el mundo a finales del siglo…

   a. XIX.
   b. XX.
   c. XXI.

B. Revoluciones pendientes.   ¿Cómo será el futuro de los indígenas de México? ¿Superarán los obstáculos para vivir de una manera más digna? ¿Crees que el racismo se eliminará de una vez? Contesta estas preguntas con dos compañeros de clase. Luego informen a la clase de sus conclusiones.

C. México D.F.   ¿Has visitado el D.F.? ¿Qué es lo que más y lo que menos te gustó? Si no has estado, ¿crees que te gustaría visitarlo? ¿Qué es lo que más atrae de una gran ciudad como México D.F.? Contesta estas preguntas con dos compañeros de clase.

D. Encuesta.   Haz una encuesta en tu barrio. Pregúntale a un(a) inmigrante mexicano(a) lo siguiente: ¿Cómo ven a su país ahora? ¿Creen que seguirá progresando o que enfrentará grandes dificultades? ¿Cómo afectará al país tener a tantas personas que se mudan a la ciudad? ¿Cómo afectará a México la emigración de tantos de sus ciudadanos a los Estados Unidos? ¿Cómo afectará a los EE.UU.? ¿Creen que los inmigrantes mexicanos se adaptarán al modo de vida estadounidense? Informa a la clase de los resultados.

E. Los zapatistas en el ciberespacio.   En tu casa o en el laboratorio de computación, usa tu buscador favorito en Internet. Escribe las palabras "murales zapatistas" para encontrar páginas que hablan sobre esta expresión artística popular, en este caso relacionada con la revolución zapatista. ¿Cómo se hacen estos murales? ¿Qué valor tienen? ¿Qué imágenes abundan más en los murales? Escoge alguno que te resulte más interesante y, si puedes, imprímelo para mostrarlo a la clase. Ven a clase también preparado(a) para compartir la información.

Vamos a conversar sobre... los pobres en un mundo globalizado

Muchos expertos aseguran que con la riqueza que se produce en el mundo no hay razón para que haya tanta pobreza y tanta desigualdad entre los pueblos. Muchos países se comprometieron a aportar el 0,7% de su producto interno bruto para ayudar a erradicar el hambre, pero hasta la fecha de publicación de este libro de texto, ninguno lo ha hecho. Vamos a conversar sobre este tema.

A. Pobres en un mundo rico. ¿Creen que los países ricos tienen la responsabilidad de ayudar a los países pobres a salir de su situación? ¿Por qué sí o por qué no? ¿Cuáles serán algunas maneras de hacer esto, en su opinión? ¿Sería bueno que el banco mundial perdonara la deuda externa a esos países para ayudarlos a salir de la pobreza? ¿Por qué?

B. Raíces. ¿Por qué creen que hay países tan pobres y expuestos siempre a hambrunas y plagas como el SIDA? ¿Tendrá algo que ver con estos desequilibrios el hecho de que los países ricos consuman la mayor parte de los recursos mundiales? ¿Qué se podría hacer para cambiar esta situación?

C. El petróleo. ¿Qué opinan del hecho de que Mozambique, con 84 dólares de Producto Interno Bruto (PIB) per cápita, tenga que pagar por algo tan vital como el petróleo el mismo precio que Suiza, con 43.400 dólares de PIB per cápita? ¿Qué creen que el mundo podría hacer para facilitar un intercambio justo de productos de acuerdo a las posibilidades de cada uno?

D. ¿Qué hacemos? Cada tres años mueren de hambre y de enfermedades previsibles o curables más hombres, mujeres y niños que todos los que mató la Segunda Guerra Mundial en seis años. ¿Creen ustedes que esta situación merece una atención especial de los países ricos o que es algo sobre lo que no se puede hacer nada? Expliquen su respuesta. ¿Qué se puede hacer a nivel individual?

Nuestra riqueza lingüística

◯ Antes de leer ◌

Las siguientes palabras vienen directamente del español, pero sólo una de cada pareja es aceptada globalmente en el mundo hispanohablante. La otra sólo es aceptada en ciertas comunidades donde se usa. En grupos de tres o cuatro, traten de identificar las palabras que todo el mundo hispano acepta. Luego comparen su decisión con la de otros grupos de la clase.

trujo / trajo   *vi / vide*   *fuiste / fuites*
roto / rompido   *mesmo / mismo*   *decido / dicho*

¿Por qué creen que sólo una de cada pareja es aceptada globalmente y las otras no?

◯ Lectura ◌

¿Sabías que lingüistas hispanistas especializados en el castellano con frecuencia van a ciertas regiones rurales en el norte de México y en el suroeste de los Estados Unidos para hacer sus estudios? ¿Por qué?, te preguntas. Pues sigue leyendo y descubrirás la respuesta.

Variantes coloquiales: El habla campesina

Cualquier lengua hablada, ya sea el español, el inglés, el alemán, el chino, el árabe,... debe considerarse viva y creciente, constantemente en proceso de cambio. Por esa razón, el inglés de Shakespeare es muy diferente del inglés del siglo XXI, tanto como el español de Cervantes es muy diferente del español actual. La lengua de Cervantes era la lengua de los primeros colonizadores españoles y, por lo tanto, la que se estableció en el Nuevo Mundo. Pero dado que, como decimos, la lengua es algo vivo que siempre está en proceso de cambio, el español en España continuó desarrollándose a lo largo de los años y esos cambios pronto fueron adoptados por todo el mundo hispanohablante... con excepciones.

En las Américas, en muchas regiones rurales, aisladas, los campesinos se pasaban años y años sin tener contacto ni con gente recién llegadas de España ni con personas de las grandes ciudades americanas que siempre estaban en contacto con los europeos. De ese aislamiento nació la variante coloquial que hoy día llamamos "el habla campesina", un habla que sigue usando vocablos y formas verbales populares en los tiempos del Siglo de Oro pero que ya no existen en el resto del mundo hispanohablante. Las palabras arcaicas en esta lista son ejemplos de la lengua arcaica que aun continúa viva:

Arcaísmos	Español del siglo XX	Arcaísmos	Español del siglo XX
alguen	alguien	ole	huele
ansina	así	pa	para
creiba	creía	pidiste	pediste
feyo	feo	rompido	roto
haiga	haya	semos	somos
mesmo	mismo	traiba	traía
muncho	mucho	truje	traje
naiden	nadie	vide	vi

…y así es que, si quieres escuchar el español hablado como se hablaba en tiempos de Cervantes, lo mejor es que vayas al algún pueblito aislado en el norte de México o Nuevo México.

¿Comprendiste?

A. *Los de abajo.* Las siguientes oraciones vienen de *Los de abajo,* la famosa novela del novelista mexicano Mariano Azuela (1873–1952). Es considerada la primera gran novela de la Revolución Mexicana. Con un(a) compañero(a), identifiquen todos los arcaísmos en la lengua campesina y luego túrnense para leer las oraciones en voz alta en un español del siglo XXI.

1. Yo, en Chihuahua, maté a un tío porque me lo topaba siempre en la mesma mesa y a la mesma hora, cuando yo iba a almorzar… ¡Me chocaba mucho!… ¡Qué queren ustedes!…
2. El güero Margarito es mi mero amor… ¡Pa que te lo sepas!… Y ya sabes… Lo que haiga en él, hay conmigo. ¡Ya te lo aviso!…
3. La verdá es que todo tiene sus "asigunes". ¿Para qué es más que la verdá? La purita verdá es que yo he robao… y si digo que todos los que venemos aquí hemos hecho lo mesmo, se me afigura que no echo mentiras…
4. La aguilita que traigo en el sombrero usté me la dio… Bueno, pos ya sabe que no más me dice: "Demetrio, haces esto y esto… ¡y se acabó el cuento!"

B. Carta de mi abuela. Tu amiga Raquel acaba de recibir una carta de su abuela. Lee la carta e identifica las diez palabras del habla campesina que usa. Subráyalas y en una hoja aparte, escribe las palabras del español más general que tienen el mismo significado.

Querida Raquel:

Hace muncho que no te escribo, pero eso no quiere dicir que no pienso en ti todo el tiempo. Me imagino que tú creibas que yo ya te había olvidado. Tienes que entender que a mí mesmo me falla tanto la memoria que hasta se me olvida qué día es. La última vez que me escribites, me pidites que te regalara el florero que mi padre le dio a mi madre cuando se casaron. No vas a creerlo pero está rompido en cien pedacitos. Hace varios meses noté que algo olía medio raro en la sala. Cuando lo investigué, encontré que era el florero y mientras lo lavaba, se me cayó y se rompió. Te aseguro que no hay naiden a quien me gustaría dárselo más que a ti. Pero ansina como está, ni modo. Lo siento mucho niña.

C. Una investigación. Haz una investigación sobre el uso de lengua campesina que se oye hablar en la comunidad. Observa cuidadosamente y, sin que nadie se dé cuenta, anota las expresiones del habla campesina que se usan en la comunidad. Luego, al lado de cada palabra del habla campesina que anotaste, escribe la palabra correspondiente del español más general. En grupos de tres, compara tu lista con la de dos compañeros de clase.

Gael García Bernal El famoso actor mexicano Gael García Bernal, nacido en Guadalajara en 1978, ha pasado casi toda su vida en el escenario o frente a las cámaras. Hijo de actores, de niño actuó con ellos en el teatro de Guadalajara.

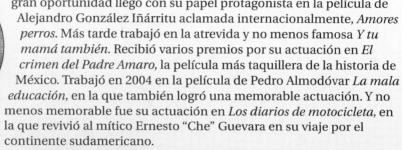

Gael García Bernal

Más tarde estudió en la Escuela Central de Dicción y Drama en Londres, para luego aparecer en obras de teatro, telenovelas y cortometrajes. Su gran oportunidad llegó con su papel protagonista en la película de Alejandro González Iñárritu aclamada internacionalmente, *Amores perros*. Más tarde trabajó en la atrevida y no menos famosa *Y tu mamá también*. Recibió varios premios por su actuación en *El crimen del Padre Amaro*, la película más taquillera de la historia de México. Trabajó en 2004 en la película de Pedro Almodóvar *La mala educación*, en la que también logró una memorable actuación. Y no menos memorable fue su actuación en *Los diarios de motocicleta*, en la que revivió al mítico Ernesto "Che" Guevara en su viaje por el continente sudamericano.

Durante la filmación de la película *Los diarios de motocicleta*, Gael no tuvo ningún reparo en abrazar a los leprosos con los que filmaba las escenas de la leprosería amazónica. "Estas son personas a las que nadie toca. Imagínate vivir tu vida sin que nadie te toque. Es horrible. Tú les das un gramo de atención y ellos te devuelven una tonelada de agradecimiento."

Este gran ser humano y actor prepara en estos momentos una película sobre una estrella de fútbol que vive en Los Ángeles. Gran parte de las escenas pertenecen al Mundial de fútbol de Alemania 2006.

Estevan Ramos El diseñador Estevan Ramos aporta un sabor mexicano-americano al mundo de la moda, tradicionalmente dominado por la alta costura europea. De sus manos surgen las creaciones que luego lucirán estrellas como Salma Hayek, Christina Aguilera, Paulina Rubio y Angelina Jolie, entre otras. Entre sus creaciones podemos encontrar una falda hecha con tela de sarape, un vestido adornado con un graffiti, y unos pantalones decorados con la imagen de la Virgen de Guadalupe.

Para Estevan Ramos, la creación está ligada a su herencia cultural: "Mi familia procede del estado de Jalisco. Eso es mi colección, una extensión de mi herencia cultural, y de cómo la vivo yo en el mundo de hoy". Aparte de los patrones y tejidos tradicionales de México, Ramos también refleja en su creación el aspecto de las chicas con las que creció en el Este de Los Ángeles: "un poco duro, un poco misterioso, una sexi apariencia de respeto".

Estevan Ramos nunca soñó con una carrera como diseñador, aunque se pasaba el tiempo haciendo bosquejos: "Recuerdo que siempre tenía lápices y papel. Me encantaba el arte". "Éramos muy pobres, y yo era el menor de nueve hermanos, por lo que comprábamos ropa en tiendas de segunda mano. Me encontraba con ropa que tenía más de diez años, y yo la tenía que rehacer para que pareciera nueva."

Sus creaciones se pueden encontrar en Saks Fifth Avenue, Nordstrom, Henri Bendel y boutiques especializadas.

A. Hispanos estelares. Contesta estas preguntas con tres compañeros de clase e informen a la clase de sus conclusiones.

1. ¿Quién es Gael García Bernal, y a qué se dedica? Según la lectura, ¿por qué se destaca, además de ser excelente actor? ¿En qué películas ha trabajado? ¿Han visto alguna de esas películas? ¿Cuál les gustó más? ¿En cuál creen que tuvo Gael García su mejor actuación?
2. ¿Quién es Estevan Ramos, y a qué se dedica? ¿Cuál es el mérito de su carrera como diseñador? ¿Creen que el tener un pasado económico difícil lo ayudó a desarrollar su talento? ¿Qué les parece la moda como instrumento de expresión?

B. El gran teatro del mundo.

1. Son diseñadores de moda femenina y están participando en un concurso de diseño. Con otro(a) compañero(a) preparen un bosquejo de ropa para mujeres para la próxima temporada primavera-verano, y otro para la temporada otoño-invierno y preséntenlos a la clase. Expliquen detalladamente las formas y colores. Pueden usar una hoja de papel y lápices de colores, si los tienen a mano. Si no, marquen los nombres de los colores. La clase va a votar por los mejores bosquejos.
2. Tú y tu compañero(a) son estudiantes en una clase de diseñadores de moda. La tarea para mañana es anticipar qué estilo de ropa será popular con los jóvenes universitarios en unos quince años. Preparen un bosquejo de ropa para chicos universitarios y otro para chicas. Expliquen por qué creen que sus bosquejos son representativos de la moda del futuro. Pueden usar una hoja de papel y lápices de colores, si los tienen a mano. Si no, marquen los nombres de los colores. La clase va a decidir cuáles bosquejos son los más representativos del futuro.

C. La gramática está viva en la lectura. Para repasar algunos datos importantes sobre Gael García Bernal y Estevan Ramos, combina cada dos oraciones en una usando un pronombre relativo apropiado. Para más información sobre **pronombres relativos,** consulta *Así funciona nuestro idioma,* página 312.

1. Gael García Bernal ha trabajado con grandes cineastas como Alejandro González Iñárritu y Pedro Almodóvar. Él logró su gran oportunidad con un papel como protagonista en la película *Amores perros.*
2. Este gran ser humano y actor abrazó a los leprosos con los que filmaba las escenas de la leprosería amazónica. García Bernal revivió al mítico Ernesto "Che" Guevara en la película *Los diarios de motocicleta.*
3. El diseñador Estevan Ramos aporta un sabor mexicanoamericano al mundo de la moda. Su clientela incluye a grandes estrellas como Salma Hayek, Christina Aguilera, Paulina Rubio y Angelina Jolie, entre otras.
4. De niño Estevan Ramos era muy pobre y tenía que comprar su ropa en tiendas de segunda mano. Sus creaciones ahora se pueden encontrar en Saks Fifth Avenue, Nordstrom, Henri Bendel y boutiques especializadas.

Hablemos de carreras... en diseño y moda

A todos nos impresionan los elegantísimos desfiles de modelos que cada temporada llenan el paisaje de la moda mundial. ¿Saben algo de moda? ¿Creen que les interesaría seguir una carrera en moda y diseño? ¿Necesitarían mucho dinero para hacerlo? ¿Cómo podrían empezar a adquirir algunos conocimientos básicos? ¿Cuáles creen que son las aplicaciones de esa carrera?

⌒ Para hablar de carreras en moda y diseño ⌒

Alta costura	tonalidades	piel
accesorio	tonos	rayón
colección		seda
maniquí	**Telas**	terciopelo
maquillaje	algodón	
modelo	encaje	**Estilos**
modista	lana	atrevido
perfume	lino	clásico
tendencias	mezclilla	común y corriente
	nilón	discreto

elegante	falda	vestido
rústico	recta con abertura	corte princesa
tradicional	de piezas	de campana
Ropa	plisada	túnica
cinturón	con tablas	cruzado
cuello	mangas	
bajo	de jamón	**Temporada**
camisero	raglán	otoño-invierno
drapeado	kimono	primavera-verano
de tortuga	de pagoda	

A. La moda, el diseño y yo. Completa estas oraciones y comparte tus respuestas con un(a) compañero(a) de clase.

1. En el mundo de la alta _____, lo más importante en cualquier _____ es los _____ y claro, los distintos _____ de los colores.
2. Mis tres telas favoritas son _____, _____ y _____; mis menos favoritas son _____, _____ y _____.
3. Cuando voy a una fiesta, prefiero un estilo _____; para un partido de fútbol, un estilo _____; para pasar un fin de semana en casa, un estilo _____ y para una boda, un estilo _____.
4. La madre de la novia llevaba un vestido _____, con cuello _____ y de mangas _____. Al contrario, la madre del novio llevaba un vestido _____, con cuello _____ y de mangas _____.

B. Con el diccionario en mano. Traduce estas oraciones al español para mostrar que conoces bien este vocabulario relacionado al diseño y la moda.

1. I like the wraparound silk dress, especially with that draped neckline. The lace one with the plunging neckline is a bit too bold for my taste.
2. The wool skirt would be much nicer if it were pleated. It would look great with a turtleneck sweater.
3. The accessories that the model in the bow collar blouse with pagoda sleeves is wearing are perfect for her outfit.
4. I am designing a new outfit for the winter/fall season. It's a linen tunic with a draped neckline and leg-of-mutton sleeves.

C. Debate. ¿Tratan ustedes de vestir a la moda? ¿Llevan ustedes ropa que está completamente pasada de moda? ¿Quién impone la moda, los diseñadores o la gente? Tengan un debate con dos personas donde dos defiendan que la gente impone la moda, y dos aséguren que son los diseñadores los que la imponen. Luego que la clase vote para ver quién ganó.

D. Diseñadores y diseñadoras del futuro. Identifiquen a los (las) compañeros(as) de clase que tal vez se interesen en una carrera en diseño y moda y entrevístenlos. Usen estas preguntas y otras que les parezcan apropiadas.

1. ¿Por qué les interesa la carrera en diseño y moda? ¿Qué diseñadores los inspiran?
2. ¿Qué tendrán que hacer para lograr su meta? ¿Qué tipos de estudios tienen que seguir? ¿Tendrán que seguir algún entrenamiento adicional? ¿Será muy costoso seguir esta carrera? Expliquen su respuesta.
3. Tú trabajas para el gran diseñador Óscar de la Renta. Te ha pedido que diseñes uno de los vestidos para el siguiente desfile de modas. Diséñalo ahora; luego, en grupos de tres o cuatro, muestren sus diseños y descríbanlos.

E. Diseñadores hispanos en el ciberespacio. ¿Sabes si ha habido o hay diseñadores hispanos de fama mundial? En tu casa o en el laboratorio de computación, usa tu buscador favorito en Internet. Escribe las palabras "diseñadores hispanos" para encontrar páginas que contienen información sobre los distintos modistas hispanos más famosos. Elige uno o una de ellos y anota la información que te parece más importante sobre sus logros y los obstáculos que tuvieron que superar. Ven a clase el próximo día preparado(a) para presentar tu diseñador(a) favorito(a) a la clase.

Arte hispano

La artista

Rocío Heredia es una artista autodidacta. Nació en la ciudad de Monterrey, México. Aunque estudió psicología, desde muy temprana edad Heredia descubrió su pasión por las artes visuales. Comenzó su camino en el mundo del arte en metal en 1997, creando obras ornamentales basadas en temas religiosos. En el año 2001 Rocío presentó su primera exhibición individual titulada "Inspiración divina". En ese mismo año recibió una beca para estudiar con el artista y maestro Valentín Yotkov en Brooklyn, Nueva York. Desde esa fecha, Rocío es reconocida por la

Rocío Heredia

creación de sus relieves e íconos católicos y su arte judío, y ha recibido un gran número de reconocimientos y premios otorgados a su apasionada obra artística.

En la actualidad, Rocío Heredia se dedica a realizar relieves en estaño, cobre, plata y oro utilizando diferentes técnicas y experimentando con diferentes texturas y pátinas. Cabe destacar que Rocío sufre una discapacidad visual, por lo que el uso del tacto es crucial para desarrollar sus obras maravillosamente detalladas y de sutil belleza. Sus obras se encuentran en colecciones públicas y privadas de México, los Estados Unidos, Suiza, Israel, España, Alemania, Irlanda, Tailandia, Canadá e Italia. Además, es maestra de arte en metal e imparte clases privadas y talleres en México y en el exterior.

San Jorge y el dragón

De su cuadro *San Jorge y el dragón* (véase la página xix), Heredia dice: "El arte me permite expresar lo que no me es posible decir con palabras. En mis obras me enfoco en la importancia de cada detalle, cada uno de los cuales debe estar meticulosamente definido, sin importar el tiempo que tenga que invertir para lograrlo. Al esculpir el metal, el sentido del tacto se convierte en mi herramienta básica, la cual me ayuda a definir lo que mis ojos no pueden percibir. Es interesante escuchar el punto de vista de los espectadores, quienes se imaginan el proceso por el cual se logró transformar la lámina de metal en la obra final. El metal es una inspiración para crear arte, y me lleva a elegir el tema de la que será mi próxima creación… aunque, últimamente, pareciera como si el argumento fuera el que me eligiera a mí. El icono San Jorge y el dragón se ha convertido en la inspiración de quienes enfrentan a sus propios dragones, resaltando así la importancia de lo que expresa un icono y del entendimiento de su mensaje."

A. "San Jorge y el dragón". Contesta estas preguntas sobre la obra *San Jorge y el dragón*.

1. ¿Cuáles son los símbolos más importantes que se encuentran en "San Jorge y el dragón"?
2. ¿Sobre qué material está realizado, y con qué técnicas?
3. ¿Qué opinas del hecho de que Rocío Heredia use el sentido del tacto como base para la creación de una obra de gran valor visual? ¿Crees que enseña algo sobre la naturaleza humana? ¿Qué?

B. Rocío Heredia y yo. Contesta estas preguntas sobre el trabajo de esta artista latinoamericana y tus propios intereses.

1. ¿Qué piensas de esta obra? ¿Te gusta o no? ¿Por qué?
2. ¿Crees que esta obra es representativa del trabajo de Rocío Heredia? ¿Por qué sí o por qué no?
3. Rocío Heredia realizó sus primeros trabajos de arte hace pocos años, coincidiendo con el comienzo de su enfermedad. Si tú tuvieras que enfrentarte a una enfermedad visual degenerativa, ¿qué aspectos o habilidades personales crees que podrías desarrollar?

C. Arte con metal en el ciberespacio. En tu casa o en el laboratorio de computación, usa tu buscador favorito en Internet. Escribe las palabras "técnicas de cincelado, repoussé, grabado, pátina" para encontrar páginas que describen esas técnicas. Estudia una de ellas, y ven a clase preparado(a) para compartir con los otros estudiantes lo que aprendiste sobre esta técnica.

Nuestra herencia literaria

☾ Antes de leer ☾

¿Perdonas o no?   Contesta las siguientes preguntas.

1. ¿Te enojas fácilmente? ¿Perdonas fácilmente después de enojarte?
2. ¿Hay alguien que te deba algo en este momento? ¿Lo consideras algo serio, o no?
3. ¿Crees en la violencia como forma de resolver los problemas? Si no se resuelven con violencia, ¿de qué otro modo crees que se pueden resolver los conflictos entre personas?
4. ¿Consideras buena la práctica de que los hijos venguen a los padres? ¿Conoces alguna cultura en la que esto se practique?
5. Si tuvieras que elegir entre perdonar a los enemigos y enfrentarlos, ¿qué elegirías?

Estrategias para leer: Hacerle preguntas al texto

Una forma efectiva de entrar en contacto con un texto para comprenderlo es hacerlo de una manera inquisitiva, es decir, haciéndole preguntas de por qué dice o no una cosa, cómo las dice, etc. Estas preguntas son útiles en sí mismas, es decir, no tenemos que preocuparnos por conocer ni encontrar la respuesta. Conviene diferenciar tres tipos de preguntas: de contenido, de estructura y de proceso.

- **Las preguntas sobre el contenido** se refieren al fondo de lo que el texto narra. Aquí cabe preguntar sobre los personajes, la acción, los sentimientos, las imágenes creadas, etc.
- **Las preguntas sobre la estructura** se refieren al aspecto formal del cuento. Se incluyen aquí también las preguntas sobre el vocabulario, el uso de la lengua, los párrafos, versos, etc.
- **Las preguntas sobre el proceso** se centran sobre el proceso de escribir y de narrar. ¿Cómo comienza? ¿Cómo se va contando la historia? ¿Cómo termina? ¿Qué información va dando el narrador? ¿Qué información se guarda para sí?

Estas preguntas las puedes escribir en un papel aparte, aunque, si puedes, recomendamos que las hagas a lápiz, sobre el texto.

Antes de leer, repasa el siguiente cuento de Juan Rulfo y trata de hacer varias preguntas de cada uno de los tipos descritos arriba. Es importante que las hagas sobre la marcha, aunque más tarde encuentres la información en el texto. Éstos son algunos posibles ejemplos:

1. ¿Por qué empieza la historia con el personaje hablando, sin introducciones?
2. ¿A quién tiene que decirle que no lo maten?
3. ¿Por qué lo van a matar?
4. ¿Por qué sólo hay diálogo?
5. ¿Por qué, siendo su hijo, no se atreve a defenderlo?
6. ¿?

El autor

Juan Rulfo (bautizado como Juan Nepomuceno Carlos Pérez Vizcaíno Rulfo) nació en Sayula (Jalisco) en 1918 y falleció en Ciudad de México en 1986. Pertenecía a una familia acomodada que perdió sus bienes durante la Revolución Mexicana. Su padre y dos tíos fueron asesinados poco después de 1920. Su madre falleció al poco tiempo, y Rulfo ingresó en un orfanato. Terminados sus estudios, trabajó en algunas oficinas, hasta que en 1962 pasó a trabajar en el Instituto Indigenista de México. Su producción literaria publicada se limita a los relatos de *El llano en llamas*(1953) y la novela *Pedro Páramo*(1955), dos joyas, dos obras de arte que más que justifican una vida de creación literaria. El siguiente fragmento forma parte del cuento "¡Diles que no me maten!", publicado con la colección de cuentos *El llano en llamas*. Narra, como verás, las últimas horas de un anciano que se ha pasado gran parte de su vida huyendo de la venganza del hijo de su víctima.

๑ Lectura ๑

¡Diles que no me maten! (Fragmento)

el amor de Dios

—¡Diles que no me maten, Justino! Anda, vete a decirles eso. Que por caridad°. Así diles. Diles que lo hagan por caridad.

—No puedo. Hay allí un sargento que no quiere oír hablar nada de ti.

Date... Usa tu destreza/ experiencia

—Haz que te oiga. Date tus mañas° y dile que para sustos ya ha estado bueno. Dile que lo haga por caridad de Dios.

—No se trata de sustos. Parece que te van a matar de a de veras. Y yo ya no quiero volver allá.

—Anda otra vez. Solamente otra vez, a ver qué consigues.

fusilarme, matarme

—No. No tengo ganas de eso, yo soy tu hijo. Y si voy mucho con ellos, acabarán por saber quién soy y les dará por afusilarme° a mí también. Es mejor dejar las cosas de este tamaño.

—Anda, Justino. Diles que tengan tantita lástima de mí. Nomás eso diles.

Justino apretó los dientes y movió la cabeza diciendo:

—No.

Y siguió sacudiendo la cabeza durante mucho rato.

Justino se levantó de la pila de piedras en que estaba sentado y caminó hasta la puerta del corral. Luego se dio vuelta para decir:

—Voy, pues. Pero si de perdida me afusilan a mí también, ¿quién cuidará de mi mujer y de los hijos?

Dios

lo... lo urgente

—La Providencia°, Justino. Ella se encargará de ellos. Ocúpate de ir allá y ver qué cosas haces por mí. Eso es lo que urge°.

columna

calmarse

Lo habían traído de madrugada. Y ahora era ya entrada la mañana y él seguía todavía allí, amarrado a un horcón°, esperando. No se podía estar quieto. Había hecho el intento de dormir un rato para apaciguarse°, pero el sueño se le había ido. También se le había ido el hambre. No tenía ganas de nada. Sólo de vivir. Ahora que sabía bien a bien que lo iban a matar, le habían entrado unas ganas tan grandes de vivir como sólo las puede sentir un recién resucitado°.

persona que ha vuelto a la vida despúes de la muerte / tema, cuestión

Quién le iba a decir que volvería aquel asunto° tan viejo, tan rancio, tan enterrado como creía que estaba. Aquel asunto de cuando tuvo que matar a don Lupe. No nada más por nomás, como quisieron hacerle ver los de Alima, sino porque tuvo sus razones. Él se acordaba:

por... para ser más preciso

Don Lupe Terreros, el dueño de la Puerta de Piedra, por más señas° su compadre. Al que él, Juvencio Nava, tuvo que matar por eso; por ser el dueño de la Puerta de Piedra y que, siendo también su compadre, le negó el pasto para sus animales.

atormentados

Primero se aguantó por puro compromiso. Pero después, cuando la sequía, en que vio cómo se le morían uno tras otro sus animales hostigados° por el hambre y que su compadre don Lupe seguía negándole la yerba de sus potreros, entonces fue cuando se puso a romper la cerca y a arrear la bola de animales flacos hasta las paraneras° para que se hartaran° de comer. Y eso no le había gustado a don Lupe, que mandó tapar otra vez la cerca para que él, Juvencio Nava, le volviera a abrir otra vez el agujero. Así, de día se tapaba el agujero y de noche se volvía a abrir, mientras el ganado estaba allí, siempre pegado a la cerca, siempre esperando; aquel ganado suyo que antes nomás se vivía oliendo el pasto sin poder probarlo.

sabanas, praderas / se... quedaran satisfechos

discutían

Y él y don Lupe alegaban° y volvían a alegar sin llegar a ponerse de acuerdo. Hasta que una vez don Lupe le dijo:

—Mira, Juvencio, otro animal más que metas al potrero y te lo mato.

Y él contestó:

—Mire, don Lupe, yo no tengo la culpa de que los animales busquen su acomodo°. Ellos son inocentes. Ahí se lo haiga° si me los mata.

bienestar / se arrepentirá

"Y me mató un novillo."   [...]

◌ Reacciona y relaciona ◌

A. Reacciona.   Contesta estas preguntas para mostrar que entendiste lo que leíste.

1. ¿Qué narra este cuento?
2. ¿Qué quiere el protagonista que haga su hijo?
3. ¿Por qué tiene miedo el hijo de interceder por su padre?
4. ¿Qué hizo el protagonista hacía mucho tiempo?

B. Relaciónalo.   Este cuento habla de la violencia como forma de arreglar los conflictos, y de la venganza a sangre fría. ¿Qué opinas tú de los métodos populares de justicia y de venganza? ¿Crees que es sano el que unos familiares venguen a los otros? ¿Sientes tú ganas de vengarte de los que te hacen daño o prefieres perdonar u olvidar? ¿Crees que es mejor perdonar o hacer pagar?

C. Debate.   La ley del talión (ojo por ojo, diente por diente) supuso un avance ético en momentos de brutalidad, en que la venganza era mayor que la ofensa recibida. Crees que, se aplica en este caso? ¿Por qué sí o no? ¿Qué opinan de la justicia vindicativa? Tengan un debate frente a la clase. Dos voluntarios deben hablar a favor de que los castigos sean similares a los delitos, y de que se debe castigar a los culpables basándose en lo que hicieron. Otros dos voluntarios defienden la posición contraria, que la justicia vindicativa no es aceptable, y proponen fórmulas creativas para castigar. La clase va a votar para decidir quién ganó el debate.

D. La gramática está viva en la lectura.   Con un(a) compañero(a) de clase, seleccionen cinco mandatos familiares de la lectura, anótenlos en una hoja de papel y luego conviértanlos en mandatos formales. Confirmen los resultados con la clase entera. Para más información sobre los **mandatos formales y familiares,** consulta *Así funciona nuestro idioma,* página 319.

La acentuación, ¡de una vez!

○ Palabras parecidas ○

Las **palabras parecidas** son palabras que se escriben exactamente iguales excepto que una lleva acento escrito y la otra no.

● Las palabras parecidas no siguen las reglas de acentuación y siempre llevan acento escrito para diferenciarse la una de la otra.

aun	*even*	aún	*still, yet*
de	*of*	dé	*give (formal command)*
el	*the*	él	*he*
mas	*but*	más	*more*
mi	*my*	mí	*me*
se	*himself, herself, etc.*	sé	*I know, be (fam. cammand)*
si	*if*	sí	*yes*
solo	*alone*	sólo	*only*
te	*you (obj. pron.)*	té	*tea*
tu	*your*	tú	*you (subj. pron.)*

A. Práctica con palabras parecidas. Escucha a tu profesor(a) leer las siguientes oraciones y ponles acento escrito a las palabras parecidas subrayadas que lo necesiten. Compara tu trabajo con el del resto de la clase.

1. No tengo ganas <u>de</u> eso, yo soy <u>tu</u> hijo. Y <u>si</u> voy mucho con ellos, acabarán por saber quién soy y les dará por afusilarme a <u>mi</u> también.
2. Voy, pues. Pero <u>si</u> <u>de</u> perdida me afusilan a <u>mi</u> también, ¿quién cuidará <u>de</u> <u>mi</u> mujer y <u>de</u> los hijos?
3. Y ahora era ya entrada la mañana y <u>el</u> seguía todavía allí, … No <u>se</u> podía estar quieto. … No tenía ganas <u>de</u> nada. <u>Solo</u> <u>de</u> vivir.
4. <u>El</u> se acordaba: Don Lupe Terreros, <u>el</u> dueño de la Puerta de Piedra, por <u>mas</u> señas su compadre. Al que <u>el</u>, Juvencio Nava, tuvo que matar por eso; por ser <u>el</u> dueño de la Puerta de Piedra …

B. Más práctica con palabras parecidas. Escucha a tu profesor(a) leer las siguientes oraciones y complétalas con las palabras parecidas apropiadas. No dejes de poner el acento escrito en las palabras que lo necesiten.

1. _____ dijiste que _____ mamá preparó la mitad de las galletas para _____, pero _____ mitad ha desaparecido. ¿Cómo lo explicas?
2. _____ aseguro que el _____ ya está listo. Lo _____ porque esa tetera es eléctrica y ya _____ encendió la lucecita verde.

3. Tuve que ir _____ al concierto, pero _____ me quedé para la primera mitad. No aguantaba _____, _____ me llamaron de la oficina y tuve que salir corriendo.
4. _____ no se puede negar que _____ más importante de todos es _____ primer anuncio que _____ diseñó; _____ fue el más costoso.
5. _____, _____ todo lo que pueda a su caridad favorita. Pero no _____ más _____ lo que tenga, _____ no quiere acabar en bancarrota.

Redacción

I. Para escribir un diálogo

Como ya hemos visto, en el cuento de Juan Rulfo abunda el diálogo, con lo que el lector puede tener acceso a los sentimientos de los personajes directamente, sin tanta intervención de la voz narradora. En esta actividad vas a escribir tú también un diálogo en el cual dos o más personas hablan apasionadamente.

La situación es la siguiente: un(a) estudiante hispano(a) que es la primera persona de su familia que asiste a la universidad, está pensando seriamente dejarla antes de terminar su primer año de estudios. Dos de sus mejores amigos(as) tratan de convencerlo(a) de que no lo haga, usando todos los argumentos a su alcance.

Puedes usar el humor, el sarcasmo, la ironía… o simplemente hacer que los personajes hablen apasionadamente. Puedes también hacer que, en lugar de dos opciones (dejarla o no dejarla), los personajes manejen tres o más opciones. Para asegurarte un buen resultado, te invitamos a que sigas el proceso que la mayoría de los buenos escritores usan: planificar, escribir un primer borrador, compartir, revisar y escribir la versión final.

A. Planificar.   Prepárate para escribir repasando el texto del cuento "¡Diles que no me maten!" Al leerlo, contesta las siguientes preguntas:

a. ¿Cómo está contado el cuento, de un modo tradicional, o dejando que los personajes nos cuenten la historia?
b. ¿Qué lenguaje usa, un lenguaje popular, o uno rebuscado o propio de los escritores? ¿Qué sabemos de los personajes aparte de lo que nos dice el narrador?
c. En tu diálogo, ¿prefieres que la información sobre los personajes esté incluída en lo que van diciendo, o prefieres que el narrador(a) introduzca las referencias para los lectores? ¿Cómo lo hace Juan Rulfo?

Ahora prepárate para escribir tu diálogo incluyendo todos los hechos y las ideas que consideres relevantes.

1. **Anotar ideas.** Por ahora lo importante es anotar de una forma esquemática todos los elementos del diálogo que se te ocurran. Haz dos listas de los argumentos que quieres que usen tus personajes, una con los argumentos a favor de dejar la universidad, la otra con los argumentos en contra. Tal vez también quieras incluir algunas de las consecuencias para el estudiante y su familia.

2. **Agrupar ideas.** Organiza ahora la información de tu lista para estar seguro(a) de que hay una conexión lógica entre toda la información que quieres presentar. Pon toda la información en grupos lógicos y ordenados. Una posibilidad es crear tres grupos: uno de razones por las que debe dejar los estudios, otro de razones por las que no debe dejarlos y uno tercero de consecuencias para el individuo y sus familiares. Otra posibilidad es tener cuatro listas: 1. ventajas a corto plazo, 2. desventajas a corto plazo, 3. ventajas a largo plazo, 4. desventajas a largo plazo. Decide cuál de éstas te conviene o, si prefieres organizarte de una manera distinta, hazlo.

B. Escribir un primer borrador.   Usa la información que has reunido para escribir un primer borrador de tu diálogo. Generalmente, cada idea va a expresarse en una oración.

C. Compartir.   Comparte tu diálogo con dos compañeros de la clase. Ellos deben hacerte comentarios sobre el contenido. ¿Es claro? ¿Es lógico? ¿Lo entienden? ¿Tiene intensidad? Tú debes leer y comentar sus diálogos también. Decide qué cambios quieres hacer atendiendo a los comentarios de tus compañeros, y escribe una segunda versión si es necesario.

D. Revisar.   Permíteles a dos compañeros de la clase que lean tu diálogo una vez más. Ahora pídeles que te digan si hay errores de gramática o de ortografía.Tú debes hacer lo mismo con los suyos.

E. Escribir la versión final.   Escribe la versión final de tu diálogo, haciendo todas las correcciones necesarias. Como ésta es la versión que vas a entregar a tu profesor, debes escribirla a máquina o en la computadora para que pueda leerse sin dificultad.

II. Escribamos a otro nivel

A escribir dos variantes del mismo diálogo.   Ya que te resulta más fácil escribir, sigue el mismo proceso que se recomendó para escribir un diálogo, pero escribe dos variaciones del diálogo. En la primera versión, los personajes son un hijo y sus padres, en la segunda un estudiante y el profesor o profesora que ha sido su mentor durante su primer año de universidad. Usa argumentos y diálogos apropiados al estado social de las personas, ya sea los padres de alguien o sus profesores. Tal como se especificó, planifica, anota y agrupa los distintos argumentos. Luego escribe el primer borrador y compártelo con dos o tres compañeros de clase antes de revisarlo y escribir la versión final.

Online Study Center

El mundo mexicano al alcance

Explora distintos aspectos del mundo mexicano en las actividades de la red que corresponden a este capítulo. Ve primero a http://college.hmco.com/pic/ deunavez1e y de ahí a la página de *iDe una vez!*

Películas que recomendamos

☉ El cine mexicano ☾

El cine mexicano, a lo largo de su extensa y productiva historia, ha pasado por momentos de auténtico esplendor, situándose a la cabeza del cine producido en Latinoamérica en la década de 1930, cuando también surgieron los actores más conocidos del cine mexicano: María Félix, Arturo de Córdoba, Cantinflas, Pedro Infante, Jorge Negrete, Pedro Armendáriz y Dolores del Río.

Este apogeo del cine mexicano continuó en los 40 con la llegada de Luis Buñuel a México. Durante la década de los 50 y 60 se produjo una decadencia para caer en picado en los 70 y 80. A partir de 1985 se asistió a un resurgir del cine mexicano, que se consagró totalmente en el año 2000, con un total de 27 películas entre las que destacan algunas de las que recomendamos a continuación.

Danzón (1991)   **Directora:** María Novaro

Julia divide su vida entre el trabajo, su hija y el danzón. Cada miércoles se luce en la pista del brazo de Carmelo, su pareja de baile. Una noche Carmelo desaparece, y Julia toma la determinación de ir a buscarlo a Veracruz, sin saber que ese viaje cambiará su vida.

Como agua para chocolate (1992)   **Director:** Alfonso Arau

Una historia de amor y buena comida situada en el México fronterizo de principios del siglo XX. Dos jóvenes ven obstaculizado su amor cuando Mamá Elena decide que Tita, su hija menor, debe quedarse soltera para cuidarla en su vejez. Tita, entre recetas y platos maravillosos, sufrirá muchos años un amor que perdura por encima del tiempo.

Cilantro y perejil (1995)   **Director:** Rafael Montero

Una difícil situación económica contribuye al fracaso del matrimonio de Carlos y Susana. Ella busca el amor romántico, él busca sobrevivir. Las simpáticas observaciones de un psicoanalista sobre el amor, la pareja y la convivencia humana iluminan los conflictos de los personajes.

Santitos (1999)   **Director:** Alejandro Springall

Esperanza es una hermosa mujer de treinta y cinco años cuya hija, Blanca, muere repentinamente víctima de una enfermedad desconocida. Para evitar la propagación del misterioso virus, es sepultada de inmediato, sin que Esperanza pueda reconocer el cadáver. La resistencia de Esperanza a aceptar la muerte y su fe en los milagros la ayudan a esperar que suceda uno. Y será San Judas Tadeo, un santito para casos desesperados, quien se le aparezca y le muestre el camino para hallar lo perdido.

Amores perros (2000)   **Director:** Alejandro González Iñárritu

Ciudad de México, un accidente automovilístico y tres vidas que chocan entre sí. Octavio, un joven adolescente, que decide fugarse con Susana, la esposa de su hermano. Daniel, un hombre de 42 años, deja a su esposa y a sus hijos para irse a vivir con Valeria, una modelo. El mismo día en que ambos festejan su nueva vida, el destino conduce a Valeria a ser embestida en el trágico accidente.

Por la libre (2000)   **Director:** Juan Carlos de Llaca

A pesar de ser primos, Rocco y Rodrigo no se soportan. Lo único que los une es el amor a su abuelo, don Rodrigo Carnicero, un médico nacido en España que quiere mucho a sus nietos y se siente decepcionado de sus propios hijos. La muerte del abuelo y la promesa de arrojar sus cenizas al mar de Acapulco unirá a los dos jóvenes, y los ayudará a descubrirse.

Y tu mamá también (2001)   **Director:** Alfonso Cuarón

Tenoch y Julio son dos amigos de diferente clase social pero similar ideología, que en una boda conocen a Luisa, una atractiva española casada con un primo de Julio. Para impresionarla, la invitan a un viaje que Tenoch y Julio supuestamente van a emprender. Ella no les hace mucho caso pero, por un acontecimiento en su vida, decide aceptar la invitación. Los jóvenes, sorprendidos, no tienen más remedio que organizar el viaje a la inventada playa de Boca del Cielo. En el viaje los tres experimentarán una serie de emociones que los marcarán para siempre.

Otras películas recomendadas

Vámonos con Pancho Villa (1935), dirigida por Fernando de Fuentes
Los olvidados (1950), dirigida por Luis Buñuel
El gallo de oro (1964), dirigida por Roberto Gavaldón
El bulto (1991), dirigida por Gabriel Retes
El crimen del Padre Amaro (2002), dirigida por Carlos Carrera

Así funciona nuestro idioma

⌒ 8.1 El subjuntivo en las cláusulas nominales ⌒

 ¡Ya lo sabes!

Esteban es un fanático de los corridos mexicanos. En cada par, selecciona lo que él te dice.

1. **a.** Te recomiendo que *escuchas* este corrido que a mí me gusta mucho.
   b. Te recomiendo que *escuches* este corrido que a mí me gusta mucho.
2. **a.** Pienso que te *va* a gustar mucho también.
   b. Pienso que te *vaya* a gustar mucho también.
3. **a.** Me alegra que *aprecies* la música popular mexicana.
   b. Me alegra que *aprecias* la música popular mexicana.

¿Cómo te fue esta vez? No fue difícil, ¿verdad? Tú y la mayoría debe haber seleccionado la segunda oración en el primer par, y la primera oración en los otros dos pares. No es difícil cuando uno ha internalizado las reglas para el **uso del subjuntivo o del indicativo en las cláusulas nominales.** Y si sigues leyendo ese conocimiento será aun más firme.

Deseos, recomendaciones, sugerencias y mandatos

● El subjuntivo se usa en una cláusula subordinada cuando el verbo o la expresión impersonal de la cláusula principal indica deseo, recomendación, sugerencia o mandato y hay cambio de sujeto en la cláusula subordinada. Si no hay cambio de sujeto, se usa el infinitivo.

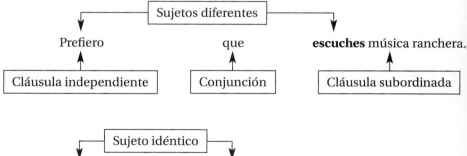

Verbos y expresiones de uso común en esta categoría:

aconsejar	exigir	prohibir
decir (i)	mandar	querer (ie)
dejar	pedir (i)	recomendar (ie)
desear	permitir	rogar (ue)
esperar	preferir (ie)	sugerir (ie)
ser esencial	ser mejor	ser preciso
ser importante	ser necesario	ser urgente

Quiero que me **expliques** todas esas revoluciones de México.
No es necesario que lo **hagas** hoy.
Es importante, eso sí, que **respondas** todas las preguntas que tengo.

Duda, incertidumbre e incredulidad

● Se usa el subjuntivo en una cláusula subordinada después de verbos o expresiones que indican duda, incertidumbre o incredulidad. Cuando se usa el opuesto de estos verbos y expresiones, van seguidos del indicativo porque indican certeza.

Verbos y expresiones de uso común en esta categoría:

Subjuntivo: incredulidad/duda	Indicativo: creencia/certidumbre
no creer	creer
dudar	no dudar
negar (ie)	no negar (ie)
no pensar (ie)	pensar (ie)
no suponer	suponer
no estar seguro(a) (de)	estar seguro(a) (de)
no ser cierto	ser cierto
ser dudoso	no ser dudoso
no ser evidente	ser evidente
no ser seguro	ser seguro
no ser verdad	ser verdad

No creo que el flujo migratorio hacia la Ciudad de México **cese** dentro de poco.
Estoy seguro de que las revoluciones pacíficas **van** a continuar, pero **no estoy seguro** de que **vayan** a resolver todos los problemas.
No dudo que el racismo **terminará**, pero **dudo** que **termine** muy pronto.

● En oraciones interrogativas, se puede usar tanto el subjuntivo como el indicativo. El uso del subjuntivo indica duda o incredulidad por parte del hablante o escritor. El uso del indicativo señala que la persona que habla o escribe desea simplemente información y no sabe la respuesta a su pregunta.

¿Piensas que los dichos populares **van** a desaparecer? (la persona solicita información y no sabe la respuesta)
¿Piensas que los dichos populares **vayan** a desaparecer? (la persona duda que los dichos desaparezcan)

Emociones, opiniones y juicios de valor

● El subjuntivo se usa en una cláusula subordinada después de verbos y expresiones que indican emociones, opiniones y juicios de valor cuando hay cambio de sujeto. Si no hay cambio de sujeto, se usa el infinitivo.

Verbos y expresiones de uso común en esta categoría:

alegrarse	lamentar	sorprenderse
enojarse	sentir (ie)	temer

estar contento(a) de	ser extraño	ser raro
ser agradable	ser increíble	ser sorprendente
ser bueno	ser malo	ser (una) lástima
ser curioso	ser natural	ser vergonzoso
ser estupendo	ser normal	

Es una lástima que **debas** postergar tu viaje a la Ciudad de México.
Es estupendo que **puedas** hacer el viaje el verano que viene.
Es estupendo **ir** de viaje de vez en cuando.

Nota para hispanohablantes Hay una tendencia en algunas comunidades de hispanohablantes a usar el indicativo con algunas de estas expresiones de emociones, opiniones y juicios y decir *Es bueno que tienes un buen empleo* o *Me extraña que no me visitas más a menudo* en vez de **Es bueno que tengas un buen empleo** o **Me extraña que no me visites más a menudo.** Es importante evitar este uso fuera de esas comunidades y en particular al escribir.

⏾ Ahora, ¡a practicar! ☾

A. Desaparecidas de Ciudad Juárez.   Tú y tus compañeros dan ideas sobre lo que las autoridades gubernamentales deben hacer para tratar de detener los homicidios y desapariciones que ocurren en Ciudad Juárez.

MODELO   aumentar el número de investigadores
Es necesario que las autoridades aumenten el número de investigadores.

1. tomar muy en serio estos crímenes
2. pedir ayuda a agencias policiales internacionales
3. poner empeño en resolver los casos
4. iniciar programas para proteger a las mujeres
5. exigir participación de las maquiladoras
6. ofrecer recompensas para descubrir a los culpables
7. investigar a fondo los casos

B. Datos sorprendentes. Tú y tus compañeros reaccionan ante los siguientes datos acerca de México.

MODELO   La montaña más alta de México, el pico de Orizaba, es la tercera
         montaña más alta de Norteamérica.
         **Me sorprende (Es sorprendente) que la montaña más alta de México
         sea la tercera montaña más alta de Norteamérica.**

1. El chocolate tiene origen mexicano.
2. Hay más de 50 especies de colibríes en México.
3. El país que registra más sitios nombrados Patrimonio de la Humanidad por la UNESCO es México.
4. Todavía se hablan más de 60 lenguas indígenas en México.
5. Las telesecundarias imparten educación vía la tele a más de un millón de alumnos de los grados séptimo a noveno.
6. Se siguen encontrando huesos de dinosaurios en la zona norte de México.
7. La popularidad del corrido se remonta a la época de la Revolución de 1910.

C. Opiniones. Tú y tus compañeros dan opiniones acerca de México.

MODELO   ser verdad / México es un país de contrastes.
         Es verdad que México es un país de contrastes.
         no estar seguro(a) / mis amigos mexicanos se interesan por la política.
         **No estoy seguro(a) (de) que mis amigos mexicanos se interesen por
         la política.**

1. ser evidente / México tiene un riquísimo folklore musical
2. no dudar / los dichos populares van a seguir usándose
3. pensar / el petróleo es importante para la economía mexicana
4. ser cierto / hay problemas económicos serios en México
5. no creer / la Ciudad de México tiene más de 30 millones de habitantes
6. negar / México no aprecia su pasado indígena
7. no estar seguro de / los mexicanos practican el béisbol
8. dudar / los mexicanos practican el fútbol americano; estar seguro de / ellos practican el fútbol

D. Correcciones   Benito ha escrito un párrafo acerca de su abuelo y te pide que lo leas y corrijas cualquier uso que no sea apropiado para la lengua escrita.

Esta mañana mi abuelo me dijo: «Es curioso que eres tan joven y que ya se te vayan las cabras al monte.» Es evidente que yo no tengo ninguna cabra. Creo que el abuelo se esté poniendo senil. Por cortesía solamente le pregunté: «Oye, abuelo, quiero que me digas qué es eso de las cabras que se van al monte.» Y el abuelo comenzó con sus quejas: «Es una lástima que ustedes los jóvenes están perdiendo todos estos dichos que son una riqueza del idioma. Me alegro, sí, de que me preguntas. Es posible que luego recuerdas esta expresión y la usas. Pues quiere decir que se te olvidan las cosas. Dudo, eso sí, que la recuerdes, porque como dije, lamento que siendo tan joven se te están yendo las cabras al monte.» No me sorprende que ahora estoy más confundido que antes. Estoy seguro de que mi abuelo está definitivamente senil.

E. Consejos de los padres. Le cuentas a tu mejor amigo(a) las muchas recomendaciones que te hacen tus padres. Menciona cinco por lo menos.

MODELO **Mis padres me aconsejan que me preocupe de mis estudios.**
Me sugieren que escoja bien a mis amigos.

8.2 Pronombres relativos

¡Ya lo sabes!

Esta vez te vamos a presentar tres pares de oraciones para que selecciones, en cada par, la oración que te parece más apropiada.

1. **a.** Tengo muchos amigos *quienes* viven en México.
   b. Tengo muchos amigos *que* viven en México.
2. **a.** Un escritor mexicano *que yo he leído* es Octavio Paz.
   b. Un escritor mexicano *yo he leído* es Octavio Paz.
3. **a.** Un diseñador *cuyas* creaciones admiro es Estevan Ramos.
   b. Un diseñador *cuyo* creaciones admiro es Estevan Ramos.

¿Cómo te fue esta vez? Pienso que seleccionaste la segunda oración en el primer par y la primera en los dos últimos pares. Como ves, es bueno tener un conocimiento tácito de los **pronombres relativos.** Si sigues leyendo, podrás consolidar ese conocimiento.

Los pronombres relativos unen una cláusula subordinada a la cláusula principal. Como son pronombres, hay un sustantivo mencionado previamente en la cláusula principal que se llama el **antecedente** del pronombre relativo. Estos prombres sirven para combinar las ideas de dos oraciones simples en una oración compleja y así se elimina la repetición de un sustantivo. En español el pronombre relativo no se omite.

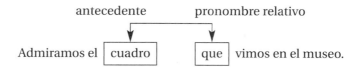

antecedente   pronombre relativo

Admiramos el [cuadro]   [que] vimos en el museo.

Los pronombres relativos principales son **que, quien(es), el (la, los, las) cual(es), el (la, los, las) que** y **cuyo.**

Usos de *que*

● **Que** es el pronombre relativo de mayor uso. Se puede referir a personas, lugares, cosas o ideas abstractas.

> Estevan Ramos es un diseñador mexicoamericano **que** viste a las estrellas.
> La película **que** dio muchos premios a Gael García fue *El crimen del Padre Amaro.*
> Muchos artistas reconocen la inspiración **que** les da su herencia cultural.

● **Que** se usa después de las preposiciones simples **a, con, de** y **en** cuando se refiere a lugares, objetos o ideas abstractas, no a personas.

> La moda es un campo **en que** predominan los diseñadores europeos.
> Los usos arcaicos **de que** te asombras son totalmente normales para nosotros.

Usos de *quien(es)*

● **Quien(es)** se usa después de las preposiciones simples como **a, con, de, en** y **por** para referirse a personas. Nota que concuerda en número con su antecedente.

> Gael García abrazó a los leprosos **con quienes** filmaba *Los diarios de motocicleta.*
> Conozco bien al artista mexicano **de quien (con quien)** hablas.

● **Quien(es)** también puede usarse en una cláusula separada por comas cuando se refiere a personas.

> Rocío Heredia, **quien (que)** trabaja el arte en metal, ha recibido importantes premios.
> Muchos jóvenes hispanos, **quienes (que)** dicen dominar el español, están olvidando los dichos populares tradicionales.

⟳ Ahora, ¡a practicar! ⟲

A. Personajes de la Revolución Mexicana.   Presenta la información que has encontrado sobre algunos de los participantes en la Revolución Mexicana en una sola oración. Sigue el modelo.

MODELO   Porfirio Díaz se distinguió en la lucha contra la intervención francesa en México. Fue presidente de México durante varios períodos.
Porfirio Díaz, quien (que) fue presidente de México durante varios períodos, se distinguió en la lucha contra la intervención francesa en México.

1. Álvaro Obregón nació en el estado de Sonora. Fue un astuto general y político mexicano.
2. Emiliano Zapata promovió la reforma agraria. Murió asesinado en 1919.
3. Pancho Villa dio origen a muchos corridos. Se llamaba en realidad Doroteo Arango.
4. Francisco Madero era un terrateniente del norte de México. Encabezó un movimiento que acabó con la presidencia de Porfirio Díaz.
5. El general y político Victoriano Huerta dimitió como presidente en 1914. Ascendió a la presidencia en 1913.

B. Esto yo lo sé.   Siguiendo el modelo, completa las oraciones que siguen.

MODELO   el país / estar entre Estados Unidos y Guatemala es…
El país que está entre Estados Unidos y Guatemala es México.

1. la ciudad / tener más de quince millones de habitantes es…
2. la moneda / usarse en México es…
3. el grande y hermoso parque / quedar en la Ciudad de México es…
4. el grupo musical / interpretar el corrido "Las mujeres de Juárez" se llama…
5. el presidente / gobernar en este momento se llama…
6. las pirámides / encontrarse cerca de la Ciudad de México son…

C. ¿Los conoces?   Di quiénes son las personas que aparecen a continuación.

MODELO   Cantinflas
Es un actor cómico que todavía hace reír a todos los mexicanos. o
Es un actor mexicano que aún nos deleita con sus excelentes películas. o
Es un actor que tuvo un papel estelar en la película *La vuelta al mundo en ochenta días.*

1. Juan Rulfo
2. Emiliano Zapata
3. Los Tigres del Norte
4. Rocío Heredia
5. Gael García Bernal

D. Artista con sabor hispano. Completa el siguiente párrafo acerca de Estevan Ramos seleccionando el pronombre relativo apropiado.

Estevan Ramos es un diseñador mexicoamericano __(1)__ (que / quien) es muy conocido en el mundo de la moda. Los diseños __(2)__ (quienes / que) ofrece a la venta se pueden ver en boutiques especializadas. Es un artista __(3)__ (quien / que) no ha olvidado sus raíces, ya que muchos de los diseños __(4)__ (quien / que) ha creado muestran la influencia de su herencia hispana. Así, por ejemplo, unos pantalones __(5)__ (quien / que) diseñó están decorados con la imagen de la Virgen de Guadalupe. Algunas estrellas del cine, __(6)__ (quienes / quien) admiran las creaciones de Ramos, se sienten felices de llevar sus vestidos. Su gusto por el dibujo, __(7)__ (que / quien) comenzó muy temprano, se ha canalizado en su exitosa carrera de diseñador.

Usos de *el cual* y *el que*

Formas		Formas	
el cual		**el que**	
el cual	los cuales	el que	los que
la cual	las cuales	la que	las que

- Estas formas son más frecuentes en estilos formales. Se usan para referirse a personas, objetos e ideas y concuerdan en género y número con su antecedente. Aparecen comúnmente después de una preposición.

  Los diseñadores de hoy, **entre los cuales (entre los que)** se destaca Estevan Ramos, son personas altamente creativas.
  La Revolución Mexicana, **sobre la cual (sobre la que)** recibieron información, ocurrió a principios del siglo XX.
  Visité un pueblo **cerca del cual** hay un parque nacional.

- En cláusulas adjetivales separadas por comas, se puede usar **el cual** en lugar de **que** o **quien,** aunque se prefieren estos dos últimos. Se usa de preferencia **el cual** cuando hay más de un antecedente posible y es importante evitar ambigüedades.

  Pancho Villa, **quien (el cual)** dio origen a tantos corridos, fue una figura protagónica de la Revolución Mexicana.
  El ganado de esa propiedad, **el cual** (= ganado) carecía de pasto, podía morir.
  El ganado de esa propiedad, **la cual** (= propiedad) carecía de pasto, podía morir.

Nota para hispanohablantes Hay una tendencia en algunas comunidades de hispanohablantes a evitar el uso de **el (la, los, las) cual(es).** Es importante acostumbrarse a usar estos pronombres relativos y no evitarlos en el futuro, en particular al verse obligado a hablar o escribir formalmente.

- Las formas de **el que** se usan a menudo para referirse a un antecedente no expreso cuando este antecedente ha sido mencionado previamente o cuando el contexto deja en claro a qué sustantivo se refiere.

> —¿Te gustan los corridos actuales?
> —¿Cuáles? ¿**Los que** hablan de temas sociales?

- Las formas de **el que** y **quien(es)** se usan para expresar **la persona/las personas que.** Este uso es común en refranes y dichos populares.

> Tanto peca **el que** mata la vaca como **el que** estira la pata.
> **Quien (El que)** no se aventura no pasa la mar.

↻ Ahora, ¡a practicar! ↺

A. Un político que admiro.   Siguiendo el modelo, expresa lo que te parece estimable en un personaje político al que admiras.

MODELO   ideas / luchar por
Las ideas por las que lucha tienen mucho mérito.
o **Las ideas por las que lucha son valiosas.**

1. valores / basarse en
2. ideales / soñar con
3. conducta / guiarse por
4. logros / enorgullecerse de
5. soluciones / inclinarse por
6. problemas sociales / interesarse por

B. Acerca de *Amores perros*.   Has visto la película *Amores perros* y has escrito unas pocas oraciones acerca de ella. Combina las dos oraciones dadas en una sola usando la forma apropiada de **el cual.**

MODELO   La película *Amores perros* fue aclamada por críticos y espectadores.
Vio la luz en el año 2000.
La película *Amores perros*, la cual vio la luz en el año 2000, fue aclamada por críticos y espectadores.

1. Esta película fue dirigida por el director mexicano Alejandro González Iñárritu. Fue elogiada y recibió un premio en el Festival de Cannes.
2. La Ciudad de México es el lugar donde está ambientada la película. Es una de las urbes más grandes del mundo.
3. El título de la película se explica por los perros que son parte de las historias. No es un título común.
4. La película comienza con un accidente automovilístico. Cuenta la historia de tres personajes.
5. Las vidas de estos tres personajes se mezclan a raíz de ese accidente. No se conocían antes del accidente de coches.

6. El joven Octavio es uno de los protagonistas de la película. Es interpretado por Gael García Bernal.
7. Gael García Bernal adquirió fama después de hacer ese papel. Era un actor más bien desconocido.

C. A explicar. Trabajando con un(a) compañero(a), pídele primero que defina los siguientes términos que aparecen en el capítulo. Cuando él (ella) haya terminado, intercambien sus papeles.

MODELO dichos populares
> **Los dichos populares son expresiones fijas que la gente usa en situaciones determinadas.** o
> **Los dichos populares son frases que se han transmitido de generación en generación.**

1. corrido
2. arcaísmo
3. novillo
4. bosquejo
5. racismo
6. alta costura
7. globalización

Usos de *lo cual* y *lo que*

● Las formas neutras **lo cual** y **lo que** se usan en cláusulas adjetivales, separadas por comas, para referirse a una situación o a una idea mencionada previamente.

> La Ciudad de México está superpoblada, **lo cual (lo que)** crea problemas de todo tipo.
> En muchos lugares de América se preservan expresiones arcaicas que nos vienen de la Edad Media, **lo cual (lo que)** es un hecho sorprendente.

● **Lo que** también se usa para algo indefinido que va a ser mencionado.

> ¿Crees que estuvo bien **lo que** hizo Juvencio cuando le mataron un novillo?
> Diversificar la economía es **lo que** intentan hacer muchos gobiernos.

Uso de *cuyo*

Cuyo(a, os, as) es un pronombre relativo que indica posesión. Precede al sustantivo al cual modifica y concuerda en género y número con tal sustantivo.

> No recuerdo el nombre del diseñador **cuyas** creaciones se exhiben en tiendas especializadas.
> Me fascinó la película *La mala educación*, **cuyo** director es Pedro Almodóvar.

Hay una tendencia en algunas comunidades de hispanohablantes a evitar el uso de **cuyo(a, os, as).** Es importante aprender a usar este pronombre relativo y no evitarlo en el futuro, en particular cuando uno debe hablar o escribir formalmente.

☉ Ahora, ¡a practicar! ☌

A. Entrevista. Haciendo el papel de periodista, entrevistas a un(a) compañero(a) tuyo(a) que hace el papel de un(a) artista de cine. Una vez que él (ella) haya contestado tus preguntas, cambien de papel. Sigue el modelo.

MODELO gustar hacer
Tú: **Dime lo que te gusta hacer.**
Compañero(a): **Lo que más me gusta hacer es estar frente a una cámara.**

1. disgustar hacer
2. preferir escuchar
3. interesarte leer
4. querer aprender
5. encantarte celebrar
6. esperar realizar

B. Frutos de una revolución. Sigue el modelo para indicar cómo reaccionas frente a los siguientes hechos relacionados con la Revolución Mexicana. Puedes utilizar el verbo que aparece al final de cada oración u otro de tu elección.

MODELO La Revolución Mexicana duró diez años / asombrar
La Revolución Mexicana duró diez años, lo cual (lo que) me asombró muchísimo.

1. la revolución dejó más de un millón de muertos / apenar
2. el diez por ciento de la población mexicana se estableció en la zona fronteriza de Estados Unidos / sorprender
3. durante el período revolucionario se dictó la constitución que todavía rige a México / impresionar
4. figuras protagónicas como Emiliano Zapata y Pancho Villa son idolatradas por muchos incluso hoy / admirar
5. en esta época, en 1929, nació el poderoso Partido Revolucionario Institucional (PRI) / no extrañar
6. el PRI dominó de tal modo la política mexicana que sólo pierde una elección el año 2000 / maravillar
7. en la década de los años treinta el presidente Cárdenas implementó la repartición de tierras a los campesinos / alegrar

C. ¿Sabes la respuesta?   Tu compañero(a) trata de responder las preguntas que le haces sobre datos presentados en este capítulo.

MODELO   el actor / su actuación en *Amores perros* fue aclamada por la crítica
¿Cuál es el actor cuya actuación en *Amores perros* fue aclamada por la crítica?

1. el grupo musical / su corrido habla de los crímenes contra mujeres en Juárez
2. la película / su figura central es el Che Guevara
3. el grupo revolucionario / sus iniciales son EZLN
4. el escritor / su colección de cuentos se llama *El llano en llamas*
5. el diseñador / su fuente de inspiración es su herencia mexicoamericana
6. la artista mexicana / su obra *San Jorge y el dragón* ilustra la portada de un libro de un escritor norteamericano

D. Economía global.   Tu amigo Javier te ha pedido que le ayudes a decidir qué forma del pronombre relativo escoger en la siguiente narración que ha escrito.

Acabo de leer un artículo acerca de los países pobres, __(1)____ (lo cual / los cuales) me ha deprimido. __(2)____ (Lo que / Lo cual) yo pensaba era que la globalización de la economía iba a favorecer a todos, __(3)____ (lo que / que) no ha ocurrido. Leí que __(4)____ (lo cual / lo que) muchos países ricos prometieron fue contribuir con menos del uno por ciento de su producto interno bruto, __(5)____ (lo cual / el que) hasta ahora no han hecho. Pienso que los países pobres __(6)____ (cuya / lo cual) deuda externa es muy alta deben recibir descuentos o incluso cancelación de parte de los países ricos, __(7)____ (los cuales / lo cual) ayudaría la economía de aquellos países. En fin, quiero que los países __(8)____ (que / cuya) economía es floreciente ayuden cuanto más puedan a los países necesitados.

ᴏ 8.3 Mandatos formales y mandatos familiares ᴏ

Mandatos formales con *Ud./Uds.*

¡Ya lo sabes!

En los dos pares de oraciones que siguen escoge el mandato que uno escucharía en una estación de policía.

1. **a.** *Espera* usted aquí, por favor.
   b. *Espere* usted aquí, por favor.
2. **a.** *Preséntense* ante el sargento.
   b. *Se presenten* ante el sargento.

Es fácil cuando uno tiene un conocimiento tácito del uso de los **mandatos con *Ud. y Uds.*** ¿Escogiste el segundo mandato en el primer par y el primero en el segundo par? Sigue leyendo y ese conocimiento tácito se hará explícito.

	Verbos en -*ar*		Verbos en -*er*		Verbos en -*ir*	
	caminar		*comer*		*sufrir*	
Ud.	camine	no camine	coma	no coma	sufra	no sufra
Uds.	caminen	no caminen	coman	no coman	sufran	no sufran

- Los mandatos afirmativos y negativos con **usted** y **ustedes** tienen las mismas formas que el presente de subjuntivo.
- En español normalmente se omite el pronombre sujeto en los mandatos. Se puede incluir para poner énfasis, para establecer un contraste o para indicar cortesía.

  Espere unos minutos, por favor.
  Hable Ud. con el sargento; **quédense Uds.** en esta sala. *(contraste)*
  Ocúpese Ud. de este asunto, por favor. *(cortesía)*

- En los mandatos afirmativos, los pronombres de objeto directo e indirecto y los pronombres reflexivos se colocan al final del verbo, formando con éste una sola palabra. Se necesita un acento escrito si el mandato lleva el acento fonético en la antepenúltima sílaba.

  Esa acusación es falsa. **Niéguela, desmiéntala, refútela.**
  Amigos, **dense** la mano, **déjense** de peleas, **trátense** con cortesía.

Nota para hispanohablantes Hay una tendencia en algunas comunidades de hispanohablantes a añadir una *n* al pronombre de objeto directo *se* en mandatos formales plurales o a mover la *n* del mandato al final del pronombre y decir *quéjensen, siéntensen* o *quéjesen, siéntesen* en vez de **quéjense, siéntense.** Es importante evitar este uso fuera de esas comunidades y en particular al escribir.

- En los mandatos negativos, los pronombres de objeto y los pronombres reflexivos preceden al verbo.

  Quédese con ese documento; no **me lo pase.**

◯ Ahora, ¡a practicar! ◯

A. De visita en la Ciudad de México. Un(a) amigo(a) de tus padres, que conoce bien la Ciudad de México, te dice lo que puedes hacer durante una visita tuya a esa ciudad.

MODELO visitar el Museo Nacional de Antropología
Visite el Museo Nacional de Antropología.

1. no dejar de recorrer la casa de Frida Kahlo, hoy museo
2. subir al piso 43 del edificio de la Torre Latinoamericana para tener una vista de la ciudad
3. entrar en la Catedral Metropolitana, la más grande de Latinoamérica

4. gozar mirando los murales de Diego Rivera en el Palacio Presidencial
5. pasear por la Plaza de la Constitución o el Zócalo, como se le llama
6. no dejar de ver el Templo Mayor, reliquia de la civilización azteca
7. ir al Parque Chapultepec; hacer una caminata

B. Recomendaciones de un policía. Escoge el mandato formal que usa el policía para darles consejos a ti y a tus amigos; el conductor ha sido citado por exceder el límite de velocidad en una zona de escuela.

1. Nunca _____ (se olviden / olvídense) de mirar las señales de tráfico.
2. En zona de escuelas, siempre _____ (disminuyen / disminuyan) la velocidad.
3. _____ (Conduzcan / Conducen) siempre a la defensiva.
4. Cuando viajen en grupo, _____ (no distraen / no distraigan) al conductor.
5. Cuando los que conducen no obedezcan las leyes del tráfico, _____ (háganselo / se lo hagan) saber y _____ (asegúrensen / asegúrense) de que corrijan esa falta.
6. Si existen cursos para ser un mejor conductor, _____ (los sigan / síganlos).

C. Futuras estrellas de la moda. Unos(as) amigos(as) que quieren hacerse diseñadores(as) de moda te piden consejo. ¿Qué sugerencias les haces?

MODELO **Hagan constantemente bosquejos de trajes y vestidos.** o
No copien ciegamente un modelo; modifíquenlo varias veces.

D. En una boutique. Las gemelas Maricarmen y Maritere te han pedido que las acompañes a su tienda de modas favorita porque quieren tu opinión sobre las compras que van a hacer. ¿Qué consejos les vas a dar?

MODELO **Escojan colores que armonicen con su tono de piel.** o
No escojan colores chillones.

Mandatos familiares con *tú*

Verbos en *-ar*		Verbos en *-er*		Verbos en *-ir*	
caminar		*comer*		*sufrir*	
camina	no camines	come	no comas	sufre	no sufras

- Los mandatos afirmativos con **tú** tienen la misma forma que la tercera persona del singular del presente de indicativo. Los mandatos negativos con **tú** tienen la misma forma que el presente de subjuntivo.

  Respeta a tus amigos. **No los insultes.**
  ¡**Conoce** tus derechos! ¡No los **olvides**!

- Sólo los siguientes verbos tienen mandatos afirmativos irregulares con **tú.** Los mandatos negativos correspondientes son regulares.

decir	**di**	salir	**sal**
hacer	**haz**	ser	**sé**
ir	**ve**	tener	**ten**
poner	**pon**	venir	**ven**

Sé bueno y **pon** atención a lo que te voy a decir; luego **haz** lo que te pido.

☉ Ahora, ¡a practicar! ☉

A. Mis tacos favoritos.   Marisol te llama para pedirte la receta de unos tacos que probó en tu casa. A continuación aparece la receta como en tu libro de cocina. Ahora dale instrucciones a Marisol para preparar los tacos.

MODELO   Cocer medio kilo (una libra) de pechugas de pollo con cebolla, apio, ajo, hoja de laurel, sal y pimienta al gusto.
Cuece medio kilo (una libra) de pechugas de pollo con cebolla, ajo, hoja de laurel, sal y pimienta al gusto.

1. Deshebrar el pollo y luego colocar una porción en medio de una tortilla para tacos.
2. Preparar así cuatro tortillas.
3. En una sartén amplia, freír las tortillas en aceite, a fuego lento.
4. Dorar cada tortilla, primero por un lado, luego por el otro.
5. Ponerlos a escurrir en un plato amplio sobre servilletas de papel.
6. Para la salsa, poner a cocer 2 tomates, 2 chiles serranos, cebolla y ajo.
7. En una licuadora o procesadora de alimentos, molerlo todo; añadir cilantro, sal y pimienta y un poco del agua donde se cocieron los tomates.
8. Colocar los tacos en un plato; echar sobre el pollo guacamole, crema de leche, queso rallado, lechuga en tiritas y salsa. ¡Buen provecho!

B. Hijo, ¡sálvame!   El padre del cuento de Juan Rulfo le habla a su hijo rogándole que no deje que lo maten.

MODELO   hablar con el sargento
Habla con el sargento.

1. olvidar tus temores
2. no dejarme solo
3. tratar de salvarme
4. no permitir que me maten
5. interceder ante el sargento
6. hacer todo lo que puedas
7. no salir de aquí sin mí
8. decirles que estoy arrepentido
9. no decirles que soy culpable

C. Hermanito problema. Tu amigo Santiago te pide que leas el breve párrafo que ha escrito para su clase de composición y que corrijas los mandatos que no son apropiados para la lengua escrita.

No sé hasta cuándo voy a tener problemas con mi hermanito. Le he dicho más de una vez: «No te metas en mi cuarto. No usas mis cosas sin permiso. Pide permiso para usarlas y tiene cuidado con ellas. No me interrumpes cuando hablo por teléfono. No haz ruido mientras yo estudio. Baje el volumen cuando escuchas música.» He repetido estas palabras muchas veces, pero no me hace caso. De veras creo que está sordo porque cuando escucha su música todos los vecinos se enteran.

D. Hora de cambiar de rumbo. ¿Qué consejos le das a un(a) compañero(a) tuyo(a) que tiene un trabajo de tiempo completo y sigue cinco clases y a quien no le está yendo muy bien en sus estudios?

MODELO   **Disminuye tus horas de trabajo. Habla con tus jefes y consigue un horario mejor.**

9 Guatemala
El mundo maya

La capilla de El Calvario, Chichicastenango, Guatemala

TAREA

Antes de empezar este capítulo, estudia *Así funciona nuestro idioma* para los siguientes días y haz por escrito los ejercicios correspondientes de *Ahora, ¡a practicar!*

1er día:

9.1 El presente de subjuntivo en las cláusulas adjetivales (pp. 348–351)

2do día:

9.2 El presente de subjuntivo en las cláusulas adverbiales: Primer paso (pp. 351–353)

La tradición oral: La jerga guatemalteca

Aunque se entiende por jerga el conjunto de términos propios de una profesión o grupo social, hay palabras o expresiones típicas de un país que apenas se conocen fuera de las fronteras de ese país y, que usados en ambientes concretos, pueden constituir una jerga.

Jerga de Guatemala.   Lee las siguientes frases, y luego, según su contexto, relaciona las palabras de la jerga guatemalteca con la explicación que se encuentra a la derecha.

1. Tengo dos amigos **chapines** que viven en los Estados Unidos.
2. Te he dicho que no seas **cheva,** que no te dejés engañar por esos miserables.
3. El **lengüetero** de tu novio anduvo diciéndole a todo el mundo lo que yo discutí con mi novia.
4. El hermano de Enrique es un **mango** de 19 años.
5. Compró un carro tan **ruco** que al día siguiente ya no funcionaba.
6. —¿Vienes a comer conmigo al restaurante Antigua? —**Simón.** Ése es mi restaurante favorito.

_____ 1. chapín   **a.** tonto
_____ 2. chevo   **b.** persona guapa
_____ 3. lengüetero   **c.** viejo
_____ 4. mango   **d.** guatemalteco
_____ 5. ruco   **e.** sí
_____ 6. simón   **f.** chismoso

A. Álbum de mi familia.   Pregúntales a tus padres, abuelos o tíos si conocen palabras típicas de su país de origen. Anota las que te cuenten y haz que te digan una frase con cada una de esas palabras. Pon estas palabras en tu álbum familiar bajo el título de **Jerga** y el adjetivo del país del que proceda, con los nombres de las personas que te las dieron. Si puedes copiar o dibujar algo que ilustre las palabras que incluyes, hazlo también para tu álbum.

B. Jerga guatemalteca en el internet: Exhibición.   En tu casa o en el laboratorio de computación, usa tu buscador favorito en Internet. Escribe las palabras "jerga guatemalteca" y anota cinco términos guatemaltecos que te parezcan interesantes, con explicaciones del significado de cada término. Ve a la clase preparado(a) para compartir con tus compañeros las expresiones. Lee tus expresiones y averigua cuántos compañeros eligieron las mismas.

☉ Lectura ☉

I. El sistema de numeración maya

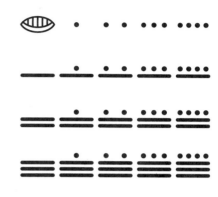

Los mayas desarollaron un sistema de numeración de base 20 con el 5 como base auxiliar. El concepto de cero se representaba con una concha. Una unidad se representaba por un punto; dos, tres y cuatro puntos representaban 2, 3 y 4. Una raya horizontal representaba el 5. El 6, 7, 8 y 9 se representaban con una raya más el número apropiado de puntos sobre la raya. Para el 10 se usaban dos rayas, y así usaban la combinación de dos o tres rayas y los puntos apropiados para formar los números del 11 hasta el 19.

El sistema de numeración maya es un sistema posicional, es decir, de distintos niveles que se escriben de arriba a abajo, empezando por el número más grande. El valor constante del primer nivel siempre es 1; el del segundo nivel es 20 (20 x 1); el del tercer nivel es 400 (20 x 20); el del cuarto nivel es 8000 (20 x 20 x 20), y así. Para conseguir el valor actual de cada posición o nivel, hay que tomar el valor constante de cada nivel y multiplicarlo por la cifra indicada en ese nivel. Luego hay que sumar el resultado.

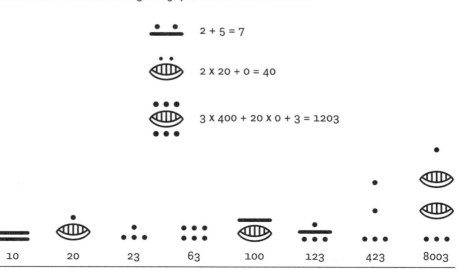

¿Comprendiste?

A. Numeración maya y arábiga. Diviértete al escribir el numeral maya o arábigo según sea necesario.

1. 16 =

2. ![maya]

3. 23 =

4. ![maya]

5. 501 =

6. ![maya]

7. 155 =

8. ![maya]

9. 8 =

10. ![maya]

B. Números mayas en el ciberespacio. En tu casa o en el laboratorio de computación, usa tu buscador favorito en Internet. Escribe las palabras "números mayas" para conocer más sobre los números mayas. Anota la información que creas más interesante y ven a clase preparado(a) para compartirla con tus compañeros.

Antes de leer

Cuando pensamos en el mundo indígena hispanoamericano inmediatamente se nos viene a la mente una maravillosa mezcla de tejidos de colores vivos, objetos de arte que reflejan la tremenda creatividad de nuestros pueblos autóctonos, así como también productos que están íntimamente ligados a ciertas civilizaciones.

A. Creatividad latinoamericana. Trata de asociar los productos de la creatividad latinoamericana de la izquierda con sus lugares de origen a la derecha.

1. ponchos, quenas, charangos
2. yerba mate, arpas
3. ruanas, cumbia
4. molas, canal
5. huipiles, maíz
6. sarapes, chiles, chocolate
7. sombreros de jipi-japa

a. _____ Panamá
b. _____ Guatemala
c. _____ Ecuador
d. _____ Colombia
e. _____ Bolivia, Perú, Chile
f. _____ Paraguay
g. _____ México

B. La gramática está viva en la lectura. Con un(a) compañero(a) de clase, vean cuántos ejemplos de cláusulas adjetivales pueden encontrar en la lectura y anótenlos junto con sus antecedentes. Prepárense para explicarle al resto de la clase el uso de indicativo o subjuntivo en cada cláusula. Para más información sobre **cláusulas adjetivales,** consulta *Así funciona nuestro idioma,* página 348.

☾ Lectura ☾

II. Los mayas en el siglo XXI

La mayoría del pueblo guatemalteco es indígena y pertenece a los pueblos maya, garífuna y xinca. Los grupos mayas más destacados son los mam, ixil, quiché, tzutuil, cakquichel y huj, y todos habitan los altos de Guatemala: desde las montañas de Cuchumatán hasta las tierra altas del oeste de Quetzaltenango, el lago Atitlán y Chichicastenango. A pesar de los grandes cambios que la presencia de los conquistadores y colonizadores españoles impusieron hace más de 500 años y que la civilización occidental sigue imponiendo en el siglo XXI, no hay ningún pueblo maya que se haya olvidado de sus tradiciones, de su identidad cultural, de sus valores comunitarios, de sus idiomas, de sus sistemas de administración, de su código de derecho y de su religiosidad.

El pueblo maya se ha propuesto desde siempre practicar una agricultura que se mantenga floreciente a pesar de vivir en un mundo en el que los sectores industrial y de servicios dominan la economía. También buscan que se mantenga el valor de la artesanía de textiles, esculturas, pinturas, cerámica y cestería en un mundo donde prima sobre todo la producción en cadena y a bajo costo. Un buen ejemplo del éxito de esta lucha es el mercado de Chichicastenango, cuyo origen se remonta a la época prehispánica. Es el más famoso del mundo, y allí, además de las impresionantes creaciones artesanales indígenas, se mantienen algunos de los valores éticos más importantes de la cultura económica maya: los principios de reciprocidad y la redistribución de la riqueza, vividos sin conflictos entre lo individual y lo colectivo.

La activista indígena maya-quiché Rigoberta Menchú Tum, quien ganó el premio Nobel de la Paz en 1992 por la defensa de los derechos de los indígenas de su país, dice que más de doscientas mil personas murieron o desaparecieron durante los treinta años de la sangrienta guerra civil que empezó en 1966 y no terminó hasta 1996. En la historia más reciente, el choque y la imposición cultural, opuesto al proceso de concientización de los indígenas de Guatemala, provocó una ola de represión durante los años ochenta que resultó en más de cincuenta mil muertos y en que miles de indígenas mayas tuvieran que emigrar.

Los mayas, después de siglos en busca de un gobierno que prestara atención a sus quejas, encontraron finalmente un interlocutor con el que firmaron el "Acuerdo sobre identidad y derechos de los pueblos indígenas", en marzo de 1995. Este acuerdo, firmado por el Gobierno de Guatemala y la Unidad Revolucionaria Nacional Guatemalteca, ha abierto las puertas a la participación de los indígenas en el gobierno y al debate público sobre el tema indígena. El acuerdo contiene también compromisos relacionados con la lucha contra la discriminación racial y social.

∽ ¿Comprendiste? ᓂ

A. Guatemala maya.   Indica si las siguientes afirmaciones son ciertas (**C**) o falsas (**F**).

C   F   **1.** Los mayas son uno de los cuatro pueblos más destacados de Guatemala.

C   F   **2.** La conquista y colonización de Guatemala provocó que la cultura indígena se asimilara a la cultura europea.

C   F   **3.** El mercado de Chichicastenango ya se realizaba antes de la llegada de Colón a las Américas.

C   F   **4.** Con el "Acuerdo sobre identidad y derechos de los pueblos indígenas" se dio fin a toda la discriminación racial en Guatemala.

C   F   **5.** El "Acuerdo sobre identidad y derechos de los pueblos indígenas" contiene también compromisos relacionados con la discriminación racial y social.

B. Los valores mayas.   ¿Cuál es el futuro del pueblo maya, en tu opinión? ¿Superará la situación de discriminación y pobreza en un mundo globalizado? ¿Crees que puede cambiar su situación económica y social manteniendo sus costumbres y sus valores? Explica tus respuestas.

C. Guatemala como destino.   ¿Has visitado Guatemala? ¿Qué es lo que más te gustó? Si no has estado, ¿crees que te gustaría visitar Guatemala? ¿Por qué? ¿Qué es lo que más atrae, en tu opinión?

D. Encuesta.   Pregúntale a un(a) guatemalteco(a), ya sea un(a) amigo(a), profesor(a), persona de negocios o cualquier otro(a) guatemalteco(a) que conozcas, lo siguiente: ¿Cómo ve a su país? ¿Cree que seguirá progresando o que enfrentará grandes dificultades? ¿Cómo ve el futuro de los indígenas? ¿Cree que podrán lograr desarrollo económico y justicia social sin asimilarse a la cultura occidental? Compara los resultados de tu encuesta con los del resto de la clase para saber lo que piensan la mayoría de los inmigrantes guatemaltecos que entrevistaron.

E. Guatemala en el ciberespacio.   En tu casa o en el laboratorio de computación, usa tu buscador favorito en Internet. Escribe las palabras "cultura guatemalteca" para encontrar páginas que hablan sobre la cultura o culturas de Guatemala. Escoge algún aspecto que te resulte importante y ven a clase preparado(a) para compartir la información.

Vamos a conversar sobre... nuestra herencia indígena

En la lectura relacionada con nuestra herencia cultural hemos mencionado algunos de los valores que todavía hoy conservan y practican los pueblos indígenas de Guatemala. En un mundo consumista y cada vez más individualista, las culturas indígenas destacan la importancia de la persona dentro del grupo, la admiración, el apego y la defensa de las tradiciones, el orgullo de pertenecer a un pueblo y el coraje ante la constante adversidad. Vamos a conversar sobre este tema, intentando, en grupos de tres, responder a las siguientes preguntas. Luego informen a la clase de sus conclusiones, y estén preparados para discutir las opiniones de los demás grupos.

A. Los valores de los indígenas americanos. Hagan un esfuerzo por determinar los valores que aportan al mundo las civilizaciones maya y azteca y sus descendientes contemporáneos. ¿Qué tienen que ofrecer al mundo de hoy?

B. La herencia indígena de los hispanos. ¿Creen que los descendientes contemporáneos de estos pueblos viven sus valores o que hay algunos que se han separado de ellos? ¿Quiénes los viven y quiénes se han separado? ¿Qué consecuencia tiene para los distintos países y para el mundo el que los descendientes de los indígenas mantengan su cultura, sus tradiciones y sus valores en pleno siglo XXI?

C. Mi herencia indígena. ¿Se consideran ustedes receptores de valores indígenas? ¿Por qué sí o por qué no? ¿Cuáles son algunos valores, costumbres y tradiciones que han adquirido de sus antepasados indígenas? ¿Se sienten orgullosos de su raza? ¿Cuáles de estos valores les gustaría comunicar a sus hijos?

Nuestra riqueza lingüística

Antes de leer

En el Capítulo 3, aprendiste que el español que hoy hablamos refleja los contactos entre el español y varias lenguas a través de la historia. También viste lo que ocurrió y sigue ocurriendo en los Estados Unidos entre el español y el inglés. En este capítulo vas a ver la influencia en el español de varias lenguas amerindias, o sea, lenguas indígenas americanas de Norte y Centroamérica. En el siguiente capítulo verás la influencia de lenguas amerindias en Sudamérica. Para empezar, ve si puedes identificar tres palabras en la lista que sigue que no vinieron al español de tres lenguas principales amerindias: el nahuatl (lengua del gran imperio azteca), el caribe o el taíno (lenguas principales del Caribe).

cochino	huracán	chicle	bohío
tamal	mesquite	caballo	almohada
cacique	tiburón	frontera	chamaco

Si tuviste dificultad, sigue leyendo y aprenderás más de las lenguas amerindias.

Lectura

Lenguas en contacto: El español y las lenguas amerindias

Así como el continuo contacto entre el inglés y el español ha resultado en una influencia mutua tanto del inglés en el español como del español en el inglés, lo mismo ha ocurrido entre el español y las lenguas indígenas americanas. Palabras como *maíz, guajolote* y *tomate* vinieron al español directamente del nahuatl, y *boa, pampa* y *quena* del quechua. Estas dos lenguas, el nahuatl y el quechua, eran las lenguas principales de las Américas cuando llegaron los primeros europeos. La lengua de los aztecas dominaba Norte América y la de los incas, Sudamérica. Por esa razón, el nahuatl y el quechua son las dos lenguas amerindias que más influencia tuvieron en el español, pero otras lenguas indígenas también tuvieron su influencia. De los dialectos mayas, por ejemplo, vienen *cenote* y *pibil,* del taíno *iguana* y *colibrí,* y del tarrasco *huarache.* Es interesante notar que casi siempre en estos casos, las palabras que acaban por ser adoptadas por una lengua son palabras que expresan un concepto o nombran un objeto que no existía antes en esa lengua.

◯ ¿Comprendiste? ◯

A. Influencia amerindia.   La cultura de los aztecas fue, obviamente, bastante distinta de la cultura taína. Trata de identificar las palabras de esta lista que vinieron al español del nahuatl (**N**) y del taíno (**T**).

_____ aguacate   _____ hule
_____ coyote   _____ caribe
_____ canoa   _____ camote
_____ barbacoa   _____ cacahuate
_____ chocolate   _____ boricua
_____ cacique

B. ¿Y las primeras?   Ahora vuelve a la lista de palabras en _Antes de leer_ e identifica las que llegaron al español del nahuatl y del taíno.

C. Lenguas amerindias en el ciberespacio.   En tu casa o en el laboratorio de computación, usa tu buscador favorito en Internet. Escribe las palabras "mapa de las lenguas amerindias" para encontrar mapas que muestran las distintas áreas de distribución de las lenguas en las Américas. Sobre un mapa de las Américas, dibuja las zonas de influencia de las lenguas, y ven a clase el próximo día preparado(a) para compartir tu mapa con la clase y para explicar todo lo que encuentres interesante sobre las lenguas amerindias de las Américas.

Regina José Galindo Joven artista nacida en 1974, es la única artista guatemalteca que ha conseguido el León de Oro de la Bienal de Arte Contemporáneo de Venecia, Italia, en la categoría de artista joven. "Cinismo", la obra por la que obtuvo este prestigioso premio en 2005, es la filmación de una operación de himenoplastia (reconstrucción del himen) que denuncia la práctica en países donde la virginidad es un requisito para contraer matrimonio, haciendo notar las terribles condiciones en que se realizan y el enorme peligro que representan estas operaciones a las que son sometidas las mujeres. El jurado valoró "su fuerte e impresionante impacto visual, en una acción de gran coraje contra el poder". La artista guatemalteca ha representado diversas performances (arte en acción) para denunciar las diferentes violaciones a los derechos humanos, sobre todo contra las mujeres. En su presentación "Lo voy a gritar al viento" (1999), la artista se colgó del Palacio de Correos de Ciudad de Guatemala para leer sus poemas, y representar la voz de las mujeres que se pierde en el viento. En 2003 realizó la performance "¿Quién puede olvidar las huellas?" desde la fachada de la Corte de Constitucionalidad hasta el Palacio Nacional, recorriendo las calles del centro histórico con un balde lleno de sangre. A cada paso, Galindo mojaba sus pies para luego plasmar sus huellas sobre el pavimento. En silencio, cada pisada era una forma de evocar el sufrimiento de todas las víctimas del conflicto armado, un gesto simbólico contra la violencia y el olvido de las víctimas. Regina José Galindo ha conseguido a través de su arte que el público se deje llevar por su impresionante discurso y reflexione sobre temas de suma importancia para Guatemala y el mundo.

Carlos Armando Amado Este programador guatemalteco puede estar orgulloso porque, él solito, se ha enfrentado al gigante de la informática en los Estados Unidos y el mundo: Microsoft. Explicamos el por qué: Mientras Carlos, estudiaba en la Universidad de Stanford, en California, patentó en 1990 una herramienta que vincula las hojas de cálculo con uno de los programas de base de datos más vendidos de Microsoft. Al parecer, Carlos había intentado vender su invención a la compañía multinacional, que no se mostró interesada.

Sin embargo, al poco tiempo Microsoft empezó a usar dicha herramienta con sus programas, por lo que Carlos Armando Amado presentó una demanda que varios años después terminó en una indemnización de nueve millones de dólares por parte de Microsoft. La indemnización corresponde a un cálculo porcentual de las ganancias percibidas por dicho software.

Todos los foros guatemaltecos de Internet se felicitaron por el reconocimiento que esto supone para este "chapín", y expresan su deseo por que Carlos Armando Amado invierta su dinero y su talento en Guatemala. Algunos se preguntan por qué los abogados de Microsoft, tan preocupados por el tema de la piratería, no hicieron nada por respetar la patente y los derechos intelectuales de este inteligente guatemalteco.

A. Hispanos estelares. Contesta estas preguntas con tres compañeros de clase e informen a la clase de sus conclusiones.

1. ¿De dónde es Regina José Galindo? ¿Cuál ha sido uno de sus logros más recientes? ¿Cómo se expresa artísticamente? ¿Con qué filmación consiguió el premio de la Bienal de Venecia? ¿Qué otras obras de arte ha representado? ¿Qué es una performance? ¿Qué efecto está teniendo su arte en Guatemala y el mundo?
2. ¿Quién es Carlos Armando Amado? ¿Qué inventó? ¿Qué problema tuvo con una de las compañías más grandes del mundo? ¿Mostró Microsoft algún interés por su invención? ¿Qué esperan los guatemaltecos de él? ¿Qué tiene de extraño el hecho de que Microsoft incurriera en este delito?

B. El gran teatro del mundo.

1. Inspirados en la obra artística de Regina José Galindo, en grupos de tres preparen una *performance* para denunciar algún mal de su universidad. Luego representen su *performance* delante de la clase. Piensen en un título apropiado e intenten que sus compañeros determinen el significado o el mensaje que ustedes tratan de transmitir.
2. En grupos de tres preparen un esquema detallado de una *performance* para denunciar algún mal o problema global. Deben dejar volar la imaginación al inspirarse en la obra artística de Regina José Galindo. No será necesario poner en práctica su *performance* sino sólo preparar una descripción detallada de lo que sería y presentar a la clase su proyecto. Incluyan en la presentación una descripción del título, la acción que desarrollarían, el lugar donde la llevarían a cabo, y el resultado que esperan alcanzar. Consulten con la clase qué les parece su idea y si creen que tendría el impacto esperado.

C. La gramática está viva en la lectura. Con un(a) compañero(a) de clase, vean cuántos ejemplos de cláusulas adjetivales pueden encontrar en esta lectura, y anótenlos junto con sus antecedentes. Prepárense para explicarle al resto de la clase el uso de indicativo o subjuntivo en cada cláusula. Para más información sobre **cláusulas adjetivales,** consulta *Así funciona nuestro idioma,* página 348.

Hablemos de carreras... en informática/computación

El mundo de la informática o computación ofrece muchísimas posibilidades, sobre todo por la enorme popularidad de la Internet. Por ejemplo, el Departamento de Trabajo de los Estados Unidos informa que de las 380.000 personas empleadas en los Estados Unidos como ingenieros en computación, para el año 2010 se duplicará el número de ingenieros empleados (760.000). ¿Tienes alguna experiencia en programación? ¿Te consideras suficientemente preparado(a) en computadoras y computación como para optar por hacerlo profesionalmente? ¿Qué tendrías que hacer? ¿Cuántos años de estudios necesitarías? ¿Cuáles de tus destrezas desarrollarías al dedicarte a esto?

ꙮ Para hablar de carreras en informática ꙮ

Software
aplicación
carpeta
documento
hojas de datos
lenguaje de programación
programa

Unidades de memoria
gigabait
kilobait
megabait
terabait

Computadoras
computadora/ordenador
  ... personal
  ... portátil

Profesionales de la computación
analista de sistemas
especialista en soporte
  de sistemas
ingeniero en computación
programador

Unidades de comunicación
Modem
Línea ADSL
red de comunicación

Unidades de entrada de información
almohadilla digitalizada
cámara de video
escáner
explorador óptico
lector de CD-ROM/DVD
micrófono
puerto
  USB
  Firewire
  Bluetooth
quemador de cedés o devedés
  (o deuvedés)

Unidades de almacenamiento de información
CD (cedé)
disco duro
disco óptico

DVD (devedé o deuvedé)
llave USB
memoria

Al computar
archivar
bajar(se) de Internet/descargar
borrar
colgar en Internet
guardar/salvar
lenguajes de programación
procesar
programar
subir a Internet/cargar
teclar

Periféricos
cámara web
impresora
  ... láser
  ... matriz
monitor/pantalla LCD
ratón
teclado

A. La informática y yo. Completa estas oraciones y comparte tus respuestas con un(a) compañero(a) de clase.

1. Acabo de comprar un nuevo _____ para conectarlo a mi _____ _____ porque el viejo ocupaba mucho espacio sobre la mesa y apenas se veía bien. Me gusta porque es bien delgadito y tiene mucha resolución. También me gustaría comprar un nuevo _____. Me gustan los curvados que son ergonómicos y están diseñados para el ángulo natural de las manos.

2. No hay nada más frustrante que al terminar de _____ mi redacción para la clase de español, antes de _____, pase algo raro con el _____ _____ de mi computadora y se me pierda todo mi trabajo.

3. Con lo que te gustan las computadoras y la programación, creo que deberías considerar una carrera como _____. Yo creo que tengo más capacidad analítica, por lo que creo que trabajaría mejor como _____ de sistemas.

4. Acabo de reemplazar mi vieja _____ _____ con una _____ _____ a color, que imprime 20 páginas por minuto, y que tiene a la vez un _____ que me permite digitalizar fotos y otros documentos que quiero conservar.

B. Con el diccionario en mano. Traduce estas oraciones al español para mostrar que conoces bien este vocabulario relacionado con la informática.

1. At first I thought I wanted to be a programmer but I found the programming languages too difficult, so I decided to be a systems analyst.

2. I don't know if the problems I'm having with my computer are hard disc problems or insufficient memory (RAM) problems.

3. I need to download some pictures for my next project. I will then print them on my beautiful new laser printer.

4. Zhanna just bought herself a 10 GB memory stick that she uses mostly to store her music files.

5. You don't need a special program to be able to see images from the webcam situated inside the Catedral de Antigua, in Guatemala.

C. Futuros profesionales de la computación. Identifiquen a los (las) compañeros(as) de clase que tal vez se interesen en una carrera en computación. Usen estas preguntas y otras que les parezcan apropiadas.

1. ¿Por qué les interesa la carrera en computación? ¿En qué campo de computación les gustaría trabajar?

2. ¿Qué tendrán que hacer para lograr su meta? ¿Qué tipos de estudios tienen que seguir? ¿Necesitarán seguir algún entrenamiento especial? ¿Será muy costoso seguir esta carrera? Expliquen sus respuestas.

3. ¿Dónde o con qué compañía relacionada con la computación te gustaría trabajar? ¿Tendrías que mudarte de ciudad o de país? ¿Cuánto crees que podrías ganar al año? ¿Es difícil conseguir esos puestos? ¿Por qué?

D. Entrevista a un profesional de la computación. Con un(a) compañero(a) de clase, entrevisten a una o dos personas hispanas de la comunidad especializadas en computación. Seleccionen a una persona especializada en un campo de su propio interés, si es posible. Pregúntenle acerca de su especialidad: si les recomienda que la sigan, si tiene que trabajar demasiado, si fue difícil seguir esa especialidad, etc. Informen a la clase de lo que aprendieron.

E. La computación en el ciberespacio. En tu casa o en el laboratorio de computación, usa tu buscador favorito en Internet. Escribe las palabras "ingeniero en computación" para encontrar páginas que contienen información sobre esta carrera en español. Selecciona toda la información que te parezca más importante sobre esta carrera (años de estudio, materias que tienen que estudiar, posible salario…). Ven a clase el próximo día preparado(a) para compartir la información con otros estudiantes de la clase.

Arte hispano

○ Arte textil guatemalteco ○

El arte textil guatemalteco (véase la página xix) goza de la muy bien merecida reputación de ser una de las expresiones más hermosas del arte nativo de las Américas. Para el que visite el mercado de Chichicastenango, la oportunidad de ver telas muy artísticas, llenas de variedad, colorido y exuberancia en su diseño y acabado, se presentará a cada paso. Del mismo modo, disfrutarán del hecho de que cada pueblo de Guatemala tenga tejidos y vestimentas de diseño propio y característico de cada región. Por ejemplo, en Santiago Atitlán, son famosas las cintas que las mujeres se enrollan en la cabeza y los pantalones blancos a rayas de los hombres, que son bordados con diseños de pájaros y plantas multicolores.

Por tanto, vale la pena esperar hasta que puedan pasarse un día entero en el mercado en Chichicastenango para apreciar la increíble variedad de tejidos guatemaltecos: los indígenas instalan sus puestos con telas colgadas por todas partes y allí se pueden ver huipiles, camisas con o sin cuello, con o sin mangas, mangas cortas o largas, faldas, fajas, bandas, mantas, pañolones, manteles, mantelitos, servilletas, etc.

Los colores son una fiesta para los ojos y sabiendo que cada color tiene su significado especial ayuda a apreciar más este arte antiguo. El amarillo, el rojo, el negro y el blanco tienen varios significados para los mayas. Por ejemplo; el rojo significa la sangre, la vida, el fuego y el calor; el amarillo representa la pena y el maíz; el azul la nobleza, el verde la vida eterna y el negro las armas. Los campos de maíz están representados por rayas, las montañas por zigzags, los granos de maíz por rombos y las serpientes emplumadas por diseños que se asemejan a la letra ese. La cruz maya representa los cuatro puntos cardenales; las flores, pájaros, insectos, mariposas, animales y criaturas fantásticas estilizadas posiblemente tienen significación legendaria. Los árboles frecuentemente tienen siete o trece ramas, ya que estos números son considerados de buena suerte para los mayas. Estos motivos tradicionales no impiden que cada tejedor o tejedora cree sus propios motivos inyectándoles su sentido personal.

El arte textil y yo.   Contesta estas preguntas sobre el arte textil guatemalteco y tus propios intereses.

1. ¿Qué opinas de los textiles guatemaltecos? ¿Te gustan o no? ¿Por qué?
2. ¿Tienes tejidos o bordados hechos a mano de Guatemala o de alguna otra parte de Latinoamérica? Si así es, descríbelos y explica la importancia que tienen para ti.
3. ¿Por qué es importante que países como Guatemala, México, Panamá, Perú y Bolivia continúen conservando el arte de tejidos y bordados?
4. ¿Crees que es buena idea que usen materiales modernos y máquinas eléctricas para hacer los tejidos y bordados? ¿Qué efecto tendría esta modernización en la economía de esos países? ¿En los presupuestos de las familias que se dedican totalmente a su producción?

Nuestra herencia literaria

୭ Antes de leer ୧

Los misioneros.   Contesta estas preguntas.

1. ¿Has leído alguna historia de misioneros en las selvas de Latinoamérica o visto alguna película sobre ese tema? Si así es, ¿cuál es el título de la historia o la película? Describe brevemente la trama.
2. ¿Crees que los misioneros han sido (o son) utilizados por los colonizadores como instrumentos para entrar en territorios desconocidos u hostiles? Si crees que sí, ¿crees que los misioneros eran o son conscientes de esto?
3. ¿Qué puede hacer un misionero para sobrevivir en situaciones hostiles? ¿Puede usar la violencia, la astucia o cualquier otra estrategia que le permita sobrevivir? ¿Hay recursos que son incompatibles con su ministerio?
4. ¿Crees que los misioneros o colonizadores siempre fueron más educados, más informados en la ciencia, la astrología y las matemáticas que los indígenas que encontraron en el Nuevo Mundo? ¿Por qué sí o por qué no?
5. ¿Has leído alguna historia en que una persona resulta ser la más lista, a pesar de que debería (de acuerdo a los prejuicios) ser menos inteligente o estar menos preparada? ¿Has leído alguna historia en la que esta persona más lista o mejor preparada sea un indígena de las Américas? Si así es, cuenta los detalles de esa historia.

Estrategias para leer: Asociar textos

Los textos que leemos no son producciones aisladas, creadas de la nada o absolutamente innovadoras. Al viejo adagio de que "no hay nada nuevo bajo el sol", podemos añadir el de que no hay ninguna lectura que no tenga nada que decir de otras lecturas o a otras lecturas y establecer este diálogo ayuda a comprender mejor el texto que leemos. ¿No has leído nunca un texto, un poema, o una novela que te haya recordado a otro texto, otro poema u otra novela que habías leído anteriormente? Esto es porque los escritores no son nunca seres aislados, sino hijos de su tiempo y profundamente marcados por lo que leyeron, vieron o escucharon. En la literatura, esta influencia de unos textos sobre otros se llama "diálogo textual".

Lee la siguiente historia escrita por Augusto Monterroso y trata de establecer el diálogo textual entre esta historia y otras que has leído.

1. ¿Cuántas y cuáles historias de misioneros has escuchado o leído? ¿Cuántas de sacrificios humanos? ¿Cuántas historias en que el protagonista logra salvar su vida gracias a su habilidad para engañar a los demás?
2. ¿Cuántas de las historias que identificaste en la pregunta anterior ha usado el autor de este cuento? ¿Las ha simplemente transcrito aquí o las ha cambiado para que le sirvieran para comunicar sus propias ideas?

El autor

Augusto Monterroso

Augusto Monterroso (1921–2003), distinguido escritor, diplomático, catedrático, traductor e investigador guatemalteco, nació en Ciudad de Guatemala. Autodidacta, ni siquiera terminó la escuela secundaria. Al darse cuenta de la importancia de la educación, se dedicó a la lectura intensa de cuanto libro caía en sus manos. Participó activamente en la vida política de su país; fue exiliado varias veces en países como México y Chile. Entre sus obras se cuentan varios volúmenes de cuentos, fábulas, ensayos y otros escritos. Es un autor de estilo narrativo diferente y original, pues le gusta mezclar los géneros literarios; así, en una narración puede mezclar la fábula, el ensayo, el cuento y la biografía. Su extensa labor ha sido premiada tanto en Guatemala como internacionalmente.

☾ Lectura ☾

El eclipse

Cuando fray Bartolomé Arrazola se sintió perdido aceptó que ya nada podría salvarlo. La selva poderosa de Guatemala lo había apresado°, implacable° y definitiva. Ante su ignorancia topográfica° se sentó con tranquilidad a esperar la muerte. Quiso morir allí, sin ninguna esperanza, aislado, con el pensamiento fijo en la España distante, particularmente en el convento de los Abrojos, donde Carlos Quinto condescendiera° una vez a bajar de su eminencia° para decirle que confiaba en el celo religioso de su labor redentora.

Al despertar se encontró rodeado por un grupo de indígenas de rostro impasible que se disponían a sacrificarlo ante un altar, un altar que a Bartolomé le pareció como el lecho° en que descansaría, al fin, de sus temores, de su destino, de sí mismo.

Tres años en el país le habían conferido un mediano dominio de las lenguas nativas. Intentó algo. Dijo algunas palabras que fueron comprendidas.

Entonces floreció en él una idea que tuvo por digna de su talento y de su cultura universal y de su arduo° conocimiento de Aristóteles°. Recordó que para ese día se esperaba un eclipse total de sol. Y dispuso, en lo más íntimo, valerse de aquel conocimiento para engañar a sus opresores y salvar la vida.

—Si me matáis —les dijo— puedo hacer que el sol se oscurezca en su altura.

Los indígenas lo miraron fijamente y Bartolomé sorprendió la incredulidad en sus ojos. Vio que se produjo un pequeño consejo, y esperó confiado, no sin cierto desdén°.

Dos horas después el corazón de fray Bartolomé Arrazola chorreaba su sangre vehemente sobre la piedra de los sacrificios (brillante bajo la opaca luz de un sol eclipsado), mientras uno de los indígenas recitaba sin ninguna inflexión de voz, sin prisa, una por una, las infinitas fechas en que se producirían eclipses solares y lunares, que los astrónomos de la comunidad maya habían previsto y anotado en sus códices° sin la valiosa ayuda de Aristóteles.

Margin glosses:

tomado por fuerza / inhumana / de la selva

tuviera la gentileza / trono

la cama

muy difícil / célebre filósofo griego

menosprecio

manuscritos antiguos

☾ Reacciona y relaciona ☾

A. Reacciona. Contesta las siguientes preguntas. Compara tus respuestas con las de dos compañeros de clase.

1. ¿Dónde y cómo se encontraba Fray Bartolomé Arrazola?
2. Cuando se despertó, ¿con quién se encontró? ¿Qué pensó?
3. ¿Cómo intentó salir de la situación en que se encontraba?
4. ¿Cómo reaccionaron los indígenas en un primer momento?
5. ¿Cómo termina la historia? ¿Qué tiene que ver Aristóteles con todo esto?

B. Relaciónalo. ¿Qué te recuerda esta historia? ¿Cuál crees que es su mensaje? Imagina un final diferente. ¿Cómo terminaría si el autor hubiera querido reflejar la superioridad de la civilización europea? Escribe un final imaginativo de la historia, léeselo a tu compañero(a) y escucha mientras él/ella te lee el suyo. Traten de, entre los (las) dos, confeccionar un solo final. Léanselo a la clase.

C. Debate. A lo largo de la historia, cuando una gente o cultura conquista a otra, los conquistadores proclaman su superioridad sobre los conquistados, a los que perciben como inferiores en todos los aspectos: artístico, religioso, cultural, económico y en cuanto a organización social y política. Y aunque los conquistadores no siempre lo crean profundamente, tienden a hacer un esfuerzo por destruir toda evidencia de inteligencia, creatividad o superioridad de la cultura conquistada para justificar su dominación. Eso ocurrió no sólo en los tiempos de Aníbal, Atila y Alejandro el Grande, sino también en la conquista del Nuevo Mundo y más recientemente en la Primera y Segunda Guerra Mundial y la Guerra de Vietnam. ¿Estás de acuerdo con el principio de que el conquistador es siempre superior al conquistado? ¿Conocen casos en los que no ha sido así? ¿Qué papel juega la incomprensión y el absolutismo cultural? Tengan un debate frente a la clase. Dos voluntarios deben hablar a favor de que la conquista y la dominación son una forma de superación y de que las culturas superiores se impongan sobre otras inferiores. Otros dos voluntarios deben decir que no, que hay ejemplos en la historia que demuestran que esa superioridad se basa en la ignorancia y el malentendido. La clase va a votar para decidir quién ganó el debate.

D. La gramática está viva en la lectura. Con un(a) compañero(a) de clase, vean cuántos usos de cláusulas adverbiales pueden encontrar en la lectura. ¿Son cláusulas que requieren el subjuntivo o no? Estén preparados para explicar el uso de subjuntivo o indicativo en las cláusulas que encuentren. Confirmen los resultados con la clase entera. Para más información sobre las **cláusulas adverbiales,** consulta *Así funciona nuestro idioma,* página 348.

La acentuación, ¡de una vez!

∽ Acento ortográfico en palabras parecidas ∾

Hay palabras parecidas que cambian de significado según la sílaba que se enfatiza, sea la que lleva el golpe o la que requiere acento escrito. Ahora lee las siguientes palabras prestando atención especial a la sílaba enfatizada, mientras tu profesor(a) las pronuncia.

número	numero	numeró
público	publico	publicó
diálogo	dialogo	dialogó
práctico	practico	practicó

A. ¿Cuál sílaba se enfatiza? Escucha mientras tu profesor(a) lee estas palabras parecidas y escribe el acento escrito donde sea necesario.

deposito	deposito	deposito
titulo	titulo	titulo
equivoco	equivoco	equivoco
transito	transito	transito
critico	critico	critico
animo	animo	animo
habito	habito	habito
estimulo	estimulo	estimulo
liquido	liquido	liquido
pacifico	pacifico	pacifico

B. Palabras parecidas. Ahora escucha a tu profesor(a) mientras lee estas oraciones y coloca el acento escrito sobre las palabras que lo requieran.

1. Dudo que celebre su cumpleaños tan a lo grande como yo, que lo celebre con la persona más celebre de la ciudad: el alcalde.
2. Yo jamás critico el trabajo de mis compañeros, porque a mí un critico sabelotodo me critico mi trabajo y me hizo sentir bastante mal.
3. Yo no magnifico mis logros. Lo que digo es que conseguí un resultado magnifico. Y no como mi adversario, que no hizo nada y lo magnifico como si hubiera descubierto un nuevo planeta.
4. Mi padre domestico caballos toda su vida, pero yo prefiero un trabajo domestico. Con el trabajo que he encontrado, al único animal que domestico es a mi perrito.
5. Si titulo mi nueva novela con ese nombre, va a resultar demasiado parecido al titulo con que el autor guatemalteco titulo su obra.

Redacción

I. Adaptación de un cuento

Como ya hemos explicado, el cuento "El eclipse" de Augusto Monterroso es una variación de un cuento popular (aparecido también en comics) en que los indígenas son fácilmente engañados por el visitante o explorador de turno usando un fenómeno natural como es el eclipse. En esta actividad vas a hacer tú también la adaptación de un cuento popular o de una historia, a la que le cambiarás el final, y también la moraleja. Para asegurarte un buen resultado, te invitamos a que sigas el proceso que la mayoría de los buenos escritores usan: planificar, escribir el primer borrador, compartir, revisar y escribir la versión final.

A. Planificar.   Prepárate para escribir repasando el texto del cuento "El eclipse". Al leerlo, contesta las siguientes preguntas:

a. ¿Cómo se cuenta la historia, de un modo tradicional o intenta sorprendernos con alguna técnica especial?

b. ¿Cómo consigue sorprendernos?

c. ¿Qué historias conoces en las que hay un personaje malo que pierde o es derrotado? ¿Qué lado positivo puedes encontrarle? ¿Cómo puedes generar simpatía por ese personaje?

Ahora prepárate para escribir tu cuento incluyendo todos los hechos y las ideas que consideres apropiadas.

1. **Anotar ideas.** Cuando sepas qué cuento quieres contar, haz una lista de los hechos que quieres narrar, incluyendo aquellos que rompen con la versión tradicional de la historia. Por ahora lo importante es anotar todos los elementos del cuento que se te ocurran. He aquí una lista de ideas que podía haber escrito Augusto Monterroso:

   fray Bartolomé Arrazola se pierde en la selva
   acepta que va a morir
   se encuentra rodeado por un grupo de indígenas
   se sienta a esperar la muerte
   los indígenas huyen
   descubre que puede comunicarse con ellos
   tiene una genial idea: el eclipse total de sol
   trata de engañar a sus opresores
   los indígenas lo matan sobre la piedra de los sacrificios
   los indígenas conocían las infinitas fechas en que se producirían eclipses
       solares y lunares

   Ahora prepara una lista con todo lo que te gustaría incluir en tu cuento.

2. **Agrupar ideas.** Organiza ahora la información en tu lista para estar seguro(a) de que hay una conexión lógica entre toda la información que quieres

presentar. Pon toda la información en una agrupación lógica y ordenada. Estudia la agrupación cronológica que podría haber hecho Augusto Monterroso antes de escribir su cuento.

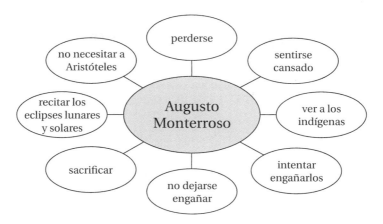

Ahora mira la lista que preparaste en la sección anterior y decide cuál va a ser el tema principal de tu cuento. Selecciona toda la información que piensas usar de tu lista sobre el incidente que seleccionaste. Tal vez quieras organizarla de modo cronológico para ver claramente que todo está relacionado y ordenado.

B. Escribir un primer borrador.   Usa la información que reuniste para escribir un primer borrador de tu cuento. Generalmente, cada párrafo de tu cuento va a incluir dos o tres ideas de tu agrupación.

C. Compartir.   Comparte tu cuento con dos compañeros de la clase. Ellos deben hacerte comentarios sobre el contenido. ¿Es claro? ¿Es lógico? ¿Lo entienden? ¿Tiene intensidad? ¿Sorprende? Tú debes leer y comentar sus cuentos también. Decide qué cambios quieres hacer atendiendo a los comentarios de tus compañeros, y escribe una segunda versión si es necesario.

D. Revisar.   Permíteles a dos compañeros de la clase que lean tu cuento una vez más. Ahora pídeles que te digan si hay errores de gramática o de ortografía. Tú debes hacer lo mismo con los suyos.

E. Escribir la versión final.   Escribe la versión final de tu cuento, haciendo todas las correcciones necesarias. Como ésta es la versión que vas a entregar a tu professor(a), debes escribirla a máquina o en la computadora para que pueda leerse sin dificultad.

II. Escribamos a otro nivel

A escribir cuentos.   Ya que te resulta más fácil escribir, sigue el mismo proceso que se recomendó para escribir una adaptación de un cuento, y escribe tu propia versión de "La rana y el príncipe" o de "La Cenicienta." Decide qué tipo de giro especial le vas a dar. Tal como se especificó, empieza por planificar, anotando y agrupando tus ideas. Luego escribe el primer borrador y compártelo con dos o tres compañeros de clase antes de revisarlo y escribir la versión final.

Online Study Center

El mundo guatemalteco al alcance

Explora distintos aspectos del mundo guatemalteco en las actividades de la red que corresponden a este capítulo. Ve primero a http://college.hmco.com/pic/ deunavez1e y de ahí a la página de *¡De una vez!*

Películas que recomendamos

୭ El cine guatemalteco ⊙

El cine guatemalteco, después de unos inicios dubitativos, se ha lanzado en los primeros años de este siglo con una serie de cortos y largometrajes de gran calidad. Aunque no se puede hablar del cine guatemalteco como una industria, sí aparecen destellos serios de gran calidad, apoyados en el gran nivel creativo de los escritores guatemaltecos. Una forma de medir el momento en que vive el cine guatemalteco es la exitosa participación de sus producciones en festivales internacionales.

Lo que soñó Sebastián (2004)   **Director:** Rodrigo Rey Rosa

Cuenta la historia de un escritor llamado Sebastián que prohíbe la caza de animales en sus tierras, ganándose de esa forma la enemistad de los cazadores de la región. Con esta propuesta, la película entra de lleno en la polémica entre cazadores y ecologistas, y defiende el argumento de que los cazadores están tan interesados o más en preservar el medio ambiente, porque sin él no existiría la caza.

La película plantea, pues, una moral ecológica que va más allá de las apariencias o las palabras altisonantes.

Donde acaban los caminos (2004)   **Director:** Carlos García Graz

Basada en la obra del mismo nombre, escrita por Mario Monteforte Toledo, cuenta la historia de un médico altruista que llega a un pueblo donde la división entre ladinos e indígenas es muy marcada. Al enamorarse de María, una indígena de 17 años, entra en un mundo de conflictos que también experimenta María por parte de su aldea, de donde ella y su familia son expulsados. Estos problemas separan a los protagonistas. Como fruto de ese amor surge un hijo que María niega al doctor para evitar que sigan juntos. El final muestra cómo en dicho hijo se fusionan los ladinos con los indígenas, mientras que el doctor rehace su vida con otra señorita de la alta sociedad del pueblo. Plantea el problema del racismo.

La casa de enfrente (2003)   **Dirección**: Elías Jiménez Trachtenberg

Trata el problema de la corrupción que ha azotado a los gobiernos de Guatemala. Mientras realizaba una auditoria en el Ministerio de Inversiones Internas, Ángel descubre un importante desvío de capital, y el ministro intenta hacerlo socio del círculo de corrupción. A punto de sucumbir, Ángel conoce a Kiara, una inmigrante caribeña que en su viaje a los Estados Unidos hace una larga y forzada pausa en Guatemala, donde trabaja como prostituta. La película muestra en toda su crudeza la trágica lucha entre el amor y la hipocresía de una sociedad en decadencia.

Río Hondo: Un cuento de oriente (2004)   **Directores:** Ana Carlos y Guillermo Escalón

En una película en que ninguna de las personas que aparece en ella es actor profesional, las actuaciones son excelentes. El cuadro que pinta la película refleja fielmente la manera de ser y de ver la vida de la gente del oriente guatemalteco.

El silencio de Neto (1994)   **Director:** Luis Argueta

Cuenta la historia de un adolescente que crece en la Guatemala de los años cincuenta, una época marcada por un golpe de estado auspiciado por la CIA. La película cuenta con grandes actores guatemaltecos, y se ambienta en la bella ciudad de Antigua. El gran mérito de esta película es presentar a la sociedad y la familia guatemalteca sin lugares comunes ni clichés. En palabras de Luis Argueta, "Con esta película intentamos mostrar a la comunidad internacional que Guatemala es un país que ríe, sufre, canta y grita… un país intenso y lleno de vida."

Películas relacionadas con Guatemala

El Norte (1984)   **Director:** Gregory Nava

Dos hermanos mayas-quiché que huyen de la persecución a que se ve sometida su familia emigran a California a través de México. Una vez allí, en los Estados Unidos, sufren una serie de peripecias que pondrán en cuestión sus valores y su capacidad para sobrevivir culturalmente (y físicamente) en un mundo hostil.

La hija del puma (1995)   **Director:** Ulf Hultberg

Muestra la violencia de estado en Guatemala. La película, basada en hechos reales, narra algunas de las matanzas que el ejército cometió en 1982 contra el pueblo guatemalteco. Esta coproducción sueco-danesa-mexicana es una adaptación de la novela de la escritora sueca Mónica Zak que es, a su vez, una adaptación libre de la biografía de Rigoberta Menchú.

Así funciona nuestro idioma

 9.1 El presente de subjuntivo en las cláusulas adjetivales

¡Ya lo sabes!

Javier necesita información y piensa que su amiga Lucía la tiene ¿Qué dice Javier en el primer par de oraciones y qué le informa Lucía en el segundo par?

1. **a.** —Quiero encontrar una persona que *entiende* de huipiles.
   b. —Quiero encontrar una persona que *entienda* de huipiles.
2. **a.** —Yo conozco a una señora que *hace* huipiles.
   b. —Yo conozco a una señora que *haga* huipiles.

Con toda seguridad, la mayoría escogió la segunda oración del primer par y la primera del último par, aun sin saber qué es una cláusula adjetival. Estas decisiones son fáciles cuando se tiene un conocimiento tácito del uso del **presente de subjuntivo en las cláusulas adjetivales.** Pero sigan leyendo para hacer explícito ese conocimiento tácito.

● Las cláusulas adjetivales describen un sustantivo o pronombre anterior (el cual se llama el antecedente) en la cláusula principal de la oración. El verbo de la cláusula adjetival aparece en subjuntivo cuando describe algo cuya existencia es desconocida o incierta.

Busco **una tienda** que **ofrezca** una gran variedad de huipiles.

antecedente desconocido	cláusula adjetival en el subjuntivo

Guatemala necesita líderes que **mejoren** la situación del país.
Queremos una política gubernamental que **promueva** la conservación de los idiomas indígenas.

Nota para hispanohablantes Hay una tendencia dentro de algunas comunidades de hispanohablantes a usar el indicativo en la cláusula adjetival a pesar de tener un antecedente desconocido y decir *Guatemala necesita líderes que mejoran la situación del país* en vez de **Guatemala necesita líderes que mejoren la situación del país.** Es importante evitar este uso fuera de esas comunidades y en particular al escribir.

- Cuando la cláusula adjetival describe a alguien o algo que se sabe existe, se usa el indicativo.

  Encontré **una tienda** que **ofrece** una gran variedad de huipiles.

antecedente conocido	cláusula adjetival en indicativo

  Chichicastenango es un mercado que **muestra** la riqueza de la artesanía guatemalteca.

  Guatemala es un país que **mantiene** viva la cultura indígena.

- Cuando las palabras negativas tales como **nadie, nada** y **ninguno** indican no existencia en una cláusula subordinada, la cláusula adjetival que sigue está siempre en subjuntivo.

  Aquí no hay **nadie** que **sepa** leer los jeroglíficos mayas.

  No tengo **ninguna** amiga que **conozca** bien la jerga guatemalteca.

Nota para hispanohablantes Hay una tendencia dentro de algunas comunidades de hispanohablantes a decir *naide* y *ninguno* (con un sustantivo) en vez de **nadie** y **ningún**. Es importante evitar este uso fuera de esas comunidades y en particular al escribir.

- La **a** personal se omite delante del objeto directo de la cláusula principal cuando la existencia de la persona es desconocida o incierta. Sin embargo, se usa delante de **nadie, alguien** y formas de **alguno** y **ninguno** cuando se refiere a personas.

  No conozco **a nadie** que viaje frecuentemente a Ciudad de Guatemala.

  Quiero encontrar **una persona** que sea experta en arquitectura maya.

☉ Ahora, ¡a practicar! ☉

A. ¿Adónde ir?   Tú y tus amigos planean un viaje a Guatemala y cada uno expresa qué lugar desearía visitar.

MODELO   permitirme hacer caminatas
Quiero ir a un lugar que me permita hacer caminatas.

1. ofrecer interesantes atractivos turísticos
2. quedar cerca de ruinas mayas
3. tener tiendas artesanales
4. no estar lejos de una ciudad grande
5. celebrar fiestas típicas
6. estar cerca de un lago
7. permitir fácil acceso a la capital

B. Acerca de Guatemala.   Combina las frases de la primera columna con las de la segunda para mencionar algunos de los temas y personajes de este capítulo.

_____ 1. *Chapín* es una palabra de la jerga que (significar)

_____ 2. La concha es la figura que (representar)

_____ 3. El huipil es una prenda de vestir que (llevar)

_____ 4. Regina José Galindo es una artista que (hacer)

_____ 5. Tikal es una antigua ciudad maya que (fascinar)

_____ 6. Augusto Monterroso es un hombre de letras que (escribir)

_____ 7. Los mam constituyen uno de los grupos mayas que (habitar)

_____ 8. El quiché es una de las lenguas indígenas que todavía (hablarse)

_____ 9. Carlos Armando Amado es un programador que (recibir)

_____ 10. Chichicastenango es un mercado que (remontarse)

a. representaciones vivas de su arte.
b. una indemnización de parte de Microsoft.
c. guatemalteco.
d. las tierras altas de Guatemala.
e. cuentos, fábulas y ensayos.
f. las mujeres guatemaltecas.
g. el número cero.
h. a la época prehispánica.
i. en Guatemala.
j. a guatemaltecos y extranjeros.

C. ¿Cuánto sabes de tus compañeros?   Trabajando con un(a) compañero(a), hazle preguntas acerca de sus otros compañeros de clase.

MODELO   tener parientes guatemaltecos
— **¿Hay alguien en la clase que tenga parientes guatemaltecos?**
— **Sí, Rafael es un compañero que tiene parientes guatemaltecos.** o
No, No hay nadie en la clase que tenga parientes guatemaltecos. o
No sé si hay alguien en la clase que tiene parientes guatemaltecos.

1. ir regularmente a Guatemala
2. conocer la novela *El señor presidente* de Miguel Ángel Asturias
3. estudiar la cultura maya
4. saber algo de jerga guatemalteca
5. estar enterado de la situación de los indígenas guatemaltecos
6. interesarse por el arte de los textiles centroamericanos

D. Un museo interesante.   Daniel, un compañero de clase, te ha pedido que leas lo que ha escrito sobre un museo guatemalteco. Presta atención al uso del indicativo o del subjuntivo en las cláusulas adjetivales y corrige cualquier forma que no sea apropiada.

Yo he leído acerca del libro sagrado maya-quiché que se conozca como el Popol

Vuh. Lo que supe hace poco es que hay un museo que lleva el mismo nombre.

Es un museo que fascine a todos los visitantes. Allí se pueden ver cerámicas y esculturas en piedras que provienen de la época prehispánica. No hay nadie que no se siente emocionado al ver esas obras antiguas. Tiene también una sección que muestre máscaras de danzas. Ésta es la sección que prefieran los niños. Yo siempre busco museos que sean interesantes y éste ciertamente lo es.

9.2 El presente de subjuntivo en las cláusulas adverbiales: Primer paso

¡Ya lo sabes!

Alberto, un norteamericano de padres guatemaltecos, da las razones por las que desea visitar Guatemala cuanto antes.

1. **a.** Quiero ir a Guatemala antes de que me *olvide* más y más de mis raíces.
   b. Quiero ir a Guatemala antes de que me *olvido* más y más de mis raíces.
2. **a.** Quiero ir a la tierra de mis padres ya que todavía *tenga* familiares que viven allí.
   b. Quiero ir a la tierra de mis padres ya que todavía *tengo* familiares que viven allí.

¿Fue fácil o difícil esta vez? ¿La mayoría escogió la primera oración del primer par y la segunda del segundo par? ¿Ven? No es difícil cuando se tiene un conocimiento tácito del uso del **indicativo** y del **subjuntivo en las cláusulas adverbiales.** Sigan leyendo para aumentar ese conocimiento.

Conjunciones que requieren el subjuntivo

- Como los adverbios, las cláusulas adverbiales responden a las preguntas ¿cómo?, ¿por qué?, ¿dónde?, ¿para qué? y ¿cuándo?, y son introducidas por una conjunción. Las siguientes conjunciones introducen cláusulas adverbiales que usan siempre el subjuntivo porque indican que la acción principal depende del resultado de otra acción o condición incierta.

a fin (de) que	**antes (de) que**
en caso (de) que	**sin que**
a menos (de) que	**con tal (de) que**
para que	**de modo que**

Me voy a especializar en informática, **a menos que me vaya** mal en los cursos de programación.

Estoy aprendiendo muchas palabras de la jerga de los jóvenes en Guatemala **para que** mis amigos guatemaltecos **queden** impresionados con mi español.

Mi familia y yo vamos a pasar unas semanas en Centroamérica **antes de que termine** el verano.

Conjunciones que requieren el indicativo

● Las siguientes conjunciones introducen cláusulas adverbiales que usan el indicativo porque presentan la razón de una situación o acción, o porque dan a conocer un hecho.

porque	**como**
ya que	**puesto que**

Quiero visitar Tikal **porque** me **fascina** la civilización maya.
Como mi hermana **es** muy buena para las matemáticas se entretuvo bastante descifrando el sistema de numeración maya.

Nota para hispanohablantes Hay una tendencia de algunas comunidades de hispanohablantes a usar el subjuntivo después de la conjunción **ya que** y decir *Yo entiendo la numeración maya ya que tenga facilidad con los números,* en vez de **Yo entiendo la numeración maya ya que tengo facilidad con los números.** Es importante evitar este uso fuera de esas comunidades y en particular al escribir.

☙ Ahora, ¡a practicar! ❧

A. Motivos y propósitos. Los estudiantes opinan sobre lo que motiva a Regina José Galindo a llevar su obra directamente a la gente, como lo hizo por ejemplo con "Lo voy a gritar al viento".

MODELO   progreso social / avanzar
   Regina hace pública su obra a fin (de) que avance el progreso social. o
   Regina hace pública su obra para que avance el progreso social.

1. la condición de la mujer / mejorar
2. la discriminación / disminuir
3. la violencia / acabar
4. la justicia social / prosperar
5. víctimas de la injusticia / no ser olvidadas
6. los derechos humanos / imperar

B. Intenciones. Tienes intención de seguir la carrera de informática en tu universidad, pero es posible que cambies de planes más adelante.

MODELO   yo / conseguir un buen empleo al graduarme
   Pienso especializarme en informática con tal de que consiga un buen empleo al graduarme. o
   Pienso especializarme en informática siempre que consiga un buen empleo al graduarme.

1. la carrera / no tomarme demasiado tiempo
2. los cursos / no ser muy difíciles

---

3. yo / obtener buenas notas en mi especialidad
4. los profesores / dictar cursos interesantes
5. yo / mantener mi interés en las ciencias de la información
6. la gente / seguir interesada en la computación

C. La ciencia maya.   Selecciona la forma verbal que consideras apropiada para contar la historia que leíste en este capítulo del sacerdote que se creyó más ilustrado que los indígenas mayas.

Fray Bartolomé Arrazola piensa que va a morir porque (1. está / esté) perdido en la selva. La muerte llegará, piensa, a menos que (2. ocurre / ocurra) un milagro. Un grupo de indígenas lo rodean sin que él se (3. da / dé) cuenta, ya que (4. está / esté) durmiendo. Al despertar sabe que a menos que él (5. convence / convenza) a los indígenas de su gran poder, va a morir sacrificado en el altar que han preparado. Fray Bartolomé pronuncia unas palabras para que el sol (6. se oscurece / se oscurezca) puesto que (7. sabe / sepa) que ese día va a ocurrir un eclipse. Se va a salvar en caso de que los indígenas le (8. creen / crean). A los indígenas no les impresionan las palabras mágicas de fray Bartolomé porque los astrónomos mayas (9. han / hayan) anunciado ese eclipse hace mucho tiempo. Y antes de que (10. termina / termine) el eclipse, se acaba la vida de fray Bartolomé.

D. Controversia.   Tu amiga Maritere te pide que leas lo que ha escrito acerca de la artista Regina José Galindo y que corrijas cualquier forma verbal que no sea apropiada.

Ya que la artista de *performance* Regina José Galindo sea una figura controvertida en Guatemala, yo no quiero tomar partido a favor o en contra de su arte. Entiendo sí que algunos la atacan porque la consideran demasiado exagerada. Claro, yo creo que ella lo hace para que la gente se da cuenta de que es necesario cambiar muchas ideas aceptadas. Muchos la atacan porque duden que ese arte solucione nada. Como los medios de comunicación siempre cubren estas performances, dicen que la única que gana es la artista. Opinan que la artista es egoísta y que hace ese arte público sólo para que aumenta su fama. Los que la defienden dicen que nada va a cambiar a menos que la gente se siente escandalizada. Yo no voy a decir la última palabra, ya que vea que los dos lados tienen algunos argumentos válidos.

Perú: la forteleza de Sucsahuamán

La tradición oral: Los quipus, registros de información en el estado andino

Los quipus eran fundamentalmente registros de información numérica. Los usaban los incas para comunicar a lo largo del imperio información de censos de población, información calendárica, registros de producción agrícola, capacidad y registro de almacenes administrados por el Estado, servicio militar y tiempo de trabajo dedicado al Estado. Toda esta información estadística era llevada a los gobernantes de Estado por corredores incas llamados *chaskis*. Con información completamente actualizada, los gobernantes podían planificar con exactitud para evitar serias catástrofes que podrían ser causadas por sequías, escasez de comida y hasta guerras.

amarillo   rojo   azul   verde   blanco

Los quipus consistían en una serie de cuerdas secundarias atadas a una cuerda principal. Las cuerdas secundarias eran de distintos colores y estilos de hilo, cada una representando un objeto —amarillo el oro, rojo el ejército, azul el agua, y así. En cada cuerda secundaria el *quipucamayu,* el guardador de los quipus, ataba nudos compuestos de dos a nueve vueltas, representando los números de 2 al 9. Un nudo en forma de "8" representaba el número 1. Estos dígitos se colocaban en el extremo más lejano de la cuerda principal. Nudos en la siguiente sección de la cuerda representaban el número de nudos multiplicado por 10. Nudos en la siguiente sección a ésta representaban el número de nudos multiplicado por 100. Nudos en la siguiente sección representaban el número de nudos multiplicado por 1.000 y así hasta llegar a la sección más cercana a la cuerda principal, cuyos nudos representaban un máximo de 10.000.

A. A interpretar el quipu.   Un corredor inca acaba de entregarte el quipu dibujado en la lectura, con registros de información de la región de Surcubamba. Con un(a) compañero(a) de clase, descifra las cuerdas de ese quipu para contestar las preguntas que siguen.

1. ¿Cuántas unidades de oro tenían almacenadas en Surcubamba?
2. ¿Cuántos soldados incas estaban estacionados allí?
3. ¿Cuántas reservas de agua tenían?
4. ¿Cuántas canastas de producción agrícola tenían almacenadas?
5. ¿Cuál era la población de Surcubamba?

B. El valor de mis posesiones.   Prepara un quipu que represente el valor de tus posesiones personales. Atadas a una cuerda principal, incluye cinco cuerdas secundarias que representen cinco áreas de tus posesiones, por ejemplo, la cantidad de dinero que tienes en el banco, el valor de los libros que tienes, el valor de tu ropa, el valor del total de aparatos electrónicos que tienes, y el valor de tus cedés o devedés. En una sexta cuerda, indica la suma total.

C. Los quipus en el ciberespacio.   En tu casa o en el laboratorio de computación, usa tu buscador favorito en Internet. Escribe las palabras "historia de los quipus" para encontrar páginas que hablan sobre los quipus. Expande lo que acabas de leer aquí sobre su origen, su uso, quién los usaba y quién los interpretaba, lo que conocemos hoy sobre ellos, y todo lo que te resulte interesante. Ven a clase preparado(a) para compartir la información.

Nuestra riqueza cultural

⤺ Antes de leer ↺

Los festivales son una parte esencial de cualquier cultura en todas partes del mundo. La naturaleza humana parece aprovecharse de cualquier ocasión para celebrar, ya sea una ocasión religiosa, cívica o secular. Muchos de estos festivales tienden a ocurrir en lugares remotos, alejados de la mayoría de la población. Otros, en cambio, ya de fama internacional, son presenciados por gente de todas partes del mundo.

Festivales internacionales. ¿Cuántos de estos festivales de fama internacional conoces? Combina las tres columnas para indicar qué tipo de festival es cada uno y dónde tienden a celebrarse.

1. Festival de Cine de Cannes	Festival de baile	
2. Virgen de Guadalupe	Festival religioso judío	Estados Unidos
3. Oktoberfest	Festival de fútbol	Israel
4. Woodstock	Festival de solidaridad global	Todas las partes del mundo
5. Carnaval		
6. Yom Kippur	Festival de otoño	Argentina
7. Festival Mundial de la Juventud y los Estudiantes	Festival religioso musulmán	Francia
		Países árabes
	Festival de rock	Brasil
8. Copa Mundial de la Fifa	Festival secular	Alemania
9. Festival de Tango	Festival de películas	México
10. Ramadán	Festival religioso católico	

⤺ Lectura ↺

I. Las festividades peruanas

En Perú se celebran todos los años más de 3.000 festividades locales. La mayoría de las festividades se realiza con ocasión de algún santo patrón, alguna advocación de María, o por inspiración y tradición prehispánica. En todo caso, las fiestas están marcadas por un gran sincretismo (la adopción de una tradición religiosa o cultural por otra que la transforma), en este caso la unión de las fiestas religiosas impuestas por los misioneros católicos con el ritual inca. El resultado es un impresionante acontecimiento que conjuga una devoción religiosa y una expresión étnica y cultural irrepetibles. A continuación se describen algunos de estos festivales ocultando sus nombres para practicar con la siguiente actividad.

1. Este festival se celebra durante 18 días, cerca del lago Titicaca, a una altitud de 3.870 metros (12.700 pies). La fiesta reúne a más de doscientos grupos de músicos y danzantes para celebrar a la Mamacha Candelaria. Durante los primeros nueve días, los mayordomos (los encargados de las festividades), decoran la iglesia y convocan a la misa, invitan a banquetes y patrocinan bellísimos fuegos artificiales. El día principal, la Virgen sale en una procesión llena de color por la ciudad. Los grupos de músicos y danzantes recorren la ciudad demostrando su arte.

2. Esta fiesta está vinculada a la imagen del Apóstol Santiago y tiene como acto central la marcación del ganado. La marcación sólo la celebran las familias que poseen ganado, quienes invitan a los visitantes a comer carne de res o de llama, y a beber chicha. El escenario de la fiesta es una comunidad situada a una altitud de 4.800 metros (15,784 pies).

3. Según cuenta la historia, un ermitaño colocó una cruz de piedra en una gruta, y la gente del pueblo, que había sido advertida de un posible cataclismo, la bajó al pueblo y celebró una misa. Como el cataclismo no ocurrió, cada año, la primera semana de agosto, sus devotos agradecen ése milagro y los muchos otros que les han sido concedidos.

4. El centro de esta celebración es una de las más grandes procesiones de América, en la que decenas de miles de fieles vestidos con hábitos morados cantan y rezan acompañando a la imagen de un Cristo que recorre las calles de la capital peruana. Cuenta la tradición que en la época de la Colonia un esclavo africano dibujó una imagen de Cristo en una pared, y que ésta permaneció en pie, a pesar de varios intentos por borrarla y del terrible terremoto de 1746.

5. Fiesta con orígenes en el siglo XVI, llamada Festividad de sangre (*yawar*). Después de capturar a un cóndor, lo atan sobre el lomo de un toro. La lucha entre ambos provoca mucha sangre, de ahí el nombre de esta festividad. Al día siguiente se realiza una nueva ceremonia en la que se libera al cóndor. Esta fiesta ritual tiene además una interpretación en la que el cóndor, representante del mundo inca, ejecuta una venganza ritual contra el toro, que representa a los conquistadores españoles.

၁ ¿Comprendiste? ၆

¡Vamos al festival.   Relaciona cada uno de los festivales peruanos de la siguiente lista con la descripción apropiada de entre las que acabas de leer. Usa todas las pistas a tu alcance.

Festivales

a. El Señor de los Milagros
   Lugar: Lima
   Fecha: 18–28 octubre

b. Virgen de la Candelaria
   Lugar: Puno
   Fecha: 2 de febrero

c. Cruz de Chalpón
   Lugar: Departamento de Lambayeque,
   en la costa al norte de Lima
   Fecha: Los primeros días de agosto

d. Yahuar-fiesta (Yawar Fiesta)
   Lugar: Cuzco y Apurímac
   Fecha: 27–30 de julio

e. Tinca de Vacas
   Lugar: Quico (Cuzco)
   Fecha: 27–30 de febrero

☾ Antes de leer ☾

Diversidad biológica. El gran legado cultural al mundo contemporáneo de las etnias que han vivido y viven en Perú se puede resumir en la apreciación activa y creativa por la diversidad biológica. Si hoy día visitamos uno de los muchos parques naturales de Perú, podemos disfrutar de las siguientes actividades. Relaciona cada actividad en la columna de la izquierda con su descripción en la columna de la derecha.

1. Observación de pájaros

2. Estudio de insectos

3. Rastreo

4. Destreza nativa

5. Astronomía

6. Uso de las plantas con fines curativos

a. Identificar e interpretar las huellas de animales.

b. Observar e identificar algunas de las especies de aves que abundan en Perú.

c. Experimentar algunas de las técnicas de supervivencia más comunes entre la población nativa de la zona, tales como el uso del arco y la flecha, distinguir plantas comestibles y venenosas, encontrar agua potable y reconocer sonidos.

d. Aprender sobre el mundo de las plantas medicinales.

e. Explorar el cielo del hemisferio sur.

f. Identificar las diferentes especies de hormigas, aprender sobre su organización y entender su importancia en el ecosistema amazónico.

⟡ Lectura ⟡

II. Perú: La diversidad como fuente inagotable de riqueza

No nos debe resultar extraño el que, al oír hablar de Perú, nos venga a la mente, casi de forma instantánea, la majestuosidad de la ciudadela de Machu Picchu. Con ello nos imaginaremos también un Perú andino de difícil acceso. Sin embargo, para comprender mejor la grandeza de Perú, cabe destacar el hecho de que casi el 70% de su territorio es selva amazónica y que es el tercer país más extenso de Sudamérica. También en Perú nace el Amazonas, cuyo largo viaje por Sudamérica hará que se convierta en el río más largo y caudaloso del mundo.

Perú cuenta con una impresionante diversidad de culturas. Se estima que en Perú existen 14 familias lingüísticas y al menos 44 etnias, de las que 42 se encuentran en la Amazonia. Estas culturas han desarrollado, con el devenir de la historia, una relación especial con el medio ambiente, aprovechando su riqueza de una manera única en el mundo. Esta relación se manifiesta en un profundo conocimiento con respecto a los usos y propiedades de las distintas especies, la diversidad de los recursos genéticos y las técnicas de su utilización.

Se calcula que Perú cuenta con unas 25.000 especies de plantas (10% del total mundial), de las cuales un 30% son endémicas. Es el quinto país en el mundo en número de especies, primero en número de plantas con propiedades conocidas y utilizadas por la población (4.400 especies), de las que sólo un 40% han sido estudiadas por los científicos occidentales. Las reservas naturales peruanas son la más rica fuente de recursos naturales del mundo. Se estima que para 2021 Perú será el primer país en obtener para su población los mayores beneficios de su diversidad biológica. No cabe duda de que continuará usándola sosteniblemente, restaurando sus componentes para atender a las necesidades básicas, el bienestar y la generación de riqueza.

⟡ ¿Comprendiste? ⟡

A. La riqueza de todos. Selecciona la opción que mejor complete las siguientes oraciones.

1. La mayor parte del territorio peruano se encuentra…

    a. en la cordillera de los Andes.
    b. en la costa.
    c. en la selva Amazónica.

2. En Perú existen _____ familias lingüísticas.

    a. 14
    b. 140
    c. 1.400

3. Un 30% de las especies de flora peruana...

    a. son importadas.
    b. son propias y exclusivas de Perú.
    c. están en los Andes.

4. Según la lectura, el futuro de Perú...

    a. Usará indiscriminadamente sus recursos.
    b. Construirá otra carretera transamericana.
    c. Aprovechará de forma sostenible los recursos naturales.

B. Los valores peruanos.   ¿Cuál es el futuro del pueblo peruano, en tu opinión? ¿Crees que Perú valora la diversidad étnica? ¿Crees que, en ese sentido, Perú es un país privilegiado? Justifica tus respuestas. ¿Crees que la globalización acabará con la diversidad? ¿Por qué sí o por qué no? ¿Cuáles serían las consecuencias si eso ocurriera?

C. Encuesta.   Intenta determinar si las personas que te rodean admiran y valoran la diversidad étnica. Pregúntales lo siguiente: Si tuvieran que mudarse a una isla desierta a la que pudieran llevarse 20 personas que no fueran ni familiares ni amigos suyos, ¿elegirían a personas de distintos países y razas? ¿Elegirían a personas que hablaran su mismo idioma? ¿Cómo seleccionarían a esas personas?

A continuación, pídeles que ordenen del 10 al 1 las siguientes condiciones para llevar a una persona con ellos. El 10 indica que la condición tiene la mayor importancia, y el 1 indica la menor importancia. Entrevista a 5 personas. Combina tus resultados con los del resto de la clase para determinar qué se valora más en su comunidad.

_____ **a.** Que hablen mi mismo idioma.
_____ **b.** Que sean de mi misma raza.
_____ **c.** Que sean de mi mismo sexo.
_____ **d.** Que tengan conocimiento del mundo natural.
_____ **e.** Que sepan de navegación.
_____ **f.** Que sean personas maduras.
_____ **g.** Que sepan cazar y pescar.
_____ **h.** Que sean atractivas físicamente.
_____ **i.** Que sean personas muy religiosas.
_____ **j.** Que tengan conocimientos de medicina.

D. La gramática está viva en la lectura.   Esta lectura tiene por lo menos cuatro verbos en el futuro. ¿Los puedes encontrar? ¿Cuántos son regulares y cuántos irregulares? En base a lo mencionado en la lectura, haz cinco predicciones para el Perú del futuro. Y para más información sobre **el futuro regular e irregular,** consulta *Así funciona nuestro idioma,* página 390.

E. Perú en el ciberespacio.   En tu casa o en el laboratorio de computación, usa tu buscador favorito en Internet. Escribe las palabras "diversidad étnica de Perú" para encontrar páginas que hablan sobre las distintas etnias peruanas, su cultura y su valor. Escoge algún sitio que hable de la diversidad étnica peruana desde un ángulo que te resulte interesante. Ven a clase preparado(a) para compartir la información.

Vamos a conversar sobre... el ocaso de los imperios

Basta con asomarse a algunos de los impresionantes monumentos construidos por civilizaciones que dominaron vastos territorios y desarrollaron las artes y las letras hasta niveles impensables para su época, para ver que todas, sin excepción, tuvieron su decadencia y luego su ocaso. Imperios "donde nunca se ponía el sol" se vinieron abajo como torres de naipes, para dar paso a otros donde tampoco el sol se ponía, hasta que lo mismo ocurría con ellos, y así hasta hoy. Vamos a conversar sobre este tema, intentando, en grupos de tres, responder a las siguientes preguntas. Luego informen a la clase de sus conclusiones, y estén preparados para discutir las opiniones de los demás grupos.

A. Los grandes imperios de la historia.   Hagan un esfuerzo por determinar cuáles fueron tres grandes imperios o civilizaciones de la historia que pueden recordar. ¿Cuáles fueron sus aportaciones? Piensen en monumentos, avances en el arte, las ciencias, etc.

B. Los orígenes.   ¿Qué creen que hace que un país se convierta en imperio? ¿Creen que hay grandes civilizaciones que no se convierten en imperios? ¿Qué distingue a unas de las otras? ¿Qué hace que un imperio se derrumbe? Intenten considerar todas las causas posibles.

C. Las grandes superpotencias.   ¿Creen que los Estados Unidos es un imperio? ¿Por qué sí o por qué no? Si lo es, ¿en qué momento se encuentra actualmente: en sus inicios, en pleno desarrollo o cerca de su ocaso? Si está en sus principios, ¿cómo creen que se va a desarrollar el "imperio estadounidense"? Si está cerca de su ocaso, ¿cómo creen que va a terminar? ¿Cuáles serán las consecuencias para el mundo? ¿Qué imperio o imperios lo suplantarán?

Nuestra riqueza lingüística

✺ Antes de leer ✺

En el Capítulo 9 vieron la influencia del nahuatl, el caribe y el taíno en el español. En este capítulo van a ver la influencia de la lengua andina principal, el quechua, en el español. Para empezar, vean si pueden identificar tres palabras en la lista que sigue que vinieron al español directamente del quechua. Expliquen qué criterio usaron para identificarlas.

huarache	iguana	barbacoa	puma
tabaco	coca	tomate	chante
chocolate	llama	chicle	jícama

✺ Lectura ✺

Lenguas en contacto: El español y el quechua

En el capítulo anterior aprendieron que este fenómeno de dos lenguas en contacto por un largo período de tiempo, vuelve a repetirse entre el español y las lenguas nativas del Nuevo Mundo: el nahuatl de los aztecas, y la lengua de los taínos y de los caribes. Lo mismo ocurre con el español y el quechua, la lengua de los incas. Del quechua llegaron al español palabras como **papa, coca, llama, guano** y muchas más. ¿Por qué crees que estas palabras fueron adoptadas al español? ¿Qué explicación puedes ofrecer?

✺ ¿Comprendiste? ✺

A. Influencia del quechua en el español. Piensa en la cultura incaica. ¿Cuáles de los siguientes objetos, ya sea animales, ropa, comidas, etc., crees que tenían los incas que no conocían los españoles?

B. Influencia del inglés en el quechua.   La importancia mundial del inglés, en particular en el campo de la tecnología, hace que se sienta su influencia en la mayoría de las lenguas del mundo. Trata de identificar la palabra del inglés que es el origen de estas palabras quechuas.

Radiyu	Kumputadora	Tiliwisiyun	Tiliwunu
Intirnit	Suwir	Harwir	Laptup

C. El quechua en el ciberespacio.   En tu casa o en el laboratorio de computación, usa tu buscador favorito en Internet. Escribe las palabras "gramática quechua" para encontrar páginas que ofrecen algunas nociones de gramática quechua. Estudia algunas de estas nociones y ven a clase preparado(a) para explicárselas a tus compañeros.

Hernando de Soto Nació en 1941 en Arequipa, Perú, y aunque su nombre no figure constantemente en las portadas de los periódicos y revistas, es uno de los grandes economistas del mundo. Tras muchos años de dedicación y estudios en materia económica, por fin se puede decir, después de que dos estudios elaborados por dos de las revistas más importantes del mundo de habla inglesa (*Foreign Policy,* de los Estados Unidos, y *Prospect,* de Gran Bretaña) lo galardonaran con tal distinción, que figura entre los cien intelectuales más influyentes del mundo. De Soto realizó sus estudios de posgrado en el Instituto Universitario de Altos Estudios Internacionales de Ginebra. Ha sido economista en el Acuerdo General sobre Aranceles Aduaneros y Comercio (GATT), presidente del Comité Ejecutivo de la Organización de Países Exportadores de Cobre (CIPEC), director-gerente de Universal Engineering Corporation, miembro del Swiss Bank Corporation Consultant Group y director del Banco Central de Reserva del Perú (BCRP). En la actualidad es presidente del Instituto de Libertad y Democracia (ILD), con sede en Lima, Perú. De este instituto, dijo el ex-presidente norteamericano Bill Clinton, "está llevando a cabo una de las obras más importantes del mundo hoy en día." De Soto ha escrito dos libros sobre la economía y

Hernando De Soto

política del desarrollo: *El otro sendero* (1986) y *El misterio del capital* (2000), que estudia por qué el capitalismo triunfa en occidente y fracasa en el resto del mundo. Ambos libros han sido traducidos a cerca de 20 idiomas. En ellos desarrolla su teoría económica de que en cuanto se concedan títulos de propiedad a los pobres sobre sus viviendas o infraviviendas, éstos podrán hipotecarlas y así obtener pequeños créditos con los que empezar sus negocios.

Gilda Alarcón Glasinovich La doctora Gilda Alarcón Glasinovich (1957), peruana especializada en epidemiología, salud pública y psicología, es una mujer comprometida con la causa de la igualdad de derechos humanos, la erradicación de la violencia de género y el progreso social y económico de las poblaciones latinas emigrantes. Desde que reside en la ciudad de Nueva York, ha ejercido importantes cargos profesionales y es una figura conocida por las organizaciones comunitarias. Por cerca de 20 años ha sido Representante Afiliada a las Naciones Unidas, donde su experiencia en salud de la mujer y poblaciones emigrantes la colocan en un lugar preferencial de competencia técnica. Ha sido

Gilda Alarcón Glasinovich

directora regional para América Latina del World Information Transfer, vice presidenta del Bureau de Información, presidenta del Consejo Latinoamericano de Mujeres y actual asesora técnica en Asuntos de la Mujer y Población. Trabajó también como directora del Departamento de Salud Pública y Desarrollo Comunitario para el hospital Elmhurst, centro municipal del sistema de salud de la ciudad de Nueva York. En dicha capacidad, mantuvo su constante lucha para que se den a conocer los servicios clínicos y sociales a la comunidad de mujeres y familias emigrantes latinoamericanas, en especial aquéllos relacionados con la atención de mujeres maltratadas. Organizó la Asamblea de Salud de Queens, un conglomerado de organizaciones comunitarias esforzadas en que se canalicen acciones de prevención y promoción de salud. Al mismo tiempo, procuran que la comunidad conozca el sistema de atención de la salud pública y los derechos sociales como residentes.

La Dra. Alarcón Glasinovich tiene un interés especial en la situación social de la mujer emigrante, y desde que radica en Nueva York se ha convertido en vocera de las necesidades de mujeres latinas. Una preocupación constante suya es cambiar los estereotipos norteamericanos de la mujer latinoamericana, que ella misma ha vivido con respecto a los apellidos, el dominio del inglés, su país de procedencia, e incluso la forma de vestirse. En 1999, la Federación Mundial de Mujeres por la Paz, afiliada a las Naciones Unidas, le otorgó el premio "Mujer Extraordinaria del Año", siendo la primera latinoamericana en recibir tan prestigioso galardón. También ha recibido varios reconocimientos de congresistas estadounidenses, del estado y de la ciudad de Nueva York. El Consorcio de Mujeres en Medios de Comunicación reconoció su esfuerzo por cambiar la imagen estereotipada de la mujer latina con el premio "Nuevas Voces, Nueva Visión".

A. Hispanos estelares.   Contesta estas preguntas con tres compañeros(as) de clase e informen a la clase de sus conclusiones.

1. ¿Quién es Hernando de Soto? ¿Por qué es famoso? ¿Qué hace para ayudar a los pobres? ¿Cuál es su experiencia económica? ¿Cuántos libros ha escrito? ¿Qué opinas de su teoría de conceder títulos de propiedad a los pobres?
2. ¿Quién es Gilda Alarcón Glasinovich? ¿A qué se dedica en este momento? ¿Qué hace para ayudar a la comunidad? ¿Cuál es su experiencia como peruana viviendo en Nueva York? ¿Porqué crees que tanta gente asume que los peruanos (o tal vez latinos) no tienen nada de cosmopolitas? ¿Qué se puede hacer para cambiar los estereotipos étnicos?

B. El gran teatro del mundo.

1. En grupos de tres, hablen de los estereotipos que comenta la Dra. Gilda Alarcón Glasinovich, e imaginen que están en un importante aeropuerto de los Estados Unidos. Mientras esperan, otros vuelos llegan a la terminal y cientos de personas salen por las puertas. Las personas provienen de países hispanohablantes. Dos de los (las) tres hacen comentarios estereotipados sobre distintos pasajeros. La tercera persona trata de advertirles que están estereotipando a la gente. Los dos pueden empezar sus comentarios con la frase "Mira. Ése seguro que es…"

2. En grupos de tres, imaginen ahora que están también en un importante aeropuerto, pero esta vez de un país hispanohablante, esperando para partir en un vuelo que sale con retraso hacia los Estados Unidos. Mientras esperan, otros vuelos llegan a la terminal y cientos de personas salen por las puertas. Las personas provienen de los Estados Unidos u otros países no hispanohablantes. Dos de ustedes hacen comentarios estereotipados sobre los distintos pasajeros obviamente estadounidenses o de países de habla no-hispana. La tercera persona trata de advertirles que están estereotipando. Pueden empezar sus comentarios con la frase "Mira. Ésa seguro que es…"

C. La gramática está viva en la lectura.   Cada biografía tiene por lo menos tres cláusulas adverbiales. ¿Las puedes identificar? ¿Cuáles son las conjunciones adverbiales que las introducen? Explica el uso del indicativo o del subjuntivo en cada cláusula. Para más información sobre **el presente de subjuntivo en cláusulas adverbiales,** consulta *Así funciona nuestro idioma,* página 382.

Hablemos de carreras... en economía o comercio

Una carrera en ciencias económicas puede abrir las puertas a un universo de posibilidades para aquellos que quieren tener un futuro estable, y al mismo tiempo echar una mano a los emprendedores, los jóvenes y otros muchos miembros de la comunidad con los que sin duda establecerán lazos profesionales. Desde la contaduría pública hasta la especialidad en economía internacional, existe todo un abanico de posibilidades en un mundo cada vez más gobernado por las leyes del mercado. ¿Tienes alguna inclinación hacia el mundo de las ciencias económicas? ¿Qué pasos tendrías que dar para llegar a titularte en una de las muchas ramas de las ciencias económicas? ¿Cuántos años de estudios tendrías por delante? ¿Tendrías que cambiar de ciudad y de universidad?

◌ Para hablar de carreras en economía o comercio ◌

Bolsa	*Stock Market*	**Hipoteca**	*Mortgage*
acción	*share*	acuerdo	*understanding*
accionista	*stockholder*	amortización	*amortization*
contabilidad	*accounting, bookkeeping*	autofinanciación	*self-financing*
contable	*accountant, bookkeeper*	capital	*capital*
contribuyente	*taxpayer*	... congelado	*frozen ...*
compra	*purchase*	... disponible	*available ...*
cotización	*quotation*	... inicial	*initial ...*
devaluación	*devaluation*	prestamista	*lender*
dividendo	*dividend*	préstamo	*loan*
especulación	*speculation*	presupuesto	*budget*
existencias	*stock*	seguro	*insurance*
impuesto	*duty*		
impuesto sobre la renta	*income tax*	**Comercialización**	*Marketing*
poder adquisitivo	*purchasing power*	beneficio	*profit*
		bienes de consumo	*consumer goods*
Banco	*Bank*	comerciante	*merchant*
acreedor	*creditor*	comercio	*commerce, trade*
ahorros	*savings*	competencia	*competition*
balance	*balance*	consumidor	*consumer*
billete	*banknote*	coyuntura	*economic trend*
cheque (talón)	*check*	deflación	*deflation*
crédito	*credit*	descuento	*discount*
cuenta corriente	*checking account*	deudor	*debtor*
dinero (en) efectivo	*cash*	fabricante	*manufacturer*
efectivo en caja	*cash on hand*	ganancias	*earnings*
estado de cuentas	*statement*	gastos	*expenses*

gastos generales	*overhead expenses*	precio	*price*
ingresos, renta	*income*	al contado	*cash*
inversión	*investment*	al por mayor	*wholesale*
inversionista	*investor*	al por menor	*retail*
margen de beneficio	*profit margin*	ventas	sales
pagar en efectivo	*to pay cash*		

A. Personas a quienes acudo en economía y comercio.   Identifica a las personas que se describen aquí y comparte tus respuestas con un(a) compañero(a) de clase.

1. Persona que se dedica al comercio
2. Persona que debe dinero
3. Persona que utiliza las mercancías o artículos que compra
4. Dueño de una fábrica
5. Persona que da dinero a préstamo
6. Persona a quien se debe dinero
7. Propietario de acciones de una sociedad industrial o comercial
8. Persona que paga impuestos

B. Con el diccionario en mano.   Traduce estas oraciones al español para mostrar que conoces bien este vocabulario relacionado con la economía y el comercio.

1. The stockmarket has gone haywire. The stocks I bought last year have tripled in value.
2. My statement always reads the same: no cash on hand, checking account balance is practically nil, and no savings.
3. We had to mortgage the house in order to get a loan to make the car payments.
4. I know it is best to pay cash, but if I can do it on the wholesale price rather than retail, my savings are super.

C. Comerciantes y economistas del futuro.   Identifiquen a los (las) compañeros(as) de clase que tal vez se interesen en una carrera en negocios y quieran contables, importadores/exportadores, economistas, banqueros(as), etc. Establezcan primero qué carrera de éstas u otras relacionadas con los negocios les interesan, y luego háganles preguntas. Usen estas preguntas y otras que les parezcan apropiadas.

1. ¿Por qué les interesa la carrera en importación/exportación/contaduría/ ciencias económicas? ¿Creen que pueden ayudar a la comunidad con alguna de estas carreras? ¿Cómo?
2. ¿Qué tendrán que hacer para lograr su meta? ¿Qué tipos de estudios tendrán que seguir? ¿Será muy complicado seguir esta carrera? Expliquen su respuesta.
3. Piensa en un producto que te gustaría exportar a algún país de América Latina. ¿A qué país es? ¿Qué ventajas aportaría a la gente de aquel país? Piensa

ahora en un producto para importar de América Latina a los Estados Unidos. ¿De qué país es? ¿Qué puede aportar a la gente de este país? Compara tus productos de importación y exportación con los del resto de la clase. Traten de determinar si coinciden en países y en productos y si se han inclinado por categorías determinadas (medicinales, muebles, joyas, productos electrónicos…).

D. Entrevista a un comerciante profesional.   Seleccionen una pareja de la clase para que entreviste a un(a) profesional hispano(a) que trabaje en los campos de la economía o del comercio, tal como las personas que identificaron en la actividad **A.** Pídanles que informen a la clase de los resultados de su entrevista. ¿En qué se especializa la persona que entrevistaron? ¿Fue difícil llegar a ser profesional en ese campo? ¿Cómo se preparó? ¿Tuvo que asistir a la universidad? ¿Cuántos años? ¿Se lo recomendaría a ustedes? ¿Por qué sí o por qué no?

E. La exportación latinoamericana en el ciberespacio.   ¿Sabes qué productos se importan a los Estados Unidos desde América Latina? En tu casa o en el laboratorio de computación, usa tu buscador favorito en Internet. Escribe las palabras "exportar Perú" o "exportación Perú" (o cualquier otro país de América Latina) para encontrar páginas que contienen información sobre los distintos productos de ese país. Crea una lista categorizada de productos (frutas, bebidas, artesanía…). Ven a clase el próximo día preparado(a) para presentar la lista de productos del país que elegiste. Intenta explicar a tus compañeros por qué se exporta cada producto.

Arte hispano

La artista
Verónica Marcela Pacheco Pérez-Palma, "Verito" para sus amigos, nació en 1979 en Lima. Al año de edad sería vista por diversos especialistas cuyo diagnóstico resultaría ser retraso mental profundo. Así, desde los 2 años, recibiría diversas terapias de rehabilitación en su casa con profesionales adecuados a sus necesidades. Actualmente, continúa siendo apoyada con terapias y clases, incluyendo las de pintura y modelado. A Verónica Pacheco desde siempre le gustaron los colores vivos y cuanto elemento pudiera ser utilizado para dibujar o pintar. A los quince años, como parte de su terapia ocupacional,

Verónica Marcela Pacheco Pérez-Palma

pintaría dos bellos paisajes: *El otoño* y *El invierno,* en telas que ella misma prepararía; a los veinte, nuevamente tomaría contacto con la pintura y comenzaría a mostrar todo su talento en el arte pictórico. Con Verito estamos pues, ante el caso inusual de una pintora cuya pintura es técnicamente impecable sin que sus limitaciones constituyan ningún obstáculo para ello.

La arlequina top model

El cuadro *La arlequina top model* (véase la página xx), como el resto de la temática de la obra de Verónica Pacheco, se inscribe dentro de una tendencia figurativo-impresionista-fantástica inspirada, primariamente, en la fértil actividad imaginativa de la artista. Este cuadro exhibe el dominio de la técnica de la autora, que ha conseguido crear una obra de gran textura visual, con un tono amoroso fuerte, pleno de paz, colorido, luz, alegría y musicalidad.

A. El arte de Verónica Pacheco.   Contesta estas preguntas sobre el arte de esta pintora peruana y tus propios intereses.

1. ¿Qué te parece este cuadro? ¿Te gusta? ¿Qué destacarías de él?
2. ¿Qué opinas de la técnica de la artista de idealizar y estilizar los personajes? ¿Crees que da buen resultado?
3. En tu opinión, ¿crees que el cuadro debe ser juzgado por sí mismo o teniendo en cuenta las dificultades que ha tenido que sobrellevar la artista? ¿Crees que eso le añade valor artístico al cuadro o simplemente se trata de una nota al margen, sin valor estético?
4. ¿Crees que la artista consigue comunicar un rico mundo interior? ¿Qué sientes que comunica?

B. Verónica Pacheco y yo.   Contesta estas preguntas sobre el trabajo de esta artista peruana y tus propios intereses.

1. Si tuvieras que realizar un cuadro similar al de Verónica Pacheco, ¿qué te resultaría más difícil de lograr: el dibujo, el color, la atmósfera, la expresividad?
2. ¿Qué barreras crees que ha tenido que superar Verónica Pacheco para llegar a expresarse artísticamente? ¿Serías tú capaz de sobrellevar unas limitaciones similares? ¿Elegirías la pintura para expresarte? ¿la música? ¿la literatura? Explica cuál de ellas se presta más a la expresión de tu mundo interior.
3. La superación de Verónica Pacheco se debe sin duda, en gran parte, a quienes la rodean: su familia, sus amigos y su comunidad. ¿Crees que la familia y comunidad donde vives te ayudaría a superar unas barreras similares a las de Verónica Pacheco? ¿Por qué sí o no?

C. La gramática está viva en la lectura.   Con un(a) compañero(a) de clase, preparen una lista de los siete verbos en el condicional en la biografía de Verónica Pacheco. Luego, lean en voz alta la biografía, cambiando todos los verbos en condicional al pretérito. En tu opinión, ¿qué efecto tiene este cambio?

☺ Antes de leer ☺

¿Eres buen jugador(a) de ajedrez?   Contesta estas preguntas.

1. ¿Te gusta el ajedrez? ¿Con qué frecuencia lo juegas? ¿Conoces sus reglas? ¿Te consideras un buen ajedrecista?
2. ¿Aprendes rápidamente? Si tuvieras que aprender un juego de mesa nuevo, ¿preferirías empezar a tocarlo inmediatamente, o necesitarías un tiempo para observar cómo se juega?
3. ¿Eres competitivo cuando juegas juegos de mesa como el monopolio, las damas, el ajedrez, etc.? ¿Eres mal perdedor? Si juegas en parejas, ¿pones mucha presión en tu compañero(a) para que no se deje ganar?

Estrategias para leer: Crear sociogramas

Un sociograma es una representación visual de las relaciones que se mantienen entre los personajes de un texto literario. Como la mayoría de los textos literarios giran en torno a las relaciones entre los personajes, establecer los tipos de relaciones puede ayudarnos a enfocarnos en un texto. Para hacerlo de una manera gráfica que permita la comprensión a simple vista, puedes usar círculos, flechas y palabras para ordenar espacialmente tu visión de los personajes de acuerdo a la relación que mantienen entre ellos. Para ello, puedes seguir el siguiente modelo.

1. Se coloca al personaje (los personajes) principal(es) en el centro del diagrama.
2. La distancia física que existe entre los personajes debe reflarsar la distancia psicológica que se percibe entre ellos.
3. La medida y el símbolo que se usa para representar a un personaje debe demostrar metafóricamente su personalidad, su importancia, y su poder o falta de poder.
4. Se pueden dibujar círculos en cuyo interior se captura, con una palabra, la esencia de ese personaje. Por ejemplo, se puede poner en un círculo la palabra "egoísmo" si se considera que un personaje es fundamentalmente egoísta. También podemos poner la palabra "desilusión" si nos encontramos ante un personaje desilusionado.

A continuación, después de leer la siguiente lectura con la clase, trata de crear un sociograma en una hoja de papel, siguiendo el esquema descrito anteriormente.

El autor

Se considera a Ricardo Palma (1833–1919) el prosista más importante del romanticismo peruano. Practicó casi todos los géneros: periodísmo, poesía, teatro, relato de viajes y crítica literaria. Introdujo, además, el romanticismo en Perú junto con los otros jóvenes a los que llamó "bohemios". Fue desterrado de su país y vivió durante dos años en Chile, donde escribió *Anales de la Inquisición de Lima,* su primera obra importante. Pero la fama y el reconocimiento literario del mundo le llegaría con sus *Tradiciones* (1872–1910), que lleva este género a un nivel nunca hasta entonces alcanzado. La siguiente narración es una de las seis tradiciones que corresponden al período incaico.

Pizarro toma prisionero a Atahualpa, el último emperador inca.

☾ Lectura ☽

El ajedrecista inca

Hernando... españoles que acompañaron a / el último emperador inca

Se sabe, por tradición, que los capitanes Hernando de Soto, Juan de Rada, Francisco de Chaves, Blas de Atienza y el tesorero Riquelme° se congregaban todas las tardes, en Cajamarca, en el departamento que sirvió de prisión al inca Atahualpa°. Allí, para los cinco nombrados y tres o cuatro más, funcionaban dos tableros, toscamente pintados, sobre la respectiva mesa de madera. Las piezas eran hechas del mismo barro que empleaban los indígenas para la fabricación de idolillos y demás objetos de alfarería aborigen.

pesaría sobre

protector
las jugadas

gesto / pieza de juego de ajedrez

otra pieza de juego de ajedrez

sufría... *Riquelme perdió ofreciéndole*

Honda preocupación abrumaría° el espíritu del inca en los dos o tres primeros meses de su cautiverio, pues aunque todas las tardes tomaba asiento junto a Hernando de Soto, su amigo y amparador°, no daba señales de haberse dado cuenta de la manera cómo actuaban las piezas ni de los lances° y accidentes del juego. Pero una tarde, en las jugadas finales de una partida empeñada entre Soto y Riquelme, hizo ademán° Hernando de movilizar el caballo° y el inca, tocándole ligeramente en el brazo, le dijo en voz baja:

—No, capitán, no ... ¡El castillo°!

La sorpresa fue general. Hernando, después de breves segundos de meditación, puso en juego la torre, como le aconsejara Atahualpa, y pocas jugadas después sufría Riquelme inevitable mate°.

Después de aquella tarde, y cediéndole° siempre las piezas blancas en muestra de respetuosa cortesía, el capitán don Hernando de Soto invitaba al inca a jugar una sola partida, y al cabo de un par de meses el discípulo era ya digno del maestro. Jugaban de igual a igual.

Comentábase que los otros ajedrecistas españoles, con excepción de Riquelme, invitaron también al inca: pero éste se excusó siempre de aceptar, diciéndoles por medio del intérprete Felipillo:

—Yo juego muy poquito y vuestra merced juega mucho.

La tradición popular asegura que el inca no habría sido condenado a muerte si hubiera permanecido ignorante en el ajedrez. Dice el pueblo que Atahualpa pagó con la vida el mate que por su consejo sufriera Riquelme en memorable tarde. En el famoso consejo de veinticuatro jueces, consejo convocado por Pizarro, se impuso a Atahualpa la pena de muerte por trece votos a once. Riquelme fue uno de los trece que suscribieron la sentencia.

◯ Reacciona y relaciona ◠

A. Reacciona. Contesta estas preguntas para mostrar que entendiste lo que leíste.

1. ¿En qué situación se encuentra Atahualpa?
2. ¿Después de cuánto tiempo mostró Atahualpa su dominio del ajedrez?
3. ¿Quién es Riquelme? ¿Qué fue lo que irritó a Riquelme?

4. ¿Cómo reaccionó Riquelme, a diferencia de los otros?

5. ¿Qué le ocurrió a Atahualpa?

6. ¿Qué piensa la tradición que pudo haber salvado la vida de Atahualpa?

B. Relaciónalo. "El ajedrecista inca" narra una historia de habilidad por un lado y de intolerancia por el otro. A veces, algunas expresiones populares están marcadas por la intolerancia, negando a las personas que son diferentes la posibilidad de ser habilidosas, inteligentes, o demostrar cualquier talento que las haga subir el escalón inferior en que las hemos colocado. Con un(a) compañero(a), traten de determinar las expresiones o frases populares que conocen, en inglés y en español, que tienen un sentido intolerante o racista, y luego compártanlas con sus compañeros. Intenten recordar también aquellas expresiones que son sutiles, pero que pueden ser catalogadas como intolerantes o racistas. Por ejemplo, en algunos países se dice "No seas indio" para decir "No seas tonto" o "No seas terco". En países anglohablantes se usa el término *"Indian giver"* para referirse a una persona que da un regalo para luego reclamarlo.

C. Debate. Aunque uno de los principios más importantes del estudio de la historia es que "en historia no hay futuribles" (no se puede decir qué habría ocurrido si…), para este debate dos voluntarios deben defender que las Américas estarían hoy mejor si Colón nunca hubiera avistado las Antillas aquel 12 de octubre. Otros dos voluntarios deben defender que no, que las Américas tienen mucho que agradecerle a ese acontecimiento. Ambos explican sus razones. La clase va a votar para decidir quién ganó el debate.

D. La gramática está viva en la lectura. ¿Cuántos verbos en condicional hay en la lectura? ¿Cuáles son? ¿Por qué crees que no hay más?

Palabras parecidas: *esta, ésta y está*

Estas tres palabras causan bastante confusión para muchos hispanohablantes debido a que se escriben y se pronuncian de una manera idéntica o casi idéntica. Para evitar esta confusión, hay que entender bien los significados de estas tres palabras.

- La palabra **esta** es un adjetivo demostrativo que se usa para designar a una persona o cosa cercana.

  Esta tumba es del Señor de Sipán, ésa es de uno de sus criados.
  Para nuestras vacaciones, **esta** vez vamos a Arequipa.

- La palabra **ésta** es un pronombre demostrativo. Reemplaza un adjetivo demostrativo y su sustantivo.

  La Plaza Mayor es impresionante, pero **ésta** es una maravilla.
  Mi primera visita a Machu Picchu fue de un día, **ésta** en cambio, es de tres días y dos noches.

- La palabra **está** es una forma del verbo **estar.**

  Lima **está** en la costa; Cuzco, al contrario, **está** en lo alto de los Andes.
  Se **está** excavando una nueva tumba en Sipán.

A. Palabras parecidas.   Completa las siguientes oraciones con la palabra apropiada: **está, esta** o **ésta.**

1. Entre las muchas culturas precolombinas de Perú _____ la nazca. _____ dejó dibujos pintados en el desierto que sólo se pueden ver claramente desde un avión.
2. La cultura mochica dejó las impresionantes pirámides Huaca del Sol y Huaca de la Luna; de _____ también existen finas cerámicas con imágenes casi fotográficas.
3. La capital de la cultura chimú _____ en Chanchán. _____ ciudad fue una de las más grandes en el Perú precolombino. _____ cultura se reconoce también por haber creado magníficas obras en oro.
4. La gran civilización de los incas había alcanzado su apogeo poco antes de la llegada de los españoles. _____ fue una de las civilizaciones más desarrolladas de las Américas.

Redacción

I. Narración

En esta actividad vas a escribir una narración en la que describes un acto que recuerdas por la tolerancia, la generosidad o el altruismo que demostró alguna persona que conoces. Si no recuerdas ninguno en especial, puedes usar el personaje de una historia. Para asegurarte un buen resultado, te invitamos a que sigas el proceso que usa la mayoría de los buenos escritores: planificar, escribir un primer borrador, compartir, revisar y escribir la versión final.

A. Planificar. Prepárate para escribir repasando el texto de la tradición de "El ajedrecista inca." Al leerlo, contesta las siguientes preguntas:

a. ¿En qué se apoya la historia, en lo que la voz narrativa vio o en lo que oyó de la tradición?
b. ¿Quién es el protagonista?
c. ¿En qué situación se encuentra el protagonista?
d. ¿Cómo es el protagonista? ¿Cómo son los personajes que lo rodean?

Ahora prepárate para escribir tu narración incluyendo todos los hechos y las ideas que consideres apropiadas.

1. **Anotar ideas.** Haz una lista de los hechos e ideas que se te ocurran para tu narración: el lugar donde ocurrió, quiénes fueron los protagonistas, las reacciones, los sentimientos, las consecuencias y todo lo demás. He aquí una lista de ideas que podía haber escrito Ricardo Palma.

   Estar detenido
   Observar las partidas de ajedrez
   Todos tomando té de coca
   Sorprender a todos
   El protagonista interrumpe la partida de ajedrez
   Inteligencia del indígena es superior a la de los europeos
   Unos personajes son tolerantes
   Un personaje no es tolerante
   El protagonista es condenado a muerte
   Descripción de cómo muere Atahualpa
   La tradición cree que se habría salvado

   Ahora prepara tu lista con todo lo que te gustaría incluir en tu narración.

2. **Agrupar ideas.** Organiza ahora la información en tu lista para estar seguro(a) de que hay una conexión lógica entre toda la información que quieres presentar. Pon toda la información de modo lógico y ordenado. Estudia el

diagrama que podría haber hecho Ricardo Palma antes de escribir esta tradición. Indica qué ideas no usó en su lista original.

Ahora mira la lista que preparaste en la sección anterior y decide cuál va a ser el tema principal de tu narración. Selecciona toda la información que piensas usar de tu lista sobre la situación que seleccionaste. Tal vez quieras organizarla en un diagrama como éste para ver claramente que todo está relacionado y ordenado cronológicamente.

B. Escribir un primer borrador.   Usa la información en tu agrupación para escribir un primer borrador de tu narración. Generalmente, cada idea en la agrupación va a expresarse en una o dos oraciones.

C. Compartir.   Comparte tu narración con dos compañeros de clase. Ellos deben hacerte comentarios sobre el contenido. ¿Es claro? ¿Es lógico? ¿Lo entienden? ¿Tiene intensidad? Tú debes leer y comentar sus narraciones también. Decide qué cambios quieres hacer en tu narración atendiendo a los comentarios de tus compañeros, y escribe una segunda versión si es necesario.

D. Revisar.   Permíteles a dos compañeros de la clase que lean tu narración una vez más. Ahora pídeles que te digan si hay errores de gramática o de ortografía. Tú debes hacer lo mismo con las suyas.

E. Escribir la versión final.   Escribe la versión final de tu narración, haciendo todas las correcciones necesarias. Como ésta es la versión que vas a entregar a tu profesor, debes escribirla a máquina o en la computadora para que pueda leerse sin dificultad.

II. Escribamos a otro nivel

A escribir cuentos. Ya que te resulta más fácil escribir, sigue el mismo proceso que se recomendó para escribir la narración de un acto altruista, tolerante o generoso, y escribe tu propia tradición (un hecho que oíste narrar, pero que no llega al nivel de la leyenda). Puedes comenzar tu narración con la siguiente frase: "Cuenta la tradición que…" Tal como se especificó, empieza por planificar, anotando y agrupando tus ideas. Luego escribe un el primer borrador y compártelo con dos o tres compañeros de clase antes de revisarlo y escribir la versión final.

Online Study Center

El mundo peruano al alcance

Explora distintos aspectos del mundo peruano en las actividades de la red que corresponden a este capítulo. Ve primero a http://college.hmco.com/pic/deunavez1e y de ahí a la página de *¡De una vez!*

Películas que recomendamos

☉ El cine peruano ☉

El cine peruano, después de una fructífera época en que se intentaba protegerlo de la "invasión" cinematográfica extranjera, pasó a estar a merced del mercado, en el que se mueve (como casi el de todos los países, excluidos los Estados Unidos) en inferioridad de condiciones. A pesar de esto, ha logrado producir un cine de una elevada calidad, apoyado a veces en la adaptación de obras literarias tanto de escritores peruanos como de otros países.

Cuando el cielo es azul (2005)   **Directora:** Sandra Wiese

Sofía, una joven recién graduada en Italia en historia del arte, regresa a Lima para trabajar en un proyecto sobre una muestra de pinturas de ángeles de la época colonial. Su intuición la conduce a Cuzco en busca del cuadro de un ángel que se consideraba perdido. Nunca imaginaría que la búsqueda de este ángel la conduciría también a Matías, un enigmático médico occidental que ha adoptado técnicas chamánicas y el uso de hierbas alucinógenas para curar a drogadictos en un centro de rehabilitación. Entre ellos se produce una mágica y extraña atracción que es amenazada constantemente por la presencia del recuerdo de Amaru, la ex esposa de Matías.

Piratas en el Callao (2005)   **Director:** Eduardo Schuldt

Mientras un muchacho visita una fortaleza en Callao, el puerto más importante de Perú, cae en una especie de túnel del tiempo que lo lleva al siglo XVII, en el momento en que el puerto estaba siendo sitiado por el pirata holandés Jacques L'Hermite. Allí se alía a otros para defender la ciudad. La película es el primer largometraje de animación en tres dimensiones realizado en América Latina.

Días de Santiago (2004)   **Director:** Josué Méndez

Santiago regresa del servicio militar para encontrarse con que su esposa quiere dejarlo y la familia de ella no lo quiere. Sus amigos, por otra parte, tratan de convencerlo de que los acompañe a robar bancos. Aunque intenta buscarse otra nueva relación, el ciclo de violencia intenta tragárselo.

Doble juego (2004)   **Director:** Alberto Durant

Un día en la ciudad de Lima, siete personajes sin escrúpulos se entrecruzan fascinados por los encantos de un hábil timador y la posibilidad que éste les ofrece de hacer realidad sus sueños más urgentes.

El destino no tiene favoritos (2003)   **Director:** Álvaro Velarde La Rosa

El esposo de la millonaria Ana se va de viaje y alquila la casa a los productores de una de las telenovelas más famosas del país para que filmen una de las escenas allí. Para alegría de las sirvientas de la casa, las líneas entre la ficción de la telenovela y la realidad se diluyen.

Un marciano llamado deseo (2003)   **Director:** Antonio Fortunic

Jorge sueña con irse a vivir a Estados Unidos. Le encanta el estilo de vida americano y sobre todo, las americanas, pero en la embajada norteamericana le niegan la visa. Esa tarde se encuentra con el Ganzo López, a quien le acaban de dar la "Greencard" porque se casó con una americana. Jorge decide entonces que la solución a sus problemas está en casarse también él y viaja al Cuzco a buscar una esposa norteamericana.

Pantaleón y las visitadoras (2000)   **Director:** Francisco J. Lombardi

Pantaleón Pantoja, capitán del ejército, es un hombre íntegro, buen esposo y excelente profesional. Debido a su carácter serio y responsable, es elegido por sus superiores para realizar una difícil y secreta misión: montar un servicio ambulante de prostitutas (visitadoras) para aplacar las necesidades sexuales de las tropas que se encuentran en lugares remotos de la Amazonia, y así acabar con los crímenes sexuales cometidos por los militares en la zona.

La ciudad y los perros (1985)   **Director:** Francisco J. Lombardi

Película está basada en la obra del mismo nombre escritor peruano Mario Vargas Llosa, publicada en 1962. Vargas Llosa también escribió el guión para esta película. La acción gira alrededor de unos jóvenes y su vida dentro de la escuela militar de Lima, Perú.

Así funciona nuestro idioma

 10.1 El presente de subjuntivo en las cláusulas adverbiales: Segundo paso

¡Ya lo sabes!

Óscar y Tomás están muy entusiasmados a raíz de su próximo viaje a Perú. ¿Qué te dicen ellos?

1. **a.** Te contaremos cómo nos fue en Perú tan pronto como *regresamos* del viaje.
   b. Te contaremos cómo nos fue en Perú tan pronto como *regresemos* del viaje.
2. **a.** El día del regreso te llamaremos aunque *será* tarde.
   b. El día del regreso te llamaremos aunque *sea* tarde.

¿Todos seleccionaron la segunda oración en cada par? Pues tienen razón. ¿Ven como no es nada difícil cuando se tiene un conocimiento tácito del uso del **subjuntivo en las cláusulas adverbiales**? Lean lo que sigue y ese conocimiento será aun más firme.

Conjunciones temporales

- Las siguientes conjunciones temporales usan tanto el subjuntivo como el indicativo en las cláusulas adverbiales.

cuando	**hasta que**
después (de) que	**mientras que**
en cuanto	**tan pronto como**

- Se usa el subjuntivo en una cláusula adverbial de tiempo si lo que se dice en la cláusula adverbial se refiere a una acción futura o si hay duda o incertidumbre acerca de la acción.

  Cuando **visite** Perú, trataré de asistir a un festival cultural.
  Tan pronto como **llegue** a Lima, voy a hacer arreglos para visitar Machu Picchu.

Nota para hispanohablantes Hay una tendencia dentro de algunas comunidades de hispanohablantes a usar el indicativo en vez del subjuntivo en las cláusulas adverbiales temporales que se refieren al futuro y decir: *Cuando visito Perú, trataré de asistir…* en vez de **Cuando visite Perú, trataré de asistir…** Es importante evitar este uso fuera de esas comunidades y en particular al escribir.

● Se usa el indicativo en una cláusula adverbial de tiempo si la cláusula adverbial describe una acción acabada, una acción habitual o una declaración de hecho.

  Cuando **viajaba** con mis padres me divertía. Pero ahora cuando **viajo** con mis amigos, me divierto aun más.
  No me levanté del sillón hasta que **terminé** de leer varias tradiciones peruanas de Ricardo Palma.

Aunque

● Cuando **aunque** introduce una cláusula que expresa posibilidad o conjetura, va seguida de subjuntivo.

  Aunque haga mal tiempo mañana, no postergaré el viaje que tengo programado.
  Aunque te **sorprenda,** te diré que la parte vieja de esa ciudad no me interesa mucho.

● Cuando **aunque** introduce una declaración o una situación de hecho, va seguida de indicativo.

  Aunque Perú no **es** un país muy grande, muestra una gran biodiversidad.

Como, donde y según

● Cuando las conjunciones **como, donde** y **según** se refieren a una idea, objeto o lugar desconocido o no específico, van seguidas de subjuntivo. Cuando se refieren a una idea, objeto o lugar conocido o específico, van seguidas de indicativo.

  Puedes viajar por tren o por autobús, **como** tú **prefieras.**
  Debes tomar el autobús **donde** yo te **indiqué** ayer.

๑ Ahora, ¡a practicar! ๑

A. Preparando exámenes. Tú y tu mejor amigo(a) tienen dos exámenes en dos días y han decidido repasar juntos(as). Afortunadamente Uds. dos se llevan bien y no tienen mayores problemas en arreglar la reunión que tendrán.

MODELO ¿Nos reunimos esta tarde o mañana? (cuando / [tú] tener tiempo)
Pues, cuando tú tengas tiempo. Esta tarde está bien.

1. ¿Nos encontramos delante del edificio del departamento de lenguas extranjeras o delante del centro estudiantil? (donde / [tú] preferir)
2. ¿Estudiamos en la biblioteca o en el centro estudiantil? (donde / haber menos ruido)

3. ¿Quieres que pase a buscarte? (como / [tú] desear)
4. O mejor, ¿quieres que te llame antes de que nos reunamos? (como / [tú] querer)
5. ¿Estudiamos primero para el examen de química o para el de ciencias políticas? (según / convenirte)
6. ¿A qué hora dejamos de estudiar? (cuando / [tú] deber marcharte)

B. Mis próximas vacaciones.   Una de tus aspiraciones es visitar Perú. Di lo que vas a hacer para cumplir esta aspiración, a pesar de que puedas tener problemas.

MODELO   ser difícil / tratar de llegar a Perú este verano
Aunque sea difícil, voy a tratar de llegar a Perú este verano. Es uno de los sueños que tengo.

1. deber trabajar horas extra / reunir el dinero que necesito
2. necesitar pedir dinero prestado / hacer el viaje este verano
3. poder ir solo(a) / hablar con mi mejor amigo(a) a ver si quiere acompañarme
4. tener contratiempos de última hora / no planear cada pequeño detalle del viaje
5. poder costarme más dinero / no comprar los billetes de avión con mucha anticipación

C. Visitando parques nacionales.   Tus padres visitarán algunos de los parques nacionales peruanos y te dicen algunas de las actividades que desarrollarán. Puedes utilizar las sugerencias dadas a continuación o hacer tus propias oraciones.

MODELO   identificar huellas de animales
Cuando visitemos los parques naciones peruanos identificaremos huellas de animales. o
Tan pronto como lleguemos a los parques nacionales peruanos identificaremos huellas de animales. o
No identificaremos huellas de animales hasta que lleguemos a los parques nacionales.

1. observar aves nativas de la zona
2. aprender a reconocer plantas comestibles
3. estudiar el cielo del hemisferio sur
4. entender más del ecosistema amazónico
5. enterarse del empleo de plantas en medicina
6. educarse acerca de especies de hormigas muy interesantes
7. recibir instrucción en el uso del arco y la flecha
8. conocer las huellas dejadas por diferentes animales

D. Parques nacionales y reservas naturales.   Completa los consejos de tu amigo peruano antes de tu viaje a Perú.

Cuando tú __(1)____ (desear) visitar Sudamérica debes visitar Perú, mi país. Tan pronto como __(2)____ (estar) listo(a), yo te daré datos específicos para que __(3)____ (poder) tener un viaje maravilloso. Puedes ir a playas, a la sierra o a la selva amazónica, donde tú ___(4)___ (querer). Antes de que ___(5)___ (ir) a cualquier parte, tienes que pasar tiempo en Lima, la capital. Claro, cuando ___(6)___ (tener) ya una buena idea de la capital o cuando ___(7)___ (preferir) estar en otro ambiente, pues te vas de visita a algunos pueblos andinos. A menos que no ___(8)___ (interesarte) para nada las civilizaciones antiguas, lo que dudo, tienes que visitar algunos de los muchos sitios arqueológicos del país. Y no sigo, porque no te vas a dar cuenta de la variedad de mi país hasta que no ___(9)___ (llegar) allí. Así, en cuanto ___(10)___ (decidir) ir, no dejes de hablar conmigo.

☉ 10.2 El futuro: Verbos regulares e irregulares ☉

¡Ya lo sabes!

Rafael, un compañero de curso, te comunica los planes que tiene para el verano que viene. ¿Qué te dice Rafael?

1. **a.** El verano próximo *asistiré* a clases en Perú.
   b. El verano próximo *asisto* a clases en Perú.
2. **a.** Les *trairé* algunos pequeños recuerdos a ti y a todos los amigos.
   b. Les *traeré* algunos pequeños recuerdos a ti y a todos los amigos.

¿Qué pasó con el primer par? Sí, les hicimos trampa, ya que las dos oraciones son correctas en este contexto de un evento planeado. En el segundo par, sin embargo, la mayoría probablemente seleccionó la segunda oración. La selección no fue difícil porque tienen un conocimiento tácito de las formas y del uso del **futuro.** Pero sigan leyendo para afianzar ese conocimiento.

Formas

Verbos en *-ar*	Verbos en *-er*	Verbos en *-ir*
invitar	*beber*	*decidir*
invitar**é**	beber**é**	decidir**é**
invitar**ás**	beber**ás**	decidir**ás**
invitar**á**	beber**á**	decidir**á**
invitar**emos**	beber**emos**	decidir**emos**
invitar**éis**	beber**éis**	decidir**éis**
invitar**án**	beber**án**	decidir**án**

- Para formar el futuro de la mayoría de los verbos españoles, se toma el infinitivo (**invitar, beber, decidir,** en el cuadro anterior) y se le agregan las terminaciones apropiadas, que son las mismas para todos los verbos: **-é, -ás, -á, -emos, -éis** y **-án.**

Los siguientes verbos tienen raíces irregulares, pero usan terminaciones regulares.

- Se elimina la **-e-** del infinitivo:

  caber (**cabr-**): **cabr**é, **cabr**ás, **cabr**á, **cabr**emos, **cabr**éis, **cabr**án
  haber (**habr-**): **habr**é, **habr**ás, **habr**á, **habr**emos, **habr**éis, **habr**án
  poder (**podr-**): **podr**é, **podr**ás, **podr**á, **podr**emos, **podr**éis, **podr**án
  querer (**querr-**): **querr**é, **querr**ás, **querr**á, **querr**emos, **querr**éis, **querr**án
  saber (**sabr-**): **sabr**é, **sabr**ás, **sabr**á, **sabr**emos, **sabr**éis, **sabr**án

- Se reemplaza la vocal del infinitivo por una **-d-:**

  poner (**pondr-**): **pondr**é, **pondr**ás, **pondr**á, **pondr**emos, **pondr**éis, **pondr**án
  salir (**saldr-**): **saldr**é, **saldr**ás, **saldr**á, **saldr**emos, **saldr**éis, **saldr**án
  tener (**tendr-**): **tendr**é, **tendr**ás, **tendr**á, **tendr**emos, **tendr**éis, **tendr**án
  valer (**valdr-**): **valdr**é, **valdr**ás, **valdr**á, **valdr**emos, **valdr**éis, **valdr**án
  venir (**vendr-**): **vendr**é, **vendr**ás, **vendr**á, **vendr**emos, **vendr**éis, **vendr**án

- **Decir** y **hacer** tienen raíces irregulares:

  decir (**dir-**): **dir**é, **dir**ás, **dir**á, **dir**emos, **dir**éis, **dir**án
  hacer (**har-**): **har**é, **har**ás, **har**á, **har**emos, **har**éis, **har**án

- Verbos derivados de **hacer, poner, tener** y **venir** tienen las mismas irregularidades. **Satisfacer** sigue el modelo de **hacer.**

-hacer	*-poner*	*-tener*	*-venir*
deshacer	componer	contener	convenir
rehacer	imponer	detener	intervenir
satisfacer	proponer	mantener	prevenir
	suponer	retener	

Nota para hispanohablantes Hay una tendencia dentro de algunas comunidades de hispanohablantes a regularizar también la raíz de algunos de estos verbos derivados y decir *mantenaré,mantenerás, mantenerá,...* o *detenerá, deteneremos, detenerán...* en vez de **mantendré, mantendrás, mantendrá,...** o **detendrá, detendremos, detendrán...** Es importante evitar este uso fuera de esas comunidades y en particular al escribir.

Usos

- El futuro, como lo indica su nombre, se usa principalmente para referirse a acciones futuras.

  El sábado próximo **iremos** a la fiesta de cumpleaños de Carmen.
  Estaremos en Perú dentro de un mes. **Recorreremos** una buena parte del país.

- El futuro se usa también para expresar probabilidad en el presente.

  —¿Te has dado cuenta? Han pasado diez minutos y la profesora todavía no llega.
  —**Estará** en una reunión. O **estará** hablando con un estudiante.

Sustitutos para el futuro

- La construcción **ir + a** seguida de infinitivo puede usarse para referirse a acciones futuras. Esta construcción es incluso más común que el futuro en la lengua hablada.

  —¿Qué **vas a hacer** en las próximas vacaciones?
  —**Voy a quedarme** en la ciudad. **Voy a comenzar** un nuevo trabajo.

- El presente de indicativo puede usarse para expresar acciones planeadas que tendrán lugar en el futuro próximo. (Consúltese el Capítulo 1, p. 51. [x- música andina].)

  En dos semanas **viene** a visitarnos mi tía Rosa, que vive en Trujillo, en el norte del Perú.
  Dentro de dos días **debo** entregar un trabajo de investigación para mi clase de historia del arte.

ා Ahora, ¡a practicar! ෙ

A. ¿Qué harán? Di lo que harán las personas indicadas el próximo fin de semana.

MODELO   Paco, Andrea, Mario y Tere
Irán a una fiesta.

1. Cecilia

2. tú

3. Eugenia y Roxana

4. Esteban y sus dos hermanas

5. ellas

6. nosotros

7. yo

B. Pensamientos de Atahualpa.   Completa con la forma apropiada del futuro para saber lo que piensa Atahualpa en su prisión.

Mañana (1)_____ (ser) un día como todos los anteriores. (2)_____ (Despertarme) al alba, (3)_____ (traerme) comida, (4)_____ (meditar) mucho en mi triste destino. (5)_____ (Esperar) que llegue la tarde. (6)_____ (Venir) Hernando de Soto, mi amigo. Él (7)_____ (sentarse) frente al tablero y (8)_____ (jugar) al ajedrez. Nadie (9)_____ (darse) cuenta, pero al terminar las partidas yo (10)_____ (saber) más de ese juego interesante.

C. Tanto que hacer; tan poco tiempo.   Selecciona la forma apropiada para saber los planes de tu amigo Diego para una parte del verano.

No sé exactamente lo que (1)_____ (quedré / querré) hacer en junio próximo. Tengo muchos planes; algunos (2)_____ (valerá / valdrá) la pena tratar de hacer, otros no. Como (3)_____ (disponeré / dispondré) de tiempo, creo que (4)_____ (podré / poderé) hacer muchas cosas. Sé que los fines de semana (5)_____ (saldré / saliré) de paseo por los alrededores o algunas veces (6)_____ (haceré / haré) un viaje un poco más largo. Un deseo que (7)_____ (satisfaré / satisfaceré) es llegar a ser un experto en la tabla hawaiana. Si encuentro un cursillo de pintura a la acuarela, me (8)_____ (inscribiré / inscribré); eso me (9)_____ (mantendrá / mantenerá) ocupado. En fin, tengo muchas ideas pero sólo cuando llegue junio (10)_____ (sabré / saberé) cómo voy a ocupar mi tiempo.

D. Después de la graduación.   En grupos de tres, hablen de lo que piensan hacer después de graduarse. Luego, informen a la clase de los que consideran los planes más interesantes del grupo.

E. ¿Qué le pasó?   Hace ya una hora que ha comenzado la fiesta de este sábado y Roberto, que siempre asiste a estas celebraciones, aún no ha llegado. En grupos de tres, den explicaciones a esto.

MODELO   **Estará trabajando este sábado.**

F. Hacia el Perú amazónico.   Berta, una compañera de clase, te pide que leas lo que ha escrito acerca un viaje que piensa hacer y que corrijas cualquier forma verbal que no sea apropiada.

Unos parientes de mis padres me han invitado muchas veces que los visite en la ciudad de Puerto Maldonado, en Perú, donde viven. Estoy segura de que este verano poderé ir a verlos. Les escribiré con tiempo para anunciarles mi visita. Pasaré unas dos o tres semanas con ellos y no dudo que quedré quedarme más tiempo. Saliremos a los parques nacionales de la zona. Así satisfaceré mi deseo de conocer muy de cerca la selva amazónica. Traeré muchos regalos para mi familia. Pienso que me divertiré mucho durante mi estadía en esa ciudad.

¡Ya lo sabes!

Tienes una amiga que parece interesarse mucho en el mundo de la economía. ¿Qué te dice ella?

1. **a.** De tener mucho dinero, yo lo *quedría* invertir en la bolsa de valores.
   b. De tener mucho dinero, yo lo *querría* invertir en la bolsa de valores.
2. **a.** Cuando estaba en la secundaria, no sabía que el mundo del dinero me *interesaría* tanto.
   b. Cuando yo estaba en la secundaria, no sabía que el mundo del dinero me *interesará* tanto.

¿Escogiste la segunda oración en el primer par y la primera en el segundo par? Muy bien. En la segunda oración del primer par, el condicional indica bajo qué condición se invertiría dinero; en la primera oración del segundo par, el condicional se refiere a una situación futura pero vista desde el pasado. Es muy fácil cuando tienes un conocimiento implícito de las formas y el uso del **condicional**. Pero sigue leyendo para profundizar ese conocimiento.

Formas

Verbos en *-ar*	Verbos en *-er*	Verbos en *-ir*
Invitar	*beber*	*decidir*
Invitaría	bebería	decidiría
Invitarías	beberías	decidirías
Invitaría	bebería	decidiría
invitaríamos	beberíamos	decidiríamos
invitaríais	beberíais	decidiríais
Invitarían	beberían	decidirían

● Para formar el condicional, se toma el infinitivo y se le agregan las terminaciones apropiadas, que son las mismas para todos los verbos: **-ía, -ías, -ía, -íamos, -íais** e **-ían.** Nota que las terminaciones del condicional son las mismas del imperfecto de los verbos terminados en **-er** e **-ir.**

> *Nota para hispanohablantes* Hay una tendencia dentro de algunas comunidades de hispanohablantes a agregarle una *d* a algunos verbos o cambiar la *e* del infinitivo por *i* y decir *traedría/trairía, traedrías/trairías, traedríamos/trairíamos, traedrían/trairían* o *caedría/cairía, caedrías/cairías, caedríamos/cairíamos, caedrían/cairían* en vez de **traería, traerías, traeríamos, traerían** o **cabría, cabrías, cabríamos, cabrían.** Es importante evitar estos usos fuera de esas comunidades y en particular al escribir.

- Los verbos que tienen raíz irregular en el futuro tienen la misma raíz irregular en el condicional.

-e- Eliminada	Vocal final → d	Raíz irregular
caber → **cabr-**	poner → **pondr-**	decir → **dir-**
haber → **habr-**	salir → **saldr-**	hacer → **har-**
poder → **podr-**	tener → **tendr-**	
querer → **querr-**	valer → **valdr-**	
saber → **sabr-**	venir → **vendr-**	

Nota para hispanohablantes

Hay una tendencia dentro de algunas comunidades de hispanohablantes a agregarle una *d* al verbo **querer** y decir *quedría, quedrías, quedríamos, quedrían* en vez de **querría, querrías, querríamos, querrían.** Es importante evitar este uso fuera de esas comunidades y en particular al escribir.

Usos

- El condicional se usa para expresar lo que se haría bajo ciertas condiciones, las cuales podrían ser hipotéticas o sumamente improbables. También puede indicar situaciones contrarias a la realidad. El condicional puede aparecer en una oración por sí solo o en una oración que tiene una cláusula con **si** explícita. (Consúltese la página 390 de este capítulo.)

  Con mayor conocimiento de economía, yo **leería** los libros del economista Hernando de Soto y **aprendería** mucho sobre la política del desarrollo. Este economista dice que si las personas pobres obtuvieran pequeños créditos **podrían** empezar sus propios negocios.

- El condicional se refiere a acciones o condiciones futuras consideradas desde un punto de vista situado en el pasado.

  Ya que fue diagnosticada con retraso mental, todos pensaban que Verónica Pacheco **tendría** una vida anónima y muy difícil. Pocos imaginaron que **llegaría** a ser una artista famosa.

- El condicional de verbos tales como **deber, poder, querer, preferir, desear** y **gustar** se usa para solicitar algo de modo cortés o para suavizar el impacto de sugerencias y aseveraciones.

  —¿**Le gustaría** visitar Perú en julio?
  —**Preferiría** viajar a comienzos de año.

- El condicional puede expresar probabilidad o conjetura acerca de acciones o condiciones pasadas.

> —Vi a Sarita en el centro ayer por la tarde. ¿Verdad que iba a salir de la ciudad esta semana? ¿Qué **pasaría**?
>
> —No estoy segura; **tendría** que ocuparse de su mamá; entiendo que está un poco enferma.

◌ Ahora, ¡a practicar! ◌

A. ¿Qué se podría hacer? Tú y tus amigos dan sus preferencias personales con respecto a lo que les gustaría hacer esta tarde de un viernes.

MODELO querer ir al cine
Yo querría ir al cine. Hay varias películas muy interesantes en cartelera.

1. preferir mirar una película en DVD
2. gustarme escuchar ese grupo musical peruano que visita la ciudad
3. desear pasear por el nuevo centro comercial
4. ser mejor asistir al partido de básquetbol
5. querer ir a bailar a una discoteca
6. estar por ir a charlar a uno de los nuevos cafés

B. ¿Qué ofrece el futuro? Usa la forma verbal apropiada para completar el siguiente párrafo acerca de Hernando de Soto, el capitán español.

MODELO En 1533, Hernando de Soto no sabía cómo _____ (ser) su vida futura.
En 1533, Hernando de Soto no sabía cómo <u>sería</u> su vida futura.

Hernando de Soto no adivinó, hacia fines del año 1533, lo que le <u>(1)</u>____ (ocurrir) a él después de la muerte de Atahualpa. No se imaginó nunca que <u>(2)</u>____ (recibir) gran riqueza, pero que <u>(3)</u>____ (enemistarse) con su jefe Francisco Pizarro. No anticipó que dos años después, él <u>(4)</u>____ (regresar) a España, <u>(5)</u>____ (casarse) y que en 1538 <u>(6)</u>____ (volver) a América, a Cuba esta vez. No previó que luego <u>(7)</u>____ (partir) hacia La Florida, y que él y sus compañeros <u>(8)</u>____ (recorrer) por varios años parte del territorio del que hoy es Estados Unidos. No previó tampoco que en 1542, gravemente enfermo, <u>(9)</u>____ (morir) junto al gran río Misisipí. Su vida <u>(10)</u>____ (durar) un poco más de cuarenta años.

C. Entrevista. Trabajando con un(a) compañero(a), tomen turnos para hacer el papel de un(a) periodista y de la doctora Gilda Alarcón Glasinovich para responder a las siguientes preguntas.

MODELO Periodista: **¿Cuál sería el mayor problema epidemiológico actual?**
Dra. Alarcón: **Yo diría que es el problema de las posibles pandemias, como la gripe aviar.**

1. ¿Cómo definiría Ud. sus intereses profesionales?
2. ¿Cuál sería la mayor dificultad de las latinas que han emigrado recientemente?
3. ¿Cómo podríamos reducir o eliminar la violencia doméstica?
4. ¿Qué problema de salud debería tener una cierta prioridad?
5. ¿Habría diferencias entre Perú y los Estados Unidos en cuanto a la desigualdad de los sexos?
6. ¿Le gustaría volver a trabajar en Perú o preferiría seguir en los Estados Unidos?

D. ¿Qué puede haber ocurrido?   La mejor estudiante de la clase no vino al examen de mitad de semestre, algo muy extraño. En grupos de tres, imaginen qué puede haber ocurrido; luego compartan con sus compañeros la que consideran la mejor posibilidad.

MODELO   **Se quedaría dormida.**

E. El mundo de los negocios.   Un(a) compañero(a) de clase te pide que leas lo que ha escrito acerca del mundo de la economía y que corrijas cualquier forma verbal que no sea apropiada.

Uno de mis proyectos es informarme más acerca del mundo de la economía.

Así estaría preparado para invertir en la bolsa en el futuro. Yo no cairía en la

tentación de especular; sería un inversionista muy cuidadoso. Compraría

acciones de compañías establecidas y quedría tener ganancias modestas pero

seguras. Compañías que pueden desaparecer de la noche a la mañana no

caberían en mi portafolio. Quizá valería la pena leer libros especializados.

No sé si me servirían los libros del economista peruano Hernando de Soto.

11 Chile
Las uvas y el viento

Chile: Cuernos del Paine y el lago Pehoe

∽ TEMAS CULTURALES ∽

La tradición oral: La jerga chilena

Nuestra riqueza cultural:
   I. La cueca: Baile nacional de Chile
   II. La supervivencia y la fertilidad

Vamos a conversar sobre... la democracia como forma de gobierno

Hispanos estelares: Michelle Bachelet y Paulina Urrutia

Hablemos de carreras... en política

Arte hispano: "El regalo" de Ignacio Gana

Nuestra herencia literaria: "Papelucho historiador" (fragmento) de Esther Huneeus Salas

Películas que recomendamos: El cine chileno

∽ LENGUA ∽

Nuestra riqueza lingüística: El español chileno en contacto con lenguas de indígenas e inmigrantes

La acentuación, ¡de una vez!: Palabras parónimas: **a, ah, ha**

Redacción: Un cuento infantil

Así funciona nuestro idioma
   11.1 El imperfecto de subjuntivo: Formas y cláusulas con **si**
   11.2 El imperfecto de subjuntivo en cláusulas nominales y adjetivales
   11.3 El imperfecto de subjuntivo en cláusulas adverbiales

∽ EN EL CIBERESPACIO ∽

La jerga chilena
La cueca
Los vinos chilenos
Chilenismos
El arte chileno

TAREA

Antes de empezar este capítulo, estudia *Así funciona nuestro idioma* para los siguientes días y haz por escrito los ejercicios correspondientes de *Ahora, ¡a practicar!*

1er día:

11.1 El imperfecto de subjuntivo: Formas y cláusulas con *si* (pp. 420–424)

2do día:

11.2 El imperfecto de subjuntivo en cláusulas nominales y adjetivales (pp. 424–428)

3er día:

11.3 El imperfecto de subjuntivo en cláusulas adverbiales (pp. 428–431)

La tradición oral: La jerga chilena

Cada país tiene su propia jerga, pero no hay como los chilenos para buscarle doble sentido a las palabras de uso diario. A continuación hay algunas actividades con la jerga chilena.

A. Jerga chilena. Lee las siguientes frases con un(a) compañero(a). Luego, según su significado y su contexto, relaciona las palabras de la jerga chilena con la explicación que se encuentra en la columna a la derecha.

1. En algunas sociedades, cuando una persona **cuelga los guantes,** todos los familiares y amigos se juntan a celebrar.
2. La **posta** es que no fuimos porque no teníamos con qué comprar los billetes.
3. Tenemos que mudarnos. Este barrio está lleno de **patos malos** y temo por el bienestar de mis hijos.
4. Me dijeron que gané la lotería pero era una pitanza de mis amigos.
5. ¿Es verdad que los miembros de la banda escocesa marcharon **a lo gringo** en el desfile ayer?
6. Es muy divertido observar a las chicas **a la edad del pavo,** cuando empiezan a fijarse en los jóvenes.

_____ 1. colgar los guantes
_____ 2. posta
_____ 3. pato malo
_____ 4. pitanza
_____ 5. a lo gringo
_____ 6. a la edad del pavo

   a. delincuente
   b. sin ropa interior
   c. morir
   d. la pubertad
   e. verdad
   f. broma

B. Jerga chilena en el ciberespacio. En tu casa o en el laboratorio de computación, usa tu buscador favorito en Internet. Escribe las palabras "jerga chilena" y anota cinco términos chilenos que te parezcan interesantes con explicaciones del significado de cada término. Escribe una oración con cada término y léeselas a tus compañeros de clase para ver si las entienden.

Nuestra riqueza cultural

◯ Antes de leer ◌

En el capítulo anterior leíste sobre la importancia internacional de los festivales. Mano a mano con los festivales van los bailes que forman una parte esencial de todas las culturas del mundo. Cada país tiene sus bailes regionales que, como los festivales, varían muchísimo de país a país y aun de región a región dentro de un solo país. Más adelante vas a leer sobre la cueca, el baile nacional de Chile. Pero ahora, haz la siguiente actividad para ver cuántos de estos bailes nacionales conoces.

Bailes nacionales.   Indica qué país o área de la columna de la derecha se identifica con cada baile de la columna a la izquierda.

1.	el vals	**a.**	el Caribe
2.	el ballet	**b.**	Argentina
3.	el jazz	**c.**	Rusia
4.	el flamenco	**d.**	Austria
5.	el rock	**e.**	los Estados Unidos
6.	el candombe	**f.**	Francia
7.	el mambo	**g.**	España
8.	el baile cosaco	**h.**	México
9.	el tango	**i.**	Uruguay
10.	la salsa	**j.**	Cuba

I. La cueca: Baile nacional de Chile

La cueca se transformó en la danza nacional de Chile según el Decreto N. 23, del 18 de septiembre de 1979. Esta danza folklórica no sólo se liga a la celebración de la independencia de Chile sino a la esencia del verdadero ser chileno. El baile se realiza en un círculo imaginario, en el que la mitad es para el *huaso* u hombre y la otra para la joven o *china.* Al comienzo, el *huaso* avanza hacia la *china* y le ofrece el brazo para sacarla de paseo. Luego la pareja queda situada frente a frente, siguiendo el ritmo de la música con las palmas. En seguida empieza el rodeo del *huaso* con pañuelo en mano y marcado entusiasmo mientras trata de lazar a la mujer, que mantiene una conducta más defensiva y a la vez coqueta. El *huaso* persigue a la *china,* que huye hasta que él logra rodearla y traerla a su lado sin tocarla, usando el pañuelo. Habiendo completado "su conquista", el *huaso* zapatea rítmicamente hasta arrodillarse frente a ella en la última vuelta. Hay teorías que sostienen que es de origen o africano o indígena o español. Hay quienes dicen que tiene su origen en Chile, otros dicen que en Perú y otros que en Bolivia.

Los orígenes de la cuenca son nebulosos. Algunos teóricos asemejan los movimientos de la cuenca a los de una polla requerida por un gallo. Sea cual sea su origen, la cuenca es un baile de fiesta con bailarines acompañados del arpa y la guitarra y, a veces, un cantante. Su popularidad tanto en campeonatos estatales y nacionales como internacionales, como el "Encuentro internacional de cuenca chilena" que tuvo lugar en Melbourne, Australia en septiembre de 2005.

⊙ ¿Comprendiste? ⊙

A. La cueca. Contesta estas preguntas.

1. ¿Cuál es el origen de la cuenca? ¿Cuándo y cómo llegó a ser el baile nacional de Chile? ¿Tienen los Estados Unidos un baile nacional? Si así es, ¿cuál es? Si no, ¿qué baile estadounidense nominarías tú como nacional?
2. Según la descripción de la cuenca, ¿cómo caracterizarías este baile, es un baile animado, tranquilo, romántico, divertido, enérgico, suave, agresivo, coqueto,…? Selecciona los adjetivos que usarías para describirlo y explica por qué seleccionaste esos adjetivos.
3. ¿Por qué dicen algunos teóricos que los movimientos de la pareja de la cuenca se asemejan a los movimientos que acompañan al cortejo de la aves? ¿Crees que es un buen análisis? ¿Por qué?
4. ¿Por qué crees que un baile folklórico común, como lo es la cuenca, ha llegado a ser el baile nacional de Chile? ¿Qué elementos de este baile lo hacen tan querido del pueblo chileno?

B. Álbum de mi familia. Pídeles a tus padres y/o a tus abuelos que te digan cuáles son los bailes folklóricos más representativos de su país de origen o del de sus padres. Pídeles que te los describan detalladamente. Anota las descripciones en tu álbum familiar, indicando debajo de cada baile el nombre de la persona que te lo describió.

C. La cuenca en el ciberespacio. Desde tu casa o el laboratorio de computación, usa tu buscador favorito en Internet. Escribe las palabras "la cuenca" para encontrar páginas que contienen descripciones detalladas de cómo se baila. Busca también sitios donde se pueden escuchar cuencas o ver videos donde se baila, y aprenden los pasos y los movimientos básicos. Con un(a) compañero(a) de clase, trata de bailarla siguiendo las instrucciones que encontraron. Hagan una demostración del baile a la clase y entre todos decidan quiénes la bailan mejor.

○ Antes de leer ○

La supervivencia.   Los pueblos, como el individuo, sobreviven a situaciones catastróficas poniendo en juego una serie de estrategias, y, sobre todo, siempre tratando de salir adelante. A continuación aparece una lista de reacciones que podría tener una persona que se encuentra en un desierto y quiere sobrevivir. Indica la validez de cada reacción marcando **NR** si no es recomendable o **R** si es recomendable. Luego ordena de mayor a menor las reacciones que, según tú, son más importantes para sobrevivir, siendo el 10 la más importante y 0 la menos importante.

_____ Llorar

_____ Admirar la grandeza que lo rodea

_____ Reírse de sí mismo(a) por su situación

_____ Recordar a alguien querido y a quien quiere volver a ver

_____ Sentirse deprimido(a)

_____ Culpar a Dios o a un ser superior por haberlo(a) abandonado

_____ Estar consciente del miedo y de los distintos sentimientos que lo (la) afligen

_____ Usar técnicas de supervivencia

_____ Esperar a los equipos de rescate

_____ Confiar en un ser superior que quiere salvarlo(a)

B. La gramática está viva en la lectura.   Esta lectura tiene por lo menos tres cláusulas con *si*. ¿Las puedes encontrar? Determina si lo dicho en cada cláusula con *si* es hipotético, improbable o completamente contrario a la realidad y explica tus conclusiones a la clase. Para más información sobre **el imperfecto de subjuntivo y cláusulas con *si*,** consulta *Así funciona nuestro idioma,* página 420.

○ Lectura ○

II. La supervivencia y la fertilidad

La supervivencia es un arte para el que nos preparan siglos de experiencia de enfrentar peligros, de soportar sufrimientos, pero también de alimentar las ganas de vivir, mantener la fe en nuestras posibilidades, el sentido del humor, la suerte y la capacidad para cambiar de rumbo o dar marcha atrás cuando nos sentimos perdidos. Cuenta la leyenda que la forzada estancia del marino escocés Alexander Selkirk, entre 1704 y 1709, en la isla chilena llamada "Más a Tierra" del Archipiélago Juan Fernández (desierta en aquel entonces), inspiró a Daniel Defoe para crear su famosa novela *Robinson Crusoe*. Y resulta interesante, incluso si no fuera cierto, porque Robinson Crusoe, el paradigma del perfecto superviviente, se ofrece como una excelente metáfora para representar al pueblo chileno a lo largo de la historia.

Chile sobrevive asomado al océano Pacífico, con "una loca geografía", como titulara el escritor Benjamín Subercaseaux, con una estrechez (177 kms.) en la parte más angosta y una longitud (6.500 kms.) que complicarían su administración y su cohesión a un pueblo que no tuviera el carácter y el buen hacer del pueblo chileno. Y si no fuera suficiente con la geografía, en el terreno de la política Chile ha sobrevivido momentos terribles, tras los cuales el presente y el futuro se presentan de un modo esperanzador.

No hay que dejar de lado, sin embargo, el gran desafío que se plantea para los pueblos indígenas y para los que en la sociedad chilena asisten con preocupación a la posibilidad real de que se imponga un modelo de sociedad cerrado a visiones alternativas a las de la economía de mercado. Si así ocurriera, el resultado sería desolador para Chile y para el mundo.

La gran cantidad de voces de protesta alzadas en el Chile de hoy, tanto por grupos indígenas como por organizaciones que defienden la diversidad étnica y biológica, son una buena señal de que no faltan quienes intuyen la necesidad de cambiar de rumbo, de volver a la tierra. No faltan las ganas de sobrevivir, ni la tradicional y fértil comunión entre los chilenos y su tierra, a la que quieren regresar, como refleja este hermoso poema del gran poeta chileno Pablo Neruda:

Oh Chile, largo pétalo
de mar y vino y nieve,
ay cuándo
ay cuándo y cuándo
ay cuándo
me encontraré contigo,
enrollarás tu cinta
de espuma blanca y negra en mi cintura,
desencadenaré mi poesía sobre tu territorio…

(Pablo Neruda, "Cuando de Chile")

♀ ¿Comprendiste? ♂

A. La riqueza de todos.   Selecciona la opción que mejor complete las siguientes oraciones.

1. Puede que una estancia en una isla chilena inspirara a…

    a. Juan Fernández.
    b. Daniel Defoe.
    c. Alexander Selkirk.

2. Chile es un país muy largo y…

    a. ancho.
    b. angosto.
    c. hondo.

3. Chile mide aproximadamente ... de largo.

   a. 177 km.
   b. 2.700 km.
   c. 6.500 km.

4. Según la lectura, el poema de Neruda se puede aplicar...

   a. a los que quieren que Chile sucumba ante la globalización.
   b. sólo a Neruda.
   c. a todos los que añoran regresar a Chile.

B. El presente de Chile.   Después de leer sobre Chile, ¿qué crees que aporta Chile al mundo? ¿Crees que su aportación lo convierte en un país especial? Explica tus respuestas.

C. Chile y tú.   ¿Has estado en Chile? ¿Te gustaría visitarlo? ¿Qué preferirías visitar? ¿Conoces productos que se importen de Chile en donde tú vives? ¿Qué productos son? ¿Crees que son buenos? Explica tu respuesta.

D. Chile como destino.   De lo aprendido hasta ahora sobre Chile, ¿qué destacarías si tuvieras que recomendarle este país a unos estudiantes que quieren estudiar un año en Sudamérica, pero no saben en qué país? Puedes hojear el resto de este capítulo para añadir cosas que quisieras explicar.

E. Los vinos chilenos en el ciberespacio.   En tu casa o en el laboratorio de computación, usa tu buscador favorito en Internet. Escribe las palabras "vinos chilenos" para encontrar páginas que hablan sobre los distintos aspectos de la industria vinícola chilena. Escoge algún sitio que presente una bodega que te parezca interesante y ven a clase preparado(a) para hablar con tus compañeros sobre los vinos chilenos en general, y la bodega que te interesó en particular.

Vamos a conversar sobre... la democracia como forma de gobierno

Después de muchos años de dictadura, la democracia chilena parece consolidarse. La democracia (del griego *demos*, "gente corriente" y *kratos*, "fuerza, poder") es la forma de gobierno que parece garantizar que la voz de la gente tenga representación en la administración y el gobierno de la ciudad, el estado o el país. Sin embargo, algunos cuestionan su validez, sobre todo en sociedades cuyas masas no han sido educadas, son fácilmente influenciadas por los medios de comunicación, o simplemente no acuden a votar debido a la apatía y el desengaño. Vamos a conversar sobre este tema, en grupos de tres, intentando responder a las siguientes preguntas. Luego informen a la clase de sus conclusiones, y estén preparados para comentar las opiniones de los demás grupos.

A. Las dictaduras. ¿Han vivido bajo un gobierno no democrático ustedes, sus padres o alguien a quien conozcan bien? ¿Qué forma de gobierno era? ¿Cómo fue la experiencia? Si no han vivido bajo un gobierno no democrático, ¿qué saben sobre lo que ocurre bajo dictaduras, teocracias (gobiernos que legislan a partir de principios religiosos), oligarquías (del griego *oligoi*, "unos pocos" y *arkhein* "gobernar, dominar")? ¿Hay libertad? ¿Hay justicia? Nombren al menos cinco libertades que no existen bajo esos gobiernos.

B. Las democracias. ¿Votan ustedes regularmente? ¿Han ganado alguna vez los candidatos por los que ustedes han votado? ¿Han colaborado con alguna campaña política? ¿Se sienten representados por el gobierno? ¿Se sienten libres bajo este gobierno? ¿Por qué sí o no? ¿Creen que el sistema de dos partidos mayoritarios y casi exclusivos, como es el caso de los Estados Unidos, permite una democracia real? ¿Por qué sí o no?

C. La democracia como legado. ¿Creen que vale la pena defender la democracia, aunque sea con la propia vida, para que sus hijos y las generaciones venideras vivan también en una democracia? Expliquen las razones por las que sí valdría la pena, y por las que no. ¿Creen que otros han dado la vida para que ustedes vivan en una democracia? ¿Valió la pena su esfuerzo? ¿Por qué sí o no?

Nuestra riqueza lingüística

๑ **Antes de leer** ๑

A principios de este capítulo, en *La tradición oral,* aprendiste que los chilenos han inventado todo un léxico de "chilenismos" que hace casi imposible que personas de otros países hispanohablantes los entiendan. Estas palabras o expresiones son tan chilenas que con frecuencia ni aparecen en los diccionarios españoles a menos que sean específicamente diccionarios de chilenismos. Ve en la lista que sigue si puedes identificar cinco chilenismos. Luego, para saber su significado, sigue leyendo.

potaje	funarse	cortejar	curado
bizco	lolo	vociferar	substraer
calugazo	antipapista	manicoba	gachapear

๑ **Lectura** ๑

El español chileno en contacto con lenguas de indígenas e inmigrantes

El léxico netamente chileno denominado "chilenismos" tiene su origen principalmente en las lenguas autóctonas, el quechua y el mapudungun (mapuche) en particular, pero también en las lenguas de inmigrantes europeos del siglo XIX y en el inglés. Ejemplos de esto son palabras de uso cotidiano como **guagua** (bebé) del quechua, **cahuín** (mentira) del mapudungun, **aguaitar** (esperar) del inglés, **con tutti** (incluir todo) del italiano, y así.

No cabe duda que los jóvenes en todos los países tienden a desarrollar su propia jerga; sin embargo, en Chile se ha convertido en una pasión nacional que afecta no sólo a la juventud sino a todo ciudadano. Así que, si en tu siguiente visita a Sudamérica oyes a alguien decir algo como "unos patos malos están aguaitando a unas cabras pa' tirárseles a los panqueques," no duden que están en Chile.

๑ **¿Comprendiste?** ๑

A. Chilenismos. Lee las siguientes oraciones con un(a) compañero(a). Luego, según su significado y su contexto, relaciona los chilenismos en la primera columna con las explicaciones que se encuentran a la derecha.

1. Cuando menos lo esperaba, Jorge le dio un **calugazo** a Mónica que la dejó totalmente sorprendida.
2. La tele **se funó** cuando estaban por anunciar la actriz del año.
3. Virginia dijo que le **gachapearon** el bolso al salir de la iglesia el domingo.

4. Magali dice que vió a un **curado** frente a la iglesia.

5. Contraté a un **lolo** para que me lave el coche los sábados por la mañana.

6. Unos **patos malos** están **aguaitando** a unas **cabras** pa' **tirárseles a los panqueques.**

_____ 1. calugazo		**a.** borracho
_____ 2. funarse		**b.** chicas
_____ 3. gachapear		**c.** a comer algo dulce
_____ 4. curado		**d.** llevar
_____ 5. lolo		**e.** esperar
_____ 6. patos malos		**f.** beso
_____ 7. aguaitar		**g.** delincuentes
_____ 8. cabras		**h.** robar
_____ 9. tirar		**i.** joven, muchacho
_____ 10. a los panqueques		**j.** dejar de funcionar

B. Chilenismos del inglés. Los siguientes chilenismos vienen directamente del inglés. Léelos con un(a) compañero(a) de clase y escribe su significado en inglés en los espacios en blanco. Luego, según su significado y su contexto, relaciónalos con su equivalente en la última columna.

Inglés

_____ _____ 1. emilio		**a.** calcetín corto
_____ _____ 2. soquete		**b.** listo, preparado
_____ _____ 3. bifé		**c.** masa dulce
_____ _____ 4. del guan		**d.** mensaje de correo electrónico
_____ _____ 5. listéilor		**e.** buffet
_____ _____ 6. panqueque		**f.** conserje
_____ _____ 7. junior		**g.** entender
_____ _____ 8. cachar		**h.** muy bueno, excelente

C. Los chilenismos en el ciberespacio. En tu casa o en el laboratorio de computación, usa tu buscador favorito en Internet. Escribe las palabras "chilenismos" para encontrar páginas que contienen listas de chilenismos. Elige tres y escríbelos uno a uno en tu buscador favorito. Una vez que hayas encontrado chilenismos usados en contexto, escribe las frases y tus propias definiciones de las palabras. Ven a clase preparado(a) para compartir las frases con tus compañeros(as). Invítalos a que adivinen el significado de tus chilenismos y comprueba si coinciden con tu definición.

Michelle Bachelet El destino quiso que la socialista Michelle Bachelet (Verónica Michelle Bachelet Jeria), una mujer detenida y torturada durante la dictadura de Augusto Pinochet, se convirtiera en la primera presidenta de la historia de Chile. Bachelet derrotó al empresario derechista Sebastián Piñera por 53,5% contra 46,5% en la segunda vuelta de las elecciones celebradas en enero de 2006 en Chile. Hija del General Alberto Bachelet, nació en Santiago (Chile) en el año 1951. Estudiante de medicina, a comienzos del gobierno de la Unidad Popular, liderado por Salvador Allende, ingresó en la Juventud Socialista. El hecho de que su padre fuera nombrado por Allende jefe de las Juntas de Abastecimiento y Precios (JAP) en 1972 hizo que, al producirse el golpe de estado del 11 de septiembre de 1973, Alberto Bachelet fuera detenido en la

Michelle Bachelet

Academia de Guerra Aérea por "traición a la patria", para morir de un infarto de miocardio después de ser interrogado y torturado. Michelle Bachelet continuó con sus estudios y siguió apoyando al Partido Socialista en la clandestinidad, por lo que fue detenida junto a su madre el 10 de enero de 1975 para ser torturada e interrogada. Después de un año de reclusión sus contactos las ayudaron a que partieran hacia el exilio en Australia y más tarde a Alemania del Este. Al iniciar la década de los 90, fue contratada como epidemióloga en el Servicio de salud Metropolitano Occidente y luego en la Comisión Nacional del Sida (CONASIDA). De 1994 a 1997 trabajó como asesora del Ministerio de Salud. El 11 de marzo de 2000 fue nombrada ministra de salud por el Presidente Ricardo Lagos. En 2002, tras un cambio de gabinete, Bachelet se convirtió en la primera mujer en la historia de Chile en llegar a ser ministra de defensa. A finales de septiembre de 2004, Bachelet renunció a su puesto en el Ministerio de Defensa para presentarse como posible candidata a la presidencia en las elecciones de diciembre de 2005, elecciones que ganó por amplio margen en la segunda vuelta. Su primer gabinete de gobierno logró que, por primera vez en la historia de Chile, hubiera un gabinete paritario (tantos hombres como mujeres).

Paulina Urrutia La actriz Paulina Marcela Urrutia Fernández, de 37 años, pensó que cuando la flamante Presidenta de Chile la llamó para comunicarle su decisión de nombrarla ministra de cultura, se trataba de una broma. Pero no lo era. "Fue súper chistoso. El domingo en la noche me llamó la Presidenta para darme la noticia y no le creí. Pensé que era una broma, una pitanza de alguna amiga".

Paulina Urrutia

Pese a que no milita en ningún partido, es posible que sus cargos como presidenta del Sidarte (Sindicato de actores de Chile) y como miembro del Consejo Nacional de la Cultura, atrajeran la atención de la nueva presidenta, que habría buscado en ella a alguien que conociera bien el mundo chileno de la cultura. La ministra más joven del gabinete de Michelle Bachelet, ha recibido numerosas distinciones en su carrera artística. Entre ellas, los Premios Apes y Altazor a la Mejor Actriz de Teatro (2002); el Premio Apes a la Mejor Actriz de Cine (1993) y Mejor Actriz de Televisión (1990 y otra vez en 2000). Entre sus participaciones en televisión destacan las teleseries "El amor está de moda", "Marrón Glacé", "Amándote" y "Gatas & tuercas", aunque alcanzó su mayor éxito siendo protagonista de la miniserie sobre la vida de Santa Teresa de Los Andes, emitida por Televisión Nacional. En cine ha participado en las películas *Johnny cien pesos* y *La rubia de Kennedy,* entre otras.

A la actriz le costó trabajo creerlo. "Te juro que todavía no creo lo que me está pasando. Estoy feliz, orgullosa, pero algo nerviosa, ya que no se es ministro a cada rato. Yo soy una mujer aguerrida, luchadora, pero igual como que no aterrizo. Esto es muy emocionante".

A. Hispanos estelares.   Contesta estas preguntas.

1. ¿Quién es Michelle Bachelet? ¿Qué le ocurrió durante su juventud? ¿Quién era su padre? ¿Qué le ocurrió a su padre? ¿Cuál ha sido su carrera política? ¿Qué ha alcanzado que no se había sido logrado antes en Chile? ¿Qué distingue a su primer gabinete?
2. ¿Quién es Paulina Urrutia? ¿A qué se dedicaba antes de ser elegida ministra? ¿Cómo tomó la noticia de su nombramiento? ¿Quién la nombró ministra? ¿Cómo se considera a sí misma? Dentro del gabinete de gobierno, ¿es Paulina Urrutia la mayor? ¿Es la única mujer? ¿Crees que, como Michelle Bachelet, también ella llegará a ser presidenta de Chile? ¿Por qué sí o no?

B. El gran teatro del mundo.

1. Hablando de política, en grupos de tres representen una reunión entre un(a) candidato(a) a la presidencia de los Estados Unidos y dos de sus asesores. Dos de ustedes asesoran al (a la) candidato(a) sobre la estrategia que debe mantener durante la campaña electoral, cómo debe hablar de su contrincante, cuál debe ser el eslogan de su campaña, qué política debe defender ante la inmigración ilegal, la pobreza, el desempleo, el coste de la salud, y otros aspectos que consideren importante incluir. El (La) candidato(a) hace preguntas y contradice algunos de los consejos o la estrategia de sus asesores.
2. Vamos a crear estereotipos políticos. En grupos de tres, representen el debate que normalmente tiene lugar antes de las elecciones presidenciales en los

Estados Unidos. Cada uno(a) de ustedes representa a un(a) candidato(a) republicano(a), demócrata e independiente–libertario(a), y cada uno(a) lo hace siguiendo las líneas generales de las políticas de estos partidos. Mientras debaten, la clase responde con aplausos o reprobando lo que cada uno(a) dice, dependiendo de lo que dice y cómo lo dice. Intenten estereotipar y exploten el sentido del humor.

C. La gramática está viva en la lectura. Busca en las dos biografías varias cláusulas nominales y adjetivales con el imperfecto de subjuntivo. Determina el antecedente de cada cláusula y prepárate para explicar por qué fue necesario usar el imperfecto de subjuntivo. Para más información sobre **el imperfecto de subjuntivo en cláusulas nominales y adjetivales,** consulta *Así funciona nuestro idioma,* página 424.

Hablemos de carreras... en política

El liderazgo político es uno de los aspectos que puede resultar más determinantes en la vida de las comunidades, los pueblos, las ciudades, los países, los continentes y, finalmente, el planeta. ¿Te has planteado la posibilidad de servir a la comunidad como líder político? ¿Tienes lo que se necesita para ser un político? ¿Qué pasos tendrías que dar para iniciarte en la política? ¿A qué nivel comenzarías: a nivel de organización estudiantil, en tu barrio, en tu ciudad? ¿Necesitarías dinero para comenzar? ¿Cómo lo ganarías? ¿Quién te lo podría facilitar? ¿Necesitarías la ayuda de otras personas? ¿Cómo conseguirías que te ayudaran?

◯ Para hablar de carreras en política ◌

Tipos de gobierno	
absolutista	republicano
autonomía	tecnócrata
comunista	teocrático
constitucional	totalitario
democrático	
fascista	**Partidos**
imperialista	de derechas
monárquico	de izquierdas
	del centro

partido	elegir
... comunista	votante
... conservador	votar
... demócrata	voto
... demócrata-cristiano	**Puestos políticos**
... ecologista (o los verdes)	alcalde (alcaldesa)
... liberal	congresista
... republicano	concejal(a)
... socialista	diputado(a)
... nacionalista	gobernador(a)
	legislador(a)
Elecciones	ministro(a)
campaña	presidente(a)
candidato(a)	representante
coalición	senador(a)
elección	vicepresidente(a)
electorado	

A. Sobre gustos y ambiciones políticas.   Completa estas oraciones y comparte tus respuestas con un(a) compañero(a) de clase. Informa a la clase de lo que aprendiste de los gustos y ambiciones políticas de tu compañero(a).

1. Si decidiera seguir una carrera en política, solicitaría el puesto de _____ o de _____; definitivamente no el de _____ o de _____.
2. Normalmente consideramos a los partidos _____, _____ y _____ de derechas, y los partidos _____, _____ y _____ de izquierdas.
3. ¿Qué tipo de gobierno tienen los siguientes países? Inglaterra _____, Rusia _____, Irán _____, EE.UU. _____, Cuba _____ _____, Korea del Norte _____.
4. En las elecciones de los EE.UU., los _____ hacen _____ hasta el día de las _____. Ese día, el _____ vota por su _____ favorito. Cada ciudadano, en general, tiene un _____.

B. Con el diccionario en mano.   Traduce estas oraciones al español para mostrar que conoces bien este vocabulario relacionado con la política.

1. I'm not sure I know the difference between a dictatorship and a totalitarian government. But then I'm not sure I know the difference between a republic and a monarchy.
2. If nationalist parties are on the right along with conservatives and republicans, is the socialist party on the left along with liberals and democrats?
3. Do you know what politician served as a state legislator, then governor, representative, and then president? The only posts he didn't hold are those of senator and vice president.
4. After all the campaigning, the voters elected a coalition government that is neither liberal nor conservative.

C. Políticos del futuro. Identifiquen a uno o dos compañeros(as) de clase que tal vez se interesen en una carrera en política y entrevístenlos. Usen estas preguntas y otras que les parezcan apropiadas.

1. ¿Por qué te interesa seguir una carrera en política? ¿A qué nivel te gustaría empezar: local, estatal o nacional? ¿Cuál es el puesto más alto al que aspiras?
2. ¿Qué impacto tendrá tu carrera en tu familia? ¿Como piensas incluir y/o excluir a los miembros de tu familia? ¿Será muy costoso seguir esta carrera? Explica tu respuesta.
3. ¿Cuáles son algunas de las desventajas de una carrera política? ¿Crees que habrá mucha tentación para ser deshonesto(a)? ¿Por qué? ¿Puede ser una carrera peligrosa para ti o para tu familia? Explica tu respuesta.

D. Entrevista a un político profesional. Con un(a) compañero(a) de clase, entrevisten a un político hispano de la comunidad. Pregúntenle si ha sido difícil seguir esa carrera, si el ser hispano(a) lo ha hecho más fácil o difícil, si les recomendaría seguir una carrera en política, etc. Informen a la clase de los resultados de la entrevista.

Arte hispano

El artista

El artista chileno Ignacio Gana nació en 1976 en Santiago de Chile. Es licenciado en arquitectura por la Universidad Finis Terrae en Santiago. Luego de trabajar durante cinco años como arquitecto, buscó una carrera que le permitiera dedicarse de lleno a la pintura. Pintor autodidacta, basa sus conocimientos en el estudio personal de la historia del arte en un contexto netamente contemporáneo. Actualmente es profesor de arte contemporáneo, y dicta clases en diversas instituciones en Santiago de Chile. Su obra,

Ignacio Gana

enmarcada en un estilo figurativo, está protagonizada por personajes insertos en espacios naturales e idílicos, llenos de formas y colores que dan vida y sentido a la obra. Su estilo de colores vibrantes y temáticas cercanas le han valido una carrera a la vez rápida y sólida en el mundo de la plástica, lo que lo ha llevado a participar en numerosos eventos y concursos artísticos. Ha obtenido importantes reconocimientos a nivel nacional, como por ejemplo, el segundo lugar en el Primer Concurso Nacional "La Fruta Chilena en la pintura", organizado por la Asociación de Exportadores de Chile; el primer lugar en el Concurso Asociación Chilena de Seguridad; y el segundo lugar en el Concurso Jack Daniels Chile, realizado por la Galería La Sala en 1998. Fue seleccionado para representar a Chile en la feria mundial de arte "Lineart" realizada en Gantes, Bélgica. También ha sido invitado a exponer sus obras en Washington, New York, Madrid, Buenos Aires y Montreal, entre otras ciudades.

El regalo

La obra *El regalo* (véase la página xx) plantea la presencia de mundos paralelos, en donde se conjugan color y forma, siendo el personaje protagonista parte de un mundo irreal que traspasa al mundo real. Tal y como si se dejara llevar por el deseo de participar, abandona sus grandes pastizales verdes para traspasar hacia el mundo real. Este traspaso se refleja por medio de una silueta color amarillo que se dibuja a modo de lápiz sobre la tela, que define su contorno a modo de huella; así también el barco de papel, que igualmente se insinúa después de que hubiera sido parte de la obra, convirtiéndose en el regalo, el obsequio que el hombre ha escogido para entregarle a la mujer.

B. Ignacio Gana y yo.   Contesta estas preguntas sobre el trabajo de este pintor chileno y tus propios intereses.

1. Si tuvieras que realizar un cuadro, ¿preferirías representar la realidad tal y como la vemos o harías como el pintor Ignacio Gana, y representarías mundos que no se corresponden con la realidad que tenemos frente a los ojos? ¿Por qué? ¿Qué crees que aporta a quienes las contempla uno y otro tipo de pintura?
2. Ignacio Gana es un pintor autodidacta. ¿Crees que podrías tú llegar a ser tan creativo(a) como Ignacio Gana en una manifestación, ya sea artística o de otro tipo, para la que no hayas estudiado? Si sí, ¿en cuál y por qué? Si no, ¿por qué no?
3. Refiriéndose al tema de la interpretación de las obras de arte, dicen los artistas que las obras de arte, una vez creadas, ya no pertenecen a ellos. Hay muchos artistas, directores de cine y escritores que se niegan a interpretar sus obras. Como receptor de la obra, tienes el deber y la oportunidad de interpretarla. Explica esta obra como si fueras un(a) crítico(a) de arte. Deja volar tu imaginación.

C. La gramática está viva en la lectura.   Busca en la descripción de *El regalo* de Ignacio Gana, dos cláusulas adverbiales con el imperfecto de subjuntivo. Determina si lo que se dice en cada cláusula expresa posibilidad o conjetura. Prepárate para explicar por qué fue necesario usar el imperfecto de subjuntivo en cada cláusula. Para más información sobre **el imperfecto de subjuntivo en cláusulas adverbiales,** consulta *Así funciona nuestro idioma,* página 428.

D. El arte chileno en el ciberespacio.   En tu casa o en el laboratorio de computación, usa tu buscador favorito en Internet. Escribe las palabras "arte chileno" para encontrar páginas que contienen información sobre las manifestaciones del arte chileno. Elige el sitio del (de la) artista que más te impresione e investiga un poco más sobre el (la) artista y su obra. Ven a clase preparado(a) para compartir tus descubrimientos.

Nuestra herencia literaria

◯ Antes de leer ◑

La literatura infantil.   ¿Cuál será el proceso que siguen los autores adultos al concebir las ideas para escribir su literatura infantil? Piensa en eso al contestar estas preguntas.

1. ¿Qué lleva a un(a) escritor(a) a decidirse a escribir para los niños?
2. ¿Dónde se inspiran para escribir para los niños en cuanto a los temas y el lenguaje?
3. ¿Crees que la literatura infantil es siempre literatura didáctica (destinada a enseñar)? Explica.
4. En tu opinión, ¿es más difícil escribir literatura infantil o literatura para personas adultas? ¿Por qué piensas así?
5. ¿Consiguen siempre lo que buscan los escritores al escribir literatura infantil? ¿Has leído alguna vez un cuento infantil aburrido o mal escrito? Explica.

Estrategias para leer: Cuestionar a los autores

A veces al leer tenemos problemas de comprensión, y suponemos que se trata de dificultades nuestras, no un defecto del texto mismo. Sin embargo, es sano y ayuda a la comprensión el cuestionar a los autores de un texto, sobre todo porque no se trata de seres infalibles. Al leer, pues, conviene preguntarse la intención de los autores al escribir, y el porcentaje de éxito que tuvo al escribirlo, no como forma de desentrañar el significado de un texto, sino como un modo inteligente de relacionarse con él. Tampoco se trata de colocarse como lector(a) en un escalón superior al de los escritores, sino de fijarse en su claridad, su organización y su habilidad para conseguir sus objetivos.

   Para cuestionar a un(a) autor(a) en su justa medida, podemos usar estas cinco preguntas:

1. ¿Qué está tratando de decir el (la) autor(a) de la obra?
2. ¿Por qué lo está diciendo?
3. ¿Lo dice con claridad?
4. ¿Cómo podría haberlo hecho con más claridad?
5. ¿Qué dirías tú en su lugar?

De este modo, acercándote al texto con los ojos de la persona que va a examinarlo buscando claridad, puedes pasar de estar tratando de entender un texto, a tratar de hacer el texto más comprensible.

   Lee el texto "Papelucho historiador" y responde a las cinco preguntas anteriores. Recuerda que no se trata necesariamente de encontrar defectos.

La autora

Esther Huneeus Salas nació en Santiago en 1902 y murió allí en 1985. Su primer cuento, "En el país de Faberland", lo escribió a los 7 años. Marcela Paz, seudónimo adoptado en honor a la escritora Marcella Auclair y la palabra "paz", publicó su primer libro, titulado *Pancho en la luna*, en 1927. También colaboró con pequeños cuentos o esbozos de historias familiares en varias revistas. Utilizó pseudónimos como Paula de la Sierra, Luki, Retse, P. Neka, Juanita Godoy y Nikita Nipone, entre otros. Esther Huneeus o Marcela Paz fue galardonada con el Premio Nacional de Literatura en 1982, siendo la tercera mujer en recibir este galardón, antes entregado a Gabriela Mistral (1951) y Marta Brunet (1961). El jurado explicó la concesión del premio en "atención a su dedicación especial al cultivo de la literatura, en especial a la narrativa infantil; al hecho de haber creado un personaje literario de alcances nacionales y universales; como una distinción a las numerosas mujeres que en nuestro país cultivan la literatura en forma sobresaliente".

El siguiente fragmento pertenece al cuento "Papelucho historiador", publicado en 1954. Es el tercer episodio de la serie. En su prólogo, la autora (¿o es Papelucho?) explica que lo escribió para poder aprender la historia de Chile.

ෆ Lectura ෆ

Papelucho historiador (fragmento)

Después de ese día la Srta. Carmen no trajo más naranja para enseñarnos que la tierra es redonda. Todos lo sabíamos. Pero trajo un mapamundi. Y es lo más encachado° porque salen en él todos los países del mundo. Cada país tiene su colorcito propio, todos brillantes, pero lo más macanudo° de todo es el mar.

La Srta. Carmen nos mostró dónde está Chile. Está abajo y es largo y flaco como una lombriz° que casi se corta a cada rato.

—Éste es Chile y éste es Santiago —dijo mostrando un puntito negro—. La capital de Chile y la ciudad más importante es Santiago.

Pensar de que nosotros vemos Santiago del porte° de una peca de mi nariz. Uno se da cuenta de que si Santiago sale tan chico en el mapamundi quiere decir que no importa que Chile se vea tan flaco en el mapa. Resulta que es inmenso.

—Chile es muy rico —dijo— porque tiene a un lado el Océano Pacífico y al otro la Cordillera de los Andes.

Yo me quedé pensando cuáles serían las riquezas y por fin entendí. Resulta que un país con mar es como una casa con una inmensa puerta que da a todo el mundo. Y un país con cordillera es como una casa con una muralla° de fortaleza por la que no se puede meter ningún intruso°.

(...)

—¡Chitas!° —dije—. A un lado tesoros en el mar y al otro minas preciosas... Entonces no importa que parezca un queque con sorpresas. Como los de los cuentos. De esos queques que tienen frutas confitadas, nueces, caramelos y chocolates... ¿Han sacado ya las minas preciosas?

---

lindo
estupendo

un gusano de tierra

con la forma

muro, pared
invasor

¡vaya!

—Solamente algunas. Han descubierto minas de oro, de plata, de cobre, de carbón y de fierro.

—Pero, ¿quedan otras por descubrir? Ojalá que no tengan tiempo de descubrirlas todavía para que me quede una a mí. Es macanudo nacer en un país donde el que escarba° encuentra. Ojalá que la Cordillera de los Andes guarde bien sus tesoros para cuando nosotros seamos grandes. ¿Ella es como la bodega° de Chile?

—Sí, Papelucho.

—¡Me gusta haber nacido en Chile! Me gusta por tres cosas.

—¿Cuáles son?

—1°. Porque uno se puede subir a la punta de la cordillera y con skies se tira derecho al mar;

—2°. Porque uno es dueño de todos los pescados y ballenas° de las aguas chilenas. Si uno amaestra bien una ballena puede vivir en ella y salir a navegar hasta por debajo del agua y sacar tesoros de piratas, y

—3°. Porque cuando yo sea grande voy a hacer una Sociedad Atómica y le vuelo un cogollo° a la cordillera y después recojo las piedras preciosas y listo. Estoy bien feliz de nacer chileno. (…)

(glossary, left margin)
rasca la tierra
almacén

mamífero marino

punta, cima

Reacciona y relaciona

A. Reacciona. Contesta las siguientes preguntas. Compara tus respuestas con las de dos compañeros de clase.

1. ¿Dónde se encontraba Papelucho?
2. ¿Qué estaba describiendo la maestra?
3. ¿Qué dice Papelucho que parece Chile?
4. ¿Qué conclusiones saca Papelucho sobre la geografía de Chile?
5. ¿Qué hace que Chile sea un país donde vale la pena vivir, según Papelucho?

B. Relaciónalo. ¿Qué te recuerda esta historia? ¿Cuál crees que es su mensaje? ¿Crees que es más fácil recordar la geografía de Chile si se presenta como lo haría un niño? ¿Crees que se nota en algunos momentos que la autora del cuento es una persona adulta? ¿En qué lo notas? ¿Cómo habría dicho un niño real lo que se dice en este cuento al final, sobre las cosas que le gustan a Papelucho? Escríbelo tú como crees que lo diría un niño, y léeselo a tu compañero(a). Entre los (las) dos traten de confeccionar un solo final. Léanselo a la clase y expliquen qué es lo que han añadido al texto para hacerlo más parecido al modo de expresarse de los niños.

C. Debate. La belleza de Chile, el modo de ser de sus gentes… Muchas veces hemos oído decir que los países hispanos nunca alcanzarán el total desarrollo industrial y económico por encontrarse la mayoría en regiones cálidas, con unas culturas que valoran la vida más que el trabajo, la familia más que el individuo. Tengan un debate frente a la clase. Dos voluntarios deben hablar a favor de que los países hispanos nunca se desarrollarán industrial y económicamente por razones culturales. Deben defender que esto es bueno, porque en el mundo no todos los países tienen que ser fuertes industrialmente. Otros dos voluntarios deben defender que no, que los países hispanos sí pueden desarrollarse si tienen la oportunidad, y que eso es positivo, aunque tengan que sacrificar su estilo de vida y mucho de su cultura. La clase va a votar para decidir quién ganó el debate.

La acentuación, ¡de una vez!

◌ Palabras parecidas: *a, ah ha* ◌

Estas tres palabritas de sólo una sílaba causan gran confusión para muchos hispanohablantes debido a que se pronuncian de una manera idéntica aunque se escriben de manera distinta. Para evitar esta confusión, hay que entender bien los significados de estas tres palabras.

● La palabra **a** es una preposición y tiene muchos significados. Algunos de los más comunes son:

> *Dirección:* Vamos **a** Chile para Navidad.
> *Movimiento:* Después de mi última clase, siempre camino **a** la Biblioteca Nacional donde estudio hasta la medianoche.
> *Hora:* La fiesta empieza **a** las diez y media.
> *Espacio de tiempo:* Estudio de cuatro **a** seis horas cada día.

● La palabra **ah** es una exclamación de sorpresa, admiración o pena.

> **¡Ah,** no esperaba verte hasta mañana!
> **¡Ah,** es hermoso! ¿Cómo lo hacen?
> **¡Ah,** qué tristeza! ¡Cuánto la voy a echar de menos!

● La palabra **ha** es una forma del verbo auxiliar **haber.** Seguida de la preposición **de,** significa **deber de, ser necesario.**

> ¿No **ha** llamado?
> Me imagino que todavía su vuelo no **ha** llegado.
> Pues, **ha de** llegar en seguida, ¿no crees?

Palabras parecidas de una sílaba.   Completa las siguientes oraciones con la palabra apropiada: **a, ah, ha.**

1. Dice que no _____ conocido Viña del Mar. Por eso vamos _____ llevarlo a cenar allá en el restaurante Anastasia el sábado.
2. ¡_____, en Anastasia! ¡Qué buen gusto tienen! _____ de encantarle.
3. Pero espera. Si mal no recuerdo, Anastasia va _____ estar cerrado este fin de semana de viernes _____ martes.
4. ¡_____, qué lástima! Él _____ estado anticipando el viajecito toda la semana. Pues, no hay más remedio. Tendremos que ir _____ Viña la próxima semana.

Redacción

I. Un cuento infantil

En esta actividad vas a crear un cuento infantil. Vas a narrar algún aspecto de tu vida infantil —algún incidente en la escuela primaria, la primera vez que descubriste la nieve, tu primera visita a un carnaval, Disneylandia o algo parecido. También vas a acompañar tu narración con dibujos apropiados que tú mismo(a) vas a dibujar o que vas a crear con fotos sacadas de revistas, la red, periódicos, etc. Para asegurar un buen resultado, te invitamos a que sigas el proceso que la mayoría de los buenos escritores usan: planificar, escribir el primer borrador, compartir, revisar y escribir la versión final.

A. Planificar. Prepárate para escribir repasando el texto de "Papelucho historiador". Al leerlo, contesta las siguientes preguntas:

a. ¿Qué datos objetivos tiene la autora antes de escribir?
b. ¿Quién es el protagonista?
c. ¿Quiénes son los personajes secundarios?
d. ¿Quién aporta la información objetiva? ¿Quién la interpreta imaginativamente?

Para prepararte, ve a una librería a la sección de libros infantiles y fíjate cuidadosamente en los libros más sencillos, los que tienen una, dos o tres oraciones por página y un dibujo grande que ilustra lo que dice la narración. Prepárate para usar este formato en tu librito infantil.

1. Anotar ideas. Haz una lista de los hechos que quieres incluir en tu cuento infantil. Incluye todo lo que piensas narrar:

- el incidente que vas narrar —algo de la niñez
- los protagonistas —tú y tal vez un(a) amiguito(a), tus padres,…
- sus distintas edades
- las relaciones y reacciones
- los sentimientos propios de los niños y de los adultos
- el lenguaje de los adultos y el de los niños

Por ahora lo importante es anotar todos los datos que se te ocurran. He aquí una lista de datos que podía haber escrito un autor que se preparaba para escribir sobre su primer perrito.

yo quiero tener un perrito
mamá dice que no
yo llorar
mi cumpleaños de cinco años
una fiesta
muchos regalos
siete amigos

una torta de helado… ¡chocolate!
jugamos ponerle el rabo al burro
piñata
abrir regalos
yo muy contento
amigos se divirtieron
fiesta termina
papá me da un regalo especial
¡Pirata! mi perrito

Ahora prepara tu lista con todo lo que te gustaría incluir en tu cuento infantil.

2. **Agrupar ideas.** Organiza ahora la información en tu lista para estar seguro(a) de que hay una conexión lógica entre toda la información que quieres presentar. Organiza toda la información de forma lógica y ordenada. Estudia la agrupación que podría haber hecho el autor que escribió sobre su primer perrito antes de escribir su cuento. Indica cuáles ideas en su lista original no usó.

Ahora mira la lista que preparaste en la sección anterior y decide cuál va a ser el tema principal de tu cuento infantil. Selecciona toda la información que piensas usar de tu lista sobre el tema que seleccionaste. Tal vez quieras organizarla como en el diagrama anterior para ver claramente cómo todo está relacionado.

B. Escribir un primer borrador.   Usa la información en tu agrupación para escribir un primer borrador de tu cuento. Generalmente, cada idea va a expresarse en una o dos oraciones.

C. Compartir.   Comparte tu cuento con dos compañeros de la clase. Ellos deben hacerte comentarios sobre el contenido. ¿Es claro? ¿Es lógico? ¿Lo entienden? ¿Se nota que está escrito para niños? Tú debes leer y comentar su cuento infantil también. Decide qué cambios quieres hacer en tu cuento atendiendo a los comentarios de tus compañeros, y escribe una segunda versión si es necesario.

D. Revisar.   Permíteles a dos compañeros de la clase que lean tu cuento una vez más. Ahora pídeles que te digan si hay errores de gramática o de ortografía. Tú debes hacer lo mismo con los suyos.

E. Escribir la versión final.   Haz los dibujos que van a ilustrar tu cuento infantil. Recuerda que necesitas un dibujo para cada página. Escribe la versión final de tu cuento, haciendo todas las correcciones necesarias. Como ésta es la versión que vas a entregar a tu profesor(a), debes escribirla a máquina o en la computadora con letras grandes para que sea fácil de leer para niños.

II. Escribamos a otro nivel

A escribir un libro para niños.   Ya que te resulta más fácil escribir, sigue el mismo proceso que se recomendó para escribir el cuento infantil, pero escribe un cuento más detallado, con tal vez un parrafito en cada página y claro, una ilustración por página. Hazlo en forma de libro, doblando el papel por el centro y organizando las páginas como si fueran un libro. Tal como se especificó, empieza por planificar, anotando y agrupando tus ideas. Luego escribe el primer borrador y compártelo con dos o tres compañeros de clase antes de revisarlo y escribir la versión final.

Online Study Center

El mundo chileno al alcance

Explora distintos aspectos del mundo chileno en las actividades de la red que corresponden a este capítulo. Ve primero a http://college.hmco.com/pic/deunavez1e y de ahí a la página de *¡De una vez!*

ᓂ El cine chileno ᓄ

Hay quienes afirman que el cine chileno ha llegado al siglo XXI directamente desde el siglo XIX, como si no hubiera existido durante el siglo XX. Y la verdad es que sólo en el año 2000 se produjeron catorce estrenos, una cantidad no vista desde hacía muchos años. Algunas de estas producciones lograron alcanzar un éxito de público y de crítica desconocido hasta entonces para el cine chileno. Y aunque en determinados momentos de la historia se repite la frase de que se trata del "despegue definitivo del cine chileno", siempre, hasta ahora, se ha vuelto a una época de crisis.

El baño (2005)   **Director:** Gregory Cohen

Esta película es una ficción que recoge, desde una cámara de seguridad, los cambios culturales, sociales y domésticos ocurridos en el país entre los años 1968 y 1988. Hippies, detenidos políticos, empresarios y maestros, entre otros, transitan por este baño, en distintas épocas, con su humor, con sus pasiones y anhelos, sin imaginar que hay un ojo que los está mirando.

Se arrienda (2005)   **Director:** Alberto Fuguet

Un grupo de amigos se plantea su futuro de una forma soñadora e idealista. Quince años después, todos disfrutan del éxito y del "nuevo Chile". Todos menos Gastón Fernández, que todavía espera un éxito artístico que no llega. Cuando tiene que decidir entre seguir esperando el éxito o ponerse a trabajar en la empresa de su padre, aparece la encantadora Elisa.

Salvador Allende (2003)   **Director:** Patricio Guzmán

Homenaje que rinde Patricio Guzmán al presidente más universal de Chile. Integra las imágenes de "La Batalla de Chile" y otros materiales de archivo muy expresivos, ofreciendo un espacio de reflexión política e histórica. El resultado es una película generosa y muy humana. Fue incluída en la Selección Oficial del Festival de Cannes 2004.

Estadio Nacional (2001)   **Directora:** Carmen Luz Parot

Se trata de la primera investigación periodística en profundidad acerca de los hechos ocurridos entre septiembre y noviembre de 1973, cuando el Estadio Nacional de Chile sirvió como centro de detenidos políticos. Por allí pasaron más de doce mil personas sin cargos ni procesos. Gran parte fue torturada. El documental reconstruye los hechos a través del testimonio de más de 30 testigos, que recorren el recinto y sus recuerdos. Destaca la banda sonora de esta película, grabada por músicos como Álvaro Henríquez, Camilo Salinas, miembros de Inti Illimani, y bandas como Santos Dumont y Los Bunkers, que compusieron temas especialmente para este documental.

Fernando ha vuelto (1998)   **Director:** Silvio Caiozzi

Esta película del laureado cineasta chileno Silvio Caiozzi documenta la historia real de Agave Díaz, viuda de Fernando Olivares Mori, que fue detenido y ejecutado a los 27 años de edad. Caiozzi documenta el sufrimiento de Agave Díaz al enterarse que entre los restos del patio 29 se encontraban aquéllos de su esposo Fernando, después de 25 años de desaparecido.

La frontera (1991)   **Director:** Ricardo Larraín

Durante los últimos años de la dictadura de Pinochet, Ramiro Orellana es condenado al exilio dentro de su propio país. En su exilio, Ramiro descubrirá una nueva dimensión de la vida, que lo hará atravesar sus propias fronteras interiores. *La frontera* recibió el Oso de Plata en el Festival de Berlín en 1992 y el premio al mejor director en el Festival de la Habana en 1992.

La luna en el espejo (1990)   **Director:** Silvio Caiozzi

Un viejo y enfermo marino, Don Arnaldo, vive encerrado junto a su hijo, El Gordo. Don Arnaldo, desde su cama, y con ayuda de los espejos que cuelgan de su dormitorio, controla todos los movimientos de la casa. Lucrecia es la vecina, una viuda algo mayor. El Gordo y ella se desean y se buscan. Cuando el Gordo se atreve a romper el encierro, Don Arnaldo juega una última carta para recuperar el control sobre su hijo. La película recibió una docena de premios internacionales.

Así funciona nuestro idioma

11.1 El imperfecto de subjuntivo: Formas y cláusulas con *si*

¡Ya lo sabes!

Tú y tu amigo Ramiro hablan de un próximo viaje a Chile que piensan hacer. ¿Qué te dice él?

1. **a.** Si *estuviéramos* en Chile, aprenderíamos muchas palabras interesantes de la jerga chilena.
   b. Si *estábamos* en Chile, aprenderíamos muchas palabras interesantes de la jerga chilena.
2. **a.** Si *anduviéramos* por el norte de Chile, veríamos un desierto impresionante.
   b. Si *andáramos* por el norte de Chile, veríamos un desierto impresionante.

Esto fue más difícil, ¿no? Pero la mayoría debe haber seleccionado la primera oración en ambos pares. Sigan leyendo ahora para hacer más explícito el conocimiento tácito que tienen de los usos del **imperfecto de subjuntivo.**

Formas

Verbos en *-ar*	Verbos en *-er*	Verbos en *-ir*
bailar	*comprender*	*recibir*
bail**ara**	comprend**iera**	recib**iera**
bail**aras**	comprend**ieras**	recib**ieras**
bail**ara**	comprend**iera**	recib**iera**
bail**áramos**	comprend**iéramos**	recib**iéramos**
bail**arais**	comprend**ierais**	recib**ierais**
bail**aran**	comprend**ieran**	recib**ieran**

● Para formar la raíz del imperfecto de subjuntivo de todos los verbos se elimina **-ron** de la tercera persona del plural del pretérito y se agregan las terminaciones apropiadas, que son las mismas para todos los verbos: **-ra, -ras, -ra, ´-ramos, -rais, -ran.** Nota que las formas de primera persona del plural llevan acento escrito.

baila~~ron~~ → bail**ara**
comprendie~~ron~~ → comprend**iera**
recibie~~ron~~ → recib**iera**

- Todos los verbos que tienen cambios ortográficos o cambios en la raíz o que tienen raíces irregulares en la tercera persona del plural del pretérito mantienen esas mismas irregularidades en el imperfecto de subjuntivo. (Consúltese el Capítulo 4, p. 161.)

leer: le**y**eron → le**y**era, le**y**eras, le**y**era, le**y**éramos, le**y**eran
dormir: d**u**rmieron → d**u**rmiera, d**u**rmieras, d**u**rmiera, d**u**rmiéramos, d**u**rmieran
estar: **estuv**ieron → **estuv**iera, **estuv**ieras, **estuv**iera, **estuv**iéramos, **estuv**ieran

Otros verbos que siguen estos modelos:

Cambios ortográficos

creer: cre**y**eron → cre**y**era
oír: o**y**eron → o**y**era

Cambios en la raíz

mentir: m**i**ntieron → m**i**ntiera
pedir: p**i**dieron → p**i**diera

Verbos irregulares

andar: **anduvie**ron → **anduvie**ra
caber: **cupie**ron → **cupie**ra
decir: **dije**ron → **dije**ra
haber: **hubie**ron → **hubie**ra
hacer: **hicie**ron → **hicie**ra
ir/ser: **fue**ron → **fue**ra
poder: **pudie**ron → **pudie**ra
poner: **pusie**ron → **pusie**ra
querer: **quisie**ron → **quisie**ra
saber: **supie**ron → **supie**ra
traer: **traje**ron → **traje**ra
tener: **tuvie**ron → **tuvie**ra
venir: **vinie**ron → **vinie**ra

Nota para hispanohablantes Hay una tendencia dentro de algunas comunidades de hispanohablantes a regularizar algunos de estos verbos irregulares y decir *andara, andaras, andáramos, andaran* en vez de **anduviera, anduvieras, anduviéramos, anduvieran** y *cabiera, cabieras, cabiéramos, cabieran* en vez de **cupiera, cupieras, cupiéramos, cupieran** y *poniera,...* en vez de **pusiera,...** Algunas comunidades también emplean *y* en vez de *j* en el verbo **traer** y dicen *trayera, trayeras, trayéramos, trayeran* en vez de **trajera, trajeras, trajéramos, trajeran.** También le añaden una *i* a las terminaciones del verbo **decir** y dicen *dijiera, dijiera, dijiéramos, dijieran* en vez de **dijera, dijeras, dijéramos, dijeran.** Es importante evitar estos usos fuera de esas comunidades y en particular al escribir.

- El imperfecto de subjuntivo tiene dos grupos de terminaciones: en **-ra** y en **-se.** Las terminaciones en **-ra,** que aparecen en el cuadro anterior, son las más comunes a través de todo el mundo hispanohablante. Las terminaciones en **-se (-se, -ses, -se, ´-semos, -seis, -sen)** se usan con relativa frecuencia en España y con menor frecuencia en Hispanoamérica.

El imperfecto de subjuntivo en cláusulas con *si*

● Un uso importante del imperfecto de subjuntivo es en oraciones que expresan situaciones hipotéticas, improbables o completamente contrarias a la realidad. En estos casos, la cláusula con **si,** que expresa una condición, está en imperfecto de subjuntivo mientras que la cláusula principal, que expresa el resultado de la condición, está en condicional. Tanto la cláusula principal en condicional como la cláusula con **si** en imperfecto de subjuntivo pueden comenzar la oración.

> Si **fuéramos** chilenas nos sentiríamos orgullosas de tener una mujer presidente.
>
> Nos sentiríamos orgullosas de tener una mujer presidente si **fuéramos** chilenas.

Nota para hispanohablantes En algunas comunidades de hispanohablantes se emplea el imperfecto de subjuntivo terminado en **-ra** en vez del condicional en estas oraciones condicionales. Este uso es también aceptable. Así, en lugar de *Si yo fuera a Chile* **visitaría** *el Palacio de la Moneda* se dice también *Si yo fuera a Chile* **visitara** *el Palacio de la Moneda.*

○ Ahora, ¡a practicar! ○

A. Examen final. Selecciona la forma verbal que te parece más apropiada para completar la siguiente narración.

Mucho antes de que (1)_____ (llegara / llegó) la fecha del examen final, la profesora nos dio varios consejos. Nos recomendó que (2)_____ (leéramos / leyéramos) el libro de texto con atención, que (3)_____ (tomemos / tomáramos) buenos apuntes y que (4)_____ (trayéramos / trajéramos) esos apuntes a clase si queríamos que ella los (5)_____ (revisara / revise). Nosotros le pedimos que nos (6)_____ (dijiera / dijera) cuáles eran los temas principales y ella no nos mencionó ninguno en especial porque no (7)_____ (quisiera / quería) influir nuestra lectura del texto. En realidad, ella deseaba que (8)_____ (pusiéramos / poniéramos) atención a lo que íbamos a leer. Nos dijo que si podíamos que (9)_____ (hiciéramos / hagamos) pequeños grupos de estudio. También nos explicó que no (10)_____ (valía / valiera) la pena estudiar durante toda la noche anterior; que era mejor que (11)_____ (durmiéramos / durmiéramos) bien.

B. ¿Bailarían la cueca? Varios compañeros de clase dicen bajo qué condiciones bailarían el baile nacional chileno.

MODELO   alguien / enseñar
         Yo bailaría la cueca si alguien me enseñara. Veo que no es fácil bailarla.

1. yo / ser un(a) buen(a) bailarín(ina)
2. yo / saber llevar mejor el ritmo

3. todos / participar en el baile

4. yo / poder practicar los pasos del baile

5. mi pareja / bailar tan mal como yo

6. nadie / reírse

C. Consejero.   Di lo que el consejero en la Universidad de Chile les recomendaría que hicieran o no hicieran a estos estudiantes.

MODELO   **Les recomendaría que estudiaran más.**

D. Ah, si yo pudiera...   Di lo que a ti te gustaría hacer si pudieras viajar a Chile.

MODELO   viajar a Chile / ir al archipiélago Juan Fernández
Si yo viajara a Chile, iría (o: **fuera**) **al archipiélago Juan Fernández. Me gustaría ver dónde vivió Róbinson Crusoe.**

1. ser verano / bañarme en las playas de la región de Viña del Mar

2. querer comer fruta fresca / comprarla en el Mercado Central

3. interesarme en las culturas indígenas / pasar un rato en el Museo Chileno de Arte Precolombino de Santiago

4. tener tiempo / esforzarme por ir a la casa de Pablo Neruda en Isla Negra
5. viajar al sur de Chile / recorrer la región de los lagos
6. alcanzarme el dinero / planear un viaje a la isla de Pascua para ver los moais
7. quedarme tiempo / llegar hasta los bellos paisajes de la Patagonia
8. llegar hasta la Patagonia chilena / hacer caminatas por el parque nacional Torres del Paine

E. ¿Te atreves?   Trabaja con un(a) compañero(a) y comenten en qué condiciones harían las siguientes actividades y qué problemas se les presentarían para hacerlas.

MODELO   escribir libros infantiles
Escribiría libros infantiles si conociera mejor a los niños. Desgraciadamente soy hija única y soy soltera.

1. aprender a pintar
2. participar en un concurso de baile
3. averiguar qué otras palabras vienen de lenguas indígenas
4. estudiar en una universidad latinoamericana
5. postularse a un cargo político
6. hacer un video sobre mi familia

11.2 El imperfecto de subjuntivo en cláusulas nominales y adjetivales

¡Ya lo sabes!

Una amiga chilena te explica algunos de los deseos de la gente que votó en las últimas elecciones presidenciales. ¿Qué te dice?

1. **a.** Los ciudadanos pedían que el nuevo gobernante *haga* reformas sociales.
   b. Los ciudadanos pedían que el nuevo gobernante *hiciera* reformas sociales.
2. **a.** La gente deseaba un candidato que *continuaba* las reformas sociales del gobierno anterior.
   b. La gente deseaba un candidato que *continuara* las reformas sociales del gobierno anterior.

Con toda seguridad casi todos eligieron la segunda oración en ambos pares. Como pueden ver, es fácil cuando se tiene un conocimiento tácito del uso del **imperfecto de subjuntivo en cláusulas nominales y adjetivales.** Sigan leyendo para afianzar ese conocimiento.

El imperfecto de subjuntivo se usa en cláusulas nominales y adjetivales cuando el verbo de la cláusula principal está en un tiempo verbal del pasado o en el condicional y cuando se dan las mismas circunstancias que requieren el uso del presente de subjuntivo.

Usos en las cláusulas nominales

El imperfecto de subjuntivo se usa en una cláusula nominal cuando:

- el verbo o la expresión impersonal de la cláusula principal indica deseo, recomendación, sugerencia o mandato y el sujeto de la cláusula nominal es diferente del sujeto de la oración principal. Se usa un infinitivo en la cláusula subordinada si no hay cambio de sujeto.

> Los chilenos **querían** que **declararan** oficialmente la cuenca como la danza nacional.
> Me **pidieron** que **hablara** sobre el folklore chileno.
> Yo **preferiría** que tú **recitaras** el poema de Pablo Neruda.
> Yo **preferiría leer** en voz alta la historia de Papelucho.

Nota para hispanohablantes Hay una tendencia dentro de algunas comunidades de hispanohablantes a evitar el uso del imperfecto de subjuntivo en construcciones de este tipo y decir *querían que declaren, pidieron que hable, preferiría que recites* en vez de **querían que declararan, pidieron que hablara, preferiría que recitaras.** Es importante evitar estos usos fuera de esas comunidades y en particular al escribir.

- el verbo o la expresión impersonal de la cláusula principal indica duda, incertidumbre, incredulidad o negación. Cuando se usa el opuesto de estos verbos y expresiones, el verbo de la cláusula subordinada va en indicativo porque indica certeza.

> Muchos **dudaron** que Michelle Bachelet **triunfara** en las elecciones presidenciales del año 2006.
> Hace algunos años para muchos **era dudoso** que una mujer **fuera** elegida presidente. Sin embargo, los entendidos en política **no dudaban** que **existían** mujeres capacitadas para todos los cargos políticos.

Nota para hispanohablantes Hay una tendencia dentro de algunas comunidades de hispanohablantes a evitar el uso del subjuntivo después de expresiones de certeza y decir *no dudaban que existieran,...* en vez de **no dudaban que existían,...** Es importante evitar estos usos fuera de esas comunidades y en particular al escribir.

- el verbo o la expresión impersonal de la cláusula principal se refiere a emociones, opiniones y juicios de valor y hay cambio de sujeto. Si no hay cambio de sujeto, se usa el infinitivo.

> Paulina Urrutia **se sorprendió** de que la presidenta la **nombrara** ministra de cultura. **Se sorprendió** de **recibir** tal distinción.
> Marcela Paz **temía** que la gente no **se interesara** por sus historias para niños.
> Marcela Paz **temía** no **tener** talento para la literatura.

Nota para hispanohablantes Hay una tendencia dentro de algunas comunidades de hispanohablantes a evitar el uso del subjuntivo cuando la cláusula principal se refiere a emociones, opiniones o juicios y decir *se sorprendió de que la nombraron,... temía que no se interesaban,...* en vez de **se sorprendió de que la nombraran,... temía que no se interesaran,...** Es importante evitar estos usos fuera de esas comunidades y en particular al escribir.

Usos en las cláusulas adjetivales

- Se usa el subjuntivo en una cláusula adjetival (cláusula subordinada) cuando se describe a alguien o algo en la cláusula principal cuya existencia es desconocida o incierta.

> Buscábamos una persona que **conociera** bien la jerga chilena.
> Necesitábamos un artículo que nos **informara** sobre el archipiélago Juan Fernández.

Nota para hispanohablantes Hay una tendencia dentro de algunas comunidades de hispanohablantes a evitar el uso del subjuntivo cuando se describe a alguien o algo desconocido o incierto y decir *buscábamos una persona que conocía,... necesitábamos un artículo que nos informaba,...* en vez de **buscábamos una persona que conociera,... necesitábamos un artículo que nos informara,...** Es importante evitar estos usos fuera de esas comunidades y en particular al escribir.

- Cuando la cláusula adjetival se refiere a alguien o algo que sí existe, se usa el indicativo.

> Encontré a una persona que **entendía** mucho de la jerga chilena.
> Leí un artículo que me **informó** sobre el archipiélago Juan Fernández.

◑ Ahora, ¡a practicar! ◑

A. Una época de tristeza y dolor.   ¿Qué les dolía a muchos chilenos durante el período de la dictadura militar?

MODELO   la gente / vivir en un clima de terror
Les dolía que la gente viviera en un clima de terror. Antes eso no ocurría.

1. nadie / gozar de libertad
2. muchos / desaparecer
3. la democracia / ya no existir
4. el diálogo político / no practicarse
5. las personas / poder salir de noche por el toque de queda
6. los ciudadanos / sentirse sin ningún poder
7. las familias / dispersarse

B. Nuevo alcalde.   Primero di qué tipo de alcalde quería tener la gente en las últimas elecciones locales y en seguida di si la gente obtuvo o no el alcalde que pedía.

MODELO   impulsar la economía local
La gente deseaba un alcalde que impulsara la economía local.
La gente eligió un alcalde que (no) impulsó la economía local.

1. crear nuevas escuelas
2. atraer industrias ecológicas a la ciudad
3. preocuparse de la seguridad de la ciudadanía
4. establecer más parques y áreas verdes en la ciudad
5. no subir los impuestos a la propiedad
6. reparar las calles y carreteras
7. ocuparse del problema de los sin techo
8. promover un crecimiento controlado

C. Misterios de la geografía.   Selecciona la opción que consideras más apropiada para indicar lo que pensaba de su país el héroe de la historia "Papelucho historiador".

Papelucho se interesó mucho en la lección de geografía que les (1)_____ (dio / diera) la profesora. Se sorprendió de que su país (2)_____ (fuera / era) largo y delgado como una lombriz. Para él era imposible que todo el país (3)_____ (cabiera / cupiera) en un trozo de papel que la profesora (4)_____ (llamó / llamara) un mapa. Más imposible aún era que la gran ciudad de Santiago (5)_____ (estaba / estuviera) representada en el mapa por un simple punto. Le interesó que su país (6)_____ (tuviera / tenía) a un lado el océano y al otro una alta cordillera. Él pedía que (7)_____ (había / hubiera) tesoros ocultos bajo las aguas del océano y en la profundidad de las montañas. Él rogaba que nadie <u>(8)</u> (explorara / explore) el mar y la cordillera y que nadie <u>(9)</u> (descubriría / descubriera) esos tesoros. Era esencial que él <u>(10)</u> (encontrara / encontraría) esas riquezas.

D. Pasatiempos. Usa el dibujo que aparece a continuación para decir lo que tú y tus amigos(as) consideraban importante hacer y no hacer cuando estaban en la Universidad de Chile en Santiago.

MODELO **Era importante (necesario, esencial) que hiciéramos ejercicio.**
Era obvio (seguro, verdad) que los jóvenes hacían ejercicio.

◎ 11.3 El imperfecto de subjuntivo en cláusulas adverbiales ◎

 ¡Ya lo sabes!

Tú conversas con una amiga chilena y le mencionas tus deseos de recorrer todo Chile de norte a sur. ¿Qué te dijo ella?

  1. Me dijo que yo no podría recorrer todo Chile a menos que *tenía* mucho tiempo y dinero.
  2. Me dijo que yo no podría recorrer todo Chile a menos que *tuviera* mucho tiempo y dinero.

¿Ven que es fácil cuando se tiene un conocimiento tácito del uso del **imperfecto de subjuntivo en cláusulas adverbiales**? Pienso que casi todos seleccionaron la segunda oración del par. Sigan leyendo y aumentará el conocimiento que ya tienen.

El imperfecto de subjuntivo se usa en cláusulas adverbiales cuando el verbo de la cláusula principal está en un tiempo del pasado o en el condicional y cuando existen las mismas condiciones que requieren el uso del presente de subjuntivo.

- Las cláusulas adverbiales siempre usan el subjuntivo cuando son introducidas por las siguientes conjunciones:

a fin (de) que   **con tal (de) que**   **para que**
a menos (de) que   **en caso (de) que**   **sin que**
antes (de) que

> Yo estuve en Chile **antes de que eligieran** presidenta a Michelle Bachelet.
> Papelucho creía que la Cordillera de los Andes guardaría sus tesoros **para que** más tarde él y sus compañeros los **descubrieran.**

- Las cláusulas adverbiales siempre usan el indicativo cuando son introducidas por conjunciones tales como **como, porque, ya que** y **puesto que.**

> Me agradó la exposición de Ignacio Gana que vi **porque entendí** muy bien el mensaje del artista.

- Las cláusulas adverbiales pueden estar en el subjuntivo o el indicativo cuando son introducidas por conjunciones de tiempo: **cuando, después (de) que, en cuanto, hasta que, mientras que** y **tan pronto como.** Se usa el subjuntivo cuando la cláusula adverbial se refiere a un acontecimiento anticipado que no ha tenido lugar todavía. Se usa el indicativo cuando la cláusula adverbial se refiere a una acción pasada acabada o habitual o a la afirmación de un hecho.

> Cada uno de los candidatos a la presidencia dijo que mejoraría la economía **en cuanto asumiera** el cargo.
> Probé comidas deliciosas **cuando visité** Chile.
> **Cuando vivía** en Santiago, acostumbraba ir al Mercado Central para mis compras.

- Una cláusula adverbial introducida por **aunque** puede estar en el subjuntivo o el indicativo. Se usa el subjuntivo cuando la cláusula adverbial expresa posibilidad o conjetura. Si la cláusula adverbial expresa un hecho, el verbo está en el indicativo.

> Aunque **leyera** muchos libros de expertos, no entendería los misterios de la economía.
> Aunque **permanecí** bastante tiempo en Valparaíso, nunca dominé la jerga de mis amigos chilenos.

Nota para hispanohablantes Hay una tendencia dentro de algunas comunidades de hispanohablantes a usar el condicional o el imperfecto del indicativo en cláusulas adverbiales que expresan posibilidad o conjetura y decir *aunque leería muchos libros de expertos, no entendería…* o *aunque leía muchos libros de expertos, no entendería,…* en vez de **aunque leyera muchos libros de expertos, no entendería…** Es importante evitar este uso fuera de esas comunidades y en particular al escribir.

◌ Ahora, ¡a practicar! ◌

A. Oferta de empleo. Te han ofrecido un empleo y no sabes si aceptar o no. Da diversas razones por las que podrías aceptar o rechazar la oferta. Emplea expresiones como **a menos que, con tal (de) que** u otras apropiadas.

MODELO   ganar dinero
          Yo no aceptaría, a menos que ganara bastante dinero. o: Yo aceptaría, con tal de que ganara bastante dinero.

1. ser un trabajo interesante
2. poder elegir mis horas de trabajo
3. no afectar mis estudios
4. adquirir experiencia útil en el futuro
5. dejarme trabajar más horas los fines de semana

B. Primer día. Imagina lo que harías en cuanto llegaras al aeropuerto Arturo Merino Benítez de Santiago después de un largo viaje.

MODELO   llegar a Santiago / apresurarme en llegar al hotel
          En cuanto (Cuando / Tan pronto como) yo llegara al aeropuerto, me apresuraría en llegar al hotel. Estaría muy cansado(a).

1. instalarme en la habitación del hotel / bañarme y tratar de dormir un poco
2. estar más descansado(a) / caminar hacia el centro
3. llegar al centro / buscar la plaza central
4. estar en la plaza / sentarse a beber un café en un restaurante cercano
5. terminar mi café / mirar los edificios antiguos y entrar en la catedral
6. cansarse de admirar la arquitectura antigua / caminar por las calles vecinas y entrar en algunas tiendas
7. darme hambre / buscar un restaurante con comida típica chilena
8. acabar de comer / regresar al hotel para seguir descansando

C. La primera presidenta de la historia de Chile. Completa la siguiente narración acerca de la vida política de Michelle Bachelet.

Michelle Bachelet se convirtió en la primera presidenta en la historia de Chile cuando __(1)__ (resultó / resultara) vencedora en la segunda vuelta de las elecciones de enero de 2006. Sus inquietudes políticas despertaron mucho antes de que __(2)__ (terminó / terminara) sus estudios universitarios, cuando __(3)__ (ingresó / ingresara) en la Juventud Socialista a comienzos del gobierno de Salvador Allende en los años 70. Como su padre __(4)__ (participó / participara) en el gobierno de Allende, fue detenido y torturado inmediatamente después del golpe de estado de 1973; murió él poco después. Aunque Michelle y su madre __(5)__ (fueron / fueran) detenidas también, fueron liberadas más tarde y salieron al exilio. En 1979, antes de que __(6)__ (terminara / terminó) la dictadura, regresó a Chile, completó sus estudios de medicina y ocupó diversos cargos administrativos. El año 2000 el presidente

Ricardo Lagos se comunicó con ella para que ___(7)___ (actuara / actúe) como ministra de salud, cargo que aceptó. Sin que ___(8)___ (pasaran / pasaron) dos años, fue nombrada ministra de defensa, la primera en la historia de Chile. En septiembre de 2004 el presidente Lagos aceptó la renuncia de la ministra Bachelet a fin de que ella ___(9)___ (pudiera / podía) ser candidata en las elecciones presidenciales del año siguiente. Y tan pronto como ___(10)___ (llegó / llegara) el 15 de marzo de 2006, Michelle Bachelet asumió la presidencia de la república de Chile.

D. ¡Voten por mí! Algunos de tus amigos piensan que tienes condiciones para líder estudiantil y quieren que te presentes como candidato(a) a un cargo importante en las próximas elecciones. Finalmente dices que aceptarías pero sólo bajo ciertas condiciones.

MODELO   sin que
No sería candidato(a) sin que muchas personas lo pidieran.

1. con tal de que
2. antes de que
3. para que
4. a menos que
5. aunque
6. en caso de que

12 Argentina
La tierra prometida

Buenos Aires: Plaza de la República

Así como los chilenos tienen sus chilenismos, los argentinos tienen sus argentinismos, los mexicanos sus mexicanismos, y así. El lunfardo, en cambio, es un vocabulario que se desarrolla a fines del siglo XIX y principios del siglo XX, no a lo largo del país, sino entre la gente de clase baja en la ciudad de Buenos Aires y sus alrededores. Fue en los prostíbulos, en particular, y otros lugares de interacción, donde los jóvenes porteños (de Buenos Aires) escuchaban a los jóvenes inmigrantes de distintos países usar vocablos que les llamaban la atención. Empezaron a adoptar muchas de las palabras que escuchaban tal como las oían, o creando sus propias variaciones según lo que les sonaba mejor. No sorprende entonces que el lunfardo mismo toma su nombre de una palabra que los ladrones de la época usaban para nombrarse a sí mismos. También es importante señalar que el lunfardo se desarrolla en el mismo ambiente y la misma época que el tango argentino. De hecho, un gran número de tangos incorporan vocablos del lunfardo.

Al lunfardo han llegado palabras indígenas, africanas, arcaísmos españoles inclusive del caló de los gitanos españoles y, por supuesto, vocablos del italiano, francés, alemán, polaco, portugués e inglés, entre otros. Ahora el lunfardo consta de unas 5.000 palabras, lo que hace imposible que uno hable **en** lunfardo sino **con** vocablos lunfardos.

◌ ¿Comprendiste? ◌

A. El lunfardo.   No sólo las antiguas canciones del tango incorporan el lunfardo, sino también canciones populares actuales como éstas de cumbia y rock. Lee los versos con un(a) compañero(a). Luego, según su significado y su contexto, relaciona las palabras del lunfardo en la primera columna con la explicación que se encuentra a la derecha.

criminal famoso cantante de tango ladrón insignia	**1.** En tu esquina rea°, cualquier **cacatúa** sueña con la **pinta** de Carlos Gardel°.* **2.** Le dicen gatillo° fácil, para mí lo asesinó a ese **pibe** de la calle, que su camino cruzó.† **3.** Él se la daba de macho con su chapa° policial, lleva **fierro bien polenta** y permiso pa' matar.† **4.** A él le dicen **federico,** yo le digo **polizón,** y como canta Flor de Piedra, vos sólo sos un **botón.**† **5.** No sé si llega el **tufo** a goma quemada; yo que usted me cuido la **ñata.****

*Tango: *Corrientes y Esmeralda* Celedonio Flores, 1922
†Cumbia: *Gatillo fácil* Pablo Lescano, grabado por Flor de Piedra, 2000
**Rock: *Rajá, rata* Iván Noble, grabado por Los Caballeros de la Quema, 1998

_____ 1. pibe		a. olor
_____ 2. cacatúa		b. de calidad superior
_____ 3. pinta		c. policía
_____ 4. tufo		d. arma de fuego
_____ 5. ñata		e. policía
_____ 6. fierro		f. persona
_____ 7. bien polenta		g. policía Federal
_____ 8. federico		h. nariz
_____ 9. polizón		i. joven
_____ 10. botón		j. buena apariencia

B. Vesre: una forma de lunfardo. Una manera de crear nuevos vocablos lunfardos es lo que llaman "vesre" o "revés" (decir las palabras con las sílabas al revés). Lee las siguientes palabras del lunfardo con un(a) compañero(a) de clase y escribe su significado en español en los espacios en blanco. Confirmen sus respuestas con el resto de la clase.

1. gotán   _____
2. feca   _____
3. jermu   _____
4. zodape   _____
5. dorima   _____
6. zabeca   _____
7. gomias   _____
8. chochamu _____

C. El lunfardo en el ciberespacio. En tu casa o en el laboratorio de computación, usa tu buscador favorito en Internet. Escribe la palabra "diccionario lunfardo" para encontrar sitios dedicados al lunfardo. Selecciona uno que te guste y escribe tres oraciones usando el mayor número posible de palabras en lunfardo. Ve a clase preparado(a) para compartir tus oraciones. La clase va a traducirlas a un español más general.

Nuestra riqueza cultural

⚲ Antes de leer ⚲

La música es una parte esencial del alma latina. Nadie conoce los ritmos cautivantes, sabrosos, apasionados y románticos como los latinos. La unión de ritmos e instrumentos africanos con los de los países latinoamericanos dio origen a una excitante mezcla de sonidos que invita a uno a moverse y a bailar al son de una música que embruja y libera. En seguida vas a leer no sólo del origen del tango sino también de cómo ese ritmo es una combinación de baile, música, canción y poesía. Pero primero, veamos cuánto sabes de los ritmos bailables de la música latina.

Ritmos bailables latinos. ¿Con qué país se identifican los siguientes ritmos latinos?

1. cumbia
2. rumba
3. salsa
4. merengue
5. pasodoble
6. tango
7. mambo
8. samba
9. cha-cha-chá
10. cuenca

a. Puerto Rico
b. Chile
c. Argentina
d. Colombia
e. Brasil
f. Cuba
g. República Dominicana
h. Perú y Bolivia
i. España

I. El tango: Baile, música, canción y poesía

Aunque no se sabe con exactitud cuándo y dónde nació el tango, la mayoría acepta que nació en Buenos Aires durante la década de 1880. Se acepta también que el tango está aliado musicalmente tanto a la habanera cubana como al candombe, ritmo popular en el Cono Sur con la población negra de la época. El tango tiene sus comienzos en los prostíbulos de Buenos Aires, que es donde se juntaban toda clase de hombres en busca de fortuna —obreros pobres, incapaces de comunicarse entre sí debido a las barreras lingüísticas de inmigrantes principalmente españoles e italianos, pero también de alemanes, húngaros, eslavos, árabes, judíos y muchos más. Era una época en la cual casi un 70% de los habitantes de la ciudad eran hombres. En este ambiente, la mayoría de las mujeres presentes eran prostitutas y camareras, dadas a bailes sensuales y provocadores que no serían aceptables fuera de este contexto.

No obstante, el tango triunfó, pasando de los barrios de clase baja a los mejores salones de baile en París, los Estados Unidos y, por supuesto, Buenos Aires. Es interesante que haya logrado este éxito mundial a pesar de ser proscrito por el Papa Pío X, prohibido por el Káiser alemán y condenado en periódicos y revistas mundiales tales como la revista española *La Ilustración Europea y Americana:* "un grotesco conjunto de ridículas contorsiones y repugnantes actitudes." En la actualidad, el tango —tanto el baile como la música— ha logrado un gran nivel de sofisticación y suele ser bailado por toda clase de gente, desde niños a presidentes y familias reales.

¿Comprendiste?

A. El tango. Contesta estas preguntas.

1. ¿Se conoce con precisión el origen del tango? Si no, ¿qué se puede decir de su origen?
2. ¿Quiénes fueron los primeros en bailar el tango? ¿Dónde se reunían para bailarlo? ¿Por qué no lo bailaban en los elegantes salones de baile de Buenos Aires?
3. ¿Dónde se hizo popular el tango cuando por fin salió de Buenos Aires? ¿Qué oposición hubo al tango a nivel internacional? ¿En qué se basó la oposición? ¿Ha habido oposición a otros tipos de música o baile durante tu vida? Explica.
4. ¿Tiene el tango prestigio social hoy en día? ¿Lo has visto bailar o lo has bailado tú alguna vez? Si así es, ¿dónde? ¿Qué te pareció? ¿Crees que hay algo ofensivo o reprochable en el tango? Explica.

B. Álbum de mi familia. Pídeles a tus padres a tus abuelos que te digan si algún baile o tipo de música se consideraba inapropiado o inaceptable cuando ellos eran jóvenes. Si así es, pídeles que te expliquen por qué y que te digan qué opinan de esos bailes ahora. Finalmente, escribe un breve resumen de lo que te digan y anótalo en tu álbum familiar, indicando debajo de cada resumen el nombre de la persona que te lo contó.

C. El tango en el ciberespacio. En tu casa o en el laboratorio de computación, usa tu buscador favorito en Internet. Escribe las palabras "tango" y el nombre de una ciudad grande cerca de donde vives, para encontrar academias de baile donde enseñan a bailar tango. Infórmate sobre precios, horarios y toda la información que consideres importante. Ve a clase preparado(a) para compartir la información. Determinen cuántos de ustedes encontraron el mismo lugar.

○ Antes de leer ○

Mi opinión y la información del autor. Antes de leer indica lo que sabes sobre Argentina seleccionando **C (Cierto)** o **F (Falso).** Después de leer indica cuál es la información que proporciona el autor.

En mi opinión			Según el autor	
C	F	1. En la Argentina no hay suficientes recursos alimenticios para la población.	C	F
C	F	2. La pampa es una llanura inmensa y rica.	C	F
C	F	3. La costa argentina tiene más de 7.000 kms.	C	F
C	F	4. En la Argentina se encuentra el parque natural de Iguazú.	C	F
C	F	5. A los argentinos les gusta conversar.	C	F

○ Lectura ○

. . . .

Argentina: La tierra prometida

. . . .

Hay quienes interpretan la promesa bíblica de la tierra prometida de una manera literal, es decir, una tierra de donde literalmente se esperaba que manara "leche y miel". Pero si se entiende en un sentido alegórico (un significado mucho más acertado), la Argentina ha sido la tierra prometida para sus casi cuarenta millones de habitantes, y todos aquellos que tuvieran la suerte de visitarla. Se trata sin duda de una tierra donde se encuentra aquello que es necesario para subsistir (la leche) y aquello que endulza la vida y la hace llevadera (la miel). En la Argentina se encuentran ricas extensiones en cuyos pastizales se crían innumerables rebaños de ganado, guardados por la atenta mirada del gaucho. Se trata de la pampa, situada en el centro del país, dividida en la Pampa Húmeda y la Pampa Occidental, esta última con un clima continental y superior desde el punto de vista de la producción. La costa marítima argentina, por si fuera poco, tiene una longitud cercana a los 5.000 kilómetros (3,100 millas) y de sus aguas se extraen anualmente cerca de dos millones de toneladas de pescado.

Por otro lado, los recursos energéticos de la Argentina son variados. Van de las cuencas petrolíferas y de gas a la energía hidroeléctrica, pasando por las grandes posibilidades eólicas (de los vientos) de la Patagonia y heliofánicas (uso de la luz solar) de las sierras Pampeanas, Cuyo y la cordillera Oriental. La energía geotérmica (aprovechamiento del calor interno de la tierra), sin ser explotada significativamente en la actualidad, es una fuente viable de energía para la Argentina, sobre todo por la actividad volcánica de los volcanes Copahue y Domuyo, entre otros.

La Argentina cuenta además con impresionantes lagos, parques naturales (¡entre ellos Iguazú!), la majestuosidad del Aconcagua, de 6.959 metros (22.830 pies) de altitud, la dulzura de la noche pampera, la calidad de sus vinos, el gusto de los argentinos por hablar, por compartir con la familia y los amigos, la pasión por el fútbol, la música, el elevadísimo nivel literario, el amor por el tango, el ritual del mate... y el dulce de leche. Quizá es éste ultimo la más sabrosa metáfora para representar la Argentina, porque en él se funden la dulzura y el vigor en una combinación que está para chuparse los dedos.

๑ ¿Comprendiste? ๑

A. La riqueza de todos.   Selecciona la opción que mejor complete las siguientes oraciones.

1. La mayor parte del territorio agrícola de la Argentina se dedica...

   a. al cultivo de la uva... y vino.
   b. a los pastizales.
   c. al desarrollo de energía hidroeléctrica.

2. La Pampa argentina es...

   a. una llanura.
   b. una cadena de montañas.
   c. un enorme valle rodeado de volcanes.

3. La costa argentina tiene cerca de...

   a. 3.000 kms.
   b. 5.000 kms.
   c. 4.000 kms.

4. Iguazú es...

   a. una región de la Patagonia.
   b. un volcán.
   c. un parque natural.

B. La promesa argentina.   Tanta riqueza en la Argentina, y sin embargo relativamente poca gente vive allí. De hecho, siendo casi siete veces más grande que California en extensión, tiene aproximadamente la misma población. ¿A qué crees que se debe? ¿Por qué crees que, con tanta riqueza, la Argentina sigue teniendo intermitentes crisis económicas? ¿Cuáles pueden ser las causas? Explica tus respuestas.

C. Argentina y la emigración.   ¿Por qué crees que tantos emigrantes europeos llegaron a la Argentina a finales del siglo XIX y principios del XX? ¿Qué crees que pudo atraerlos? ¿Crees que hoy día se justificaría también otra ola migratoria hacia la Argentina? Explica tu respuesta.

D. Argentina como destino.   De lo aprendido hasta ahora de la Argentina, ¿qué destacarías si tuvieras que recomendarle este país a unos estudiantes que quieren estudiar un año en Sudamérica, pero no saben en qué país? Puedes hojear el resto de este capítulo para añadir cosas que quisieras explicar.

E. La gramática está viva en la lectura.   ¿Cuántos usos de imperfecto de subjuntivo en cláusulas principales puedes encontrar en esta lectura? Prepara una lista de los que encuentres y prepara una explicación de cada uso. Confirma tus resultados con el resto de la clase. Para más información sobre **el subjuntivo en cláusulas principales,** consulta *Así funciona nuestro idioma,* página 458.

F. Argentina en el ciberespacio.   En tu casa o en el laboratorio de computación, usa tu buscador favorito en Internet. Escribe las palabras "promesa Argentina" para encontrar páginas que hablan sobre los distintos aspectos de la esperanza de la Argentina, tanto positivos como negativos. Escoge algún sitio que presente uno de estos aspectos desde un ángulo que te resulte interesante. Ven a clase preparado(a) para compartir la información.

Vamos a conversar sobre... el cambio climático

Los hielos antárticos se están derritiendo. Sin embargo, el Glaciar Perito Moreno, en la Patagonia argentina, sigue creciendo más de lo que lo hizo los últimos años. Dos argumentos, uno a favor y otro en contra la teoría del cambio climático. Sin embargo, aunque los expertos no se ponen de acuerdo sobre la magnitud del cambio climático, todos lo admiten como un hecho real debido al fenómeno conocido como "efecto invernadero". Vamos a conversar sobre este tema, intentando, en grupos de tres, responder a las siguientes preguntas. Luego informen a la clase de sus conclusiones, y estén preparados para discutir las opiniones de los demás grupos.

A. El cambio climático.   ¿Creen ustedes que se está produciendo un cambio climático importante? ¿En qué lo notan? ¿Han oído a sus mayores decir que el clima "está loco"? ¿Lo han pensado ustedes? ¿Conocen a políticos o científicos que están a favor o en contra de la teoría del cambio climático? ¿Qué argumentan? ¿Qué creen ustedes? ¿Es algo que les preocupa? ¿Por qué sí o no? ¿Quiénes creen que son los principales afectados por el cambio climático? Por su situación geográfica, ¿creen ustedes que este cambio les afecta? ¿Cuáles serían los riesgos más destacables?

B. Los gobiernos.   ¿Creen que su gobierno se preocupa lo suficiente por el cambio climático? ¿Creen que los Estados Unidos es especialmente culpable por el calentamiento de la atmósfera? ¿Creen que se puede hacer algo para corregir esta tendencia? ¿Creen que los Estados Unidos sería uno de los países más afectados si el cambio climático tuviera consecuencias drásticas? ¿Por qué sí o no? Si algún día llegaran al poder, ¿qué medidas concretas implementarían para resolver los problemas del cambio climático?

C. Cambio de vida.   Si creen que se está produciendo un cambio climático ocasionado por el hombre, ¿están haciendo algo para evitarlo? ¿Creen que hay algo que se puede hacer a nivel privado para cambiar la situación? ¿Qué estarían dispuestos a sacrificar para detener esa evolución? Si supiéramos que las consecuencias del cambio climático no nos iban a afectar a nosotros, sino a nuestros nietos, ¿creen que valdría la pena hacer todo el esfuerzo posible por evitarlo? ¿Por qué sí o no?

Nuestra riqueza lingüística

◔ Antes de leer ◕

¿Cuánto recuerdas de lo que aprendiste del voseo en el Capítulo 6? Indica en la primera columna si, en tu opinión, estos comentarios son ciertos o falsos. Luego, después de leer la lectura, completa la tercera columna con la opinión del autor. Si algún comentario es falso, corrígelo.

En mi opinión			Según el autor	
C	F	1. El voseo se usa no sólo en Centroamérica, sino también en Sudamérica.	C	F
C	F	2. Los argentinos y los uruguayos usan sólo el lunfardo, no el voseo.	C	F
C	F	3. Cuando hablamos del Cono Sur nos referimos a todo Sudamérica.	C	F
C	F	4. El voseo no se usa ni en Colombia ni en Venezuela.	C	F
C	F	5. El voseo consiste en una variante que emplea el pronombre **vos** con ciertas formas verbales.	C	F

◌ Lectura ◌

Variantes coloquiales: El voseo en el Cono Sur

En el Capítulo 6 leíste algo de la historia del voseo y aprendiste que se usa en varios países centroamericanos, en particular en El Salvador, Guatemala, Costa Rica y Nicaragua. El voseo también se usa en el llamado Cono Sur, extensamente en Argentina y Uruguay, pero también en Chile. Otros países sudamericanos donde también se usa el voseo, aunque no extensamente, son Paraguay y Bolivia. Al conversar con personas del Cono Sur, en particular con argentinos o uruguayos, lo que vas a notar inmediatamente no es el uso del lunfardo o de gran cantidad de argentinismos sino el uso del voseo, la variante que emplea el **vos** con ciertas formas verbales. Las formas verbales más afectadas por el **vos** son el presente de indicativo, el presente de subjuntivo y el imperativo.

Formas de *vos*

	Presente de indicativo	Presente de subjuntivo	Imperativo
verbos en **-ar**	**-ás** (llev**ás**)	**-és** (llev**és**)	**-á** (llev**á**)
verbos en **-er**	**-és** (beb**és**)	**-ás** (beb**ás**)	**-é** (beb**é**)
verbos en **-ir**	**-ís** (viv**ís**)	**-ás** (viv**ás**)	**-i** (viv**í**)

En los otros tiempos verbales el pronombre **vos** se emplea con las terminaciones de la segunda persona informal **tú** (¿Dónde **comiste vos**? ¿**Has estado vos** en Bariloche?).

◌ ¿Comprendiste? ◌

A. El voseo en el Cono Sur.   Contesta las siguientes preguntas.

1. ¿Qué es el Cono Sur? Explica el nombre.
2. ¿Que es el voseo?
3. ¿En qué países centroamericanos se usa el voseo? ¿En qué países sudamericanos?
4. ¿Cómo diría un argentino o un uruguayo lo siguiente? *Can you do it? It's important that you call me tomorrow. You have to do it.*

B. Mafalda.   Mira las siguientes tiras cómicas de Mafalda, el personaje creado por el genial argentino, Joaquín Salvador Lavado "Quino". Las tiras de Mafalda son leídas por todo el mundo hispanohablante y además, han sido traducidas a 26 idiomas. Con un(a) compañero(a), traduzcan las tiras a un español general, sin el voseo.

1.

2.

3.

C. El voseo en el ciberespacio. Desde tu casa o el laboratorio de computación, usa tu buscador favorito en Internet. Escribe las palabras "poema vos" para encontrar páginas dedicadas a distintos poemas que usan el **vos.** Selecciona varios representativos de escritores argentinos. Elige el poema que más te guste. Ven a clase el próximo día preparado(a) para compartirlo con la clase.

Gustavo Santaolalla

Gustavo Santaolalla Compositor, músico y productor argentino, nació en Buenos Aires en 1952. Su carrera musical profesional comenzó en 1967, cuando fundó el grupo de rock Arco Iris, pionero en la fusión del rock con la música popular latinoamericana. Posteriormente Santaolalla ayudó al desarrollo de la música latinoamericana, siendo el productor de grupos mexicanos como Molotov, Café Tacuba y el cantante colombiano Juanes.

Apodado "El Gurú", en su carrera como compositor de bandas sonoras destaca su producción para películas como *Amores perros*, *21 Gramos* o *Diarios de motocicleta*. En 2006 recibió el Óscar por su creación instrumental para la banda sonora de la película *Brokeback Mountain* (*Secreto en la montaña*). De esta banda sonora, la canción "A Love That Will Never Grow Old" ganó el Globo de Oro a la mejor canción. Santaolalla reside actualmente en Los Ángeles, California.

Fernando Minotti Profesor en la Facultad de Ciencias Exactas y Naturales de la Universidad de Buenos Aires, descubrió recientemente la fórmula matemática que explica el vuelo de los insectos. Este hecho, aparentemente insignificante, ha revolucionado el mundo de las ciencias y ha acabado de paso con la leyenda de que el abejorro no está sujeto a las mismas leyes que mantienen en el aire al avión en que viajamos. Hasta ahora, se podía explicar matemáticamente el vuelo de un avión que pesa toneladas, pero no el de una mosca. ¿Estaba Minotti interesado en explicar el vuelo de una mosca? En realidad, no. Se topó por casualidad con el tema cuando preparaba una clase para sus alumnos. "Fue hace tres o cuatro años; estaba buscando problemas interesantes para un curso de mecánica de fluidos. Entonces encontré un artículo de Dickinson sobre cómo vuelan las moscas. Cuando empecé a usar las fórmulas conocidas para resolver el problema, me di cuenta de que no se podía. Y bueno, me dio no sé qué no poder resolverlo". A medida que se acercaba a la resolución del problema, Minotti publicó tres artículos en la prestigiosa revista *Physical Review*. El tercer artículo contiene la hipótesis que explica por qué el vórtice (remolino) se mantiene pegado al ala del insecto. "El vórtice explica que aunque el ala de un insecto se mueva con ángulos muy grandes, el flujo de aire no se vuelva turbulento y se mantenga la sustentación. También explicamos por qué ese vórtice se mantiene pegado al ala en lugar de ser arrastrado por el flujo de aire. Algunas hipótesis hablaban de un equilibrio dinámico, y eso fue lo que logramos probar matemáticamente".

A. Hispanos estelares. Contesta estas preguntas con tres compañeros de clase e informen a la clase de sus conclusiones.

1. ¿Quién es Gustavo Santaolalla? ¿A qué se dedica? ¿A qué edad comenzó su carrera musical? ¿Para qué grupos o cantantes ha producido? ¿Para qué películas ha compuesto bandas sonoras? ¿Vieron ustedes esas películas? ¿Qué premios ha recibido?

2. ¿Quién es Fernando Minotti? ¿Qué ha conseguido? ¿Cómo lo consiguió? ¿Qué leyenda consiguió desbancar? ¿Cuáles creen que pueden ser las aplicaciones de su descubrimiento?

B. El gran teatro del mundo.

1. Hablando de descubrimientos, en grupos de tres representen una presentación de inventos fundamentales de la historia ante un comité de especialistas (la clase). Elijan un objeto que consideren revolucionó la historia, dibújenlo en la pizarra y expliquen al comité el valor de su descubrimiento, y cómo va a cambiar la vida de las generaciones venideras. Como suele ser habitual, el comité de sabios no da valor a lo novedoso y hace infinidad de preguntas y comentarios basados en el principio de que "más vale lo malo conocido que lo bueno por conocer".

2. Inventores, inventen. En grupos de tres, creen un invento que según ustedes va a resolver problemas presentes de la humanidad. Pueden dibujar el diseño y explicar su funcionamiento. Mientras presentan con entusiasmo, la clase hace preguntas sobre su aplicación y hace sugerencias para hacerlo más práctico y más eficiente. Pueden pensar en aparatos para el hogar, para el transporte, herramientas o lo que se les ocurra.

Hablemos de carreras... en ciencias físicas

El mundo de las ciencias es apasionante, y sus repercusiones se dejan sentir en los rincones más apartados de la Tierra. ¿Tienes alguna inclinación hacia el estudio de las ciencias? ¿Te consideras una persona de capacidad analítica? ¿Cuáles son las ciencias que más te interesan? ¿Qué pasos tendrías que dar para llegar a titularte en una de las muchas ramas de las ciencias? ¿Cuántos años de estudios tendrías por delante? ¿Te apoyarían las personas que viven en tu entorno?

☉ Para hablar de las ciencias físicas ☉

Agua
agua
   destilada
   dura
   mineral
   pesada
   potable
   negra
gota
nube

Aire
atmósfera
calor
frío
humedad
oxidación
presión atmosférica
aire puro
reducción
sequedad

Minerales
aluminio
azufre
cinc
cobre
estaño
hierro
magnesio
mercurio
oro

plata
plomo

Gases
anhídrido carbónico (CO_2)
argón (Ar)
helio (He)
hidrógeno (H)
neón (Ne)
nitrógeno (N)
oxígeno (O)
radón (Rn)

Electricidad
ánodo
átomo
carga
cátodo
conductividad
electrólisis
electrón
iones positivos/negativos

Reacciones químicas
catalizador
concentración
equilibrio
temperatura
velocidad

Química orgánica
alcoholes
carbono

combustión
compuestos orgánicos
hidrocarburos
petróleo

Bioquímica
alimentos
carbohidratos
enzimas
grasas
medicamentos
nutrientes inorgánicos
planeta
proteínas
ser humano
universo
vitaminas

Experimentos
balanza
evaporación
filtrar
filtro
laboratorio
mechero Bunsen
microscopio
papel filtro
platillo de balanza
tubo de ensayo

A. Las ciencias y yo.   Completa estas oraciones y comparte tus respuestas con un(a) compañero(a) de clase.

1. Todo científico debe saber algo de _____, _____ y _____ en general y de _____ y _____ si se especializa en _____ o de _____ y _____ si se especializa en _____.
2. Yo siempre tengo problemas en el _____ de ciencias con los _____. Cuando uso el _____ _____ inevitablemente caliento el _____ de _____ demasiado o se me olvida usar papel _____ o se me cae el _____ de _____. ¡Soy un verdadero desastre!
3. Si piensas seguir una carrera en ciencias, debes poder nombrar los siguientes elementos: (N) _____, (O) _____, (H) _____, (CO2) _____, (He) _____. Y si de veras quieres impresionarme, nombra también estos elementos: (Rn) _____, (Ne) _____ y (Ar) _____.
4. Es muy importante tener agua _____ en todo hogar, pero también es importante tener sistemas para deshacerse de las aguas _____ sin correr riesgo de contaminación. Ahora en el _____ de _____ es importante siempre usar agua _____ en todos los _____.

B. Con el diccionario en mano.   Traduce estas oraciones al español para mostrar que conoces bien este vocabulario relacionado a las ciencias.

1. Biologists may study cells under a microscope, insects in a rainforest, viruses that affect human beings, plants in a greenhouse, or lions in Africa.
2. The experiment went well, except that I confused the cathode with the anode, which reversed the conductivity and created a negative charge.
3. The state of Nevada continues to produce large quantities of silver, gold, copper, mercury, and salt.
4. I was just in La Paz, Bolivia, and was most impressed with the atmospheric pressure and the dry, cold wind of the highland plateau, not to mention the scarcity of drinkable water.

C. Científicos del futuro.   Identifiquen a los compañeros de clase que tal vez se interesen en una carrera en ciencias y entrevístenlos. Usen estas preguntas y otras que les parezcan apropiadas.

1. ¿Qué rama de las ciencias te interesa? ¿Por qué te interesa una carrera en esa rama? ¿Conoces a científicos en los que te inspiras?
2. ¿Qué tendrás que hacer para poder seguir esa carrera? ¿Qué tipos de estudios tienes que hacer? ¿Será muy costoso seguir esta carrera? Explica tu respuesta.
3. ¿Dónde crees que te gustaría trabajar? ¿Con qué empresa? ¿Considerías una carrera como científico con el gobierno federal? ¿en una universidad? ¿Por qué sí o por qué no?

D. Científicos hispanos en el ciberespacio. En tu casa o en el laboratorio de computación, usa tu buscador favorito en Internet. Escribe las palabras "científico hispano", para encontrar información sobre los científicos e investigadores hispanos más importantes del momento. Ven a clase preparado(a) para compartir la información sobre uno(a) de ellos (ellas) que te parece interesante.

Arte hispano

La artista

La escultora Trinidad Caminos nació en Córdoba, Argentina, en 1969 y es Licenciada en Escultura y Profesora Superior de Educación Plástica por la Escuela de Artes de la Facultad de Filosofía y Humanidades, de la Universidad Nacional de Córdoba. En esa misma universidad en que había realizado sus estudios de licenciatura, realizó sus estudios de posgrado orientados a la Enseñanza de Artes Plásticas a grupos con necesidades especiales. Además de formar parte activa en los eventos

Trinidad Caminos

culturales y artísticos de la Argentina, es de destacar el que haya realizado viajes por América y Europa profundizando en su conocimiento del arte de las distintas culturas visitadas. A esta vocación internacional se debe el que ya a principios de la década de los 90 hubiera participado en diversos proyectos internacionales, entre los que se destaca el realizado en 1993 con la escultora norteamericana Judith Sutton Kacker titulado *Un sol, una tierra, una paz*. Sus obras se pueden apreciar en edificios públicos y privados, así como en espacios verdes de la ciudad de Córdoba. Entre ellos destacan *Álabes de lis* (Museo Molet), el monumento a Evita del Hospital San Roque y de "Ciudad Evita", y el Homenaje a Leonor Marzano (Ciudad de los Cuartetos–Córdoba). En arte religioso realizó la obra *El Cristo del Cáliz* para la Iglesia Niño Jesús de Praga, y *La Virgen del Rosario*. Actualmente trabaja como escultora y restauradora en su taller.

Álabes de lis

"La obra *Álabes de lis* (véase la página xx) me llevó 7 meses, … Fue un gran desafío para mí. Siempre me interesó la obra de los escultores del movimiento del siglo XX, Isamu Noguchi, Calder… Me interesaba la manera de dar movimiento a la escultura, a través de motores mecánicos, hice pruebas en tamaños menores. El tema de crear volúmenes con el agua, era otra inquietud. Comencé como un juego, haciendo pruebas con la manguera mientras regaba las plantas. Me puse a observar la forma que daban al agua ciertos regaderos, experimentando con la presión de agua y la posición de los mismos. Con resina poliéster, diseñé distintas 'cajas perforadas' por donde el agua salía provocando distintas formas en su caída… El nombre 'álabes' alude a las paletas (piezas) de una turbina. Lis es una flor. La escultura, pues, integra ciencia y naturaleza, una flor 'turbina', que metafóricamente genera energía a través del movimiento y el agua que toma del río para encenderse e iluminar el entorno natural."

A. Trinidad Caminos y yo.   Contesta estas preguntas sobre el trabajo de esta escultora argentina y tus propios intereses.

1. ¿Te gusta la escultura en general? ¿Has tenido la oportunidad de admirar esculturas famosas clásicas o modernas? ¿Cuáles? ¿Qué te llamó más la atención de estas obras? ¿Por qué crees que tantas esculturas clásicas continúan admirándose?
2. Si tuvieras que realizar una escultura, ¿preferirías trabajar con volúmenes tradicionales como cuerpos humanos y animales, o preferirías una escultura más abstracta? ¿Por qué? ¿Cuál crees que requiere más dominio de la técnica? ¿Qué materiales usarías principalmente? ¿Por qué usarías esos materiales?
3. ¿Crees que tendrías la paciencia para trabajar siete meses en el mismo proyecto? ¿Por qué sí o por qué no? Si decidieras hacerte escultor(a) usando el mármol o la piedra como materiales básicos, ¿tendrías que mudarte de ciudad? ¿De país? ¿Adónde irías a vivir y por qué?
4. La obra *Ábales de lis* combina luz, agua y movimento con la solidez de la estructura de la fuente en forma de flor. Si tú tuvieras que realizar una fuente, ¿cómo la harías? En una hoja aparte, haz un bosquejo. En primer lugar, decide dónde la colocarías, y a partir de ahí diseña una fuente que pasara a formar parte del entorno y que aprovechara sus virtudes, como hace la obra de Trinidad Caminos. Comparte tu bosquejo con tus compañeros y explícales qué has intentado hacer con tu creación.

B. La gramática está viva en la lectura.   Con un(a) compañero(a) de clase, prepara una lista de todos los tiempos compuestos de la introducción a la lectura. ¿Qué tiempos compuestos han usado los autores? ¿Son todos iguales? Confirma los resultados con la clase entera. Para más información sobre los **tiempos compuestos,** consulta *Así funciona nuestro idioma,* página 458.

C. El arte argentino en el ciberespacio.   En tu casa o en el laboratorio de computación, usa tu buscador favorito en Internet. Escribe las palabras "escultores argentinos" para encontrar páginas que contienen información sobre las esculturas argentinas. Elige el sitio del (de la) escultor(a) que más te impresione e investiga un poco más sobre el (la) artista y su obra. Ven preparado(a) para compartir con la clase los resultados de tus investigaciones.

Nuestra herencia literaria

☾ Antes de leer ☾

Las musas. ¿Qué lleva a una persona a ponerse delante de un papel en blanco o de una máquina de escribir (o una computadora) por primera vez para escribir sólo por el gusto de escribir? Piensa en eso al contestar estas preguntas.

1. ¿Qué crees que lleva a una persona a escribir un libro de cuentos, de poesía o una novela? ¿Crees que el (la) escritor(a) nace con esa habilidad, o se hace? Explica tu respuesta.
2. En escritura, ¿crees que importa tanto el mensaje como la técnica? ¿Crees que la persona que no escribe para ser leída no lo hace porque no tiene nada que decir, porque no tiene la técnica necesaria, o porque simplemente no le interesa la escritura? Explica tu respuesta.
3. ¿Hay en tu familia alguien que se dedique a escribir? Si es así, ¿qué escribe? ¿Es o fue famoso(a)? Si no, ¿conoces a algún(a) escritor(a)? ¿Qué admiras de él o ella?
4. ¿Y tú? ¿has probado alguna vez escribir para que te lean? Si no, ¿por qué no? Si lo hiciste, ¿qué género literario usaste? ¿Por qué usaste ése en particular?

Estrategias para leer: Limitar el uso del diccionario

Usar el diccionario para adquirir la completa comprensión de un texto es el ejercicio más frecuente de cualquier lector. No hay nadie que conozca tan bien un idioma que no tenga que echar mano a menudo al diccionario.

Como sabes, a estas alturas tú debes estar usando un diccionario de la lengua española que contenga el mayor número posible de americanismos. Si tienes que escribir, entonces es importante usar un diccionario de dudas del idioma y otro de sinónimos.

Para leer bien un texto, procura no usar el diccionario la primera vez que lo lees. Si se trata de una novela o de un ensayo largo, no te detengas durante la primera lectura para buscar las palabras desconocidas. Sólo marca las que no comprendas. Luego, una vez terminada la primera lectura, regresa y busca las palabras que consideres necesarias. Escribe un sinónimo al márgen del texto, a modo de glosa. Pero no busques todas las palabras. Busca sólo aquéllas que aparecen varias veces y de las cuales no tienes un sentido general de lo que significan, y, sobre todo, cuando piensas que una palabra es vital para la comprensión del texto.

Lee el siguiente texto de Luisa Valenzuela y a la primera lectura marca las palabras que no conozcas. Luego busca aquéllas que consideres imprescindibles para su comprensión.

La autora

Luisa Valenzuela nació en Buenos Aires en 1938. Trabajó como periodista en el diario *La Nación* y en la revista *Crisis,* entre otros medios. Ha publicado seis novelas y ocho volúmenes de cuentos. Sus libros han sido traducidos a muchos idiomas, y en su totalidad al inglés. Actualmente vive en Buenos Aires y es columnista de *La Nación*. En 2002 escribió una novela, o quizá una autobiografía apócrifa, titulada *La Travesía*.

⟲ Lectura ↺

Sobre el secreto y la escritura literaria (fragmento de una entrevista)

"La primera novela la escribí a los 21. Estaba viviendo en Francia y extrañaba mucho a la Argentina. Entonces empecé a soñarme en un Buenos Aires muy popular, que nos gustaba merodear con mis amigos en mi juventud, por los piringundines del Bajo. No sé si conservo rasgos de la primera novela en mi escritura actual. No sé tampoco cuál es el momento iniciático. Creo que hay como una epifanía, como un momento iniciático en alguna instancia de cada una de las nuevas escrituras. Si eso no ocurre, yo siento que no estoy escribiendo bien. Necesito como un instante de revelación, de clic, donde descubro que estoy haciendo algo distinto, algo nuevo: un nuevo libro. Es como empezar de nuevo. Por eso me cuesta tanto cada nuevo libro. Es todo un recomenzar y tirar mucho a la basura, ir buscando la voz, tratando de encontrar el ritmo de algo que sé que se va a contar, pero todavía no sé bien de qué se trata. Yo creo que si no hay un meollo de secreto, de lo inefable, de algo que está más allá de las palabras, no habría literatura, no habría creación, no habría invención literaria. Como bien se dice que no habría de pensar si no hubiera lo impensable. Tiene que haber un límite para que la cosa se estructure. Y a mí me interesa llegar a ese límite, llegar a conocer ese límite. Empujar, tratar de empujar ese límite. Ésa es la escritura de Cortázar, por ejemplo. Quizá sea ésa una tradición en la que me gustaría inscribirme, también me parece un poco pretencioso, pero yo soy muy cortazariana. Sé que ahora está de moda decir que no, que ya no se puede leer *Rayuela*. Yo leo *62. Modelo para armar* y lo releo y siempre encuentro nuevos trabajos alrededor del secreto, alrededor de lo inefable, nuevos acercamientos a lo que está más allá: a lo que está más allá de la palabra, de lo que está más allá de la vida. Finalmente siempre vamos a escribir de la muerte, pero como no sabemos, vamos a tratar de empujar ese límite. Yo creo que no hay escritura sin secreto, no hay develación del secreto porque no lo podemos nombrar. Si descubrimos algo no nombrarlo, dejarlo intacto, escribir alrededor de ese meollo de misterio que es la vida humana. Si no sabemos quiénes somos, a dónde vamos, de dónde venimos. Estamos siempre con las preguntas filosóficas básicas, ontológicas básicas. Bueno, ésa es la escritura: un intento de entender lo incomprensible. Lo por siempre incomprensible."

◯ Reacciona y relaciona ◯

A. Reacciona. Contesta las siguientes preguntas. Compara tus respuestas con las de dos compañeros de clase.

1. ¿A qué edad escribió Luisa Valenzuela su primera novela? ¿Dónde estaba?
2. El retrato de Buenos Aires de su primera novela, ¿responde al Buenos Aires de la realidad? ¿A cuál responde?
3. ¿Qué dice Luisa Valenzuela que necesita para poder comenzar una obra literaria?
4. ¿A qué escritor argentino admira Valenzuela? ¿Qué aprendió de él?
5. En resumen, ¿qué es la escritura para Luisa Valenzuela?

B. Relaciónalo. Cuando Luisa Valenzuela dice que le cuesta trabajo comenzar una novela, ¿cómo crees que se manifiesta esa dificultad? ¿Crees que le ocurre lo que tradicionalmente se muestra en las películas del escritor en apuros (escribiendo sólo las primeras palabras sobre una hoja, rompiendo la hoja y empezando otra nueva para poner lo mismo…)? ¿Qué te ocurre a ti cuando tratas de escribir algo para tus clases y no sabes por dónde empezar? ¿Crees que hay un momento en el que se produce un "clic", como lo llama ella, y empieza todo a fluir? Piensa ahora en algo que haces bien. Trata de explicar en un párrafo cómo surge de ti eso que haces (bailar, escribir, pintar, arreglar tu carro, coser, cocinar…). Escribe las dificultades que tienes y cómo te sientes cuando finalmente consigues crear algo. Léeselo a tu compañero(a) y luego a la clase. Traten de determinar si hay algunas constantes en el proceso de creación para todos ustedes.

C. Debate. Los límites de lo posible. Muchas veces nos han dicho que no servimos para una cosa determinada. Otras veces nos lo hemos dicho a nosotros mismos. Pero por todas partes oímos, y nosotros repetimos, que nada es imposible; que todo, para el que lo intenta, está al alcance de la mano. Tengan un debate frente a la clase. Dos voluntarios deben hablar a favor de que las personas nacemos en una familia y una sociedad que determina hasta dónde podemos llegar. Otros dos voluntarios deben defender que no, que si la persona se lo propone, puede conseguir lo que quiera. Usen ejemplos para ilustrar sus afirmaciones. La clase va a votar para decidir quién ganó el debate.

D. La gramática está viva en la lectura. Explica cómo se aplica el concepto de "secuencia de tiempos" a estas oraciones sacadas de la lectura.

1. La primera novela la escribí a los 21. Estaba viviendo en Francia y extrañaba mucho a la Argentina.
2. Necesito como un instante de revelación, de clic, donde descubro que estoy haciendo algo distinto, algo nuevo: un nuevo libro. Es como empezar de nuevo.
3. Si descubrimos algo no nombrarlo, dejarlo intacto, escribir alrededor de ese meollo de misterio que es la vida humana. Si no sabemos quiénes somos, a dónde vamos, de dónde venimos.

La acentuación, ¡de una vez!

◌ Palabras parecidas: *ay* y *hay* ◌

Estas dos palabras de sólo una sílaba se pronuncian de la misma manera aunque se escriben de manera distinta. Es fácil evitar confusión con **ay** y **hay** si no olvidas sus significados.

● La palabra **ay** es una exclamación que puede indicar sorpresa o dolor físico o mental.

> **¡Ay!** ¡Qué sorpresa!
> **¡Ay, ay, ay!** ¡Me duele mucho!
> **¡Ay!** ¡Acaban de llevar a mi hijo al hospital!

● La palabra **hay** es un verbo que significa *there is, there are* o *is there, are there*.

> **Hay** refrescos en el comedor pero no **hay** bebidas alcohólicas.
> ¿**Hay** algo para comer?
> **Hay** caldo de pollo, si gustas.

Palabras parecidas de una sílaba.   Escucha ahora a tu profesor(a) leer cinco oraciones. Indica con una X si lo que oyes en cada oración es la exclamación **ay** o el verbo **hay.**

	ay	hay
1.	☐	☐
2.	☐	☐
3.	☐	☐
4.	☐	☐
5.	☐	☐

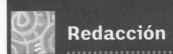

Redacción

I. Un ensayo para convencer

En esta actividad vas a escribir un ensayo breve, es decir, una obra breve en prosa, en la que reflexionas sobre un tema determinado. Como tema puedes usar cualquiera de los temas de conversación que hemos tenido en la sección *Vamos a conversar sobre…* a lo largo de *¡De una vez!* Para asegurarte un buen resultado, te invitamos a que sigas el proceso que la mayoría de los buenos escritores usan: planificar, escribir un primer borrador, compartir, revisar y escribir la versión final.

A. Planificar. Prepárate para escribir repasando la entrevista con Luisa Valenzuela. Al leerla, contesta las siguientes preguntas:

a. ¿Qué antecedentes usa para introducir el tema?
b. ¿Trata de añadir nuevos conceptos a los que la gente probablemente ya sabe, o repite conceptos conocidos?
c. ¿Qué trata de añadir la autora a lo que la gente ya sabe sobre el tema del que habla?
d. ¿Hay datos que son generales, y otros que son personales? ¿Cómo universaliza y personaliza la autora?

Ahora prepárate para escribir tu ensayo incluyendo todo lo que consideres creativo.

1. **Anotar ideas.** Haz una lista de las opiniones que quieres incluir en tu ensayo: las opiniones extendidas sobre el tema, los antecedentes, lo que tú opinas, lo que tú aportas para apoyar tu opinión. Por ahora lo importante es anotar todos los datos que se te ocurran. He aquí una lista de datos que podía haber escrito Luisa Valenzuela.

   Escribir la primera novela
   El acto de escribir, sus dificultades
   ¿Qué ocurre cuando escribo?
   No tengo idea de lo que voy a escribir
   Hay algo misterioso sin lo cual no habría literatura
   Me interesa llegar al límite
   Cortázar y yo
   La escritura y el secreto
   En resumen, la escritura para mí es…

   Ahora prepara tu lista con todo lo que te gustaría incluir en tu ensayo.

2. **Agrupar ideas.** Organiza ahora la información en tu lista para estar seguro(a) de que hay una conexión lógica entre toda la información que quieres

presentar. Pon toda la información en una agrupación lógica y ordenada. Estudia la agrupación que podría haber hecho Luisa Valenzuela. Indica cuáles ideas en su lista original no usó.

Introducción

contar cómo y dónde escribí mi novela

decir cómo invento el título de las novelas

hablar de las dificultades de escribir

Desarrollo

hablar de que escribir es hablar sobre lo inefable

mencionar mi relación con la obra de Cortázar

hablar de que todos los escritores buscamos acercarnos al límite

bromear sobre las manías de los escritores argentinos

Conclusión

decir que siempre escribimos sobre la muerte

terminar con una paradoja: siempre queremos comprender lo incomprensible

decir que los escritores colombianos no se plantean esto

Ahora mira la lista que preparaste en la sección anterior y decide cuál va a ser el tema principal de tu ensayo. Selecciona toda la información que piensas usar de tu lista sobre el tema que seleccionaste. Tal vez quieras organizarla de una forma esquemática como en el diagrama anterior para ver claramente que todo fluye lógicamente.

B. Escribir un primer borrador. Usa la información en tu agrupación para escribir un primer borrador de tu ensayo. Generalmente, cada idea en el esquema va a expresarse en oraciones que apoyen la tesis.

C. Compartir. Comparte tu ensayo con dos compañeros de la clase. Ellos deben hacerte comentarios sobre el contenido. ¿Es claro? ¿Es lógico? ¿Lo entienden? Tú debes leer y comentar sus ensayos también. Decide qué cambios quieres hacer en tu ensayo atendiendo a los comentarios de tus compañeros, y escribe una segunda versión si es necesario.

D. Revisar. Permíteles a dos compañeros de la clase que lean tu ensayo una vez más. Ahora pídeles que te digan si hay errores de gramática o de ortografía. Tú debes hacer lo mismo con los suyos.

E. Escribir la versión final. Escribe la versión final de tu ensayo haciendo todas las correcciones necesarias. Como ésta es la versión que vas a entregar a tu profesor(a), debes escribirla a máquina o en la computadora para que pueda leerse sin dificultad.

II. Escribamos a otro nivel

A escribir un ensayo sobre tu experiencia cultural. Ya que te resulta más fácil escribir, sigue el mismo proceso que se recomendó para escribir el ensayo sobre temas que hemos discutido, y escribe un ensayo sobre tu experiencia cultural como persona bilingüe y bicultural. Puedes partir de experiencias personales para luego compararte con otros latinos presentados en las páginas de *¡De una vez!* Puedes hablar de las dificultades tanto como de las ventajas. Intenta introducir, desarrollar y concluir tu ensayo. Tal como se especificó, empieza por planificar, anotando y agrupando tus ideas. Luego escribe el primer borrador y compártelo con dos o tres compañeros de clase antes de revisarlo y escribir la versión final.

Online Study Center

El mundo argentino al alcance

Explora distintos aspectos del mundo argentino en las actividades de la red que corresponden a este capítulo. Ve primero a http://college.hmco.com/pic/deunavez1e y de ahí a la página de *¡De una vez!*

Películas que recomendamos

○ El cine argentino ○

El cine argentino se ha movido a impulsos de los cambios políticos y económicos del país, pero siempre produciendo joyas y obras maestras dignas de pasar a la historia del cine. Después de una ley de 1995, por la que la industria del video y de las salas de proyección se veían obligadas a contribuir a la producción cinematográfica nacional, el cine argentino está floreciendo y generando geniales directores.

Temporada de patos (2004)   **Director:** Fernando Eimbcke

Dos adolescentes solos en casa deciden pasar una tarde de videojuegos, pizza y refrescos. El día se presenta de otro modo, y terminan haciendo muchas otras cosas. Ambientada en México con actores mexicanos.

El bonaerense (2002)   **Director:** Pablo Trapero

La vida rutinaria de un cerrajero en un pueblo pequeño y tranquilo de la Provincia de Buenos Aires transcurre plácidamente, hasta que es detenido por la policía local y acusado de robo por abrir una caja fuerte.

El hijo de la novia (2001)   **Director:** Juan José Campanella

Rafael Belvedere vive una existencia gris y estresada. A sus 42 años se ha olvidado de sus ideales, vive por y para el trabajo. Su padre, sin embargo, sigue queriendo a su madre (que sufre de Alzheimer) tanto como el primer día.

De eso no se habla (1993)   **Directora:** María Luisa Bemberg

Leonor da a luz a una niña enana a la que pretende proteger a costa de aparentar que su estatura es normal. La niña, con los años, se convierte en una persona talentosa que asume su estatura y se abre a la vida.

Hombre mirando al sudeste (1986)   **Director:** Eliseo Subiela

Un paciente de un hospital psiquiátrico dice ser un habitante de otro planeta. Su psiquiatra inicia un tratamiento, pero los actos del paciente lo llenarán de dudas. Esta película se proyectó en los Estados Unidos con el título *K-Pax*.

Camila (1984)   **Directora:** María Luisa Bemberg

Basada en hechos históricos, *Camila* es la historia de una relación amorosa entre un padre jesuita y una joven de clase social alta en la época del dictador Juan Manuel de Rosas.

La historia oficial (1984)   **Director:** Luis Puenzo

Una profesora toma conciencia de lo ocurrido unos años atrás durante el llamado Proceso de Reorganización Nacional. Una serie de acontecimientos hace que descubra que su hija puede ser en realidad hija de víctimas de la represión política.

La Raulito (1975)   **Director:** Lautaro Murúa

Una muchacha, hija de padre alcohólico y madre tuberculosa, decide adoptar hábitos y vestimenta de varón para defenderse mejor de la dura vida de la calle.

12.1 El imperfecto de subjuntivo en las cláusulas principales

¡Ya lo sabes!

¿Qué crees que dijo tu amiga Maribel sobre la próxima visita que harán ella y tú a Argentina?

1. **a.** *Deberíamos* ver una obra de teatro mientras estamos en Buenos Aires.
   b. *Debiéramos* ver una obra de teatro mientras estamos en Buenos Aires.
2. **a.** Ojalá *pudiéramos* ir también a una tanguería.
   b. Ojalá *podamos* ir también a una tanguería.

¿Por qué no hubo una clara mayoría esta vez? Sí, tienen razón; ambas oraciones son correctas. Las dos primeras oraciones son prácticamente sinónimas y, en el segundo par, la primera oración expresa una posibilidad más remota que la segunda. Sigan leyendo para aumentar su conocimiento del uso del **imperfecto de subjuntivo en cláusulas principales.**

- El imperfecto de subjuntivo y el condicional de los verbos **poder, querer** y **deber** se usan para hacer recomendaciones o aseveraciones que muestran cortesía. Con otros verbos, el condicional se usa más frecuentemente para este propósito.

  Debieras (Deberías) ir a Bariloche, área de gran belleza natural.
  Me gustan las ciudades. **Quisiera (Querría)** visitar Córdoba, que me dicen es encantadora.

Nota para hispanohablantes Para hacer recomendaciones o aseveraciones expresadas de modo firme y decidido se emplea el presente de indicativo y se dice **debes ir a**… o **quiero visitar**… Para hacer recomendaciones o aseveraciones expresadas de modo cortés se prefiere ya sea el imperfecto de subjuntivo o el condicional y se dice **debieras (deberías) ir a**… o **querría (quisiera) visitar**…

- **Ojalá (que)** seguido de imperfecto de subjuntivo se usa para expresar deseos hipotéticos que seguramente no se cumplirán o que no pueden cumplirse.

¡Ojalá que me **pudiera** graduar en tres y no en cuatro años!
¡Ojalá **estuviera** paseándome por Buenos Aires ahora mismo!

Nota para hispanohablantes Hay una tendencia dentro de algunas comunidades de hispanohablantes a usar el presente de subjuntivo después de **ojalá (que)** para expresar deseos hipotéticos que no se pueden cumplir y decir *ojalá que me pueda graduar*… u *ojalá esté paseándome*,… en vez de **ojalá que me pudiera graduar**… u **ojalá estuviera paseándome**… Es importante evitar este uso fuera de esas comunidades y en particular al escribir.

Ahora, ¡a practicar!

A. Sugerencias.   Tu amiga Lupe te sugiere que hagas lo siguiente para mejorar tu español una vez que llegues a Argentina para estudiar.

MODELO   aprovechar cada oportunidad para practicar tu español
Pudieras (Podrías) aprovechar cada oportunidad para practicar tu español. Así hablarás español cada día mejor.

1. hacerte de amigos argentinos
2. ingresar en clubes recreativos
3. ofrecerte de voluntario en algún colegio
4. esforzarte por hablar sólo en español
5. mirar un rato la tele cuando puedas
6. asistir a conferencias en centros culturales
7. … *(añade otras sugerencias)*

B. Ay, ojalá, ojalá…   A veces te gusta cerrar los ojos e imaginar cosas que sabes bien no se cumplirán, pero que sería bello que se cumplieran.

MODELO   el día lunes / desaparecer del calendario
Ojalá (que) el día lunes desapareciera del calendario.

1. yo / no tener exámenes en cada curso
2. los exámenes / ser eliminados en todos los cursos
3. yo / poder graduarme en tres años
4. yo / aprobar todos mis cursos sin tener que ir a clases
5. yo / conseguir un empleo en que ganara mucho dinero
6. yo / poder ir de vacaciones a Argentina
7. … *(añade otros deseos que no se cumplirán)*

12.2 Otros tiempos perfectos

¡Ya lo sabes!

De regreso de una breve estadía en Córdoba, la segunda ciudad más poblada de Argentina, hablas con tu amiga Sonia, que ha vivido en esa ciudad por un año. Queda sorprendida de que no hayas visto una escultura que a ella le fascina. ¿Qué te dice ella?

1. **a.** Es una lástima que *has ido* a Córdoba y que no *has visto* la escultura *Álabes de lis*.
   b. Es una lástima que *hayas ido* a Córdoba y que no *hayas visto* la escultura *Álabes de lis*.
2. **a.** No conozco a ningún amigo que *haya visto* esa escultura en movimiento y que no *haya quedado* impresionado.
   b. No conozco a ningún amigo que *ha visto* esa escultura en movimiento y que no *ha quedado* impresionado.

Pienso que la mayoría escogió la segunda oración en el primer par y la primera en el segundo par. ¿Ven que es fácil cuando uno tiene un conocimiento tácito del uso de subjuntivo en cláusulas nominales y adjetivales? Sigan leyendo para que ese conocimiento se extienda a los **tiempos perfectos.**

Los tiempos perfectos se forman combinando el tiempo apropiado del verbo auxiliar **haber** con el participio pasado de un verbo. En el Capítulo 7 aprendiste a combinar el presente de indicativo de **haber** con el participio pasado para formar el presente perfecto de indicativo. En este capítulo vas a aprender a combinar otros tiempos y modos de **haber** con el participio pasado para formar el resto de los tiempos perfectos. El presente de subjuntivo de **haber** seguido de un participio pasado se usa para formar el presente perfecto de subjuntivo. El imperfecto de indicativo o de subjuntivo de **haber** seguido de un participio pasado se usa para formar el pluscuamperfecto de indicativo o de subjuntivo. El futuro perfecto y el condicional perfecto se forman usando el futuro y el condicional de **haber** seguido de un participio pasado.

Presente perfecto de subjuntivo

Formas

Verbos en *-ar*	Verbos en *-er*	Verbos en *-ir*
haya convers**ado**	**haya** comprend**ido**	**haya** permit**ido**
hayas convers**ado**	**hayas** comprend**ido**	**hayas** permit**ido**
haya convers**ado**	**haya** comprend**ido**	**haya** permit**ido**
hayamos convers**ado**	**hayamos** comprend**ido**	**hayamos** permit**ido**
hayáis convers**ado**	**hayáis** comprend**ido**	**hayáis** permit**ido**
hayan convers**ado**	**hayan** comprend**ido**	**hayan** permit**ido**

- Para formar el presente perfecto de subjuntivo se combinan el verbo auxiliar **haber** en el presente de subjuntivo y el participio pasado de un verbo.

- Los pronombres de objeto directo e indirecto y los pronombres reflexivos deben preceder la forma conjugada del verbo **haber.**

  Es interesante que Fernando Minotti **se haya hecho** famoso al explicar el vuelo de los insectos.

  Es admirable que su descubrimiento **lo haya publicado** una prestigiosa revista especializada.

- Como se mencionó en el Capítulo 7, el participio pasado se forma agregando **-ado** a la raíz de los verbos terminados en **-ar,** e **-ido** a la raíz de los verbos terminados en **-er** e **-ir:** conversar → **conversado,** comprender → **comprendido,** permitir → **permitido.** El participio pasado es invariable; siempre termina en **-o.**
- La siguiente es una lista de participios pasados irregulares de uso frecuente:

abierto	**escrito**	**puesto**	**visto**
cubierto	**hecho**	**resuelto**	**vuelto**
dicho	**muerto**	**roto**	

Uso

- El presente perfecto de subjuntivo se usa en cláusulas subordinadas que requieren el subjuntivo y que se refieren a acciones o acontecimientos pasados que comenzaron en el pasado y que continúan en el presente. El verbo de la cláusula principal puede estar en el presente o en el presente perfecto de indicativo, en el futuro o puede ser un mandato.

  Mi hermanito no ha vuelto de la escuela todavía. Es posible que **haya pasado** a la casa de uno de sus amigos.

En mi familia no hay nadie que **haya visitado** Buenos Aires.
Trataré de ir a Argentina tan pronto como **haya obtenido** un buen empleo
    después de graduarme.

◌ Ahora, ¡a practicar! ◌

A. Compositor muy activo.   Di qué crees que haya hecho recientemente el
compositor Gustavo Santaolalla.

MODELO   colaborar con nuevos artistas latinos
          Es posible que haya colaborado con nuevos artistas latinos.

1. producir música para alguna película
2. componer alguna banda sonora
3. desarrollar otros ritmos originales
4. grabar un disco con un artista de rock
5. recibir algún premio por una de sus composiciones
6. volver a Buenos Aires por unos días

B. Razones.   Imaginas cosas que tus padres probablemente no hicieron
durante su visita reciente a Argentina.

MODELO   llegar hasta la Patagonia
          Es probable que no hayan llegado hasta la Patagonia.

1. probar el mate
2. recorrer la pampa
3. bailar el tango
4. comprar un libro con las historias de Mafalda
5. visitar una bodega de vinos en Mendoza
6. … *(añade otras suposiciones)*

C. Sólo esquí.   Le pasas a un(a) compañero(a) lo que tú has escrito acerca
de las vacaciones de tu amigo Javier en Bariloche y le pides que haga las
correcciones que considere apropiadas.

Estoy contento de que Javier haiga podido cumplir su sueño de poder esquiar
tanto en invierno como en verano del mismo año. Me alegra que haiga
descubrido un buen lugar y que haiga resolvido ir a Bariloche. Como es invierno
en el hemisferio sur, no es extraño que en esa zona este año haigan veído una
enorme cantidad de nieve. No creo que Javier se haiga aburrido un solo minuto
durante su estadía, por lo que me contó. Es estupendo que haiga gozado de sus
vacaciones en Bariloche. Me da pena, sí, que Javier haiga pasado sólo unas horas
en Buenos Aires. Lamento que haiga vuelto y que no haiga visitado nada de la
interesante capital de ese país.

D. ¡Cuánto me alegro!   Reaccionas frente a algunas buenas noticias que has tenido de algunos de tus amigos. ¿Qué les dices?

MODELO   cambiar tu trabajo por otro mucho más interesante
Es estupendo (maravilloso, bueno, fantástico) que hayas cambiado tu trabajo por otro más interesante. Ahora andarás de mejor humor.

1. recibir una beca de estudios
2. comprarte finalmente un iPod
3. obtener un premio en el concurso de fotografía
4. decidir pasar un semestre en el extranjero
5. volver a practicar la guitarra
6. reconciliarte con tu novio(a)

El pluscuamperfecto de indicativo y el pluscuamperfecto de subjuntivo

Pluscuamperfecto de indicativo	Pluscuamperfecto de subjuntivo
había conversado	**hubiera/hubiese** conversado
habías conversado	**hubieras/hubieses** conversado
había conversado	**hubiera/hubiese** conversado
habíamos conversado	**hubiéramos/hubiésemos** conversado
habíais conversado	**hubierais/hubieseis** conversado
habían conversado	**hubieran/hubiesen** conversado

- El pluscuamperfecto de indicativo se usa para mostrar que una acción pasada tuvo lugar antes de otra acción pasada o antes de un tiempo específico en el pasado.

  Antes de leer sobre el vesre, no **había notado** que *gotan* y *tango* son la misma palabra.
  Yo pensaba que el tango no **había nacido** en el siglo XIX, sino que **había aparecido** sólo en el siglo XX.

- El pluscuamperfecto de subjuntivo se usa cuando se cumplen las condiciones para el uso del subjuntivo y una acción pasada tiene lugar antes de un punto anterior en el tiempo. El verbo principal de la oración puede estar en el pasado (pretérito, imperfecto, pluscuamperfecto), en el condicional o en el condicional perfecto.

  Nos sorprendió que un científico argentino **hubiera encontrado** la fórmula matemática para explicar el vuelo de los insectos.
  Fue interesante que el descubrimiento **hubiera surgido** como resultado de un ejercicio para estudiantes.

Hay una tendencia dentro de algunas comunidades de hispanohablantes a evitar el uso del pluscuamperfecto de subjuntivo y usar el pluscuamperfecto de indicativo o incluso el pretérito y decir *nos sorprendió que un científico argentino había descubierto* (o: *nos sorprendió que un científico argentino descubrió*),... o *fue interesante que el descubrimiento había surgido* (o: *fue interesante que el descubrimiento surgió*) en vez de decir **nos sorprendió que un científico argentino hubiera descubierto,**... o **fue interesante que el descubrimiento hubiera surgido**.... Es importante evitar este uso fuera de esas comunidades y en particular al escribir.

Futuro perfecto y Condicional perfecto

Futuro perfecto	Condicional perfecto
habré comprendido	**habría** comprendido
habrás comprendido	**habrías** comprendido
habrá comprendido	**habría** comprendido
habremos comprendido	**habríamos** comprendido
habréis comprendido	**habríais** comprendido
habrán comprendido	**habrían** comprendido

- El futuro perfecto se usa para mostrar que una acción futura se habrá completado antes del comienzo de otra acción futura o antes de un tiempo específico en el futuro.

  Al final de este semestre, yo ya **habré completado** mis cursos obligatorios. Cuando tú te gradúes, yo no me **habré graduado** todavía.

- El condicional perfecto expresa conjetura o lo que habría o podría haber ocurrido en el pasado. Aparece a menudo en oraciones que tienen una cláusula con la conjunción **si.**

  Me pregunto si Argentina se **habría desarrollado** como se ha desarrollado sin los inmigrantes. Seguramente que no **habría tenido** la misma historia que le conocemos.

  Si me hubiera quedado más tiempo en Buenos Aires, **habría ido** a ver una obra de teatro.

◯ Ahora, ¡a practicar! ◯

A. Preguntas difíciles.   Trabaja con un(a) compañero(a) haciendo el papel de un(a) periodista que entrevista a la escritora Luisa Valenzuela. Tomen turnos para hacer las siguientes preguntas y para inventar las posibles respuestas de la escritora.

MODELO   qué siglo / gustar vivir
   — **¿En qué siglo le habría gustado vivir?**
   — **Pienso que me habría gustado vivir en la Edad Media. Esa edad**
   supuestamente oscura siempre me ha interesado.

1. qué país / preferir nacer
2. qué ciudad / querer crecer
3. qué universidad / desear estudiar
4. qué lengua / desear escribir
5. qué género literario / gustar sobresalir
6. qué movimiento literario del pasado / querer participar

B. Cinco presidentes en dos semanas.   Selecciona la opción apropiada
para completar la siguiente narración acerca de un período difícil en la historia
de Argentina.

Para todo el mundo fue increíble e inexplicable que, a fines de 2001, Argentina
__(1)__ (hubiera tenido / tuvo) cinco presidentes en menos de dos semanas.
Todos en Argentina se quejaban de que el país no se __(2)__ (hubiera
estabilizado / había estabilizado) políticamente. A nadie le gustaba que el
peso se __(3)__ (hubiera desvalorizado / había desvalorizado) tanto. Todos
notaban que el sistema educativo __(4)__ (hubiera decaído / había decaído).
Encontraban inmoral que la deuda externa __(5)__ (hubiera subido / había
subido) a más de 130 mil millones de dólares. A nadie le sorprendía que la
gente __(6)__ (hubiera hecho / hizo) marchas tocando cacerolas. Los
ciudadanos no entendían por qué los gobernantes no __(7)__ (hubieran
aprovechado / habían aprovechado) las riquezas naturales del país para evitar
una crisis de estas proporciones.

C. Un futuro prometedor.   Cuando conversabas con amigos argentinos en
una visita reciente que hiciste, notaste que la inmensa mayoría tenía una actitud
muy positiva acerca del futuro de su país. Según ellos, ¿qué habrá pasado en su
país dentro de quince años?

MODELO   el país / progresar enormemente
   En quince años, el país habrá progresado enormemente. Habremos
   alcanzado una situación de prestigio internacional.

1. la crisis económica / desaparecer
2. el valor del peso argentino / estabilizarse
3. los recursos agrícolas / desarrollarse
4. la energía geotérmica / llegar a ser una realidad
5. los ingresos por el turismo / aumentado de modo significativo
6. el uso del lunfardo / extenderse por el resto del país
7. el amor por el tango / no disminuir
8. el país / convertirse realmente en una tierra prometida

D. Breve estadía. Has pasado unos pocos días en la ciudad de Córdoba y les cuentas a tus amigos(as) lo que habrías hecho si hubieras permanecido más tiempo en la segunda ciudad más grande de Argentina.

MODELO   asistir a alguna conferencia en la universidad más antigua de Argentina
Habría asistido a alguna conferencia en la universidad más antigua de Argentina. Así habría aprendido más de Córdoba y de Argentina.

1. pasear más por el centro histórico de la ciudad
2. informarme con más detalles sobre la arquitectura colonial
3. dar un paseo en bote por la isla Crisol
4. recorrer el Jardín Zoológico
5. hacer una caminata por el Cerro de las Rosas
6. visitar la casa del Virrey Sobremonte, visita que todos me recomendaban
7. mirar con calma las tiendas del área peatonal
8. pasearme por el parque Sarmiento

☉ 12.3 Secuencia de tiempos ☉

¡Ya lo sabes!

En tu clase de español hiciste una presentación sobre el efecto invernadero. ¿Qué dices tú después de la presentación?

1. a. Me sorprendió que muchos de mis compañeros no *supieran* del efecto invernadero.
   b. Me sorprendió que muchos de mis compañeros no *sepan* del efecto invernadero.
2. a. Muchos me pidieron que les *indique* dónde conseguir más información sobre el tema.
   b. Muchos me pidieron que les *indicara* dónde conseguir más información sobre el tema.

Imagino que la mayoría escogió la primera oración en el primer par y la segunda en el segundo par. ¿Ven qué fácil es cuando uno posee un conocimiento implícito de las reglas que gobiernan la **secuencia de tiempos?** Continúen leyendo para afianzar el conocimiento que ya tienen.

Verbos en indicativo

● En oraciones con cláusulas subordinadas debe existir correlación entre el tiempo verbal de la cláusula principal y el tiempo verbal de la cláusula subordinada. A esta correlación se le llama **secuencia de tiempos.** Los siguientes tiempos son los tiempos verbales del modo indicativo.

Tiempos simples		Tiempos perfectos	
Presente	converso	Presente perfecto	he conversado
Futuro	conversaré	Futuro perfecto	habré conversado
Imperfecto	conversaba	Pluscuamperfecto	había conversado
Pretérito	conversé	Pretérito perfecto	hube conversado[1]
Condicional	conversaría	Condicional perfecto	habría conversado

[1]El pretérito perfecto no se usa en la lengua hablada y se usa raramente en la lengua escrita.

- Cuando el verbo de la cláusula principal y el de la cláusula subordinada están en indicativo, se combinan libremente con tal de que la oración tenga sentido.

> **Descubrí** que el lunfardo **es** un modo de hablar que se **había desarrollado** a fines del siglo XIX entre las capas bajas de la población de Buenos Aires.
>
> Ayer **escuché** un tango que no **entendí** muy bien porque los autores de la letra **habían incluido** palabras de lunfardo que yo no **conocía.**
>
> Muchos **piensan** que el tango y el lunfardo **habrían tenido** un desarrollo en cierto modo paralelo.

- La misma regla se aplica cuando el verbo principal es un mandato.

> **Acuérdate** de que **tienes** que escribir el informe que **olvidaste** entregar la semana pasada.
>
> **Cuéntame** lo que **has leído** sobre el cambio climático, pero no me **des** una explicación técnica que no **entenderé.**

⊙ Ahora, ¡a practicar! ⊙

A. Vida artística de una escultora.   ¿Cómo predices que será la vida artística de la escultora argentina Trinidad Caminos en los próximos años?

MODELO   seguir de profesora en la Universidad Nacional de Córdoba
> **Creo (Pienso, Imagino) que Trinidad Caminos seguirá de profesora en la Universidad Nacional de Córdoba. Le gusta mucho enseñar.**

1. hacer exposiciones de sus obras
2. matricularse en cursos de perfeccionamiento
3. participar en concursos artísticos
4. obtener más premios en concursos de arte
5. no dejar de viajar por Europa y América
6. añadir otras obras a las que tiene en exposición permanente
7. hacer más monumentos a figuras históricas
8. recibir elogios por su gran talento artístico
9. … (*¿qué más crees que ocurrirá?*)

B. ¿Quién tendrá razón?   Hay expertos que piensan que hacia fines de este siglo o a comienzos del próximo el calentamiento global habrá producido cambios drásticos; otros expertos no comparten esas opiniones. Haz aseveraciones tomando partido por una u otra posición.

MODELO   la producción agrícola / disminuir
   Antes de que acabe el siglo mantengo (estoy seguro/a, pienso, opino, …) que la producción agrícola habrá disminuido. Es una consecuencia del calentamiento global. o: Antes de que acabe el siglo mantengo (estoy seguro/a, pienso, opino, …) que la producción agrícola no habrá disminuido. No creo en el calentamiento global.

1. el nivel del mar / subir
2. las propiedades que están junto al mar / desaparecer
3. el clima del planeta / alterarse radicalmente
4. la intensidad y frecuencia de los huracanes / aumentar de modo significativo
5. los glaciares del Parque Nacional Glaciar / borrarse del mapa
6. muchas cosechas / dejar de existir
7. el mundo de nuestros hijos / cambiar de modo extremo
8. … *(añade otras predicciones)*

C. Eso me sorprende.   Ahora tienes mejor información sobre la cultura argentina que has estudiado en este capítulo.

MODELO   el tango / nacer hacia 1880; [el tango] / nacer en el siglo XX
   Ahora sé que el tango nació hacia 1880; yo creía (pensaba, imaginaba) que había nacido en el siglo XX.

1. algunos líderes mundiales / prohibir el tango; todos / aceptar el tango con entusiasmo
2. Carlos Gardel / morir en Colombia en un accidente aéreo; [Carlos Gardel] / morir en Argentina
3. Cinco mil palabras de lunfardo / entrar en el español de Argentina; pocas palabras de lunfardo / entrar en ese español
4. Mafalda / dejar de publicarse en 1973; [Mafalda] / publicarse hasta hace poco
5. Gustavo Santaolalla / recibir un Óscar en 2006; [Gustavo Santaolalla] / recibir un premio de tanta importancia
6. Luisa Valenzuela / escribir seis novelas; [Luisa Valenzuela] / escribir sólo cuentos
7. el glaciar Perito Moreno / aumentar de tamaño; todos los glaciares / disminuir de tamaño
8. la industria del vino argentino / comenzar hace mucho tiempo; [la industria del vino argentino] / comenzar en estos últimos años solamente

D. Las moscas pueden volar tranquilas.   Selecciona la opción apropiada para saber por qué se creía que los insectos no deberían poder volar, mientras que ahora sí se conoce el mecanismo que explica su vuelo.

Hacia la década de 1930 en el mundo científico (1)_____ (se discutía / se discutió) el problema del vuelo de los insectos. Los científicos (2)_____ (se sentían / se sintieron) muy incómodos porque la ciencia no (3)_____ (pudo / podía) explicar el vuelo de los insectos. En realidad si uno (4)_____ (estudiaba / estudió) los manuales científicos, (5)_____ (llegaba / llegó) a la conclusión de que el vuelo de los insectos era una imposibilidad. No (6)_____ (hubo / había) avances notables en las décadas siguientes. Todo esto (7)_____ (cambiaba / cambió) con la intervención del hombre de ciencia argentino Fernando Minotti. Mientras éste (8)_____ (preparó / preparaba) una clase para sus estudiantes de mecánica de fluidos, (9)_____ (descubría / descubrió) que las fórmulas que se (10)_____ (usaban / usaron) para explicar el vuelo de los insectos no (11)_____ (funcionaban / funcionaron). Así, él (12)_____ (decidió / decidía) estudiar el problema para tratar de resolver el enigma. Sus esfuerzos (13)_____ (tuvieron / tenían) éxito y (14)_____ (publicaba / publicó) su descubrimiento de una fórmula matemática en una prestigiosa revista científica. Su explicación del vuelo de los insectos (15)_____ (fue / era) recibida entusiastamente por la comunidad científica.

Verbos en indicativo y subjuntivo

● Si el verbo principal de una oración está en presente, presente perfecto, futuro, futuro perfecto o es un mandato, el verbo de la cláusula subordinada aparece normalmente en presente o presente perfecto del subjuntivo.

Verbo principal (indicativo)	Verbo subordinado (subjuntivo)
Presente Presente perfecto Futuro Futuro perfecto Mandato	Presente Presente perfecto

Los científicos **piden** que se **estudie** más el cambio climático. **Seguirán** haciendo investigaciones que **demuestren** la magnitud de este fenómeno. Me **preocupa** que muchos gobiernos no **hayan hecho** investigaciones extensas sobre el efecto invernadero.

● Cuando el verbo de la cláusula principal está en un tiempo del pasado, en el condicional o en el condicional perfecto, el verbo de la cláusula subordinada aparece normalmente en imperfecto o en pluscuamperfecto de subjuntivo. El pluscuamperfecto de subjuntivo indica que la acción de la cláusula subordinada es anterior a la de la cláusula principal.

Verbo principal (indicativo)	Verbo subordinado (subjuntivo)
Pretérito Imperfecto Pluscuamperfecto Condicional Condicional perfecto	Imperfecto Pluscuamperfecto

Me sorprendió que Luisa Valenzuela se **interesara** por el periodismo y que **hubiera trabajado** como periodista.

A mí me **gustaría** que mi hermano **tuviera** intereses literarios y que **leyera** a autores como Luisa Valenzuela.

Le dije al profesor que me **había agradado** que nos **hubiera dado** más datos sobre esa autora.

Habría preferido que **hubiéramos podido** leer varios cuentos de Luisa Valenzuela.

Nota para hispanohablantes Hay una tendencia dentro de algunas comunidades de hispanohablantes a evitar el uso de subjuntivo y usar sólo verbos en indicativo y decir *me sorprendió que se interesa… y que había trabajado,…* o *me gustaría que tenga intereses literarios,…* o *me había agradado que nos había dado más datos…*, en vez de decir **me sorprendió que se interesara… y que hubiera trabajado,…** o **me gustaría que tuviera intereses literarios,…** o **me habría agradado que nos hubiera dado más datos…** Es importante evitar este uso fuera de esas comunidades y en particular al escribir.

☉ Ahora, ¡a practicar! ☾

A. ¿Te sorprende?   Tú y tus compañeros mencionan si lo que han leído de la Patagonia argentina les ha sorprendido o no.

MODELO   uno / poder observar ballenas
   Me ha sorprendido (o No me ha sorprendido) que uno pueda observar ballenas en la Patagonia.

1. uno / tener la oportunidad de caminar sobre un glaciar
2. los amantes de deportes acuáticos / practicar el buceo
3. el gobierno / estar interesado en desarrollar la energía hidroeléctrica
4. los inversionistas / interesarse en el potencial petrolero de la zona
5. a los turistas / gustarles pasear por parques nacionales de increíble belleza
6. los visitantes / quedar encantados con la variedad y hermosura del paisaje

B. Estudios en Argentina. Tú y tus compañeros están decididos a estudiar en Argentina por un semestre. ¿Qué dice cada uno?

MODELO antes de que
Estudiaré en Argentina antes de que termine mi tercer año de universidad. Estoy seguro de que me encantará.

1. en cuanto / encontrar un programa con cursos de economía
2. tan pronto como / mi universidad tener programas en ese país
3. cuando / completar los cursos obligatorios en mi universidad
4. con tal (de) que / no retrasarse mi fecha de graduación
5. antes de que / completar mis créditos de español

C. Escuchando música. Verónica ha aumentado su colección de música argentina y te ha invitado a ti y a otros amigos a escuchar música. Cada uno expresa sus preferencias.

MODELO música / no herir los oídos
Preferiría (Sería mejor, Me gustaría) escuchar música que no hiriera los oídos. Odio el ruido.

1. tangos / (no) tener palabras de lunfardo
2. milongas / cantar al arrabal porteño
3. tonadas / no ser muy sentimentales
4. un tango de Carlos Gardel / permitir apreciar la bella voz de ese cantante
5. un CD de un grupo folklórico / traer canciones del noroeste argentino
6. una canción argentina / gustarte a ti

D. Durante la crisis de comienzo de siglo. Entre los años 2001 y 2002 la economía argentina se derrumbó. Selecciona la opción apropiada para ver la visión de un amigo argentino que vivió esos años.

En esa fecha todos sabían que la deuda pública <u>(1)</u>____ (había aumentado / hubiera aumentado) terriblemente y que la economía no <u>(2)</u>____ (había mejorado / hubiera mejorado) nada. Todos lamentaban que los ingresos de la nación <u>(3)</u>____ (hubieran disminuido / hayan disminuido) tanto. Los políticos se quejaban de que el populismo se <u>(4)</u>____ (había apoderado / hubiera apoderado) de los discursos políticos. Los expertos extranjeros lamentaban que no <u>(5)</u>____ (había terminado / hubiera terminado) el proteccionismo excesivo a la industria nacional. Todos notaban que el desempleo <u>(6)</u>____ (había alcanzado / hubiera alcanzado) un alto porcentaje. A los jóvenes les preocupaba que no se <u>(7)</u>____ (habían creado / hubieran creado) nuevos empleos. Todos entendían por qué las mujeres <u>(8)</u>____ (hubieran salido / habían salido) a la calle golpeando cacerolas. Esos fueron años difíciles para el país.

Cláusulas condicionales con *si*

La secuencia de tiempos en las cláusulas condicionales con **si** no se ajusta totalmente a las reglas dadas en la sección anterior. Las siguientes son las estructuras usadas más frecuentemente.

● Con acciones que seguramente tendrán lugar en el presente o en el futuro, la cláusula que contiene **si** se usa en el presente de indicativo y la cláusula que contiene el resultado se usa en el presente de indicativo o en el futuro, o es un mandato.

Cláusula que contiene *si*	Cláusula que contiene el resultado
si + presente de indicativo	presente de indicativo futuro mandato

Si **viajo** a Buenos Aires, **iré** a escuchar tangos a una tanguería.
Si te **interesa** la historia del tango, **lee** uno de los muchos libros que tratan de ese tema.

● Con acciones o situaciones inciertas o contrarias a la realidad en el presente o en el futuro, la cláusula que contiene **si** está en el imperfecto de subjuntivo y la cláusula que contiene el resultado está en el condicional.

Cláusula que contiene si	Cláusula que contiene el resultado
si + imperfecto de subjuntivo	condicional

Si a nosotros nos **interesara** la música folklórica, **encontraríamos** una gran riqueza de este tipo de música en Argentina.

Nota para hispanohablantes Es también aceptable el uso del imperfecto de subjuntivo terminado en **-ra** en lugar del condicional que ocurre en algunas comunidades de hispanohablantes. Así, en lugar de **Si nos interesara la música folklórica, encontraríamos una gran riqueza de este tipo de música en Argentina** se dice también **Si nos interesara la música folklórica, encontráramos una gran riqueza de este tipo de música en Argentina.** En otras comunidades de hispanohablantes se emplea el condicional en ambas cláusulas y se dice *Si nos interesaría la música folklórica, encontraríamos una gran riqueza de este tipo de música en Argentina.* Es importante evitar este último uso fuera de esas comunidades y en particular al escribir.

● Con acciones que no se realizaron en el pasado, y que por lo tanto son contrarias a la realidad, la cláusula que contiene **si** está en el pluscuamperfecto de subjuntivo y la cláusula que contiene el resultado está en el condicional perfecto.

Cláusula que contiene si	Cláusula que contiene el resultado
si + pluscuamperfecto de subjuntivo	condicional perfecto

Si hubieras leído algunas historias de Luisa Valenzuela, **habrías aprendido** mucho sobre la Argentina de nuestro tiempo.

Nota para hispanohablantes Es también aceptable el uso del pluscuamperfecto de subjuntivo terminado en **-ra** en lugar del condicional perfecto que ocurre en algunas comunidades de hispanohablantes. Así, en lugar de **Si hubieras leído algunas historias de Luisa Valenzuela, habrías aprendido mucho sobre la Argentina actual** se dice también **Si hubieras leído algunas historias de Luisa Valenzuela, hubieras aprendido mucho sobre la Argentina actual.** En otras comunidades de hispanohablantes se emplea el condicional perfecto en ambas cláusulas y se dice *Si habrías leído algunas historias de Luisa Valenzuela, habrías aprendido mucho sobre la Argentina actual.* Es importante evitar este último uso fuera de esas comunidades y en particular al escribir.

ꙍ Ahora, ¡a practicar! ꙍ

A. Belleza natural. Unos amigos argentinos sugieren que debes pasar un par de días por lo menos admirando el paisaje y las cataratas del Parque Nacional Iguazú. ¿Qué te dicen ellos?

MODELO   ser aficionado al ecoturismo / incluir el Parque Nacional Iguazú entre tus visitas obligadas
Si eres aficionado al ecoturismo, incluirás el Parque Nacional Iguazú entre tus visitas obligadas.

1. salir en avión por la mañana / llegar a tu destino en tres horas
2. viajar por avión / aprovechar mejor tu tiempo
3. dedicar un solo día al parque / no ver mucho de esta belleza natural
4. detenerte en el Centro de Interpretación de la Naturaleza / apreciar fotografías gigantes de la flora y fauna del lugar
5. subir al Tren Ecológico de la Selva / llegar en diez minutos al área de las cataratas
6. estar allá con luna llena / poder gozar de un paseo nocturno por la zona del salto Garganta del Diablo
7. tener hambre / deleitarse con la comida del restaurante La Selva y probar platos deliciosos

B. Noroeste argentino. Tu amiga Isabel, originaria de la provincia de Salta en el noroeste argentino, trata de convencerte de que debieras pasar unos días en la zona.

MODELO escuchar música tradicional en las peñas de la ciudad

Si fueras a Salta, escucharías música tradicional en las peñas de la ciudad. Sería una experiencia inolvidable.

1. admirar la arquitectura colonial de la ciudad
2. hacer un safari fotográfico en alguno de los parques nacionales de la zona
3. adquirir artículos típicos en el Mercado Artesanal
4. subirte al Tren a las Nubes, uno de los ferrocarriles más altos del mundo
5. mirar el panorama de la ciudad desde el Teleférico Salta

C. Para la próxima visita. Patricio pasó casi tres semanas en Buenos Aires y quedó muy contento con su visita, aunque hubo cosas que no pudo hacer y que le habría gustado hacer. Te ha pedido que leas lo que escribió y que hagas las correcciones que consideres apropiadas.

Pasé casi veinte días en Buenos Aires e hice muchas cosas, pero uno siempre quiere hacer más. En mi caso, yo habría visitado más tiendas si habría tenido más tiempo. También hubiera ido a otras provincias del país si no me hubiera entretenido tanto en Buenos Aires. Si el tiempo había estado bueno, habría alcanzado hasta Mar del Plata; fue una lástima que no hizo buen tiempo cuando yo tuve la oportunidad de ir a la ciudad balneario. Si había asistido a una escuela de baile habría aprendido a bailar el tango, un baile que me encanta y que desgraciadamente todavía no sé bailar.

Acentuación

En español, todas las palabras de más de una sílaba tienen una sílaba que se pronuncia con más fuerza o énfasis que las demás. Para saber dónde llevan el énfasis la mayoría de las palabras hay que entender primero cómo las vocales y consonantes de las palabras se agrupan para formar sílabas. Luego hay que aprenderse de memoria las reglas que determinan dónde llevan las palabras el acento prosódico y, cuando son necesarios, dónde poner acentos escritos.

Alfabeto, vocales y consonantes

Alfabeto: El alfabeto en español consta de veintinueve letras. Tiene tres letras que no son parte del alfabeto en inglés: la **ch, ll** y la **ñ.** A la **ch** y la **ll,** aunque son letras, no se las tiene en cuenta cuando se alfabetiza, siguiendo una decisión de la Real Academia de 1994. La **k** y la **w** sólo aparecen en palabras prestadas de otras lenguas (**kiwi, kilómetro, kilowatio…**).

Vocales: Las vocales del español son idénticas a las del inglés (**a, e, i, o, u**), aunque en español representan un sonido corto, nunca prolongado como el sonido de las vocales en inglés. El español clasifica las vocales como fuertes (**a, e, o**) y débiles (**i, u**).

Consonantes: Las consonantes del español son las letras del alfabeto que no son vocales.

Sílabas

Una sílaba es la letra o grupo de letras que forman un sonido independiente dentro de una palabra. Todas las palabras se dividen en sílabas.

Regla 1: Todas las sílabas tienen por lo menos una vocal.

casa → ca-sa	juntamos → jun-ta-mos
domingo → do-min-go	unidad → u-ni-dad

Regla 2: La mayoría de las sílabas en español comienzan con una consonante.

hermano → her-ma-no	importante → *im-**por**-tan-te
comida → co-mi-da	abuelo → ***a**-bue-lo

Las sílabas se dividen en **sílabas simples** y **sílabas dobles.**

*Una excepción a esta regla son palabras que comienzan con una vocal.

Sílabas simples: se componen de una consonante que precede o sigue a una vocal.

| el | la | pau-sa | Pa-ra-guay |

Sílabas dobles: se componen de dos consonantes que preceden o siguen a una vocal o unas vocales.

| **bra**-zo | **pla**-za | en-**tre**-nar | pa-**tria** |

Acento prosódico/El golpe y acento escrito

En español, todas las palabras de más de una sílaba tienen una sílaba que se pronuncia con más fuerza o énfasis que las demás. Este énfasis se llama "acento prosódico" o "el golpe". Las siguientes tres reglas indican dónde llevan el énfasis la mayoría de las palabras de dos o más sílabas.

Acento prosódico/El golpe

Regla 1: Las palabras que terminan en **vocal, n** o **s,** llevan el acento prosódico en la penúltima sílaba.

| fa-vo-**ri**-to | con-si-**de**-ran | es-cri-**to**-res |

Regla 2: Las palabras que terminan en **consonante,** excepto **n** o **s,** llevan el golpe en la última sílaba.

| fi-**nal** | par-ti-cu-**lar** | o-por-tu-ni-**dad** |

Acento escrito

Regla 3: Todas las palabras que no siguen las dos reglas anteriores llevan acento ortográfico, o sea, acento escrito. El acento escrito siempre se coloca sobre la vocal de la sílaba que se pronuncia con más fuerza.

| **pá**-rra-fo | gra-**má**-ti-ca | des-crip-**ción** |

Diptongos

- Un **diptongo** es la combinación de una vocal débil (**i, u**) con cualquier vocal fuerte (**a, e, o**) o de dos vocales débiles en una sílaba.

| **au**-to-ra | en-c**ue**n-tran | con-f**ie**-sa | c**ui**-da-do |

- Los diptongos se pronuncian como una sola sílaba.

| **au**-to-ra | en-c**ue**n-tran | con-f**ie**-sa | c**ui**-da-do |

- Un acento escrito sobre la vocal fuerte de un diptongo pone el énfasis en la sílaba del diptongo.

| des-p**ués** | b**éi**s-bol | na-c**ión** | tam-b**ién** |

- Un acento escrito sobre la vocal, débil separa un diptongo en dos sílabas.

  pa-**í**s   ca-**í**-da   pe-r**í**-**o**-do   d**í**-**a**

- Dos vocales fuertes siempre se separan y forman dos sílabas.

  p**o**-**e**-ta   le-**ó**n   ca-**o**s   eu-ro-p**e**-**o**

Triptongos

- Un **triptongo** es la combinación de tres vocales: un vocal fuerte (**a, e, o**) en medio de dos vocales débiles (**i, u**). Los triptongos pueden ocurrir en varias combinaciónes: **iei, iai, uau, uei, iau,** etcétera.
- Los triptongos siempre se pronuncian como una sola sílaba. Si requieren acento escrito, éste siempre se pone sobre la vocal fuerte. Estudia las siguientes palabras con triptongos mientras tu profesor(a) las pronuncia.

  es-tu-d**iái**s   a-ve-ri-**guái**s   lim-p**iéi**s

- La **y** tiene valor de vocal **i,** por lo tanto cuando aparece después de una vocal fuerte precedida por una débil forma un triptongo. Estudia las siguientes palabras con triptongos mientras tu profesor(a) las pronuncia.

  U-ru-**guay**   b**uey**   Ca-ma-**güey**

Tablas verbales

Conjugaciones de los verbos

VERBOS REGULARES	verbos en -ar	verbos en -er	verbos en -ir
Infinitivo	**hablar**	**comer**	**vivir**
Gerundio	**hablando**	**comiendo**	**viviendo**
Participio pasado	**hablado**	**comido**	**vivido**
TIEMPOS SIMPLES			
Presente de indicativo	hablo	como	vivo
	hablas	comes	vives
	habla	come	vive
	hablamos	comemos	vivimos
	habláis	coméis	vivís
	hablan	comen	viven
Imperfecto	hablaba	comía	vivía
	hablabas	comías	vivías
	hablaba	comía	vivía
	hablábamos	comíamos	vivíamos
	hablabais	comíais	vivíais
	hablaban	comían	vivían
Pretérito	hablé	comí	viví
	hablaste	comiste	viviste
	habló	comió	vivió
	hablamos	comimos	vivimos
	hablasteis	comisteis	vivisteis
	hablaron	comieron	vivieron
Futuro	hablaré	comeré	viviré
	hablarás	comerás	vivirás
	hablará	comerá	vivirá
	hablaremos	comeremos	viviremos
	hablaréis	comeréis	viviréis
	hablarán	comerán	vivirán

Condicional	hablaría	comería	viviría
	hablarías	comerías	vivirías
	hablaría	comería	viviría
	hablaríamos	comeríamos	viviríamos
	hablaríais	comeríais	viviríais
	hablarían	comerían	vivirían
Presente de subjuntivo	hable	coma	viva
	hables	comas	vivas
	hable	coma	viva
	hablemos	comamos	vivamos
	habléis	comáis	viváis
	hablen	coman	vivan
Imperfecto de subjuntivo	hablara	comiera	viviera
(-ra)	hablaras	comieras	vivieras
	hablara	comiera	viviera
	habláramos	comiéramos	viviéramos
	hablarais	comierais	vivierais
	hablaran	comieran	vivieran
Mandatos **(tú)**	habla, no hables	come, no comas	vive, no vivas
(vosotros)	hablad, no habléis	comed, no comáis	vivid, no viváis
(Ud.)	hable, no hable	coma, no coma	viva, no viva
(Uds.)	hablen, no hablen	coman, no coman	vivan, no vivan

TIEMPOS PERFECTOS

Presente perfecto de indicativo	he hablado	he comido	he vivido
	has hablado	has comido	has vivido
	ha hablado	ha comido	ha vivido
	hemos hablado	hemos comido	hemos vivido
	habéis hablado	habéis comido	habéis vivido
	han hablado	han comido	han vivido
Pluscuamperfecto de indicativo	había hablado	había comido	había vivido
	habías hablado	habías comido	habías vivido
	había hablado	había comido	había vivido
	habíamos hablado	habíamos comido	habíamos vivido
	habíais hablado	habíais comido	habíais vivido
	habían hablado	habían comido	habían vivido
Futuro perfecto	habré hablado	habré comido	habré vivido
	habrás hablado	habrás comido	habrás vivido
	habrá hablado	habrá comido	habrá vivido
	habremos hablado	habremos comido	habremos vivido
	habréis hablado	habréis comido	habréis vivido
	habrán hablado	habrán comido	habrán vivido

	verbos en -ar	verbos en -er	verbos en -ir
Condicional perfecto	habría hablado	habría comido	habría vivido
	habrías hablado	habrías comido	habrías vivido
	habría hablado	habría comido	habría vivido
	habríamos hablado	habríamos comido	habríamos vivido
	habríais hablado	habríais comido	habríais vivido
	habrían hablado	habrían comido	habrían vivido
Presente perfecto de subjuntivo	haya hablado	haya comido	haya vivido
	hayas hablado	hayas comido	hayas vivido
	haya hablado	haya comido	haya vivido
	hayamos hablado	hayamos comido	hayamos vivido
	hayáis hablado	hayáis comido	hayáis vivido
	hayan hablado	hayan comido	hayan vivido
Pluscuamperfecto de subjuntivo	hubiera hablado	hubiera comido	hubiera vivido
	hubieras hablado	hubieras comido	hubieras vivido
	hubiera hablado	hubiera comido	hubiera vivido
	hubiéramos hablado	hubiéramos comido	hubiéramos vivido
	hubierais hablado	hubierais comido	hubierais vivido
	hubieran hablado	hubieran comido	hubieran vivido

Verbos con cambios en la raíz

1 Verbos con cambios en la raíz que terminan en -ar y -er

e → ie: pensar

Presente de indicativo	pienso, piensas, piensa, pensamos, pensáis, piensan		
Presente de subjuntivo	piense, pienses, piense, pensemos, penséis, piensen		
Mandatos	piensa, no pienses (tú)	pensad, no penséis (vosotros)	
	piense, no piense (Ud.)	piensen, no piensen (Uds.)	
Verbos adicionales	cerrar	empezar	perder
	comenzar	entender	sentarse

o → ue: volver

Presente de indicativo	vuelvo, vuelves, vuelve, volvemos, volvéis, vuelven		
Presente de subjuntivo	vuelva, vuelvas, vuelva, volvamos, volváis, vuelvan		
Mandatos	vuelve, no vuelvas (tú)	volved, no volváis (vosotros)	
	vuelva, no vuelva (Ud.)	vuelvan, no vuelvan (Uds.)	
Verbos adicionales	acordarse	demostrar	llover
	acostarse	encontrar	mover
	colgar	jugar (u → ue)	oler (o → hue)
	costar		

2 Verbos con cambios en la raíz que terminan en -ir

e → ie, i: sentir

Gerundio	sintiendo
Presente de indicativo	siento, sientes, siente, sentimos, sentís, sienten
Presente de subjunctivo	sienta, sientas, sienta, sintamos, sintáis, sientan
Pretérito	sentí, sentiste, sintió, sentimos, sentisteis, sintieron
Imperfecto de subjuntivo	sintiera, sintieras, sintiera, sintiéramos, sintierais, sintieran
Mandatos	siente, no sientas (tú) sentid, no sintáis (vosotros)
	sienta, no sienta (Ud.) sientan, no sientan (Uds.)

Verbos adicionales	adquirir (i → ie, i)	convertir	herir	preferir
	consentir	divertir(se)	mentir	sugerir

e → i, i: servir

Gerundio	sirviendo
Presente de indicativo	sirvo, sirves, sirve, servimos, servís, sirven
Presente de subjuntivo	sirva, sirvas, sirva, sirvamos, sirváis, sirvan
Pretérito	serví, serviste, sirvió, servimos, servisteis, sirvieron
Imperfecto de subjuntivo	sirviera, sirvieras, sirviera, sirviéramos, sirvierais, sirvieran
Mandatos	sirve, no sirvas (tú) servid, no sirváis (vosotros)
	sirva, no sirva (Ud.) sirvan, no sirvan (Uds.)

Verbos adicionales	concebir	elegir	reír	seguir
	despedir(se)	pedir	repetir	vestir(se)

o → ue, u: dormir

Gerundio	durmiendo
Presente de indicativo	duermo, duermes, duerme, dormimos, dormís, duermen
Presente de subjuntivo	duerma, duermas, duerma, durmamos, durmáis, duerman
Pretérito	dormí, dormiste, durmió, dormimos, dormisteis, durmieron
Imperfecto de subjuntivo	durmiera, durmieras, durmiera, durmiéramos, durmierais, durmieran
Mandatos	duerme, no duermas (tú) dormid, no durmáis (vosotros)
	duerma, no duerma (Ud.) duerman, no duerman (Uds.)

Verbos adicionales	morir(se)

Verbos con cambios ortográficos

1 Verbos que terminan en -ger o -gir

g → j antes de o, a: escoger

Presente de indicativo	escojo, escoges, escoge, escogemos, escogéis, escogen
Presente de subjuntivo	escoja, escojas, escoja, escojamos, escojáis, escojan
Mandatos	escoge, no escojas (tú) escoged, no escojáis (vosotros)
	escoja, no escoja (Ud.) escojan, no escojan (Uds.)

Verbos adicionales	coger	dirigir	escoger	proteger
	corregir (i)	elegir (i)	exigir	recoger

2 | Verbos que terminan en -*gar*

g → gu antes de e: **pagar**

Pretérito	pa**gu**é, pagaste, pagó, pagamos, pagasteis, pagaron
Presente de subjuntivo	pa**gu**e, pa**gu**es, pa**gu**e, pa**gu**emos, pa**gu**éis, pa**gu**en
Mandatos	paga, no pa**gu**es (tú) pagad, no pa**gu**éis (vosotros)
	pa**gu**e, no pa**gu**e (Ud.) pa**gu**en, no pa**gu**en (Uds.)

Verbos adicionales	entregar	jugar (ue)	llegar	obligar

3 | Verbos que terminan en -*car*

c → qu antes de e: **buscar**

Pretérito	bus**qu**é, buscaste, buscó, buscamos, buscasteis, buscaron
Presente de subjuntivo	bus**qu**e, bus**qu**es, bus**qu**e, bus**qu**emos, bus**qu**éis, bus**qu**en
Mandatos	busca, no bus**qu**es (tú) buscad, no bus**qu**éis (vosotros)
	bus**qu**e, no bus**qu**e (Ud.) bus**qu**en, no bus**qu**en (Uds.)

Verbos adicionales	acercar	indicar	tocar
	explicar	sacar	

4 | Verbos que terminan en -*zar*

z → c antes de e: **empezar (ie)**

Pretérito	empe**c**é, empezaste, empezó, empezamos, empezasteis, empezaron
Presente de subjuntivo	empie**c**e, empie**c**es, empie**c**e, empe**c**emos, empe**c**éis, empie**c**en
Mandatos	empieza, no empie**c**es (tú) empezad, no empe**c**éis (vosotros)
	empie**c**e, no empie**c**e (Ud.) empie**c**en, no empie**c**en (Uds.)

Verbos adicionales	almorzar (ue)	comenzar (ie)	cruzar	organizar

5 | Verbos que terminan en una consonante + -*cer* o -*cir*

c → z antes de o, a: **convencer**

Presente de indicativo	conven**z**o, convences, convence, convencemos, convencéis, convencen
Presente de subjuntivo	conven**z**a, conven**z**as, conven**z**a, conven**z**amos, conven**z**áis, conven**z**an
Mandatos	convence, no conven**z**as (tú) convenced, no conven**z**áis (vosotros)
	conven**z**a, no conven**z**a (Ud.) conven**z**an, no conven**z**an (Uds.)

Verbos adicionales	ejercer	esparcir	vencer

6 Verbos que terminan en una vocal + -cer o -cir

c → zc antes de o, a: conocer

Presente de indicativo	conozco, conoces, conoce, conocemos, conocéis, conocen
Presente de subjuntivo	conozca, conozcas, conozca, conozcamos, conozcáis, conozcan
Mandatos	conoce, no conozcas (tú) conoced, no conozcáis (vosotros)
	conozca, no conozca (Ud.) conozcan, no conozcan (Uds.)

Verbos adicionales	agradecer	obedecer	pertenecer
	conducir[1]	ofrecer	producir
	desconocer	parecer	reducir
	establecer	permanecer	traducir

7 Verbos que terminan en -guir

gu → g antes de o, a: seguir (i)

Presente de indicativo	sigo, sigues, sigue, seguimos, seguís, siguen
Presente de subjuntivo	siga, sigas, siga, sigamos, sigáis, sigan
Mandatos	sigue, no sigas (tú) seguid, no sigáis (vosotros)
	siga, no siga (Ud.) sigan, no sigan (Uds.)

Verbos adicionales	conseguir	distinguir	perseguir	proseguir

8 Verbos que terminan en -guar

gu → gü antes de e: averiguar

Pretérito	averigüé, averiguaste, averiguó, averiguamos, averiguasteis, averiguaron
Presente de subjuntivo	averigüe, averigües, averigüe, averigüemos, averigüéis, averigüen
Mandatos	averigua, no averigües (tú) averiguad, no averigüéis (vosotros)
	averigüe, no averigües (Ud.) averigüen,no averigüen (Uds.)

Verbos adicionales	apaciguar	atestiguar

9 Verbos que terminan en -uir

i inacentuada → y entre vocales: construir

Gerundio	construyendo
Presente de indicativo	construyo, construyes, construye, construimos, construís, construyen
Pretérito	construí, construiste, construyó, construimos, construisteis, construyeron
Presente de subjuntivo	construya, construyas, construya, construyamos, construyáis, construyan
Imperfecto de subjuntivo	construyera, construyeras, construyera, construyéramos, construyerais, construyeran
Mandatos	construye, no construyas (tú) construid, no construyáis (vosotros)
	construya, no construya (Ud.) construyan, no construyan (Uds.)

Verbos adicionales	concluir	destruir	instruir
	contribuir	huir	sustituir

[1]Ver conducir en la sección de verbos irregulares (p. 000) para otras irregularidades de los verbos que terminan en **-ducir.**

10 Verbos que terminan en -eer

i inacentuada → y entre vocals: creer

Gerundio	creyendo
Pretérito	creí, creíste, creyó, creímos, creísteis, creyeron
Imperfecto de subjuntivo	creyera, creyeras, creyera, creyéramos, creyerais, creyeran
Verbos adicionales	leer poseer

11 Algunos verbos que terminan en -iar y -uar

i → í cuando va acentuada: enviar

Presente de indicativo	envío, envías, envía, enviamos, enviáis, envían
Presente de subjuntivo	envíe, envíes, envíe, enviemos, enviéis, envíen
Mandatos	envía, no envíes (tú) enviad, no enviéis (vosotros)
	envíe, no envíe (Ud.) envíen, no envíen (Uds.)
Verbos adicionales	ampliar enfriar variar
	confiar guiar

u → ú cuando va acentuada: continuar

Presente de indicativo	continúo, continúas, continúa, continuamos, continuáis, continúan
Presente de subjuntivo	continúe, continúes, continúe, continuemos, continuéis, continúen
Mandatos	continúa, no continúes (tú) continuad, no continuéis (vosotros)
	continúe, no continúe (Ud.) continúen, no continúen (Uds.)
Verbos adicionales	acentuar efectuar graduar(se) situar

Verbos irregulares

1 abrir

Participio pasado	abierto
Verbos adicionales	cubrir descubrir

2 andar

Pretérito	anduve, anduviste, anduvo, anduvimos, anduvisteis, anduvieron
Imperfecto de subjuntivo	anduviera, anduvieras, anduviera, anduviéramos, anduvierais, anduvieran

3 caer

Gerundio	cayendo
Participio pasado	caído
Presente de indicativo	caigo, caes, cae, caemos, caéis, caen
Pretérito	caí, caíste, cayó, caímos, caísteis, cayeron
Presente de subjuntivo	caiga, caigas, caiga, caigamos, caigáis, caigan
Imperfecto de subjuntivo	cayera, cayeras, cayera, cayéramos, cayerais, cayeran

4 conducir[1]

Presente de indicativo	conduzco, conduces, conduce, conducimos, conducís, conducen
Pretérito	conduje, condujiste, condujo, condujimos, condujisteis, condujeron
Presente de subjuntivo	conduzca, conduzcas, conduzca, conduzcamos, conduzcáis, conduzcan
Imperfecto de subjuntivo	condujera, condujeras, condujera, condujéramos, condujerais, condujeran

Verbos adicionales	introducir	producir	reducir	traducir

5 dar

Presente de indicativo	doy, das, da, damos, dais, dan
Pretérito	di, diste, dio, dimos, disteis, dieron
Presente de subjuntivo	dé, des, dé, demos, deis, den
Imperfecto de subjuntivo	diera, dieras, diera, diéramos, dierais, dieran

6 decir

Gerundio	diciendo
Participio pasado	dicho
Presente de indicativo	digo, dices, dice, decimos, decís, dicen
Pretérito	dije, dijiste, dijo, dijimos, dijisteis, dijeron
Futuro	diré, dirás, dirá, diremos, diréis, dirán
Condicional	diría, dirías, diría, diríamos, diríais, dirían
Presente de subjuntivo	diga, digas, diga, digamos, digáis, digan
Imperfecto de subjuntivo	dijera, dijeras, dijera, dijéramos, dijerais, dijeran
Mandato afirmativo familiar[2]	di

Verbos adicionales	desdecir	predecir

7 escribir

Participio pasado	escrito

Verbos adicionales	inscribir	proscribir	transcribir
	prescribir	subscribir	

8 estar

Presente de indicativo	estoy, estás, está, estamos, estáis, están
Pretérito	estuve, estuviste, estuvo, estuvimos, estuvisteis, estuvieron
Presente de subjuntivo	esté, estés, esté, estemos, estéis, estén
Imperfecto de subjuntivo	estuviera, estuvieras, estuviera, estuviéramos, estuvierais, estuvieran

---

[1]Todos los verbos que terminan en **-ducir** siguen este patrón.
[2]Única forma irregular cuando aparece en un verbo de estas tablas; el resto de los mandatos se forma según las normas que usan todos los verbos.

9 haber

Presente de indicativo	he, has, ha, hemos, habéis, han
Pretérito	hube, hubiste, hubo, hubimos, hubisteis, hubieron
Futuro	habré, habrás, habrá, habremos, habréis, habrán
Condicional	habría, habrías, habría, habríamos, habríais, habrían
Presente de subjuntivo	haya, hayas, haya, hayamos, hayáis, hayan
Imperfecto de subjuntivo	hubiera, hubieras, hubiera, hubiéramos, hubierais, hubieran

10 hacer

Participio pasado	hecho
Presente de indicativo	hago, haces, hace, hacemos, hacéis, hacen
Pretérito	hice, hiciste, hizo, hicimos, hicisteis, hicieron
Futuro	haré, harás, hará, haremos, haréis, harán
Condicional	haría, harías, haría, haríamos, haríais, harían
Presente de subjuntivo	haga, hagas, haga, hagamos, hagáis, hagan
Imperfecto de subjuntivo	hiciera, hicieras, hiciera, hiciéramos, hicierais, hicieran
Mandato afirmativo familiar	haz

Verbos adicionales	deshacer	rehacer	satisfacer

11 ir

Gerundio	yendo
Presente de indicativo	voy, vas, va, vamos, vais, van
Imperfecto de indicativo	iba, ibas, iba, ibamos, ibais, iban
Pretérito	fui, fuiste, fue, fuimos, fuisteis, fueron
Presente de subjuntivo	vaya, vayas, vaya, vayamos, vayáis, vayan
Imperfecto de subjuntivo	fuera, fueras, fuera, fuéramos, fuerais, fueran
Mandato afirmativo familiar	ve

12 Morir(ue)

Participio pasado	muerto

13 oír

Gerundio	oyendo
Participio pasado	oído
Presente de indicativo	oigo, oyes, oye, oímos, oís,oyen
Pretérito	oí, oíste, oyó, oímos, oísteis, oyeron
Presente de subjuntivo	oiga, oigas, oiga, oigamos, oigáis, oigan
Imperfecto de subjuntivo	oyera, oyeras, oyera, oyéramos, oyerais, oyeran

14 poder

Gerundio	pudiendo
Presente de indicativo	puedo, puedes, puede, podemos, podéis, pueden
Pretérito	pude, pudiste, pudo, pudimos, pudisteis, pudieron
Futuro	podré, podrás, podrá, podremos, podréis, podrán
Condicional	podría, podrías, podría, podríamos, podríais, podrían
Presente de subjuntivo	pueda, puedas, pueda, podamos, podáis, puedan
Imperfecto de subjuntivo	pudiera, pudieras, pudiera, pudiéramos, pudierais, pudieran

15 poner

Participio pasado	puesto		
Presente de indicativo	pongo, pones, pone, ponemos, ponéis, ponen		
Pretérito	puse, pusiste, puso, pusimos, pusisteis, pusieron		
Futuro	pondré, pondrás, pondrá, pondremos, pondréis, pondrán		
Condicional	pondría, pondrías, pondría, pondríamos, pondríais, pondrían		
Presente de subjuntivo	ponga, pongas, ponga, pongamos, pongáis, pongan		
Imperfecto de subjuntivo	pusiera, pusieras, pusiera, pusiéramos, pusierais, pusieran		
Mandato afirmativo familiar	pon		
Verbos adicionales	componer	proponer	sobreponer
	descomponer	reponer	suponer
	oponer		

16 querer

Presente de indicativo	quiero, quieres, quiere, queremos, queréis, quieren
Pretérito	quise, quisiste, quiso, quisimos, quisisteis, quisieron
Futuro	querré, querrás, querrá, querremos, querréis, querrán
Condicional	querría, querrías, querría, querríamos, querríais, querrían
Presente de subjuntivo	quiera, quieras, quiera, queramos, queráis, quieran
Imperfecto de subjuntivo	quisiera, quisieras, quisiera, quisiéramos, quisierais, quisieran

17 reír (i)

Gerundio	riendo		
Pretérito	reí, reíste, rió, reímos, reísteis, rieron		
Imperfecto de subjuntivo	riera, rieras, riera, riéramos, rierais, rieran		
Verbos adicionales	freír	reírse	sonreír(se)

18 romper

Participio pasado	roto

19 saber

Presente de indicativo	sé, sabes, sabe, sabemos, sabéis, saben
Pretérito	supe, supiste, supo, supimos, supisteis, supieron
Futuro	sabré, sabrás, sabrá, sabremos, sabréis, sabrán
Condicional	sabría, sabrías, sabría, sabríamos, sabríais, sabrían
Presente de subjuntivo	sepa, sepas, sepa, sepamos, sepáis, sepan
Imperfecto de subjuntivo	supiera, supieras, supiera, supiéramos, supierais, supieran

20 salir

Presente de indicativo	salgo, sales, sale, salimos, salís, salen
Futuro	saldré, saldrás, saldrá, saldremos, saldréis, saldrán
Condicional	saldría, saldrías, saldría, saldríamos, saldríais, saldrían
Presente de subjuntivo	salga, salgas, salga, salgamos, salgáis, salgan
Mandato afirmativo familiar	sal

21 ser

Presente de indicativo	soy, eres, es, somos, sois, son
Imperfecto de indicativo	era, eras, era, éramos, erais, eran
Pretérito	fui, fuiste, fue, fuimos, fuisteis, fueron
Presente de subjuntivo	sea, seas, sea, seamos, seais, sean
Imperfecto de subjuntivo	fuera, fueras, fuera, fuéramos, fuerais, fueran
Mandato afirmativo familiar	sé

22 tener

Presente de indicativo	tengo, tienes, tiene, tenemos, tenéis, tienen
Pretérito	tuve, tuviste, tuvo, tuvimos, tuvisteis, tuvieron
Futuro	tendré, tendrás, tendrá, tendremos, tendréis, tendrán
Condicional	tendría, tendrías, tendría, tendríamos, tendríais, tendrían
Presente de subjuntivo	tenga, tengas, tenga, tengamos, tengáis, tengan
Imperfecto de subjuntivo	tuviera, tuvieras, tuviera, tuviéramos, tuvierais, tuvieran
Mandato afirmativo familiar	ten

Verbos adicionales	contener	detener	retener

23 traer

Gerundio	trayendo
Participio pasado	traído
Presente de indicativo	traigo, traes, trae, traemos, traéis, traen
Pretérito	traje, trajiste, trajo, trajimos, trajisteis, trajeron
Presente de subjuntivo	traiga, traigas, traiga, traigamos, traigáis, traigan
Imperfecto de subjuntivo	trajera, trajeras, trajera, trajéramos, trajerais, trajeran

Verbos adicionales	atraer	contraer	distraer

24 valer

Presente de indicativo	valgo, vales, vale, valemos, valéis, valen
Futuro	valdré, valdrás, valdrá, valdremos, valdréis, valdrán
Condicional	valdría, valdrías, valdría, valdríamos, valdríais, valdrían
Presente de subjuntivo	valga, valgas, valga, valgamos, valgáis, valgan
Mandato afirmativo familiar	val

25 venir

Gerundio	viniendo
Presente de indicativo	vengo, vienes, viene, venimos, venís, vienen
Pretérito	vine, viniste, vino, vinimos, vinisteis, vinieron
Futuro	vendré, vendrás, vendrá, vendremos, vendréis, vendrán
Condicional	vendría, vendrías, vendría, vendríamos, vendríais, vendrían
Presente de subjuntivo	venga, vengas, venga, vengamos, vengáis, vengan
Imperfecto de subjuntivo	viniera, vinieras, viniera, viniéramos, vinierais, vinieran
Mandato afirmativo familiar	ven

Verbos adicionales	convenir	intervenir

26 Ver

Participio pasado	visto
Presente de indicativo	veo, ves, ve, vemos, veis, ven
Imperfecto de indicativo	veía, veías, veía, veíamos, veíais, veían
Pretérito	vi, viste, vio, vimos, visteis, vieron
Presente de subjuntivo	vea, veas, vea, veamos, veáis, vean

27 volver (ue)

Participio pasado	vuelto

Verbos adicionales	devolver	envolver	resolver

490

Índice

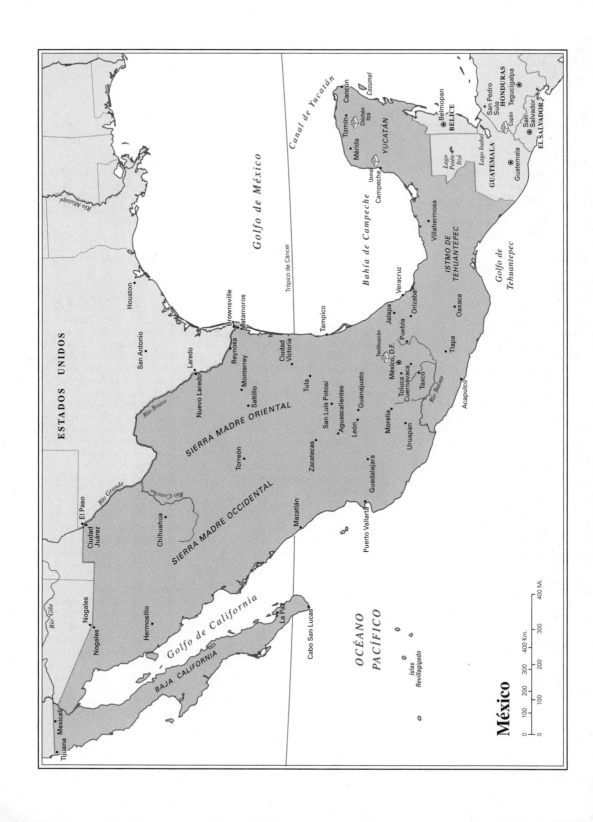

México

ESTADOS UNIDOS

Golfo de México

Canal de Yucatán

Bahía de Campeche

Golfo de Tehuantepec

OCÉANO PACÍFICO

Golfo de California

BAJA CALIFORNIA

SIERRA MADRE OCCIDENTAL

SIERRA MADRE ORIENTAL

ISTMO DE TEHUANTEPEC

YUCATÁN

GUATEMALA

BELICE

HONDURAS

EL SALVADOR

Trópico de Cáncer

Río Misisipí

Río Gila

Río Grande

Río Bravo

Río Conchos

Río Balsas

Islas Revillagigedo

Lago Petén Itzá

Lago Isabel

Houston

San Antonio

Brownsville
Matamoros

Reynosa

Nuevo Laredo

Laredo

Monterrey

Saltillo

Ciudad Victoria

Tampico

Tula

San Luis Potosí

Aguascalientes

León

Guanajuato

Torreón

Zacatecas

Guadalajara

Morelia

Uruapan

Toluca
México, D.F.
Cuernavaca
Taxco

Teotihuacán

Puebla

Jalapa

Veracruz

Orizaba

Oaxaca

Tlapa

Acapulco

Villahermosa

Campeche

Uxmal

Mérida

Tizimín

Chichén Itzá

Cancún

Cozumel

Belmopán

San Pedro Sula

Tegucigalpa

Copán

San Salvador

Guatemala

Mexicali
Tijuana

Nogales

Hermosillo

La Paz

Cabo San Lucas

Mazatlán

Puerto Vallarta

El Paso
Ciudad Juárez

Chihuahua

| 0 | 100 | 200 | 300 | 400 Mi. |
| 0 | 100 | 200 | 300 | 400 Km. |

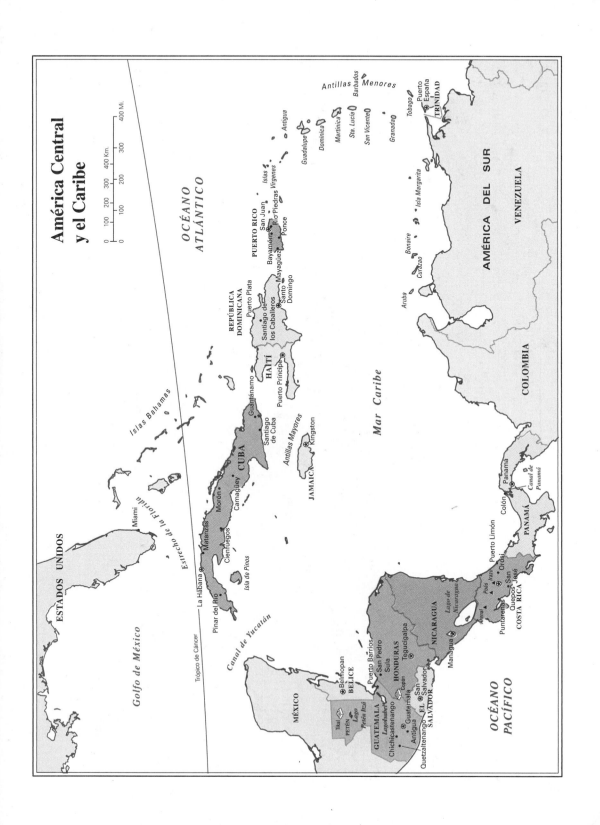

América Central y el Caribe

ESTADOS UNIDOS

Miami

Golfo de México

Trópico de Cáncer

OCÉANO ATLÁNTICO

0   100   200   300   400 Km.
0   100   200   300   400 Mi.

Islas Bahamas

Estrecho de la Florida

La Habana
Pinar del Río
Matanzas
Cienfuegos
Isla de Pinos
Morón
Camagüey
CUBA
Santiago de Cuba
Guantánamo

Canal de Yucatán

Antillas Mayores

JAMAICA
Kingston

HAITÍ
Puerto Príncipe

REPÚBLICA DOMINICANA
Puerto Plata
Santiago de los Caballeros
Santo Domingo

PUERTO RICO
San Juan
Bayamón
Mayagüez
Ponce
Río Piedras
Islas Vírgenes

Antillas Menores
Barbados
Antigua
Guadalupe
Dominica
Martinica
Sta. Lucía
San Vicente
Granada

Tobago
Puerto España
TRINIDAD

Mar Caribe

Isla Margarita

Aruba
Curazao
Bonaire

AMÉRICA DEL SUR

VENEZUELA

COLOMBIA

MÉXICO

Tikal
PETÉN
Lago Petén Itzá
Lago Izabal

Belmopán
BELICE

Puerto Barrios
San Pedro Sula
HONDURAS
Tegucigalpa
Copán
San Salvador
EL SALVADOR

GUATEMALA
Guatemala
Antigua
Chichicastenango
Quetzaltenango

NICARAGUA
Managua
Lago de Nicaragua

Puerto Limón
Orosi
Irazú
Poás
San José
COSTA RICA
Quepos
Puntarenas
Arenal

Colón
Panamá
PANAMÁ
Canal de Panamá

OCÉANO PACÍFICO

Mar Caribe

OCÉANO
ATLÁNTICO

Barranquilla
Cartagena
Maracaibo
Caracas
La Guaira
San Carlos
Ciudad Bolívar
TRINIDAD Y
TOBAGO
Puerto España

VENEZUELA

Río Orinoco

Georgetown
Paramaribo
Cayena

Medellín
Zipaquirá
Bogotá
Cali
COLOMBIA
Popayán

GUYANA

SURINAM

GUAYANA
FRANCESA

Salto Ángel

Río Meta

San Agustín
Otavalo
Pichincha
Santo Domingo
de los Colorados
Quito
ECUADOR
Chimborazo
Guayaquil

CORDILLERA DE LOS ANDES

Río Negro

Río Amazonas

Ecuador

Belén

Manaos

Iquitos

Río Madeira

Sipán

Trujillo

PERÚ

BRASIL

Recife

Callao
Lima

Machu Picchu

Cuzco

Lago
Titicaca

Puno
La Paz
Cochabamba

Arequipa
Tiahuanaco

Arica
Sucre

BOLIVIA

Salvador

Río Paraguay

Brasilia

Bello
Horizonte

Iquique
Potosí

Antofagasta

Trópico de Capricornio

Filadelfia
PARAGUAY
Asunción

San Pablo

Río de Janeiro

Santos

Salta

San Miguel
de Tucumán

Resistencia

Puerto Iguazú

Río Paraná

OCÉANO
PACÍFICO

CHILE

Córdoba

Aconcagua
Mendoza

Río Uruguay

Puerto Alegre

Viña del Mar
Valparaíso
Santiago

Rosario

Buenos Aires
La Plata

URUGUAY
Montevideo

Punta del Este

ARGENTINA

Río de la Plata

Concepción

CORDILLERA DE LOS ANDES

Río Colorado

Mar del Plata

Bahía Blanca

Bariloche
Puerto Montt

PATAGONIA

Estrecho de
Magallanes
TIERRA
DEL FUEGO

Islas
Malvinas

Punta Arenas

Cabo de Hornos

ISLAS GALÁPAGOS

San
Salvador
Santa Cruz
San Cristóbal
Isabela

Ecuador

Quito
ECUADOR
Guayaquil

América del Sur

0   250   500 Km.

0   250   500 Mi.